江六村史编纂委员会

主　　任：陆明福

副主任：陆太龙　　陆永华

编　　委：陆友全　　陆善祥　　陆如法　　陆启华　　陆国良

主　　著：钱茂伟

助　　理：钱之骁　　李阳杰

摄　　影：陆金康

江六村史

钱茂伟 主著

江六村史编纂委员会 编

国家图书馆出版社

图书在版编目（CIP）数据

江六村史 / 江六村史编纂委员会编，钱茂伟主著 . -- 北京：国家图书馆出版社，2017.11

ISBN 978-7-5013-6247-9

Ⅰ . ①江… Ⅱ . ①江… ②钱… Ⅲ . ①村史—鄞州区 Ⅳ . ① K295.55

中国版本图书馆 CIP 数据核字（2017）第 263339 号

书　　名　江六村史
著　　者　江六村史编纂委员会　编
　　　　　钱茂伟　主著
责任编辑　耿素丽
封面设计　程言工作室

出　　版　国家图书馆出版社（100034　北京市西城区文津街 7 号）
　　　　　（原书目文献出版社　北京图书馆出版社）
发　　行　010 - 66114536　　66126153　66151313　66175620
　　　　　66121706（传真）　66126156（门市部）
E-mail　　nlcpress@nlc.cn（邮购）
Website　www.nlcpress.com →投稿中心
经　　销　新华书店
印　　装　河北三河弘翰印务有限公司
版　　次　2017 年 11 月第 1 版　2017 年 11 月第 1 次印刷
开　　本　787×1092（毫米）　1/16
印　　张　29.75
字　　数　472 千字
书　　号　ISBN 978-7-5013-6247-9
定　　价　62.00 元

"缸麓村"为村历来名称，1962年简写为"江六村"。文字虽变，但地方读音未变。因此，本书中第一、二章保留原地名，以尊重历史的表达。

拆迁前的江六村全貌图

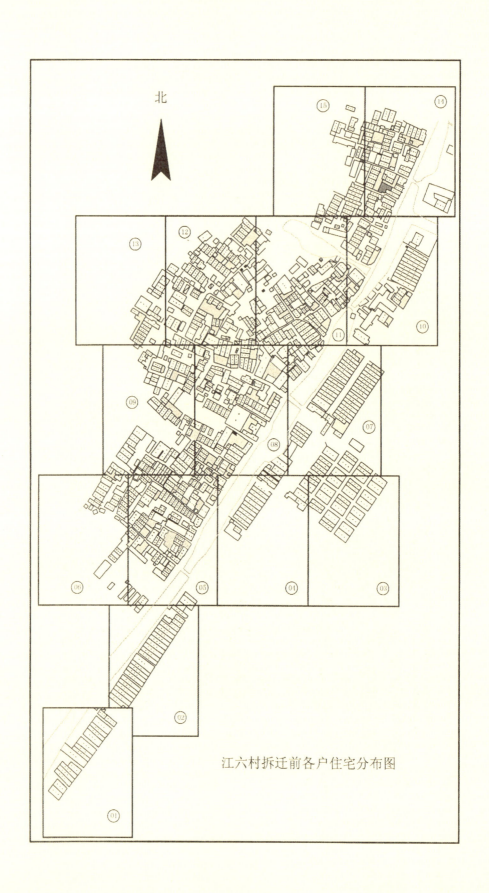

北

江六村拆迁前各户住宅分布图

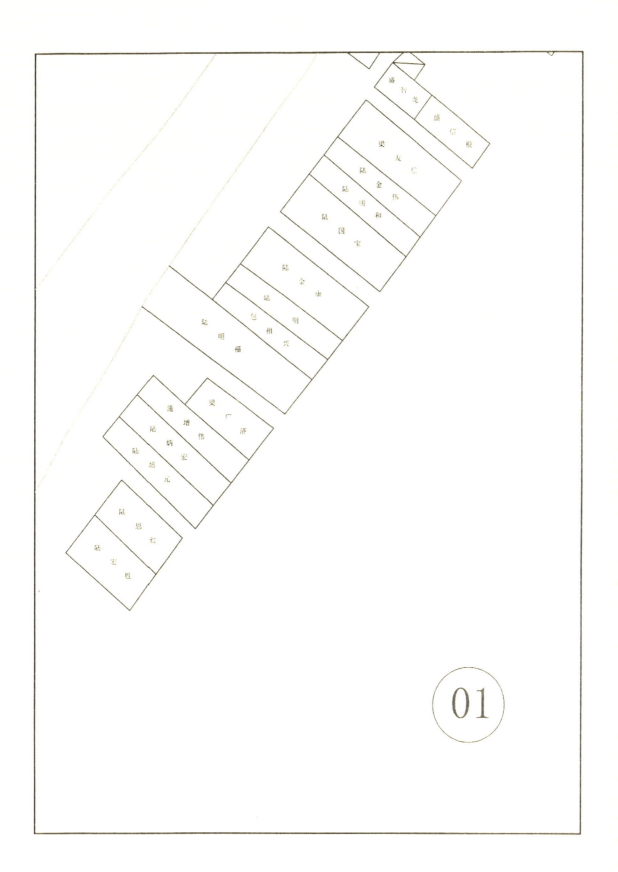

盛行龙

盛信根

梁友仁

陆金伟

陆明和

陆国宝

陆金林

陆念明

陆明福相兴

施增伟

梁广济

陆炳宏

陆培元

陆思红

陆宏胜

01

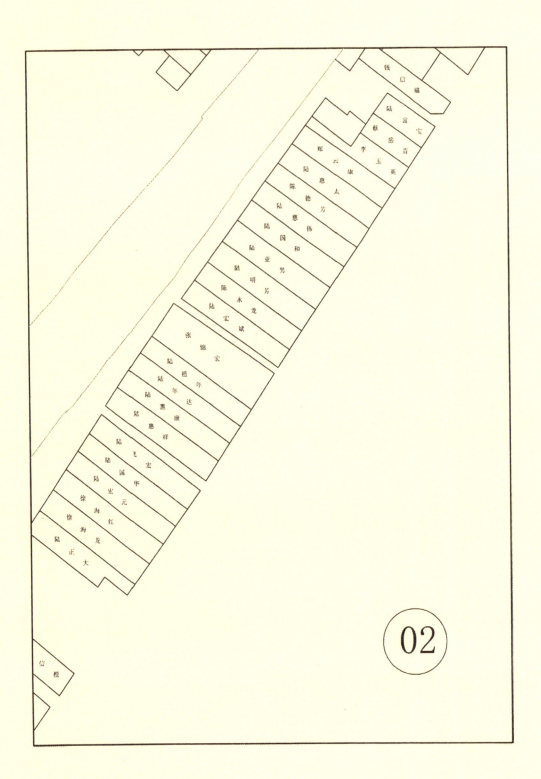

钱信福

陆富宝

苏岳青

李玉英

郑云康

陆惠太

陈德芳

陆慈伟

陆国和

陆亚男

陈明芳

陆水龙

陆宏斌

张锦宏

陆祖年

陆年达

陆惠旗

陆惠祥

陆飞宏

陆国华

徐宏元

徐海红

陆海龙

陆正大

信根

02

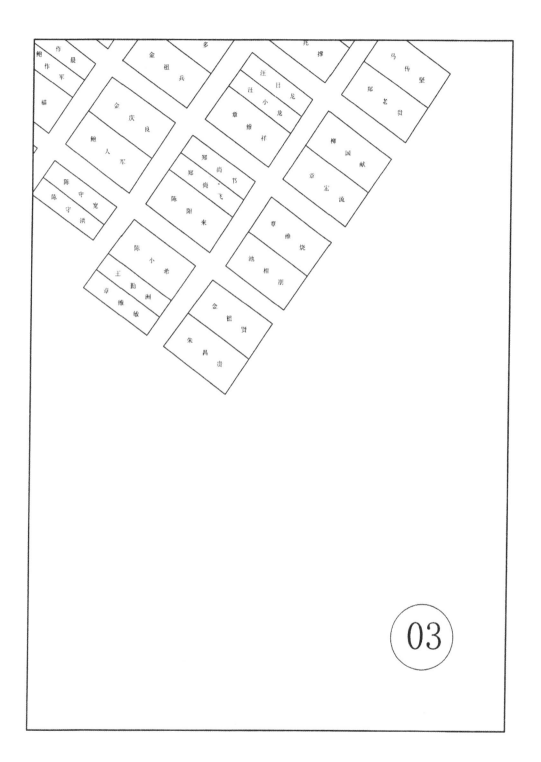

03

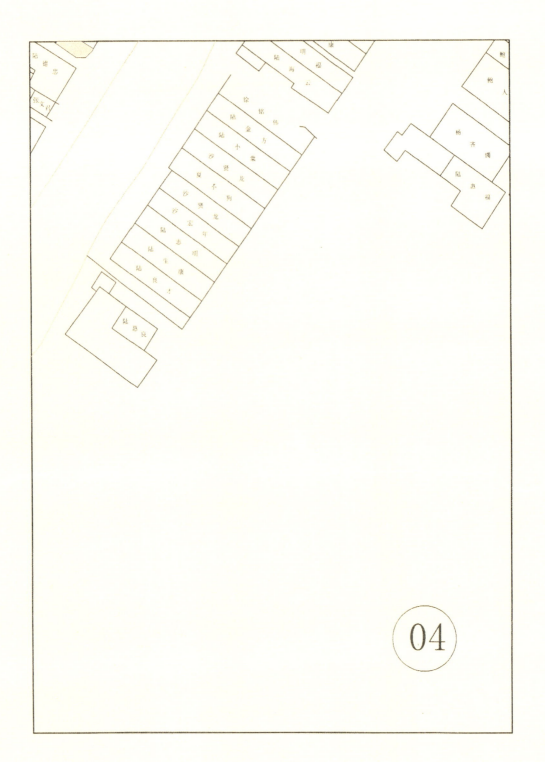

陆德忠

张文代

陆海云

陆明

康福

鲍人

徐铭仙

陆金乃

陆小荣

沙宝龙

夏不鸣

沙宝龙

陆东年

陆志明

陆生康

陆良才

陆恩良

杨齐园

陆书福

04

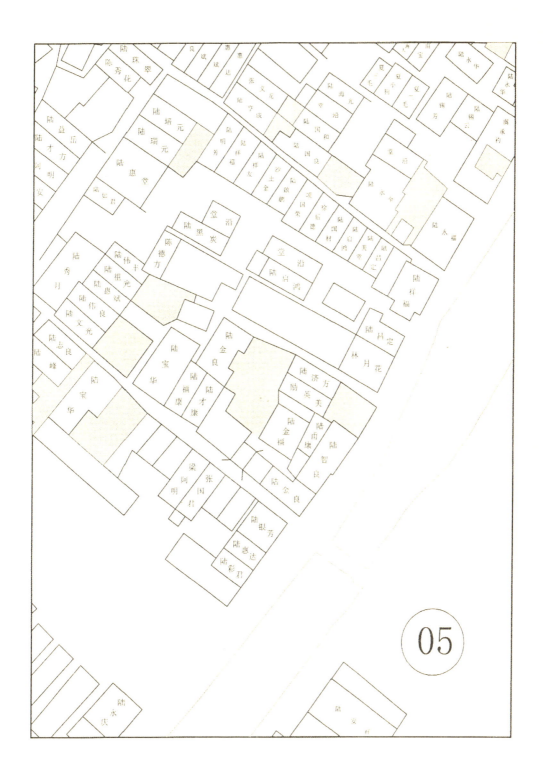

05

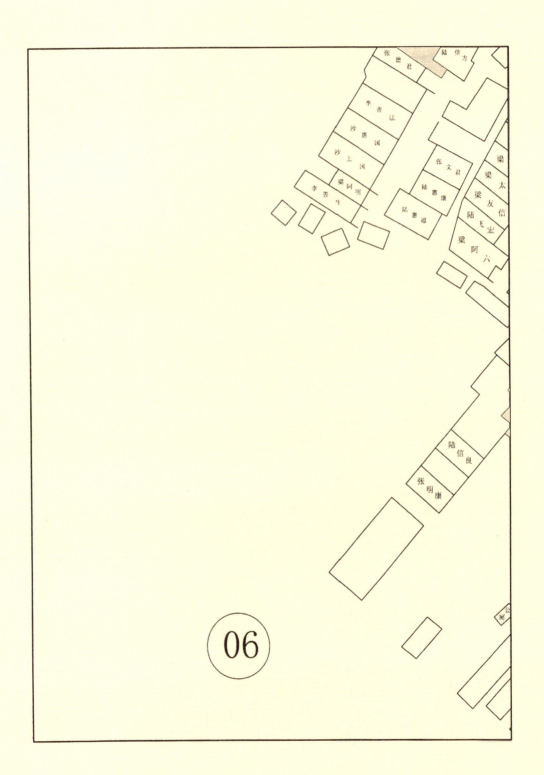

张德君 陆信方
李善法
沙惠国
沙上国
李善生 梁阿明 张文君 梁太信
陆惠康 梁友信
陆惠福 陆飞宏
梁阿六

陆信良
张明康

公

06

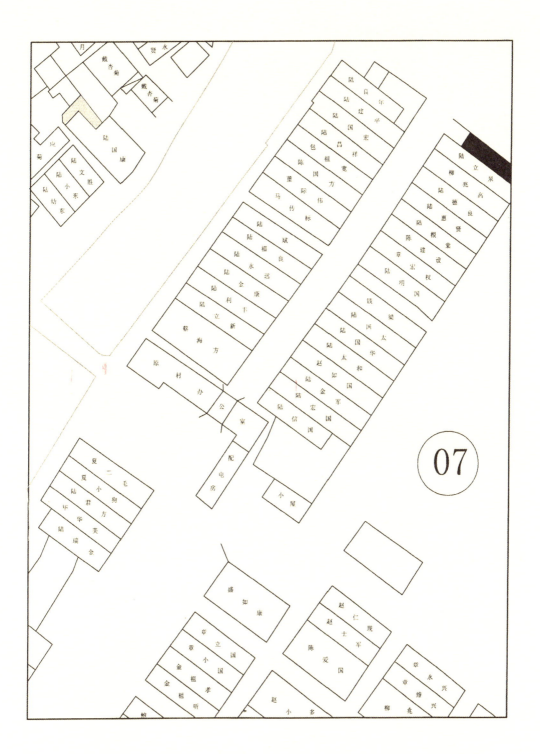

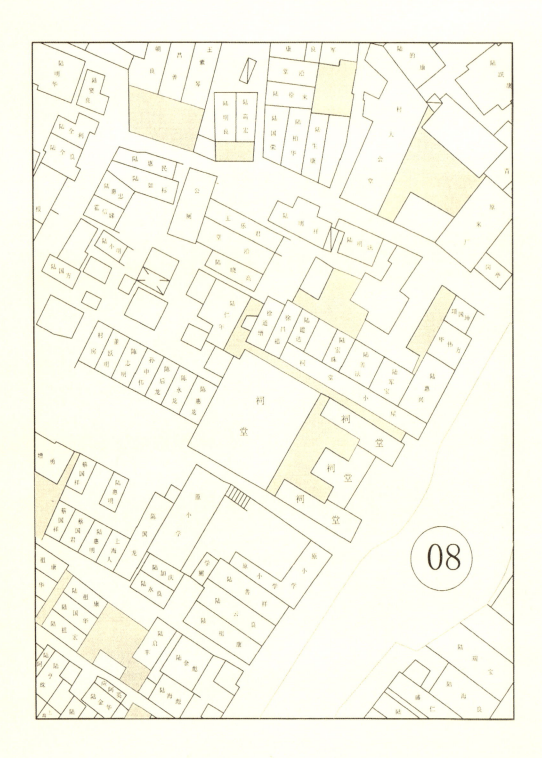

08

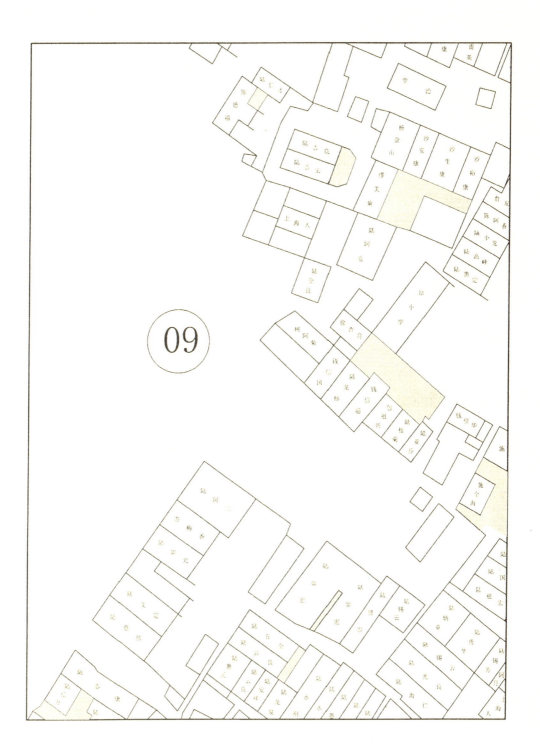

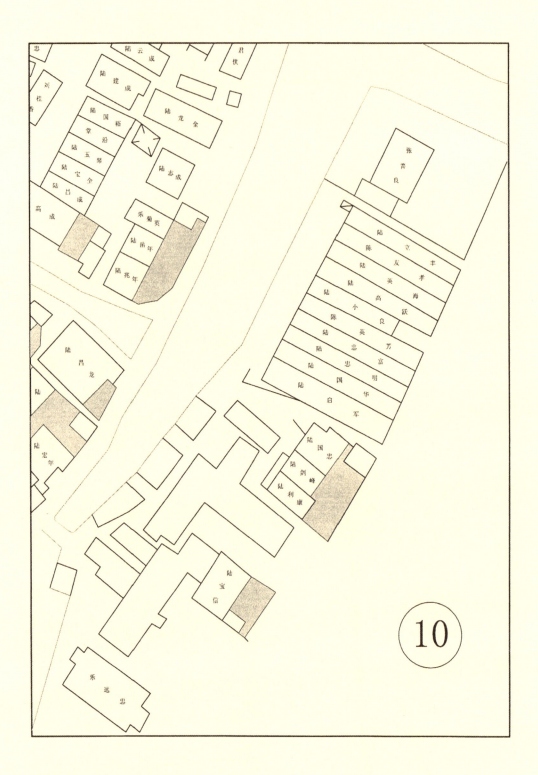

忠

刘柱香

陆云成

陆建成

君伏

陆国裕

陆龙全

登沿

陆玉琴

陆志成

陆宝全

陆吕成

高成

乐菊英

陆佰年

陆兆年

张菁良

陆立丰

陈友孝

陆英海

陆高跃

小

陈良

陆英芳

陆忠富

陆忠明

陆国华

陆自军

陆昌龙

陆国忠

陆剑峰

陆利康

陆宏年

陆宝信

乐远忠

⑩

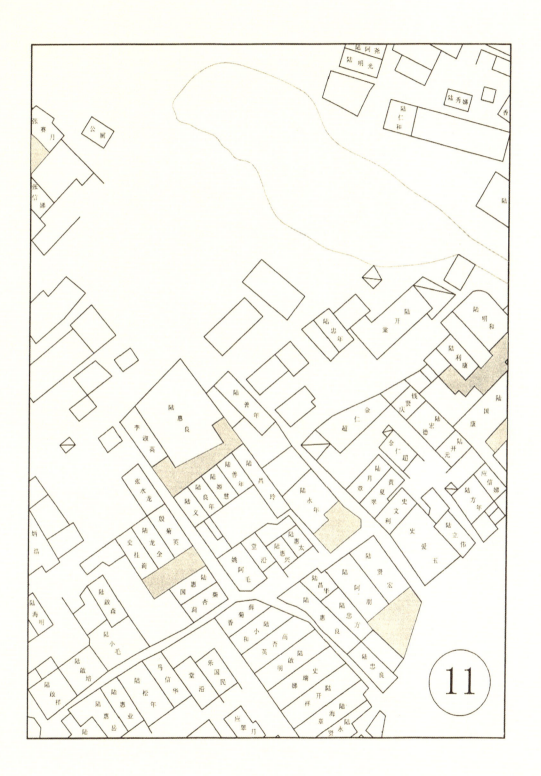

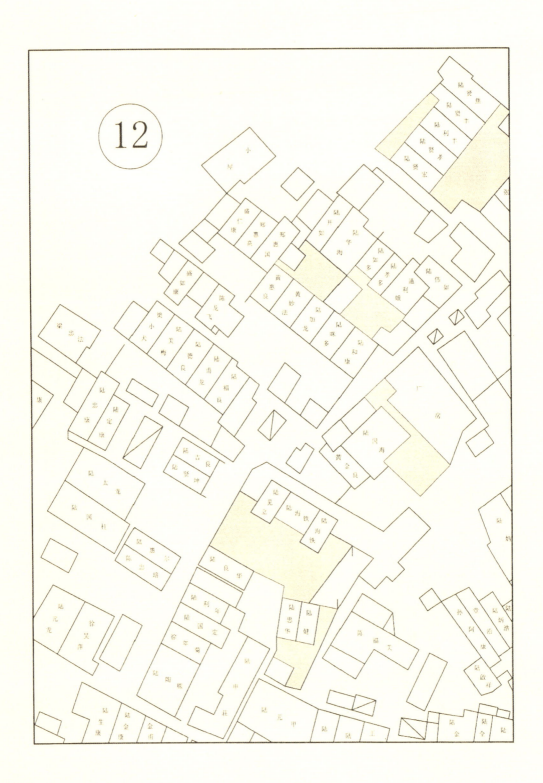

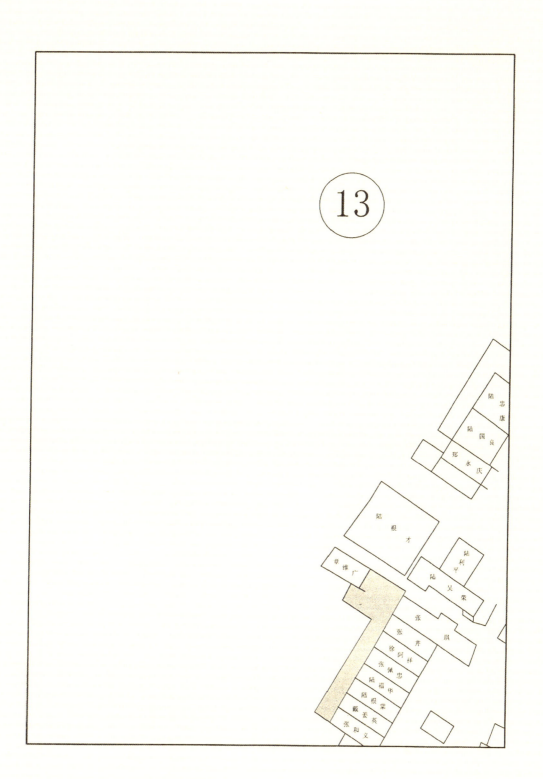

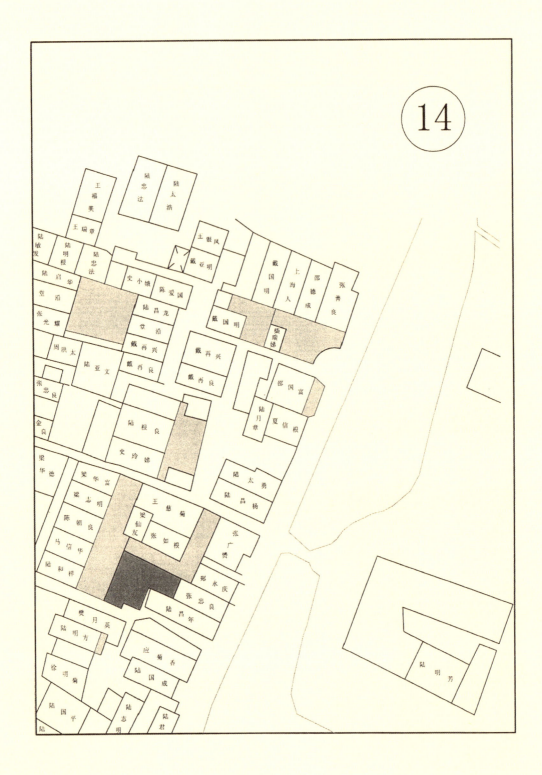

江六新村开工仪式

在建中的江六村

在建中的江六村

新江六村效果图

宁波市鄞州区"星光工程"

三星级村落

宁波市鄞州区"星光工程"创建领导小组
二〇〇六年十二月

宁波市鄞州区

科普村

宁波市鄞州区科学技术协会

学习型行政村

鄞州区社区教育委员会
二〇〇七年十二月

"和美家园"达标村

中共宁波市鄞州区委
宁波市鄞州区人民政府
二〇〇八年一月

二〇〇七年度财务规范化管理工作

三等奖

中共下应街道工作委员会
下应街道办事处
二〇〇八年二月

第五届第三批

文明村

中共宁波市鄞州区委
宁波市鄞州区人民政府
二〇〇八年十二月

二OO八年度安全生产管理

先进单位

下应街道党工委
下应街道办事处
二OO九年二月

二OO八年度村级财务管理

先进单位

下应街道党工委
下应街道办事处
二OO九年二月

二OO九年度安全生产

先进单位

下应街道党工委
下应街道办事处
二O一O年三月

二O一O年度安全生产

先进单位

中共鄞州区委下应街道工作委员会
鄞州区人民政府下应街道办事处
二O一一年三月

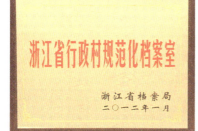

浙江省行政村规范化档案室

浙江省档案局
二O一二年一月

二O一一年度安全生产

先进单位

中共鄞州区委下应街道工作委员会
鄞州区人民政府下应街道办事处
二O一二年三月

浙江省行政村示范档案室

浙江省档案局
二〇一二年十二月

下应街道二〇一二年度消防技能比赛

第三名

下应街道社会管理综合治理工作委员会
二〇一三年一月

二〇一二年度村级财务管理工作

先进单位

中共鄞州区委下应街道工作委员会
鄞州区人民政府下应街道办事处
二〇一三年三月

二〇一二年度拆迁工作

先进单位

中共鄞州区委下应街道工作委员会
鄞州区人民政府下应街道办事处
二〇一三年三月

二〇一二年度社会治安综合治理

先进单位

中共鄞州区委下应街道工作委员会
鄞州区人民政府下应街道办事处
二〇一三年三月

二〇一三年度拆迁

先进单位

中共鄞州区委下应街道工作委员会
鄞州区人民政府下应街道办事处
二〇一四年二月

二O一三年度村级三资管理
先进单位
中共鄞州区委下应街道工作委员会
鄞州区人民政府下应街道办事处
二O一四年二月

二O一三年度工作
先进单位
中共鄞州区委下应街道工作委员会
鄞州区人民政府下应街道办事处
二O一四年二月

荣誉证书
二O一四年度
拆迁先进

荣誉证书
二O一四年度
村级三资管理先进

下应街道村级义务消防队技能比赛
第三名
下应街道社会管理综合治理工作委员会
二O一五年十二月

荣誉证书
二O一五年度
村级三资管理先进

2016年江六村支部党员

中共江六支部成员照（一）

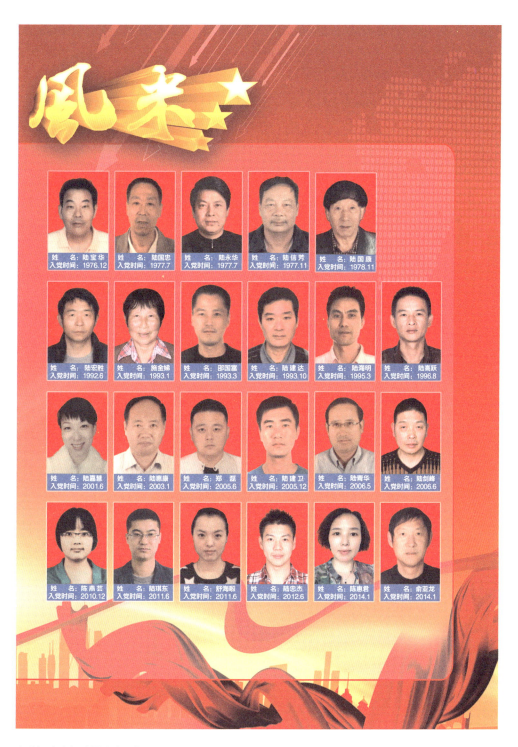

中共江六支部成员照（二）

　　陆明福，1962年9月出生于江六村农民家庭，世代居住在江六村，为陆氏第七十九世，江六始祖嘉辰公第二十五世孙。现任江六村股份经济合作社董事长、法定代表人，负责江六村全面工作。童年时就读于江六小学。1976年在江六生产大队第二小队放牛、务农。20世纪80年代初，全国农村实行土地承包，分田到户，就地务农；80年代中期，国家提倡发展多种经营，鼓励有条件的农民从事养殖业。陆明福曾搭建鸭舍多间，养殖蛋鸭多年，成为一名养鸭专业户。90年代中期，国家进行大规模基础建设，逐步转型从事建筑行业，从小包工开始做起，逐步发展，几年后拥有了自己初具规模的建筑团队。经过培训学习获得了大专学历，考取了相关建筑行业的职业资格证书。21世纪初，建筑团队规模进一步扩大，成立了建筑有限公司，公司拥有一整套完善的管理体系和大量专业技术人员，从此企业进一步得到了蓬勃发展，并迅速壮大，在鄞州区建筑领域占有一席之地。

　　2010年12月，陆明福当选为江六村村民委员会委员、村民代表，并应邀参加村拆迁工作。2011年7月，受街道指派负责江六村行政工作。2012年8月，经党员、村民代表推荐，被选举为江六村经济合作社社长，并负责江六村全面工作。2015年9月，江六村进行股份制改造，陆明福就任江六村股份经济合作社董事长。

村史编纂委员会成员（2016 年 6 月摄）

前排左起：陆善祥、钱茂伟、陆友全、陆明福、陆永华，后排左起：陆太龙、陆国良、陆如法、陆启华

序 一

"派自山阴别，地因虹麓灵。"

宋时朝议大夫、始迁祖陆嘉辰公从山阴迁此安居，建村初期，天有彩虹出现，象征吉祥，又地处太白山脉，故村名为虹麓，后改为江六村，是下属下应街道的一个行政村。江六村地处平原水网地带，雨水充沛，是宁波东乡产粮盛地，是一个有着八百余年历史的文明古村。它东靠东钱湖（镇岚路），南靠大字江（小洋江），西临东兴社区（启明路），北接鄞县大道，交通十分便利。村庄形状为长条形，中间一条母亲河——江六漕直通村边大字江口。村庄分三局——外局、中局、里局，以陆姓为主，并与其他多姓婚配联姻、和睦相处，民风淳朴，人杰地灵，在各个不同时代的社会中，人才辈出，名望州里。村里还有谷龙盘谷仓等传说流传于世，家喻户晓。陆氏宗祠的堂名"辅政堂"，是指先祖在朝为官伏蒲忠谏，廉政为民，出色辅佐社稷。2011年，宗祠被鄞州区列为区级文物重点保护单位。

忘记过去，就意味着背叛。随着城市化的不断推进、史无前例的新农村建设的开展，东南片区的智慧新城进入开发之列。我村已步入城市化生活行列，居民小区已拔地而起，高耸挺立。如此，原来的老村庄面貌荡然无存，传统的风土人情等将逐渐被淡忘。为此，编纂村史也就在情理之中了。

国泰民安，政通人和，编纂村史，利村惠民，势在必行。我村成立村史编写组，并邀请了宁波大学钱茂伟教授为主著。本村史的特点与以前村志不同，采用的是村民口述采访的方式，将村民口述录音录像，结合图片、文字历史资料等等编纂成史。通过这部村史，可以寻根溯源，了解江六的历史、人物、生活方式、文化教育、经济发展等变化，是一部翔实的江六村通史。

　　《江六村史》的编纂，是村委会为村民办的一件实事，是泽被后世、流传千古的好事。我愿《江六村史》能高效利用，长留于家家户户，广泛传播于社会。以史为镜，展望未来，从而使全村村民更加团结。

　　如今，我村股份制改造已经落实，集体经济在不断壮大，个体私营企业在稳固发展，村民劳保医保均有保障，新居民小区将成为一个社会和谐、邻里和睦、家庭和美的新江六大家庭。美好幸福生活正展现在我们面前，愿我们江六的明天更加美好。

陆氏第七十九世孙

江六村负责人　　　　　　　陆明福

村股份经济合作社董事长

2016 年 6 月

序 二

　　乡村是国家与社会的最基层构成，却承载着最朴实、最丰富的物质和非物质文明。江六村是鄞东陆姓聚族而居的古村落，自南宋建村至今已历宋、元、明、清、民国、中华人民共和国多个时代八百余年。近期，随着宁波城市发展和建设的加速，传统的旧村行将消失，浴火重生的新江六村将融入高楼中的文化智慧新城，江六村将蝶变成似存似隐、亦聚亦散的街区楼里。为留住乡情、乡愁，传承乡村文化、历史文明，编写江六村村史，以期历史不在当代人手中丢失，成了紧迫的使命。这就是江六这部新村史编写的肇因。

　　江六村村史由宁波大学钱茂伟教授担任主著。原始材料主要来自四个方面：1948年编修的《虹麓辅政堂陆氏宗谱》；各行政、文化部门记录和保存的档案资料；数十名有代表性江六村人亲历、亲为、亲闻、亲见的家事、家人和村事、村人的口述录音资料；以及全村每家每户填写的采访调查表格。资料经整理、筛选、综合，并结合大社会、大环境、大历史编写，尽可能做到多视角、全方位、客观真实。

　　《江六村史》主著钱茂伟教授期许这部村史成为新颖而充实的、有人有事、人事结合的丰满的村史，这也是编委会的共同目标。

　　相信通过《江六村史》可以回顾和审视过去，珍重和把握现在，设想和探索未来。

陆友全

2016年7月

序 三

由宁波大学历史系钱茂伟教授带领的团队，受江六村的委托完成了村史的编纂工作，这是本村的一件大事、喜事。新编村史是对 1948 年重修陆氏宗谱的传承和发扬。68 年过去，作为这个时代的亲身经历者，倍感兴奋与激动。庆幸江六村民在共产党领导下，经受住了历史风浪的考验，踏入小康社会，过上了社会主义的幸福生活。作为陆氏后裔，也深感老祖宗传下的"耕读传家"家风的可贵。它是全体江六村村民安身立命之根本。没有这个优良家风，就不会有今天欣欣向荣的局面，过不上和谐安定的生活。

回顾江六村建村七百余年的历史，正是农业社会聚族而居的历史发展阶段。江六村之所以没有遭受过重大的历史性灾难，能够获得稳定健康的发展，没有出过横行乡里的恶霸，这些并非是偶然现象，它与耕读传家的家风有着直接的关系。就我本人来说，虽非出身于书香门第，但从小受到的是仁爱家风的教育。在我上学之前，就受到过《朱子家训》"黎明即起，洒扫庭除"勤劳教育的启蒙。

在民国时代，江六村是个典型的农业社会，"安贫乐道，耕读传家"的意识形态，是与生产力水平相对低下的经济基础相适应的，因而保证了社会的稳定。耕读传家既保证了从事农业劳动的绝大多数村民能过上温饱的生活，也给认真读书的青少年指引了一条上升的通道——只要能识得"眼头字"（小学毕业），就能上城里求职谋生，过上更好的生活。这是一条自力更生谋求生存发展的现实道路。

有不少江六村民，通过亲帮亲、邻帮邻，进入宁波、上海、武汉等城市谋求发展，从而进入职工队伍，甚至跻身工商业经营者的行列。江六村之所以能成为宁波市著名集团企业培罗成的摇篮，绝非偶然。

意识形态要适合经济基础，社会才能稳定地向前发展，人们生活才能得到相应提高。这条基本的历史经验，在江六村的发展道路中得到了印证，成了颠扑不破的真理。新编村史以大量事实，论证了这个真理。建议今后通过村史展览，使它得到进一步的弘扬。不仅能给江六村的后人指引一条金光大道，也将给鄞州区的未来发展起到示范作用。

值得提出的是：在新编江六村史中，介绍了三位标杆人物，即：致力于发展现代生产力的史利英，以一技之长回报家乡、支持江六村经济发展的陆成法，忠厚老实一辈子、诚诚恳恳为村民服务的航船老大陆焕章。他们是当代文明的标兵，他们的事迹和精神，应该在村史展览中予以大力宣传，以激励后人为打造一个崭新的江六村而奋发向上，持续努力。

必须强调的是，"耕读传家"的家风不会过时，江六村周围的千亩良田是江六人千秋万代生存发展的根基，新一代的江六人可以走向世界大展宏图，但江六村决不能成为空巢，必须有人来发展当地的新型农副产业。新一代的江六人应该插上知识的翅膀，飞向城市、飞向世界，成为地球村村民的佼佼者，对教育的重视不应当停留在办好当地中小学，而应当有教育基金来支持村民上大学，从而培养出一定数量的知识精英，为家乡争光，为祖国争光！

陆锋（亨域）

2016 年 6 月 28 日

前　言

　　村史的编写是村中的一件大事。我们认为，村史的编写不是在任何时期都可以完成的，它需要一个稳定的社会大环境和一定的经济基础。如果国家发生动荡、战争、重大自然灾害等情况，难以完成。没有一定的经济基础，同样难以完成。近百年来，我们国家从一个四分五裂的半殖民地、半封建社会走向独立富强，人民生活从吃不饱、穿不暖走向吃得好、穿得好。特别是近几十年来，国家实行改革开放政策，社会环境稳定，经济高速发展，人民群众生活水平得到极大的提高，家家户户安居乐业，生活幸福美满。在物质生活得到极大提高的前提下，保护和挖掘先祖遗留下来的历史文化遗产的重任已摆在我们当代人面前，因此街道政府动员各村编写村史。特别是我们江六村，世世辈辈居住的具有七八百年悠久历史的古村落，已被彻底改造，整个村落除陆氏宗祠保留外，已被整体拆除，具有标志性的江六漕被回填，原村面貌已不复存在，随之在此建造了多幢高层住宅楼。因此村史的编写、相关照片的保存，更具紧迫性了。

　　2014 年 8 月，我们江六村临时成立村史编写组，大家参阅了其他村村史，决定按照传统村史编写规则进行编写，先确定村史提纲、目录章节，然后按所列目录章节，逐节充实内容。由于我们村历史上从未编写过村史，所以无历史资料可以参考。好在我们江六村是一个以陆姓聚居而成的村落，其他姓氏人员不多，1948 年曾重修过《陆氏宗谱》，原本现珍藏于鄞州区文物保护部门。经过多方努力，我们获得复印件副本。由于家谱所记载的文字以繁体字为主，冷偏字也多，又无标点，所以阅读困难。编写组成员利用字典逐字查阅，对家谱中所记载的有关内容进行逐一解读，获得了大量珍贵资料。近代部分，以两批临时编写组成员共同回忆内容为主，同时也查阅了有关历史资料。经过半年多的共同努力，于 2015 年 4 月初步完成了村史草稿。在此我们要特别感谢陆友全、陆锋二位老先生，为获得家谱副本及陆氏宗祠成为区文物保护单位，他们到处奔波，花费了大量精力。在他们的努力下，我们不但获得了两套完整的家谱副本，还取得了经数字化后的家谱文件，陆氏宗祠也于 2011 年被列为鄞州区文物保护单位。

为使我们江六村村史编写得更具专业性，更具历史价值，2015 年 5 月，经街道文卫部门介绍，我们江六村委托宁波大学历史系钱茂伟教授重新编写村史。我们将原来完成的村史草稿，给他作为参考资料。村里重新成立村史编写组，配合钱茂伟教授团队的编写工作。接手后的钱茂伟教授团队，采访了江六村各方人员，获得了大量第一手资料。在采访过程中，还形成了大量珍贵的录音、录像等资料，现作为历史资料保存于村档案室。钱茂伟教授作为一名历史学教授，按不同的历史时期，从多角度、多方位、多层次对江六村的发展历史按时间顺序进行了详细记述，不同时期各有侧重，图文并茂，进一步丰富了村史内容，使之更具可读性。2016 年 5 月初稿完成，并送村编写组审阅。编写组初审后，发现存在对人物负面表述内容的问题，随之委托陆友全先生进行修改，2016 年 7 月修改完成。陆友全先生认为，初稿中还存在较多重复内容，部分内容还有与实际不符的情况，还有部分内容需要充实。最后编写组决定，由编写组成员集体对整部村史逐章、逐节进行全面审阅、修订。2016 年 11 月审阅、修订工作完成，村史完成定稿。

本村史跨越时间长达八百余年，自江六始祖宋朝议大夫嘉辰公迁居江六起，一直写到现在。我们在委托钱茂伟教授时，向他提出要求，对具体人物、事件，只写发生的事实过程，不作任何评论。在村史编写过程中，有关江六村远古历史以家谱为主要依据，同时参考了其他相关文献，如祠堂中的碑刻文字。对于中华人民共和国成立前的人物、事件，既参考家谱记载，又根据被采访的老年村民的回忆，进行整理编写。对于中华人民共和国成立后的人物、事件，根据村里有关档案及对村民的采访，进行整理编写。本村史的编纂，不少内容凭借了村民的口述，难免涉及人事的评价、议论。我们在此特别声明：村史中涉及评价、议论的相关表述，纯属被采访者个人观点，不代表江六村及江六村村史编写组观点。

在两年多的村史编写过程中，广大村民积极参与，踊跃接受采访，为村史的编写提供了大量的写作素材，好多村民还无偿提供了自己珍藏的历史图片等珍贵资料。在此，我们村史编写组成员对所有关心和支持村史编写工作的人员表示衷心的感谢。村史的编写，对于我们江六村来说，是建村八百余年以来的第一次尝试。在编写过程中，难免出现一些差错和不当之处，敬请广大读者提出宝贵意见，我们在此表示衷心感谢！

江六村村委会

江六村村史编写组

2016 年 7 月

▶ 目录

目 录 ◀

▶ 目 录

目 录 ◀

▶ 目 录

目 录 ◀

第一章　宋至清代虹麓祖先

　　江六村地处宁波市区以东，距市区中心约十公里。今日的江六村，东靠东钱湖（镇岚路），西临东兴社区（启明路），南靠大字江（小洋江），北接鄞县大道。拆迁前全村村庄宅基地面积约181亩。这是一个有着八百余年悠久历史的古村落。

第一节　宋、元、明时期的虹麓陆氏

一、陆氏起源

　　陆氏宗于舜，系于齐，由战国时期齐宣王少子田通受封于平原般县陆乡（今山东平原境内），因以得姓。陆通卒，谥元侯，被尊为陆氏始祖。汉时，四世孙陆烈到江苏任吴县令，迁豫章都尉。卒后，吴人思其惠政，迎葬于吴地，从此子孙定居吴地。三国陆逊，晋代陆机、陆云，唐代陆贽、陆龟蒙、陆羽均为其后裔。唐元和间，福建观察使陆庶曾编纂《四十九支》，将天下陆氏总汇为四十九支。由此可见，陆氏后裔历经汉、隋、唐代，已散居各地，具有相当规模，其中多数已从黄河流域移居到长江流域繁衍发展。五代时遭战乱，宗谱散亡不可考。后来，陆贽一支，从苏州迁到了杭州。到四十六世陆忻时，迁居山阴，成为山阴支的始祖。陆游将山阴陆氏增分为二十九支（有记载为三十三支），"陆氏谱之砥柱也"[①]。

---

　　① 赵起鲲:《四明虹麓谱陆氏重修谱原序》，见民国《虹麓陆氏宗谱》卷一，1948 年，第 12 页。

| 陆 贽 | 陆氏宗谱所见陆贽像 | 陆 游 |

　　唐元和七年（812），由陆庶裁断，始祖定为陆通公。第十五世陆闳公起，陆氏逐渐派生，共分为四十九支（其中两支有支目而无支系可考）。支名或以官职或以地名等命名，分别为：

颍川支	荆州支	太尉支	侍郎支	公车支	郁林支	孝侯支	郎中支
鲁国支	丞相支	安南支	乐安支	丹徒支	庄公支	中书支	庐江支
宋相支	武平支	将军支	松阳支	中丞支	石城支	华亭支	成都支
屯骑支	太傅支	殿中支	山北支	山南支	贤良支	长沙支	河阳支
高道支	校尉支	黄门支	布侯支	常侍支	梓潼支	太中支	车骑支
驸马支	遂宁支	谏议支	鱼圻支	富春支	汉阳支	晋陵支	鲁相支
先子支							

　　后来陆游又新增二十九支，考衢州遗谱复列奉议、直阁、岳州、正议四支，共成三十三支，其源皆起自山阴支，分别为：

山阴支	中允支	评书支	封川支	翰林支	陵政支	助教支	赐绯支
太保支	太傅支	宣奉支	楚国支	祠部支	承奉支	提举支	金紫支
通守支	文安支	少师支	朝奉支	宣教支	郎中支	寺丞支	提刑支
县丞支	县令支	推官支	判官支	渭南支	奉议支	直阁支	岳州支
正议支							

绍兴山阴陆氏桥

二、宋元的虹麓陆氏

其中，迁居明州的陆氏，有城内的月湖支，鄞西罂湖支，鄞东横溪支、虹麓支、梅墟支，镇海鉴桥支。陆游叔祖陆傅一支所传的陆嘉辰，为陆通以下第五十五世（传自颍川支、侍郎支、山阴支、太保支、太傅支、祠部支），在南宋后期，从绍兴迁鄞，成为虹麓村的始祖。虹麓建村有 750 多年历史，总的说来，是自北而南、从西到东，迁徙、发展过来的。

宋元时期，虹麓是鄞县下属一个村。此地有一个小地名称为竺家漕，表明最早居住该地的曾有竺姓人家。后来，竺姓外迁，该地就成为陆姓聚族而居的村落。

关于虹麓村村名的由来，有两种说法。第一种说法：在宁波以东大约 20 里的地方，"地起如麓，其状如虹，每遇阴雨，麓辄腾云"，麓是"山脚下"。关于这块高起麓地的来源，有两种不同说法，一是从金峨亘福禅迤逦太白鹿山而来，地理位置又靠近太白山，所以将其命名为"虹麓"。二是从"慈溪马山发胎，过峡甬上蜿蜒而至"。对第二种说法，陆淮不相信，但为"四明山之地脉融结而成无疑也"。另有说，齐宣王有一日梦见太白星乘彩虹，将一股气吹入宣王口中，于是就生了陆氏始祖通，字季达。他后封于平原般县陆乡，故以陆为氏。后人为纪念陆氏始祖而名此地为"虹麓"。不过，这种说法，陆淮也不太相信①。再一种传说是，嘉辰公在建村时，有彩虹临空，以为吉祥，村落屋宇连接如云，又临近太白山麓，所以取名"虹麓"。

对此，陆锋先生说得更为详细，称虹麓村宗祠门联上写着"派自山阴别，地因虹麓灵"，老祖宗在"虹"字左首上头加了一撇（这是"虹"字的别写），应念成"冈"，"虹麓"应念作"冈麓"。这个"虹"字是别写文字，字典上直接查不到，《康熙字典》上也只能查到"蚕"，是"虫"的别写。"虹"是多音字，在地名上可念作"贡"。贡，当作"冈"。"麓"是山脚下的意思。为什么叫虹麓呢？因为这个村在鄞东太白山之麓，地形像是一道虹。我母亲就跟我说过，我们老祖宗造了一座望田楼，能看到前后田畈，河前面叫前畈，朝东方向，村后朝西靠近宁波方向的叫后畈，所以虹麓实际上就是太白山的山麓。后来村名越来越简单了。1962 年以后，政府提倡使用简体字，村人图方便，简化成"江六"。民国时期，忻江明曾使用"港陆"，倒近于普通话读音，不过使用不广。

虹麓始祖陆嘉辰，字高中，南宋人。生于孝宗淳熙元年（1174），卒于淳祐五年（1245），享年 72 岁。清代亭溪支二十世孙陆性初作赞曰：

> 南宋登廷日，名垂史策芳。言资辅政弼，朝议焕文章。
> 系出山阴远，源流虹麓长。至今怀祖德，累世卜其昌。②

从陆氏宗谱来看，陆嘉辰之后的宋末、元代、明初期的子孙只有名字，个别有出生、过世的月日，但没有年代记录。这说明宋末、元、明初时期社会动荡，战乱不息，陆氏后人处于社会底层，且陆氏家族又极重节义，元时村中文人不愿应召任官，所受的社会挤压无疑极大。村人低调生活，耕读传家，抱团求存，有一段时期竟有九世同居现象。动乱中历史文献多有散失，以致记录欠缺不全。这也表明，家族的公共历史文献记录尚未引起重视，也无法重视。

建村初期，居住人口较少。随着子孙的繁衍，人口增加，村落逐步形成。

嘉辰公生两子：太乙公、太二公。太乙公那一支迁到张村十保，号陆家圈

---

① 陆淮:《虹麓说》，见民国《虹麓陆氏宗谱》卷一。
② 见民国《虹麓陆氏宗谱》卷一。

（今鄞州区下应东升村），虹麓是太二公这一支传下来的。太二公娶张氏，生四子，长子士盈，南宋咸淳七年（1271）为迪功郎，江州盐铁使。次年，为朝奉郎，致仕。士盈生三子，取名申一、申二、申三。申一、申二都到外面谋生，申三留在村中，所以虹麓是申三那一支传下来的。申二是武将，"有智力，授将才"[1]，元季参加抗倭斗争，后战死。申三"有文名，以才学显，举乡校，不仕于元，唯智谋运用起家，乡党称贤"[2]。

虹麓始祖陆嘉辰像

申三公生五子，分别为文彬、文相、文礼、文森、文堃，用"五常"仁、义、礼、智、信来命名五个房派，是为第五代。这也是虹麓陆氏分立五个房支的开始，时间在元代。这与明代宁波其他一些大家族如镜川杨氏有相似之处。使用五常名称来命名房派，正说明宋明理学是宗族同姓自治共同体建构的灵魂所在。

仁房文彬，谱称"守成先业，力学敏捷，典籍贯通，列府庠生，征辟不就，敦睦雁行"[3]。义房是老二文相，"自少及壮，心安简净，素厌繁华，矢志修持，竟欲脱俗缘而崇道教"。四兄弟劝他不要出家，但他"壹意孤行，牢不可破"。兄弟们只好在村左边一里多地方，给他修了一个海月堂，"略塑神佛数位，以为修真之所"。里面供奉着唐代远祖宣公与宋代始迁祖嘉辰公的神座，及左昭右穆之神位。自是而后，遂为陆氏家庙，举春秋祀事[4]。文相就在这个家庙做和尚，法号清古涧。他没有后代，仁房文彬的一个儿子就过继给他，当时叫石一房，后来称亥金川（亥房）。家庙的出现是值得注意的一件大事，虽然是因文相公出家而建造家庙，但这与明代兴起的民间修建家庙风有关。

以后其子孙不断向虹麓村周边迁居。姜村（东升）陆家、湾底（五一）陆家、宁波东郊矮柳陆家、舟孟桥陆家、塘溪镇太平桥陆家、鱼郎岸村陆家、城杨岙

① 民国《虹麓陆氏宗谱》卷五《始迁虹麓世系表》，第1页。
② 民国《虹麓陆氏宗谱》卷五《始迁虹麓世系表》，第1页。
③ 民国《虹麓陆氏宗谱》卷五《仁房世系表》，第4页。
④ 陆熊飞：《创建宗祠叙略》，见民国《虹麓陆氏宗谱》卷一。

宋代老屋

陆家、云龙前徐陆家、邱隘回龙陆家、莫枝大公陆家等都从虹麓支，派生而来。实际上留在村里的主脉就是仁房（包括义房）和礼房。智房和信房多数外迁，留居不多。

三、明代的虹麓祖先

陆氏第六代以后，大约进入明朝。第六代陆璟之子陆国祥，"列县庠生，好敦睦乡党，远近瞻仰，若贫苦者，俱有拯济"[1]。其弟陆国瑞，"乡党并称，好施乐善"[2]。由此说明，当时虹麓陆氏的活动范围不大，读书人较少，以农耕为主。至少出现一些富裕农民，在同宗中能做一些好事。

第九世陆智，"列群庠生，力学著书，阖间称善。有（明）盛时，海上倭寇乱，筑沿边城郭，凡民间石，皆官差封验，取运俱尽，独存本家六楼水仓石明堂，至今称为石稻场房。"[3] 陆仕联，"列邑庠廪生，善于赋诗，博古典籍，文名称于士籍"[4]。这里透露出明初卫所城建筑时从民间村落搜集石块的情况。因为当时的开采技术落后，所以卫所城所用石料是从现存的民用石料中挖来的。这样的搜石活动，当然对民间生活影响不小。

第十代陆廷辅，明正德十二年（1512）造十二架堂前。正月，竖正堂。次年十一月，竖东西夹楼。正德十四年（1514）十二月，诵《法华经》，居住分松、竹、梅三房。能建造这样宏伟的建筑，说明陆廷辅家族的富裕。

礼房九世祖陆昭仍主海月堂佛事，法号镜清禅师，"重修堂宇，祀事孔明"[5]。明嘉靖间，礼房十一世祖陆鳌，"素有仙机，一身在楼上睡卧，又一身在门首与众人论事。后至北都，屡显仙术，祈雨建功，钦赐通天仙院，赠官至太常寺少

① 民国《虹麓陆氏宗谱》卷五《仁房世系表》，第4页。
② 民国《虹麓陆氏宗谱》卷五《仁房世系表》，第4页。
③ 民国《虹麓陆氏宗谱》卷五《仁房世系表》，第6页。
④ 民国《虹麓陆氏宗谱》卷五《仁房世系表》，第9页。
⑤ 民国《虹麓陆氏宗谱》卷七。

卿"①。因不附严嵩，"有忤权奸，阴谋火烧通天仙院，驾白云归里，隐居祖祠海月堂，法号用刚。及羽化，塑金身于是堂，号白云禅师"②。这是一个懂法术的人。

十一代另一位陆卿，"为乡大宾，名行端方，忠诚仁厚，以德化，远近敬仰，有司征贤良耆士，因年高领乡受顶戴"③。

今日海月禅寺

万历以后，个别村人的生卒年开始有记录。如陆国卿（？—1638），其子陆兴龙（1610—1640）。陆国相（1602—？），邑庠生。

至十四代，进入明末清初，部分人有生卒年记录，如陆士林（1636—1719）。这是因为陆氏宗谱编纂始于清乾隆年间。

人们对祖先年代的记忆方式，往往只会记住小的月日（这是每年诞辰、逝世的祭祀时间）而忘了更大的生年、卒年累计，结果家谱记录中多数人只有月日而没有年代记录。

第二节　清代的虹麓祖先

一、清代前期的虹麓

清代的虹麓村貌，有人开始描写，如"河流窈深，原隰平衍，居人数百家，率操恒业，而风尚朴厚，有先畴旧德之思"④。所谓"恒业"，就是农耕业。"港水

---

①　民国《虹麓陆氏宗谱》卷七。
②　民国《虹麓陆氏宗谱》卷五《仁房世系表》，第6页。
③　民国《虹麓陆氏宗谱》卷五《仁房世系表》，第8页。
④　忻江明：《云书先生七十寿序》，见民国《虹麓陆氏宗谱》卷一。

五流临其屋，青山数叠对其门，洵天然之佳境也。东则有海月堂，西则有明镜桥，右而为水阁桥，左而为望田楼。客之往还者，必径马桥与迎宾、送客诸桥"①。这里涉及了虹麓村几个标志性的地名——海月堂、明镜桥、水阁桥、望田楼、马桥、迎宾桥、送客桥。这些地名的位置，可以从地图中查到。

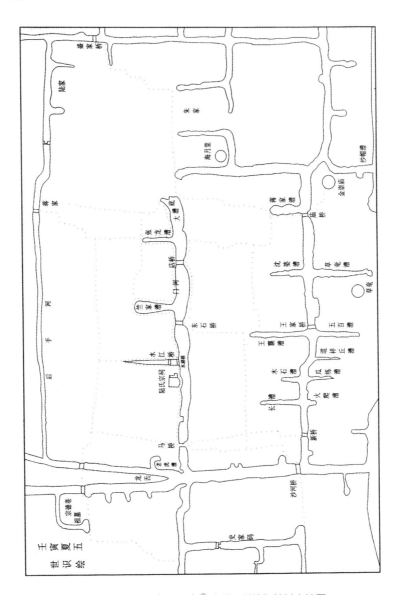

清光绪二十八年（1902）②陆世识所绘虹麓村古地图

①　陆孝纶：《六一山人云书公七十寿自题知足额志》，见民国《虹麓陆氏宗谱》卷一。
②　原图作"壬寅夏五"，不知哪个壬寅。从前后情况来推理，当是光绪二十八年壬寅，因为那年正好修家谱。这幅图当是修家谱时绘制的。

清代以后，第十五世从大、光、法三代开始，虹麓陆氏先祖的生卒年庚逐渐清晰。中国后期的家谱，重点在确立伦理秩序，而辈分是一种建立在血缘基础上的上下辈代顺序，是一种家族自治理念。自十五世起，选用 100 字作为虹麓陆氏排行名，分别为：

大光法文洪	孝友世昌亨	启泰咸英伟	全伦毓瑞祯
师尹安邦国	崇宣道德成	继志期宗祖	守谦学景荣
天锡纯良宰	行方心秉正	性理知仁义	惠慈兆美声
端木存恭敬	延遴在上卿	元辅为仪表	升揆有佐衡
廉节彰明敏	巨相振殿廷	克慎勤修省	熙和彦圣生

六一房的先祖陆法华（1657—1736），字国瑞，迪功郎。陆大元（1678—1742）及其子陆光棋（1713—1777），又陆光杞（1712—1793）、陆光印（1650—1698），虽无具体事迹，但有准确的生卒年。这些应是普通村民。其中，出现了部分值得记录的村人。如陆大凤（1629—1710），授迪功郎，冠带顶戴。陆洪才（1760—1851），字士才，"富于膂力，以耕自给。早岁赤贫，中年克勤克俭，遂成小康"。又如陆洪杰（1728—1797），号逸兴，为乡之介宾，赠迪功郎，"为人沉静简朴，有古人风，以勤俭起家，敦伦理于先代祭祀，每多增广，此尤可见其仁孝矣"[①]。农耕之余，村中也出现了读书人，如陆大藩，郡庠生。其子陆光桂，也是郡庠生，善诗、字。陆大卿（1622—?），邑庠生。其子陆光暹（1652—1691）也是邑庠生。陆洪杰子陆荃（1771—1828），族名孝俨，字允若，号杏石，为郡诸生。屡次参加乡试，均不中。"为人仁厚，不喜校人得失，干事公正。……平居论文课艺，以名节相砥砺，闻有赠答，必核实务称其人，不苟称炳炳烺烺者。"[②]陆世扬（1808—1838）[③]，"心习一艺，心知大义者也"。早年随父亲陆友金（1776—1834）"日事耕耘，既勤且俭，至十余岁，遂游于艺，颇称工精，不惮勤劳"。可惜命运多舛，家遭天火，一贫如洗。又值道光初年旱涝交逼，一家七口全赖他维持。人到中年，稍有积蓄。道光十四年（1834），

---

① 徐新：《逸兴先生墓前小序》，见民国《虹麓陆氏宗谱》卷一。
② 陆世宰：《杏石先生五十寿诗识》，见民国《虹麓陆氏宗谱》卷一。
③ 民国《虹麓陆氏宗谱》卷八《仁房世系表》作"生于咸丰十三年戊辰"，咸丰当为嘉庆，第 85—86 页。

父亲卒，守丧三年，悲伤过度，不久也卒①。这是一个孝子典型，以家庭兴衰为第一责任。

虹麓陆氏宗族意识的强化，是乾隆年间的事。"吾族宗祠，建自有清乾隆年中"②。具体地说，是乾隆十一年（1746）。那年发生了一件大事，海月堂"被奉火妖尼秽触先灵"，于是村人决意在"比屋之中"兴建新的宗祠。所谓"比屋之中"，就是村民房屋的中心，也即中局位置。"奉火妖尼"，不详为何物，从"妖尼"来看，当入住了尼姑。陆熊飞的叙述更为详尽，称到了清代以后，"有外来僧人亦与居焉，遂添设神佛，旋更名曰海月堂庵。始亦不甚与之校，盖虽称谓稍殊，而犹为陆氏之家庵也。不意后有邻村朱姓者，思吾族寝衰，因欲强占此土，虽讼之官而朱姓犹复于验看时贿作童谣。吾族因之而负，不得已，爰于本宅中相其土宜建立祠宇，移历代祖先左昭右穆之神位，奉祀于斯焉"③。由此可知，海月堂地块被旁边的朱家人侵占，且被"童谣"侮辱，导致虹麓村人下决心迁移宗祠。所谓"童谣"，指朱姓太公用糖果行贿小孩。他在周边到处行走，教唆小孩说"朱家海月堂"或"海月堂朱家"，一旦孩子叫一声"朱家海月堂"或"海月堂朱家"，老人就奖励一颗糖，赞美一声"乖咯（宁波话'聪明'）"。小孩子不懂事，有糖吃就叫。结果，附近到处响起"朱家海月堂"或"海月堂朱家"的声音。等县里复审官员乘船来到潘火泗港，下船上岸打听海月堂，小孩子就说"朱家海月堂"。那县府复审之人就说了，连小孩都知道海月堂是朱家的，就轻率地将海月堂判给了朱家。其实，他连虹麓、朱家都没有到过。官司失败后，虹麓村人没有办法，只得委屈自己，迁移宗祠。新宗祠建成后，将陆宣公（陆贽）与始迁祖陆嘉辰的神座迁于此。"兴祠之岁"的九月十三日，陆淮刚好出生，所以其祖陆光珪指称"殆将望此子以宏先业矣"，于是将他的小字命名为"兴祠"④。考陆光珪（1671—1749），授迪功郎，"冠带顶戴"⑤，可见也是村中名人，当参与了宗祠迁移活动。宗祠迁移到村中间，使族人可以精心保护。

宗祠建立以后，又建立了"穷族长、富干首"的宗族自治体制。族长即宗长，由村中辈分最高的人担任。辈分最高的人，往往是发育较晚的家庭，所以

① 袁政裹：《陆君世扬传》，见民国《虹麓陆氏宗谱》卷一。
② 陆世昌：《重建女祀记》，见民国《虹麓陆氏宗谱》卷一。
③ 陆熊飞：《创建宗祠叙略》，见民国《虹麓陆氏宗谱》卷一。
④ 陆淮：《四明虹麓陆氏谱原序》，见民国《虹麓陆氏宗谱》卷一。
⑤ 民国《虹麓陆氏宗谱》卷五《仁房世系表》。

称为穷族长。下面有一批干首。干首犹干事，是宗族公益事业的主持人，村中公益之事都靠干首来做。干首也称"房干"，意味着每房都要推荐有家底且较能干的人来担任。宗族公堂田的收入已经可以维持公益性活动了。"自虹麓开基以来，凡世世宗房干事者，指不胜屈"。族长与干首的体制的形成，年代无法详考，至少清代乾隆年间可以肯定有了。如乾隆四十四年（1779）时，陆镜尘为宗长。据嘉庆十八年《奉示公禁碑》，宗房是陆法富（1742—1805），干首有陆洪量、陆汝元、陆孝咸、陆尚贵。嘉庆二十一年时的干首，据《陆庄图会碑》，有陆炳如、陆文章、陆汝霜、陆松盛、陆元若。

除了宗族管理体制，尚有为政府收税办差的地保制度。据研究，地保出现于康熙年间。雍正以后，多按自然村落设置，体现以乡人治乡事精神。从民事管理方面看，其主要职能涉及钱粮催征、支应官差、治安管理、田土勘丈、民间调处、救灾赈济等。从刑事管理来看，其主要职责涉及案情查验、案件报官、传拘罪犯、充当质证、查盗起赃、"另户"监管等。乾隆以降，地保逐步向全面承值乡里差役演变，并随着清代对地方控制的加强，地保既治其乡，又役于官。其性质亦日趋从乡里职役向官府吏役转化，成为官府的"驻乡代理人"[1]。据《奉示公禁碑》，嘉庆年间，江六村的地保是陆文章（1769—1833）、陆洪治（1762—1825）两个人。据《陆庄图会碑》，"地保听图众公举，无得私自滥充"。从署名方式，先宗长，后干首，最后地保，说明地保位置低。

嘉庆十八年六月立的《奉示公禁碑》、嘉庆二十一年（1816）三月立的《陆庄图会碑》，颇能体现其乡治精神。这两块碑一直立于陆氏祠堂内，没有被拓成文字，收录于宗谱中。现根据碑石，将其内容移录下下。

夫事之无关风化者，不足为斯人之劝也。粤稽吾乡自宋迄今，聚族而居，历数百年，或耕或读，颇称淳良。及至近年以来，人心不古，积习难更。内有无业之辈，广为鹅鸭，践食田苗春花。又其甚者，不安本业，乘人不备，多至窃取园蔬稻草，衣服物件，以为生涯。

语云：绵绵不绝，炎炎若何。倘任其肆为无忌，将伊于胡底耶？夫不能有善无恶者，世俗之弊也。而贵于防微杜渐者，老成之谋也。富等身为宗房，难容坐睹，因于旧人，公呈县宪，蒙批候示禁。盖能守乡禁，自可不犯国

---

① 刘道胜：《清代基层社会中的地保》，《中国农史》2009年第2期。

法矣。陈批示外，合行勒石。为此，妥议条款，开列于左。俾匪类愚民触目自警，知所惩戒，不至日久禁弛，重蹈前辙。异日安居乐业，俾无业者各归本业，以复于淳良也，未必不于此举决之。然则此碑之立，虽云惩恶，实以劝善也。其有关于风化者，岂浅鲜哉！

一、禁偷窃。凡族内被窃，不拘内窃外窃，赃多赃少，宗保作主，许其各家面搜。真赃现获，大则鸣官究治，小则赔罚。如若克阻，加倍罚治。如有知风报事者，公议谢钱若干文。

一、禁窝藏。倘经搜获，罪加一等。

一、禁有外来船只。倘有疏失物件以及外姓被窃，凡赃获证确察出，照例罚惩不贷。

一、禁鹅鸭。不许广放，践食田苗春花，如违重罚。

一、族内凡有恃隐、一切违例犯法等情，俱可以宗保作主惩治。

以上如有不遵禁条，必待官究，其获送交费，公项开销。

又禁祠内不许堆积，违者议罚。

宗房，当为宗长与房长之简称。宗保，当是宗长与地保的合称。也就是说，是宗长与地保共同管理乡村。春花，指油菜与草籽。到嘉庆年间，农村风气开始变化，不种田的无业人员增多。这些无业人员开始大量养鹅鸭，结果影响村庄的田苗春花，有的甚至偷窃村中财物，祠内出现堆积现象，农耕社会面临破坏局面。为了阻止这种恶劣形势的发展，宗长、干首出面，立碑公示，建立严格的乡规民约。值得注意的是，这虽然是虹麓村的乡禁，但也得通过县府批准，这正说明民间的宗长与地保缺乏这种执法权，必须通过官府的背书来加持。这证明传统的宗法自治权力实际上被削弱了，国家权力在渗入乡村管理中。当然，不是直接派员管理，而是通过转移支持的方式，让乡村的宗保来执行。

祠堂厢房内有嘉庆二十一年三月立的《陆庄图会碑》。碑文记载陆法宁等43人，徐姓、方姓5人，还包括蒋芭泉、广济庵、海月堂、普荣人4个组织或个人，捐友16人。干首陆炳如、文章、汝谋、松盛、光若。此碑由陆静涵书。

图田之会何坊乎？忆本图典（注：疑"与"）史姓分庄以来，历有年所，田亩不见加增，户口甚为消长，充当者艰于值役，先旧辈恒以是为凛凛焉。今奉上谕，禁革庄长一应催粮、勾摄等务，只立地保一人，承办并绝户粮。

各项陋规，俱与庄长无涉，不胜欢忭之至。第庄长之名虽草，而地保之费难除。为一劳永逸之计，当思成始成终之谋。丁卯春，予五人等纵言之，不觉欣然，遂相率而起，集成一会，子母相权，至期满之日，得钱柒佰余千文，增置田亩，以为帮役之地，庶庄田虽有消长，而会田永有定额，不致叹费用之无出焉，此图田之会之所由设也。今春，事告成矣，用勒诸堵石，以垂永久。因思凡事不难图成，而难于创始。方予等集议之时，有谓损人利己，共相非诋者矣，避不谋面者矣。今置田立碑，目所共睹，损人乎，利己乎，必有能辨之。然则是会虽系数十家集腋所致，实由予五人之力居多。自后上完图课，下全公务，则是会正不得谓无益。爰为数言，以弁其首。今将规条、田亩、土名、会友姓名列后：

一、地保听图众公举，无得私自滥充。

一、图田谷归地保，秤收有余，存以充公。

一、是田会也，在会内者，不拘多寡，准其永免帮役。如止分厘之户，亦准其概免。以外，余仍照老例起帮，毋得率称图田有分。倘有愿参者，酌其田亩，议捐方许。

一、图内如有四大重情以及塘堰碶坝大修大筑，仍照陆庄粮额，照田议帮。

阅读此碑，首先让人好奇的是"陆庄"是什么意思。原来，明清时代地方基本的赋役制度是图甲制。雍正六年（1728）[1]，为便利田赋征收，改图甲制为乡庄制。如此，就可理解此庄为乡庄制下的庄。这表明，虹麓村在雍正以后是乡下的一个村庄，因为是陆姓群聚之庄，故称"陆庄"，设庄长。这套乡庄体制，一直用到民国时期。可惜，年久以后知道的人不多了。

嘉庆年间，朝廷进一步改革田赋征收制度，剥夺庄长的催粮、勾摄职权，交给朝廷认可的地保承担。地保"承办并绝户粮"，有地保之费。为了解决这个问题，另设"图田之会"。此所谓会，就是民间标会，它是一种金融融资活动。由五个人发起，几十人参与，最后利用其利息，增加图田，作为帮役田。图田谷归地保，解决帮役费用，如此可"上完图课，下全公务"。这就是此碑名"陆庄图会"的含义所在。由此说明，早在清代中叶，虹麓就已经有民间标会了。

_____

① 有的地方作雍正四年。

奉示公禁碑

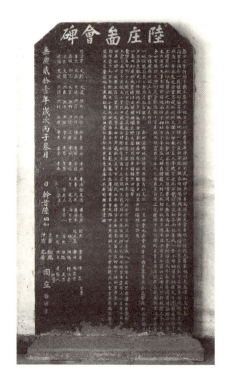

陆庄图会碑

家谱的编纂 虹麓陆氏宗谱，最早编纂在清朝，由第十五代陆大贞编纂。陆大贞，字吉人，生卒年庚不详，大约在顺治至乾隆初期。"博学名儒，乡举耆士，品德端行，年高受顶戴"[①]。他是乡村塾师，陆调阳的举业师。他编纂了一部宗谱稿，时间当在乾隆十一年兴建新宗祠稍后。

乾隆三十年，宁波城内月湖支十五世陆墀（公升）到下应应氏教书，结识虹麓的陆正友（法清）、陆伦先（孝本）、陆淮为文社友。大家说起陆姓来源，都推到了仁昭公二十五世孙，大家是同辈。陆法清（1724—1790），字正友，官名季李，学台选拔考试时，他考取第四名，成为佾生。陆孝本（1734—1775），字伦先，是陆法华的第四代孙，儒士，才学宏通，工于诗赋。陆文理（1746—？），字调阳，官名淮，别号南沧，佾生。"少嗜学，毫不倦，爱文墨交游，谊尚忘年"[②]。陆孝本经常对陆墀说："吾族缺修谱一典，大约吾数人事。"[③] "吾辈

① 民国《虹麓陆氏宗谱》卷五《仁房世系表》。
② 林又藻：《虹麓陆氏宗谱原序》，见民国《虹麓陆氏宗谱》卷一。
③ 陆墀：《重修四明虹麓谱原序》，见民国《虹麓陆氏宗谱》卷一。

倘读书取科第，当以联谱为志。"① 可惜，陆孝本在乾隆四十年就离世了。又过四年，到了乾隆四十四年（1779）冬，宗长陆镜尘与陆正友、陆允文、陆豹文讲及重修谱牒之事，三人非常支持，于是委托陆淮主持宗谱编纂之事。陆淮认为"我家自居宁以来四百余岁矣，虽藏有故牒，阙焉而不修。苟任其散逸，将昔人之伟烈丰功浸就湮没，其何以为后嗣昭法守！"② 考虑此谱稿"不无鲁鱼之讹，如此残缺失次，非闻见广甚，钩索别谱，如何校正"，马上想到了陆墀，从其家抄录家谱。乾隆四十五年初，陆淮与陆墀动工修家谱，以陆大贞谱稿为基础，参考陆氏月湖支宗谱，进一步扩充编纂，至八月告成。"其间详略次第，折衷去取，悉多由月湖谱参考"。陆正友、陆允文、陆豹文也参与了家谱编纂活动。因为坚持联谱原则，所以《虹麓陆氏宗谱》不同于其他宗谱，同时简略地记录了相关陆氏支谱的名字。

又过了 30 余年，到嘉庆十七年（1812），宗谱编纂之事提上议事日程。宗长等商议，决定第三次修谱。他们决定委托陆淮及其学生陆孝俨主持。正值浙江乡试之年，陆孝俨忙于科举考试，"笃志敏学，有步月冲霄之志"，所以没有参与。67 岁的陆淮再次承担起主编宗谱的编纂，陆文章、陆洪治、陆洪修也参与了修谱之事。九月，陆淮动手修谱。"日则往各家以查载，夜则焚膏油而誊注，几忘寝食之劳，不惮寒暑之苦"③。次年，宗谱修成。"藏于宗长家，年迈失检；藏于稠密家，恐有不虞；藏于卤莽家，致有亵漫。盖前人创修之维艰，而后人之收藏之亦不易也。"④ 陆氏宗谱，"两次重修，上自始祖，下迄本代，详审整齐，毫无谬误，洵足宝也。惜其谱乃写本，非印本。又止一部，不足以广流传"⑤。由此可知，只有抄本一部，传播不广。

二、清代晚期的虹麓

（一）耕读传家　陆茎儿子陆友方（1791—1863），号艿畦，字向义，覃

---

① 陆淮：《四明虹麓陆氏谱原序》，见民国《虹麓陆氏宗谱》卷一。
② 赵起鲲：《虹麓陆氏重修宗谱原序》，见民国《虹麓陆氏宗谱》卷一。
③ 陆淮：《重修宗谱原序》，见民国《虹麓陆氏宗谱》卷一。
④ 陆茎：《重修宗谱原序》，见民国《虹麓陆氏宗谱》卷一。
⑤ 陆文华、陆世宰：《重修宗谱序》，见民国《虹麓陆氏宗谱》卷一。

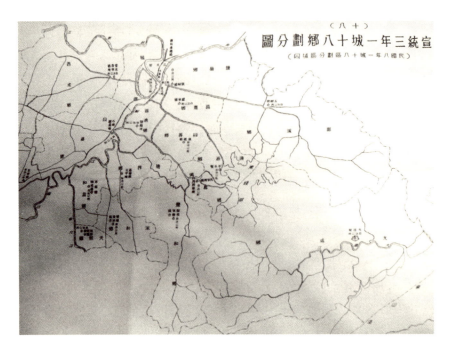

宣统三年鄞县图中的鸣凤乡

恩上寿。"代以耕读传家，盖乡党自好士也。"①其长子陆世官（1819—1875），
国学生。次子陆世宰（1821—1887，同治癸亥科举人）之子陆昌锟（1859—
1937），继承父志父业，也以读书为业。仁房六一房的陆友衍（1799—1868），
皇恩冠带。其夫人忻氏，当与陶公山有关。陆世才（1808—1881），皇恩冠带。
其子陆昌林（1833—1899），皇恩冠带。陆世楣（1848—1886），字筠舲，号
永茂，国学生。陆洪德长子陆孝乾（1843—1899）"幼颖悟，好读书"②，同治
七年（1868），补博士弟子员。后授贡元。陆孝乾长子陆熊飞（1866—1924），
谱名友焜，字渭川，号梦占，别号蕙卿。少攻书，光绪十九年（1893），游郡
庠，为郡学增广生，文誉噪盛，可惜科举之路不顺。"以五经之学，教授乡党，
岿然兼经师之望。虽训蒙自给，而获俸甚微，家计于是索然矣。……近闻其游
鄂后退归林下"③。陆孝乾的其他几子为陆友煌，同知，陆友炜，国学生，禀训
海运，五品衔，奉直大夫；六子陆熊占（友炬，1893—?），国学生。陆熊飞长
子陆世让（1891—?），中书科中书。陆世芳（1850—1929），字金龙，号蓉

① 朱师洛：《芗畦先生七十群仙图寿序》，见民国《虹麓陆氏宗谱》卷一。
② 郑彬瑞：《玉英先生家传》，见民国《虹麓陆氏宗谱》卷一。
③ 毛佑清：《预祝蕙卿仁兄陆先生周甲寿言》，见民国《虹麓陆氏宗谱》卷一。

斋，国学生①。陆世尧（1840—1909），字全模，授五品同知衔，戴蓝翎。陆昌荣（1885—1917），国学生。陆世祐（1814—1886），字耀宗，受皇恩冠带②。其子陆昌元（1849—1920），字显位，五品衔。陆世理（1831—1899），受皇恩冠带③。十房的陆世官、陆昌派都是国学生。陆友谦、陆友诒、陆友谆、陆世显都是登仕左郎生。陆友方，文林郎。陆友贤、陆世才、陆友福、陆昌林都是皇恩冠带。陆昌浩，州同知，五品衔。陆济亨，迪功郎。廿二房陆世樀、陆友润、陆友浃、陆友朋都是皇恩冠带。陆友嘉，迪功郎。陆昌炳，登仕左郎生。礼房的陆孝渭、陆友机、陆友椿都是监生。读书和出仕职务最高的当数十房的陆世范（1868—？），原名世滋，乳名阿林，一名九三，字行方，生于同治七年，授工部侍郎衔，任吉林电局长④。吉林电局，可能是吉林电报局，这个职务应是晚清洋务运动后的职务名。他享受工部侍郎待遇。

　　（二）经商的出现　　陆洪德（1814—1892），号玉英，国学生，受皇恩冠带。"幼即弃儒就贾，操懋迁业。稍长，往采闽峤，运筹居殖，能以勤俭起家"⑤。可见，他初在福建做生意。后来回到宁波经商，"公以设肆甬江，僦居于甬，由虹麓而丁祖堂而张斌桥而大河桥，自营新宅，凡经三徙。而族中公举公之任其事者，仍无异于同居，则可知公之厚于一脉"⑥。住房能三迁，证明其经济实力较强。陆孝乾有6个儿子，其中3个儿子陆友耀（1871—1897）、陆友炜（1876—1897）、陆友煌（1878—1938）均业商，"习计然业，俱有节干，克绍祖传"⑦。陆洪德卒后，其家迁居宁波江东舟孟桥。光绪二十三年（1897），陆友耀、陆友炜相继去世。只有陆友煌经商成功，加同知衔。

　　陆昌浩（1853—？），字养吾，号苍瀚⑧。"既长，俾习计然业，客杭数载"。后来归家乡，"未几，以才谞为镇海巨室所器，延之入幕，司会计出纳，咸当其职，甚委任焉。自是，稍有所入以赡其家嗣，乃构居宅，营沃田，凡所经营，

---

① 忻壹：《陆公蓉斋生圹志》，见民国《虹麓陆氏宗谱》卷一。
② 民国《虹麓陆氏宗谱》卷八《仁房世系表》，第99页。
③ 民国《虹麓陆氏宗谱》卷八（上）《仁房世系表》，第208页。
④ 民国《虹麓陆氏宗谱》卷八（上）《仁房世系表》，第67页。
⑤ 郑彬瑞：《玉英先生家传》，见民国《虹麓陆氏宗谱》卷一。
⑥ 郑彬瑞：《玉英先生家传》，见民国《虹麓陆氏宗谱》卷一。
⑦ 郑彬瑞：《玉英先生家传》，见民国《虹麓陆氏宗谱》卷一。
⑧ 民国《虹麓陆氏宗谱》卷八（上）《仁房世系表》，第115页。

渐臻顺遂"[1]。后来，援例授州同知衔，加二级，五品衔。由此可知，这是一个老会计。

陆洪杲（1860—1922）[2]，名松寿，字华山，号贤良。其父陆文明（1823—1895），"安贫守道，见重于里"[3]，可见他仍是一个普通农民。陆洪杲早年受过好多苦，10岁丧母。同治十年（1871），12岁的他就出去学生意，"弃儒家书，学贾于外。克勤克俭，战战兢兢恐陨越，贻父母羞"[4]。光绪五年（1879），20岁的他担任店长，"即为人执肆事，大为肆主所信任"。由于从小经历过生活磨难，自立性很强。光绪十一年（1885），26岁的陆洪杲与15岁的袁小翠（1871—1955）结婚。

袁小翠

袁氏个子不高，很能干，性格刚毅果断。婚后，丈夫去外边闯荡，家里事情由她管理。光绪十五年（1889），30岁的他"乃自营业，在甬江之东新河头曰陆万源者，鱼鲜业也"[5]。有一年宁波大旱，河都干了三个月，水产没有了，"陆万源水产行"就关门了。光绪二十一年（1895），父亲陆文明卒[6]。当时宁波有一个非常大的店铺——豫泰号，因为他的信誉和管理才能都非常好，请他去管理这家店，他也管得非常好。光绪二十八年（1902），43岁的他从这家店辞职出来，到江北岸轮船码头，"与友人合组慎和鱼行"[7]，做的是海里的水产。慎和搞的比较好，"得有余储"，从此渐渐地发达起来，"家成小康"。他刻苦、诚信、关爱、孝悌。自己生活非常简朴，"布衣疏食，未尝有一裘之被，兼味之尝"，但对公家的事情很热心，见义勇为，修桥、铺路、修庙、搭凉亭等等。到年老时还长期吃素养

① 盛炳纬：《诰授奉直大夫陆君养吾五旬寿序》，见民国《虹麓陆氏宗谱》卷一。
② 关于陆洪杲的卒年，略有出入，家谱称民国十一年（1922），但《陆母袁太夫人七十寿序》作"岁癸亥，贤良府君捐馆"则应为民国十二年（1923）。《陆瑞康君家传》作"乙未，椿庭见背"，则可以肯定错误。乙未是光绪二十五年，这是其爷爷陆文明过世之年。
③ 张怀礼：《陆瑞康君家传》，《虹麓陆氏宗谱》卷一。
④ 王正平：《恭祝硕德望良尊兄陆老先生六旬庆荣》，《虹麓陆氏宗谱》卷一。
⑤ 王正平：《恭祝硕德望良尊兄陆老先生六旬庆荣》，《虹麓陆氏宗谱》卷一。
⑥ 钱玉书：《陆母袁太夫人七十寿序》，《虹麓陆氏宗谱》卷一。
⑦ 张怀礼：《陆瑞康君家传》，《虹麓陆氏宗谱》卷一。

性，有点超然脱俗。他的辈分很高，当过族长。"尤以睦族为主义，视族人如家人，视族事如家事，凡族有贤者，必奖励之；有不肖者，必规劝之。富者则谕以保守之方，贫者则教以谋生之路。其茕独无告者，则时有周恤；其聚讼纷争者，则力为排解。尝曰：一族之人，虽有门分户别，而自吾祖宗言之，固一本也。以本族之人，无长无幼，无贤与不肖，莫不尊而亲之。"① 也因此在族里有很高的威望。

陆友谆（1830—1885）和其子世荣（字载富，1880—?）在甬城开办了当地最大的新生祥赁器店，包办和出租节庆、婚丧喜事的全部礼仪、布置、宴饮事务和器物用品。

陆世恩四女在沪创司惠司钟表行。

陆世财（1862—?），居镇海大街头，开陆源泰字号②。

陆孝森（1846—1897），业木匠。

（三）宗族的管理 道光、咸丰年间，陆文灿（1782—1814）、陆文江（谱系表作"刚"，1795—1869）、陆文华（1802—1874）三兄弟曾先后担任宗长。光绪二十七年（1901），陆洪奎为宗长。光绪二十四年（1898）重修家庙，陆世楣独任巨肩，无少难色，成为宗干。他又派立"四柱八干"，以分任之。六一房有陆世豪、陆世箎，廿二房有陆世相、陆世才，十房有陆世善、陆世枘，里大房有陆友悌、陆茂林。"自是而后，春秋祀事、收花当办、出入度支，司年挨次轮值，罔敢推诿，而折其衷者，惟世楣一人而已"③。

（四）宗谱的续修 道光年间，陆文灿为宗长，曾邀请干首郑川、体健、向义等议重修家谱而未果。同治五年（1866），陆文江为宗长，又商量修谱，后辈友瑶、世经等采访汇抄，几成矣，旋以议阻，其事又寝④。同治九年（1870），陆文华为宗长。他找来陆洪禄、陆洪禧、陆孝璋等，再次提及宗谱编纂，称"谱之不修，非惟无以上承宗祖，抑亦余与二三子之羞也"。秋天，纠合同人陆明鉴、陆世瑶，悉心分校，照旧文续成之，阙者补，略者详，源流派别，缕析条分。成稿以后，找工匠印了四部，编作天、地、人、和。每部六册，编为礼、乐、射、

---

① 王正平：《恭祝硕德望良尊兄陆老先生六旬庆荣》，《虹麓陆氏宗谱》卷一。
② 民国《虹麓陆氏宗谱》卷八《仁房世系表》。
③ 陆熊飞：《干事志略》，见民国《虹麓陆氏宗谱》卷一。
④ 陆文华、陆世宰：《重修宗谱序》，见民国《虹麓陆氏宗谱》卷一。

陆氏钱家山分支宗谱

御、书、数。"其旧谱随宗长轮藏，其四部分择族内整家庋之，防遗失也"①。这是陆氏宗谱印刷的开始。光绪二十七年（1901），陆洪奎为宗长。光绪二十八年，修家谱。陆洪奎主其事，族内友梯、世材、世燿、昌浩编纂②。聘请了职业谱师、嵊县籍谱师王怀忠担任总编之任。光绪二十二年（1896），王怀忠曾参与鄞县朱氏宗谱的编纂。此时，距上次修谱有32年了，"揆天时而察人事，不无沧桑之感。其间老者殂，壮者衰，少者长，凡生庚死甲，子添孙续，男婚女家，与夫嘉言懿行之待纪者，更仆难数也。爰鸠资庀工，嗣为修辑"③。当年修成，最后正谱印了五部，副谱一部，每部八本，编作乾、坎、艮、震、巽、兑、离、坤。

除了虹麓宗谱，也有分支，如钱家山分支，编纂于光绪三年（1877）。

（五）重修祠堂 "岁戊戌，族中谋重修宗祠而资用弗给，君输缗俵助，事卒以集"④。戊戌是光绪二十四年（1898）。当时，家庙正屋三间，日久损坏。宗长、房干即议修造⑤。至光绪二十八年（1902），"宗祠改建竣，宇雕轮焉奂焉，固已巍然可观矣"⑥。陆世楣主其事，而十房陆世才督工。陆世祐之子陆昌元（1849—1920），字显位，五品衔。修祠堂时，"延兄监工年余而告成，绝无所私，且能量力俵助，为宗人倡，以藏其事"⑦。虹麓陆氏宗祠的堂名"辅政堂"，悬于正对戏台的大厅祖堂的中间。在唐代晚期，陆贽任唐德宗朝翰林学士，他预测

---

① 陆文华、陆世宰：《重修宗谱序》，见民国《虹麓陆氏宗谱》卷一。
② 陆熊飞：《重修虹麓陆氏宗谱叙》，见民国《虹麓陆氏宗谱》卷一。
③ 王怀忠：《陆氏重修宗谱序》，见民国《虹麓陆氏宗谱》卷一。
④ 盛炳纬：《诰授奉直大夫陆君养吾五旬寿序》，见民国《虹麓陆氏宗谱》卷一。
⑤ 陆熊飞：《创建宗祠叙略》，见民国《虹麓陆氏宗谱》卷一。
⑥ 陆习仪：《祠台记》，见民国《虹麓陆氏宗谱》卷一。
⑦ 忻江明：《陆显位表兄五十晋四寿言》，见民国《虹麓陆氏宗谱》卷一。

可能发生兵变，果断应付，辅佐德宗，随时进谏，策划事宜，曾获"内相"之称。贞元八年（792），升任中书郎同平章事，故陆氏后裔以陆贽为荣，第四十八世祖（太保支始祖）陆仁昭将宗支堂名定为"辅政堂"。刻在辅政堂左右的对联写道："文以安邦，秉承祖训，读四书五经，育擎梁俊杰；武能定国，应顺天命，列三公九卿，居辅政重臣。"

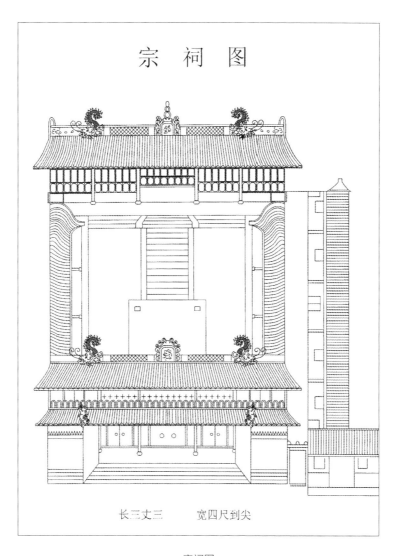

宗祠图

祠堂重修后，因为经费支绌，未建祠台。又过了十年，陆云书主张扩建祠台，因村民生活困难无力资助。陆云书坚持修建，自己出资，又向较富裕的村民募捐，终于修成祠台。陆云书认为这个台可以敬祖，也可以化民，所以题为"人伦鉴"①。

（六）重建敦复堂 后来传到法华一支。第十七代陆法华（1657—1736）是陆光荣的继子，陆光相子，其弟法茂别附于前堂。到光绪十九年（1893），考虑到费用较多，决定将两堂合一，并力经营，庶几易于集事，且明亲亲之义。所需费用，析为十分，法华后裔出四分，法茂后裔出六分。至八月完工，共费土木费番银 200 多元。

（七）改建女祠 光绪二十四年（1898），族贤陆世善有志于此，陆昌国力任其劳，扩拓祠宇，附祀女宗。就祠展地，辟三楹而为五楹，以中三间供祀男主，东西夹室各有一间，增设女位②。至光绪二十六年（1900），厥功告成③。既崇男性祖先，又尊女性祖先，是陆氏宗祠的一大创造。

（八）建立学校 最早的虹麓学校，由陆世宰创建。陆世宰（1821—1887），字佐邦，号补庵。早年随族叔祖陆友述学习。17 岁外出，就同里朱伊生学。道光二十七年（1847），补县庠生。同治十二年（1873）举于乡，他是清代陆氏第一位举人。此后，四次北上会试，均未成。退而修业，以启迪后进者十多年④。他的贡献是办义塾，"悯子姓失学，以为俗之不醇，由家之无教，欲仿古建塾之制而资力未逮，乃集众议，以九世至十六世祖，并有圭田祭则，岁举而撙节，子姓享馂之筵席，储以为学费，创议于光绪八年。阅十载，始延师教授。凡房从之及年者，咸入焉"⑤。由此可知，义塾创于光绪八年（1882），学校在十房，当时由陆世宰亲自教授。他亲自订立塾规，称为"毓秀"。当时尚未有校名，创业未全。"自是厥后，岁有羡余则置田，以垂久远。寸铢积累，群力经营"。光绪十三年（1887）陆世宰卒后，委人经理，置大业田 5 亩。光绪十六年（1890），置小业田 7 亩。到光绪十八年（1892），"经费渐裕，爰定基础，聘师教授，颜其名曰毓秀义塾"。由此可知，正式定名毓秀义塾是 1892 年的事。光绪十九年（1893），置小业田 6.3 亩。光绪二十一年（1895），置小业田 7 亩。宣统元年（1909），置小业田 4.5 亩。宣统三年（1911），置小业田 3 亩。

---

① 陆习仪：《祠台记》，见民国《虹麓陆氏宗谱》卷一。
② 忻江明：《虹麓陆氏祠堂记》，见民国《虹麓陆氏宗谱》卷一。
③ 陆世昌：《重建女祠记》，见民国《虹麓陆氏宗谱》卷一。
④ 童德厚：《陆补庵进行孝廉传》，见民国《虹麓陆氏宗谱》卷一。
⑤ 忻江明：《毓秀义塾记》，见民国《虹麓陆氏宗谱》卷一。

此后的重要人物是陆孝纶（1843—1916）[1]，字经掌，号云书。少孤，母亲苦节将之抚养而成。"中岁食贫，晚年始有余裕"[2]。"万虑俱脱，欣慰莫似，盖已偿其四十年前寄沪时之素志矣"[3]。由此可知，30岁左右，他曾在上海工作。"值兹七旬，所务公益，早多告成。儿辈之经营方隆"[4]，说明其子孙是经商的。由此倒推，可见陆孝纶是经商之人。因有些积累，所以能做敬宗收族的公益之事。"吾族有祠，岁久倾圮，葺而新之，以妥先灵。嗣营台榭，规模始备。云书皆出资倡，孝思不匮，宜寿一也。谱牒之修，族属攸繁，倡议搜辑，克期成书，数典无忘，宜寿二也。族之子弟，因贫废书，慨焉悯之，为设族学，延师课授，悉出己资，养正于蒙，宜寿三也。饰终之具，以贷贫者，使族无举之丧，爱人以德，宜寿四也。购置义山，仿古族葬之意，俾无有暴露，泽及枯骨，宜寿五也。贫乏之家，加意存恤，每值岁终，计口馈粟，惠及孤寡，宜寿六也。"[5]由此可知，这位云书先生做了相当多的好事。

陆洪杲在虹麓的房子是两层楼及平房，院子较大，正门进来，一侧是个大厨房，另一侧是个谷仓，接着是大院子。院子当中摆摆水缸、种种花草。再进去就是正房了。正房是两层的阔檐唇楼房，一边有前间、后间、灶间，另一边也是前间、后间、杂物间。两溜边房中间，夹着个中堂间。楼上也是这样子的。20世纪50年代以后，交由管祠堂的香桂嫂养子陆见光一家住着。陆见光父母去世早，是个孤儿。香桂嫂帮他成家后，他就住在这所房子里，每年的租金，象征性地收一、两块钱。后来收了五块钱，就算把这房子卖给他了。

光绪三十年立、民国四年重立的《辅政堂兰盆胜会碑》："本祠例行秋祭，外普放瑜珈焰口。会由盂兰盆而设，事由辅政堂而行。"后面署名宗干：陆洪奎、陆洪杲、陆孝纶等62人。施放焰口，是盂兰盆会对亡者追荐的佛事活动。施舍食物，能令饿鬼得度。为他们说法、皈依、授戒，能令其具足正见，不再造罪受苦，早日脱离苦难，成就菩提。

---

① 家谱作于清道光十四年（1834），但忻江明《云书先生七十寿序》作于民国二年，据此逆推，生于道光二十三年（1843）。

② 忻江明：《云书先生七十寿序》，见民国《虹麓陆氏宗谱》卷一。

③ 陆孝纶：《六一山人云书公七十寿自题知足额志》，见民国《虹麓陆氏宗谱》卷一。

④ 陆孝纶：《六一山人云书公七十寿自题知足额志》，见民国《虹麓陆氏宗谱》卷一。

⑤ 忻江明：《云书先生七十寿序》，见民国《虹麓陆氏宗谱》卷一。

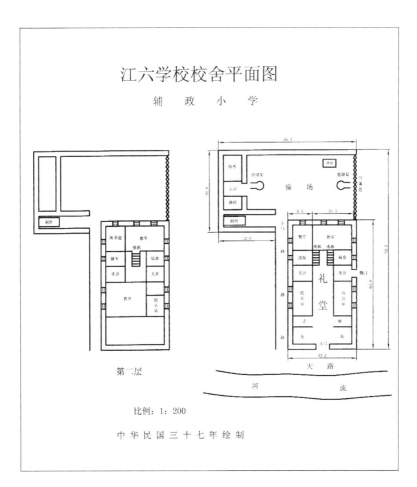

虹麓学校平面图

第二章　20世纪上半期虹麓纪事

第一节　管理体制

虹史乡

史家基　田畈王　史施王陆张应
陆家桥　虹麓　李林姚康郑忻
西徐　金徐及其他

下王　十五房　蔡孙李敢丁金
章漕　三房头　陆勉黄史苑冯
树桥门内　西　郑胡及其他
江龙胆漕　皇
德桥　大屋门内
前头岸　横河
头　井澳头

余徐乡

余徐垫

余徐颖史沈虞　王张戴柳钱卢　郁杨锺唐邢茱　陈穆韩朱樊周

民国《鄞县通志·舆地志》所载虹麓

民国十二四年（1935），虹麓村隶属鄞县同保镇。

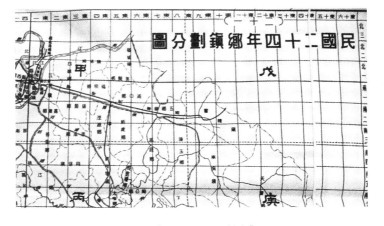

民国《鄞县通志·舆地志》

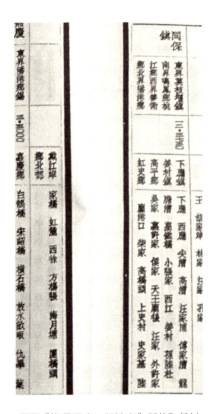

民国《鄞县通志·舆地志》所载虹麓村

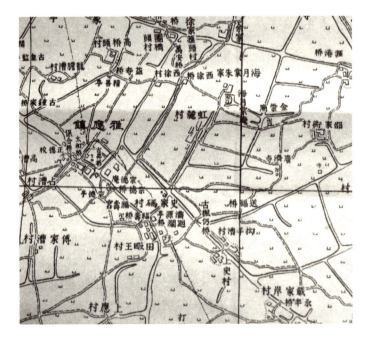

民国《鄞县通志·舆地志》所收地图

一、宗族自治

虹麓村庄沿河而建。20世纪80年代前，只有河的西边有房子，河的东边靠近东钱湖方向全是田畈。村子以祠堂为中心，分为中局、里局、外局（局，近"段"），外局有六一房、廿二房、亥房，中局有五一房，十房靠近后畈，人口最多。当时虹麓村大概有四百多户人家，1949年前基本上都是姓陆的，外姓人很少。当时虹麓村房子比较整齐，大多数是两层木结构楼房，矮平房不多，沿着河一路都是房子。过去到农忙季节，割稻子的时候，劳力紧张，雇请的割稻客都是象山人、天台人，那边农事季节稍微早一点，他们那边稻割好以后，就往宁波方向来帮助割稻。割稻客少数留下来的也有。当地民风比较淳朴，贫富差距不大。对外姓人也没怎么歧视，因为大家都是劳动者，所以原来的社会结构是相当稳定的。

族长是名义上的，人称"族长太公"，辈分大，但是没什么实权。末代族长是陆孝圆（1874—？），为仁房廷英公小七房支，其子友德（阿东，1904—？）。

村里的干首，担当起村中士绅的角色。他们是由各房推荐出来的村民代表，只有办事能干、有威望、放弃自己利益的人才可担任干首。干首活动能力强，负责具体村务的办理。村中的主要干首是陆世安（1887—1946）。他一直在村中生活，非常热心能干。"世业农，少勤学，附读于乡塾，仅四载，聪颖过常儿。……既长，负干练才，勇于任事，终其身，除勤劳于畎亩外，瘁其心力于社会事业，乐而不倦。二十三岁（1909），被举为宗房干首，于宗族中乡党中，凡有提倡公益义举者，君靡役不与"[1]。也就是说，他早在1909年23岁就开始担任干首一职。他的贡献很多，主要是修桥铺路，"其关于道路者，自治必先于道路。交通便利，则地方自治易于发展"。民国十三年（1924），鉴于本村道路岁久失修，"发起修筑道路二，一则马桥至横大路，一由毕家桥至西徐。逾八年，又发展起筑道路二，由东石桥至广济寺，一由五百漕至送客桥。因是，虹麓一村，四通八达，化砢砍为康庄，行旅往来，口碑载道，无不颂君之德惠矣"[2]。其次是修社庙。"其关于社庙者，神道设教，补助法律所不及，以启人

---

① 张慎礼：《陆世安君传》，见民国《虹麓陆氏宗谱》卷一。
② 张慎礼：《陆世安君传》，见民国《虹麓陆氏宗谱》卷一。

民敬畏之心，是固非关于迷信者。杨树桥都神庙祀唐忠臣张巡，金崇庙祀晋义士鲍盖，或有功于国家，有或有功于郡邑，为一方人民报赛之所，君先后发起募修，并被推为监督工程，采备材料，可见君之信誉卓著，有孚于众望者焉"①。此外也做了不少其他方面的公益之事，"于宗族乡党间，若修宗谱、建女祠，若御灾难，施粥米，君不特能输其财，而且能出其力，可谓一乡之善士矣"②。

除村内外，村外有经商名人担任干首。除陆瑞康外，陆世昌是1944—1950年族里的干首。加上经济实力强，他对整个村里办学、修谱、规划有一定推进作用，详见其他相关章节。

陆利康说："祠堂是村举办公共事务的场所，当时祖先留下相当一部分土地（属称大家田），所获收入用于村公共事业支出。主要用于村祠堂的建造、维修，道路的修造，消防设施的购置，以及资助村民中因生活困难无法上学子弟的学习费用。大家田的收入，还用于祭祖。每年春节、清明节、中元节时，各堂橹会集中聚餐，既祭祖，又联谊。每户人家可派一个代表，参加餐聚。每次上餐时，这些人会吃一点，然后将各自一份餐装进手帕中，带回家给家人吃，人称灰脚下饭（宁波话，下饭即菜）。当时家中穷，吃不上好的菜，所以家长会带一点给未参加餐叙的家人尝一尝。"

陆氏也形成了自己的一些家规，称为世范。由尊祖训与立宗约两大部分组成，见宗谱第一册。

尊祖训

训家之道与治国无异，《夏书》皇祖有训，在敬与德，《周书》有祖懿训，在忠与孝。为人子孙而能不承先衣德，率祖攸行，斯足以保族宜家，而为孝子顺孙也。谨将祖训一一开后：

一、勤俭，乃起家之道。自幼至老，当一遵之，岂惟起家宜然，即守成者，亦不可不知，勿以富贵而生骄，勿以贫贱而自弃，庶身安而家可保也。

一、男生子而能言，便须教以礼义。稍长视其天资，聪明者务须读书以明大义，愚钝者令其务农，或商或工，各守其业，毋得游手好闲，以干大戾。

① 张慎礼：《陆世安君传》，见民国《虹麓陆氏宗谱》卷一。
② 张慎礼：《陆世安君传》，见民国《虹麓陆氏宗谱》卷一。

一、男婚女嫁，议婚时须择门当户对及伦序不紊，庶可缔盟，不得苟合。若论财物，斯虏也已。聘金服饰，不可过厚，亦不可过薄，唯视家以成礼可也。

一、祠堂为安神之所。礼，君子将营宫室，先立祠堂于正寝之东，故自天子至百官师皆有之。庶人不得立，仅荐于寝，寝即家庙，即祠堂也，凡一切冠婚丧祭，皆于此成礼可也。

一、族宜睦。昔汉疏广弃官归里，具酒食以请族火。萧瑀田宅，悉分族人。范文正公置义田，以养族人。亦所以尊祖敬宗也。

一、宗法宜知，礼别子为祖，纪别为大宗，继祢为小宗。大宗百世不迁，小宗五世则迁。故为宗长，每必须大宗之支，死则合族为之服三月。近世宗长，每择族中之最长者而为之，非古礼也。但今世皆然，不得不随时以从俗耳。

一、族之大小，不可无谱，所以明支庶，定昭穆，别同异也。方逊志云：人不知谱，是谓不孝。谱之宜立尚已，勿视虚文也。

一、子孙如无子息，须会集宗房，择昭穆相当者立继承祀，否则或立爱，或兼承，随时制宜。若兼承实系服内无人可承继，不得不虚左以俟兼承之人，后生二子，分继奉祀，方得实载宗谱，不许将螟蛉异姓为子，以辱先灵。

一、嫡庶之名分当正。无出之妾曰婢，礼无服。如有出生，曰庶母，死曰庶妣，立主奉祀。勿得以妾为妻，尊卑倒置也。

立宗约

盖国有君，邑有宰，里有长，族有宗，所以约束族人也，故族有大事，必禀告宗长，而宗长会同房首会议而约之，宜凛遵之。如有违者，宗长指祠堂，同绅士、干首、耆老训遵痛责。三犯不悛，送官究治，切宜痛戒，一一开后：

一、宗祠墓域，妥息先灵，如栋宇垣墉崩损，即当补葺。荫木砍斫，石砌偷窃，查察追究可也。

一、神主，依涑水先生《书仪》，南向，以中为上。紫阳定高曾祖考四世，亦南向，自西而东，以存古制。然四世并列，似为不妥，但各为一龛，俾自为尊。至临祭出其主，分昭穆，祭毕各返其龛。

一、神主，神魂所凭依，无主则祭祀何从，感格而岁久何从？参稽习俗，擅取纸粘之，火焚之，不特轻弃先人，抑且修谱无考，可恨。

一、主式依程朱二夫子，木用栗跌，方四寸，高一尺二寸，身博三十分，厚十二分，剡上五分，为加圆首，寸之下勒，前为领而判之，前四分，后八分，陷中以书爵氏名行，长六寸，阔一寸，合之植乎，跌窍其旁，以通中圆，径四分，在七寸二分之上，粉涂其面，以书属称，旁题主祀之名，宜遵之。

一、冬至祀始祖，立春祀先祖。春祭在上元，夏祭在端阳，秋祭在中元，冬祭在十月，余各以忌日祭，清明祭扫坟茔，遇有时食则荐之。

一、祭物必须精洁，不在珍奇。及祭毕燕享，止用祭品，毋得增减。又宜尊上安下，毋得乘醉喧哗，干犯尊长。

一、宗谱十年一修，久则艰于稽查。如有鼠侵油污，磨坏字迹，即示惩戒，另择贤能子孙收掌，毋致遗损，私自改注。或遇正月朔旦，或冬至佳节，族人毕集，开报一岁生卒嫁娶，书之，以便修谱，不可怠忽。

一、族中有贫苦不能殡殓嫁娶，寡妇苦节，遗腹幼孤，只身疾病，无人承管尸棺，禀告宗房、耆老、绅士、干首，酌议协办。或向殷户好善乐施者，婉转劝化，随愿输捐帮助，或宗祠开发公资，以赈济之，此不失一本之亲、好生之德也。

一、族中或有无故被人陷害者，宜协力救之。

一、族中有贫苦子弟，天资敏慧，秉性淳朴，无力攻书，宗祠公给学资，为显扬之基也。

一、族中寒儒身列宫墙，宜赠给乡试、会试之费，以为进身之阶也。

这份世范，有几点值得注意：一是重视宗谱编纂，主张十年一修，每年一报人口变动情况。二是有协助精神，遇困难要协力帮助。三是要坚持忠孝节义。

二、保甲联防

民国时期，虹麓村是同保乡的第十保。同保乡里面有一些工作人员，一个事务员，一个乡长，乡长也是挂名的。实际上过去行政机构是很精简的，乡里一个事务员相当于秘书，上面有文件下来，他就往下传达。

民国时期实行保甲制度，是国民政府向全国推广的一种地方治安组织。民国二十三年（1934）八月，浙江省颁布了《保甲章程》。以户为单位，设户长；十户为甲，设甲长；十甲为保，设保长。户长须一律签名加盟于保甲规约，并联合甲内户长，共具联保连坐切结，声明如有"为匪、通匪、纵匪"情事，联保各户，实行连坐。保甲组织的基本工作是实施"管、教、养、卫"。"管"包括清查户口，查验枪支，实行连坐切结等；"教"包括办理保学，训练壮丁等；"养"包括创立所谓合作社，测量土地等；"卫"包括设立地方团练，实行巡查、警戒等。

1935年，鄞县全面推行保甲制度。虹麓村是同保乡第十保，设保长一人。保长由村里有一定活动能力的人员当选。大佃农和富农有区别，富农的土地是自己的，大佃农是租人家土地，叫"大畈种田"。因为江南地区多是小地主或小土地出租者，他们自己不会去种田，土地就租给别人。有种田经验的人把土地租来以后，雇用一到两个长工就大畈种田，生活也蛮好过的。甲长实际上更加不起眼了，就十户人家，随便谁去当个甲长，只是挂名而已。因为保甲制度目的就是加强基层治安管理，防止坏人的破坏等。

民国时期的保长有四人，即陆闰根、陆昌宝、陆亨谟、陆孝本。陆亨琮（1911—？），字闰根。陆昌宝（1916—1974）是陆世安次子，绰号"烂阿宝"。陆亨谟（1906—1965），开明人士，对于农民没有恶意。陆孝本（1903—？），字阿毛、阿耄。其父陆洪笙（1858—1914）。其兄生二子，友璋（1934—？），家在上海。友全（1941—2004），过继给陆孝本为子，即史利英丈夫。

1941年4月，日军攻陷宁波，占领宁波城区，民国军政机构退入四明山区，鄞县所属88个乡，分作沦陷区、半沦陷区和未沦陷区、游击区。虹麓属半沦陷区，虽无日军进驻，行政机构还基本维持原样，但城乡间已被隔离，航船进城要受检、查索，人员进城常受盘查，过江桥要受辱，向日军岗哨行礼，时不时会有人挨巴掌，被打。民国游击政权与汪伪政府都要择机索要钱粮，同时有许多在沪甬做生意和任职创业的虹麓人士，都逃回老家避难。他们倚仗村里一些头面人物的庇护和周旋应对，所以尽管世道艰险，人心忐忑，但在整个抗战时期，虹麓村民大的苦头没吃过。偶有一次日本人清乡，有3个日本鬼子到虹麓，当时是春耕，在田间劳动的陆亨全被打了三个耳光。整个抗战时期，村里虽然比较贫困，但是没有什么大的风波，村民们小心翼翼，种田过日子，顶多是保长来收点税。此时对虹麓村某些大畈种田户来说，是收入最高的时期。因为战乱，大批在外面城市工作的人回乡避难，他们要吃饭，就得向农民购粮，于是乎粮价也上涨，农民收入大涨。

第二节　耕读生活

一、农耕生活

陆锋说："虹麓村庄相当封闭，和外界没什么交集，就是种地，是典型的农村。虹麓村农田都以种植水稻为主，土地集中在少数人手中，难以进行系统性水利建设，再加上旁边坟滩多，高低不一，所以产量很低。虽种二季，但亩产也仅 500 斤上下。虹麓村拥有耕田近二千余亩，但大都集中在少数人手中。民国时期，凡是稍微有点积蓄的，就考虑要买几亩地，以便退休后有口饭吃，因为做生意总是上上下下的，缺乏安全感。那时候田有大业、小业之分，小业收租高，大业收租低。大业拥有土地所有权，小业拥有地面使用权。城里人买的一般都是大业。江南土地比较分散，没有大地主，一般地主也就是三四十亩土地。1949 年'土改'时，40 亩是一个杠子，占有 40 亩土地就是地主了。最穷的就是给人家当长工，做长工也可以养家糊口，所以阶级矛盾并不突出，社会还是比较安定的。"

据 1951 年 11 月制作的《下应乡第七村土改前占有使用土地人口原始表》，虹麓村划分为 1 户地主兼工商（陆世昌），7 户工商业家（陆志槐、陆善峰、陆仲声、应祖祥、陆松祥、陆元生、郑美棠），雇工 45 户，贫农 14 户（陆荣法、陆善定、陆阿方、陆阿华、陆双泉、徐信槐、陆黑炭、陆才荣、陆久全、陆根祥、陆金生、陆明光、陆信法等），中农 28 户，大佃农 13 户（陆东生、陆同法、陆荣根、陆仁青、陆阿棠、梁阿增、陆庆仁、陆利水、陆阿启、陆昌明、陆昌宝、陆信棠、陆云高），富农 1 户（陆云青），半地主式富农两户（陆昌琴、陆泰芳），工人 68 户，手工业工人 11 户，手工业者 9 户（陈品棠、陆孝本、张雨水、沙永来、陆启瑞、陆潘生、陆申庄、陆信龙、陆贵宝），小商 7 户（陆才德、陆荣庆、陆焕定、陆善定、陆阿七、张茂成、陆善定），小贩两户（陆善德、陆阿明），职员 45 户，职业两户（郑毓统、潘志光），贫民 38 户，游民 2 户（陆昌华、陆江生）。这表明，虹麓整体生活过得去，可以雇用外来民工 45 户，真正的贫农只有 14 户。

陆利康说："我爸之前我们家是没种地的，那时候虹麓村没有土地的人家很多很多，一部分是有些人家好吃懒做，好赌博，把地卖了。一部分就是像我这样，在外面做生意的。他们田多的，就是自己种得好，别人卖出来的田，他也买了。久而久之，田就多了，贫富分化就这么来了。有田的多，不过后来有人思想动摇了，就上山做游击队去了，田就没人管了。他们是国民党的游击队，解放之后队伍解散，他们又回到村里来，他们也是没田的。还有部分有小孩的，这边支撑不住，有亲戚在上海的，就把小孩交给上海亲戚，自己做生意去，孩子在上海寄宿。"

马信华说："富农比较少，大佃农稍多，中农占地数量一般。大佃农本身是种田好手，擅长拔秧。他们拥有的农田至少有二三十亩，一方面自己做，还雇佣他人做。富农和中农偶尔也会雇佣，大多是自己劳动，他们的优势在于农活技术好，种田技术好，拔秧的时候，秧根不断、泥土不沾。大佃农拥有的几亩土地都是牙缝里省下来的，并不是天生的。虹麓村好几个大佃农都是自己经营创业的。陆友琳（1842—1912）是大畈种田能手。外局的陆启章（启才，1898—1974）、陆昌渭（冬生，1893—1958）、陆顺庆等都是大佃农。还有陆信棠（昌崙，宗谱作兴唐，1898—1961）有大小老婆，喜欢赌博，住两层楼的楼房，当时属虹麓最好的房屋。中局的陆昌琴（字阿井，1910—1970）、陆昌宝、陆云青、陆云根、陆昌明、陆同法，十房的陆庆仁（昌礼，1909—1990）、里局的史玲娣，都是 1949 年前虹麓的富裕农民。"

陆银龙说："我的阿爸（陆庆仁）出身是很苦很苦的。我的爷爷很早就没有了，在我爸爸十岁左右的时候，因为那时候是给人家做雇农的，很苦很苦。我的奶奶生了 4 个儿子，我的爸爸是第三个，在家种田。我爸爸 28 岁才结婚，我妈妈她们家里还要穷。后来我伯伯有了钱，把钱带来，那我们就买了一些田。我们就有牛有车，共二十几亩土地。我们租耕 20 多亩土地，不如自己有 20 多亩土地。"

陆昌渭没有读过书，是一个地道的农民，但十分能干。除了自己有一二亩土地之外，承租了大批小业农田，多的时候有 50 多亩，这些地是女儿亲家租给他的。亲家在上海经商，他们在乡下购置了几十亩地，作为永久投资。拥有两头牛，雇佣四五个人（其中有两个牧童）。他的三个女儿，均通过亲戚关系嫁到了上海。可见，他是相当有眼光的。他虽然文化程度不高，但社会活动能力相当强。

陆泰芳（1928—1968）祖上，陆世才、陆昌林、陆咸亨（1873—？）、陆启明［永甫（富），1903—1945］四代，一直是村中最出色的家庭，属最富裕之人。他们的家庭财富都是几代积累的结果。

部分贫下中农是外地来的，来自于新昌、下史等地方，人数不多。如史信高是邻村史家码人，1948 年来到虹麓村打工。还有部分村民因其他因素成为贫民。

虹麓村绝大多数村民靠自己体力养家糊口，除了为少数人做雇佣工外，有时还吃不饱穿不暖。陆阿二父亲早逝，母亲曹氏给人家当值（做娘姨）。柴杏莉（1927—）与他结婚的时候，房子是向人家租的。要煮饭了，到米缸去拿米，只有一点点米，脚娘肚（小腿）当米缸。没有自己的田，陆阿二做 5 个月，或 3 个月要给人家做，可以挣几袋谷。当时农业生产有 1 年的长工、8 个月（4—11 月）、5 个月（4—8 月）、3 个月（5—7 月）、短工 5 个工期。

在虹麓，当牧童是每个青少年的第一职业。孙阿康 13 岁（1940 年）到虹麓村陆邦庆（昌效，1914—2010）家看牛，前后三年。有一次捣粪便时，差点被淹死，便不敢在原来的东家做了。到其兄陆顺庆（昌敬，1910—1966）家看牛，又是半年。17 岁（1944 年）又到陆信棠家打工两年。陆敏根（1934—）替人看了三年牛，主人的儿子是哑巴，缺乏劳力，所以要雇工。答应给三百斤稻谷，先拿一百斤，可以过年了。以前都说雇人看牛是剥削，从当时来说，它实际上提供了一个可以挣钱的职业。看牛这个行业，当时并不容易找到，需要找亲戚熟人帮忙才可以找到，孙阿康老人这么说。

1949 年之前，大多数农村尊称土地和财富较多的人为"财主""老爷"。佃户（租种土地的农民）和长工，则尊称有土地的主人为"东家"。当时阶级矛盾并不尖锐，最穷的就是给人家当长工，做长工也是一个饭碗（职业），也有得吃的，所以社会还是比较安定的。

说是耕读传家，唯专门读书的人并不算太多。如陆昌锟（1859—1937），字松生，号赤山，官名习仪，邑庠生。子陆济亨（1896—1916），字安之，号祖馨，幼灵敏，喜文墨，工图书。年十五，进省立第四师范学校，五年毕业，应聘为镇邑灵山公学教员。陆昌懋（1903—1950），名柏寿，字绍赟，陆世芳三子。娶张氏（1902—1940），育有三女。陆昌祐（1877—1918），字元才，国学生。其弟陆昌荣（1885—1917），字内章，国学生。真正有学籍、有学历、有功名，据家谱记载大约就六十七人，更多的就是读上几年义塾或小学后即务农、习工或改行商事。

二、村中手艺

陆世昌弟陆世章（1919—1967）经营草绳厂。1945年抗日战争胜利后，日本人在上海松江开办的草绳厂判给中国。通过某种渠道，陆世昌将草绳车（所以叫松江车）运到虹麓村，办起了草绳厂。这是虹麓村第一家工厂，可惜时间不长。陆世昌原本计划在虹麓创办棉纺厂，"图纸弄好了，材料弄来了，结果解放了，计划落空"。陆世昌又准备把虹麓前面邵家弄的大昌布厂迁移到虹麓，结果也没办成。

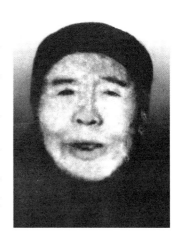

潘安生

里局陆芝丰（1880—1924）开办的太茂酒坊，是村中高级黄酒品牌。他过世后，由其后妻潘安生（1892—1977）负责家庭内务管理。

太茂酒坊是当时村中最有名的酒坊，由大哥陆基丰（1876—1903）当"把作师傅"，陆基丰媳妇、昌墀（维贤，1903—？）妻仇杏娣（1905—1991）跑外勤。后来，由黄德甫任"把作师傅"。有18间小屋作为酒坊，两间用于生活与开店用。1941年，16岁的陆宝全到太茂酒坊当过短工，他的酿酒技术就是从这里学的。1952年公私合营，太茂酒坊停业。酿酒流程是这样的，8月新糯米谷上市，将之加工成米，进而酿酒，直到来年清明节前后。天热以后停止酿酒，因为会酸。

里局太茂酒坊（陆金康制）

陆阿启（1898—1974）是一位大脑聪明、一心想发财的人物。他是一个种田大户，考虑到单种田收入不高，就考虑着增加附产值，将稻谷变成产品再出售。他想了很多办法，最后想到把稻谷加工成米，再把米酿成酒。于是，他购买进碾米机、烧龙糠的蒸汽机，建起厂房，厂址就选在壮根畈车头丘五亩，运输以船为主。然后，把米加工成酒，酒坊设在后新屋。因技术不精，牌子倒掉，村人不喜欢到他那儿打酒，最后酒坊倒闭。1975年，虹麓村实行机械耕作，平整土地时，才将动力底盘处理掉。

陆荣庆（昌丰，1892—1971），由于到民国时期一直留着辫子，人称"小辫子公公"，原先在上海做报关托运生意的，像现在的货代一样。日本人进上海了，一打仗，民心乱了，生意差了，就回去了。后来就没出去过，在虹麓水江桥头开了一爿小店，主要经营米及百杂。生意一般，因为老百姓钱也不多，那家店叫"陆升大"，营业执照等还是批下来了。他干活很好，人缘也很好。

陆焕定也在虹麓水江桥头开了一爿家什小店。小店可算是当时村中的信息中心，村中有什么新闻，马上在此交流散布。那些外洋撑船回来的村人，也会在此吹吹牛，从而吸引一批村民来听。

陆全龙在村中开豆腐店。

陆友兰（1897—？），字兴发，做漆匠，远近闻名，造了堂檐两只。虹麓村的祠堂是他亲自油漆的，所以漆得相当好。陆兴发老婆也做过漆匠。

陆昌阜（1889—？），字兴财，是村里的裁缝师傅。

有少量外来移民入住，如马信华家。马信华1940年出生在绍兴，抗日时期搬来宁波。他爷爷马祥云（1888—1969）、爸爸马文奎（1912—1987）在大昌布厂做染坊师傅。他爷爷技艺高，染布不褪色，是从上海请下来的师傅。抗战时期，丽华染料厂迁到邵家弄村，厂房很大，邵家弄距离虹麓村很近。当时处于战乱时期，从宁波捎钱到绍兴相当困难，一级级下来，等到过了两三个月才能送达。因为家中困难，他外公就带着他妈和他，划着绍兴小船，来到了宁波。当时虹麓村陆兴发老婆正在邵家弄祠堂做油漆，他爷爷得以结识她。有一次，说起家人将来宁波居住，住邵家弄不方便，能否帮忙在虹麓村找房子。她很热心，就说住到我家吧。于是，在她的帮助下，他们一家住到了陆兴发家后面一间不到10平方米的小房子。之后，他们一直租住在虹麓村。又如孙阿康（1928—），祖籍在东钱湖孙家，父亲撑长江轮船死，母亲嫁人，成为孤儿。7岁（1934年）去象山看牛3年。10岁回到外婆家看牛两年。13岁（1940年）舅母陪着他来到虹麓村看牛。23岁（1950年），与虹麓村寡妇蔡玲玉（1924—2009）结婚，从此落户虹麓村。

　　十房大操场草绳厂失火事件。1945年11月左右某一天，草绳厂失火，过火面积大约400—500平方米，烧掉房屋十多间，火势好几丈高，近十里一片通红，厂房附近居民损失惨重，危害人家有陆全龙豆腐店、仁记、十房居民等。民国三十六年（1947）八月，陆世昌等商量，"购置新式消防器具，组织同安消防队，设会所于宗祠之左，并筹划经常费用，订定遵守章则，用期守望相助，消患无形，此不特吾虹麓数百家可减少回禄之灾，而同里十余村，亦共拜安宁之赐焉"。陆世昌对会员做出勉励，称："本消防队得以成立，是固由于创立者赞助者关怀乡里，要其有益于实际，得消防队之效力者，尤在于各队员意气凌云，热心公益，其于智仁勇三者，不能有一偏废。智者要富有技术之练习，仁者要具有慈悲之心肠，勇者要抱有忠义之侠气，始可探汤赴火，急人之急，救灾恤邻，忧人之忧也。处此国家多事之秋，我陆氏子弟若能推广此消防队之义，以捍卫乡里者，更效忠于社会，致力于国家，则其功业其不更为伟大乎！"[①]

　　当时同安会人员精、素质好、出龙快、出水猛，得到了附近村民一致好评，称虹麓是"太平龙"。1949年5月，解放军进驻虹麓村，将火烧场地进行了平整，供解放军出操、培训用地，所以该块地被人叫作大操场。

---

　　① 陆世昌：《同安消防队缘起》，民国《虹麓陆氏宗谱》卷一。

"太平龙"消防龙（一）

"太平龙"消防龙（二）

第三节　外出经商

　　教育是非常重要的事业，教育搞好了人才有出息，才有智慧。人的智商都差不多，受教育多，知识就多，所以当时虹麓凡是小学毕业的人都去外面闯荡，头脑稍为活络一点的都往城里跑。出门人家，丈夫每年回家探亲一趟，住个十来天就回去了。在外面稍微混得好点的，家属子女就可以带出去；混得不好的，赚点工资带回来给家人过日子。也有在城里开店办厂的企业家，生活比较富裕。外出的地方有宁波城内、上海、汉口等地。

一、宁波水产业首领陆瑞康

　　陆瑞康家的经商活动，始于其父陆洪杲。

　　陆孝炽（1899—1942），名瑞康，字德升。生日为清光绪二十四年（1899）十一月二十二日，当时其父39岁，母亲28岁。中年得子，祖父母并没有溺爱他。他先在虹麓义塾读书，后到外面去读书。其时，得到了族里云书先生的帮助和赏识，赞他脑筋好、肯学。民国二年（1913），16岁，与同龄的蒋氏（1898—1985）结婚。结婚以后，"弃儒就贾，习计然之学"。先到宁波，后到上海、武汉，当了几年学徒，见过世面，也看到过各种各样的先进技术。两年后，生长子陆友报（1915—1933）。

　　民国六年（1917），22岁，其母亲要他回来继承父业，经营慎和鱼行。由于他到外边见过大世面，接触过新学、新事物，因此他考虑问题、做事情的方式不同于前人。经过三四年，事业一下子就发达起来。他还培养了一些徒弟，这些人后来成为店长阿大。因此，他还参股很多宁波有名的水产行业，如方悦来、邵太和这两家江夏街最大的鱼行。他尤其致力于制度化建设。一是投资发展水产。他考虑到水产有鱼汛期和旺淡季，收购、加工、贮存、营销中冷冻冷藏的迫切需要，于是又带头发起和创办了宁波冷藏公司。冷藏公司是正规的股份有限公司，好多股东老板都是宁波、上海的一些大老板。因为冷藏公司是一个新型的新兴企业，过去是没有冷库的，是上海传过来的，于是上海人就和宁波老板合资开办了宁波冷藏公司。二是组建同业公会。他又把整个水产行业的商行店铺和加工行栈组织起来，成立了宁波水产联合营销公会，成为第一届会长。三是进入金融业搞融资。因为经营水产需要金融作支撑，他开始在宁波和上海开办钱庄，如瑞康钱庄。四是将业务拓展到上海。他和上海好多商界、金融界的人关系都不错。其长子陆友报被派去上海工作。民国二十二年，陆友报在黄浦江乘渡轮，下船时长衫勾到了船边的什么地方，掉落江中，不幸淹死。陆瑞康事业兴旺发达，声望鹊起，在宁波、上海都很有名。他是宁波商会的委员。据说他有两个特点：能讲，讲话有感染力；头脑非常清晰，有主见，办事干练、周密。外边有什么商业纠纷，都来找他，他几句话就能摆平。他是造灵桥的发起人和资金筹集人之一，灵桥开通时候走了头桥。在族里，他的声望尤其高。修路、修庙、办学、就业、赈灾、修谱、济贫、置义山，这些统统都是他尽心竭力办的。

陆瑞康

陆瑞康夫妻及儿子陆友全

这期间，他在宁波造了自己的新房子。起初，他们住在江北岸三宝桥（现在人民路），后来在玛瑙路河边自建中西结合楼房，慎余坊1号、2号（后来改为玛瑙路99—100号），相连两幢，隔一条内部巷子，后边是一排栈房，很大，用来储存货物、东西。天花板是镂空的，房子后边有水柜，前明堂还有水井。大门是水泥磨砂石的，很光滑，天井是水泥地，中堂门扇都是可以全部打开的，上边镶嵌着彩色玻璃，两边楼梯都可以走上去。这幢房子作为民国初年中西合璧的代表建筑，现在还保留着（在轮船码头美术馆对面绿地旁边），但房子1958年后改属房管所，里面也面目全非了。房子现在已修好。

陆友全说：他与人交往能力很强，但只在商界，不参与任何党派。约1937年，抗战兴起，担任同保镇副镇长。这是社会贤达，不是国民党的官。在那个混乱的时候，凡对老百姓有益的事情他都干。1938年，宁波大灾，闹饥荒，"中产以下无以得食"，他组织了村里的一些殷实户分划地区，各负其责，卖平价米，施粥，救济村民无数。为此，他在虹麓祠堂旁边专门开了瑞昌米店。1941年，宁波沦陷。散兵充斥乡间，全镇治安危险。他出面维持，设法供应，始转危为安。不久，日寇下乡征收，他出面严词拒绝。他组织村里掏河（疏浚河道），连日连夜，劳累过度，肺病转重（1935年左右曾因为肺病吐血），嗓子彻底哑了，又大口咯血。初病时，其母亲服侍了两个月，说过："我们家里靠他，村里也靠他。如果他病好了，是我们的福，也是村里的福。"次年农历十月五日，他不治身亡，才44岁，可谓英年早逝。其时，二子才21岁，最小的儿子才3岁。出殡的时候，宁波七八个地方有路祭。人们都等在那里，把路过的出丧行列拦停下来，磕头上祭行礼，然后再放行。

二、工商多业经营的陆世昌

陆世昌（1915—1990），字阿昌。其祖陆孝岳（1838—1881），有三个儿子，老二陆友福（1876—1934）是一艘长江轮船水手长。老三陆友庆（1878—1937）也是水手。陆友福稍有财力以后，在虹麓造了一套洋房。洋房是中西合璧的房子，三间两厢房，装修很精致，位置在中局十二房。

陆友福及其夫人

陆世昌外甥史德纯说："1931年我母亲决定去上海投靠亲友，外公外婆舅舅一家人全在浦东。我从小生在上海，在老城隍庙读过书，上海有我的舅舅、阿姨、外公外婆，我们去了整个家族团圆了。……先舅父陆世昌在另一条船上担任电报员工作，当时他20多岁，我和他差10岁左右。船只定期往返于武汉、上海，停靠在浦东码头，每回，我和小舅陆世章两人就到外公、大舅船里玩耍，这是我和我的两个小舅父年轻时的共同生活。"作为比陆世昌小10岁的大外甥史德纯，与两个舅舅生活在一起，属当事人。

1932年，18岁的陆世昌从上海的中国无线电工程学校高级工程科毕业，接受西方思想，比较开放，比较领先。他会普通话，和外国人打交道还会说英语。

陆世昌

毕业后，任私营上海宁绍商船公司船舶电台报务员、主任。他和父亲在同一家公司，但在不同的航班上。船只定期往返于武汉、上海，停靠在浦东码头。1936年左右，娶鄞东泗港童家横人潘荷英（1919—1998）为妻。

1938年，八一三事件爆发，日军进攻上海。上海很乱，陆世昌全家逃难，随船去武汉亲戚家避难。随后，他们回到上海，在十六铺码头乘坐上海—宁波轮船回到了宁波虹麓老家。

1939年上半年，陆世昌的船只在江阴被国民政府征用，船员也全部被遣散，沉在长江口，以阻挡日军进攻。从此，他开始走上实业之路。不久，和岳父在泗港童家横创办小型织布厂，纺纱、织布，做棉纱生意，慢慢发家。后还做染纱生意，后来纱厂搬到宁波四眼碶附近，这是1941年左右。

在这期间，他开始广泛结交地方大员。1940年冬，由鄞县警察局长俞济民介绍，加入国民党，担任三青团区队长、鄞东地方协会理事。他还担任宁波电声无线电学科教务长，后被选为县参议员。

后来，陆世昌去温州和任姓朋友共同经营麻织厂，任经理。宁波生意当时没断，他两地奔波很辛劳。其外甥史德纯和五六个人去温州打工，其中有里局陆财芳，以前在上海作帆布生意，史德仁做原材料征收工作。温州出产络麻，麻织厂设在茶院寺附近，做麻袋用的麻需要先浸在河里，工人采集后纺线，织麻布，做麻袋，慢慢熟练。当时厂里有六七十个工人，麻袋生意很好，麻袋质量也好，投放市场后供不应求，每个月有千只好做。1946年上半年，陆世昌停办了温州的麻织厂，遣散了所有的工人，回到宁波。

1945年，陆世昌创办了江东郾溪公司。这是一家内河航运轮船公司，有三只小火轮（两大一小），主要负责后塘河地区航运。轮船采用拖拉式，前面一只汽船，底是平的，一只船有大约30人可乘，后面拖着十几只木船。最早到的船在最后面，木船到一个地方就放掉一只，到最后一站，木船就放光。第二天，再挂上拖回来，顺序相反，越早越前，越晚越后。有了汽船，速度就很快，这极大地推动了宁波内河航运交通事业的发展。

陆世昌当时结交了很多宁波名人，如鄞县政府的秘书章汝秋先生，晋昌钱庄就是和章先生合办的，有了政府的支持，因此钱庄具有官商性质。1945年9月，他开办的晋昌钱庄，为实业圈子里的人服务。晋昌钱庄坐落在江厦桥边，前门对江厦路，后面出去是滨江路。店里的职工有陆志香（会计）、陆民立、陆亨域、陆顺兴等人，都是虹麓村人。后因金圆券、通货膨胀、货币疯狂贬值等原因而倒闭。

1946年，凭借王文翰[1]、周大烈[2]的关系，陆世昌当上了宁波冷藏公司经理。公司股权分散，没一人控股。此前的经理是陆瑞康二子陆友华，没什么官方背景。原来公司中的股份，通过各种途径转到有国民党背景的人名下。当时冷藏公司的董事长周大烈是一个党棍，有官方背景。宁波冷藏公司是东门口宁波第一高楼，独一无二，六层楼厂房，一楼为冷库，向全市供应冰块，业务很多，后来还做棒冰——灵桥牌雪糕。二楼办公室，往上是仓库。陆世昌的思想很先进，要求公司里有退休制度，要有俱乐部，工人要增加福利等。

陆世昌还兼任宁波裕昌卷烟厂、宁波民光电影院、药行街麓城旅社总经理等职务。

陆世昌生活严谨，不抽烟、不喝酒。

1949年4月的一天，蒋介石离开宁波前，征用郾溪公司1艘小火轮、两只木板拖船，开到新河头，做好准备。9点多，全程戒严，警察士兵很多。蒋介石、蒋经国一行四五人乘船前去金峨寺。陆世昌还两次用自己的"立中"号机帆船，

---

① 王文翰（1889—1941），浙江奉化人，官军事参议院中将参议。

② 周大烈（1888—1950），字汉屏，象山丹城人。北伐军进入宁波后，任宁波防守司令部参议。后开办象宁轮船公司，任经理，嗣任宁波通商银行经理、宁波冷藏公司董事长、宁波商会会长、象山县银行董事、鄞县参议会议长、省临时参议员等职。1948年选任候补立法委员。

洋房弄

将鄞县政府搜集来的 20 万斤稻谷，送往定海的国民党守军。事后，将"立中"号机帆船损坏，搁浅在梅墟海滩上，遣散了船员。五个月后，又将三条往来宁波至宝幢的蒸汽航船机器拆卸，至此公司解散。此时，其后妻李氏极力主张他去香港，所有工作都准备好了，但他不肯走。长子陆昌然认为有两个原因："一是我家里人比较多，走不开。二是父亲认为他自己在宁波和虹麓没做过坏事，洋房是我爷爷造的，土地也是我爷爷留下来的。"

三、往来城乡的船老大陆焕章

陆昌道（1889—1972），字焕章，号佐东。其父陆世演（1850—1918），原名世瀛，字春寅，号瀛。是比较有名的航船老大兼买办、信使、邮递员。一开始他替别人撑船，后来自己做起撑船生意了。

他是虹麓民国时期、解放初期宁波城乡往来水上交通运输业的代表，当时从虹麓到宁波江东的新河头（多方航船汇集停靠的总埠头）。以前从虹麓去宁波城区，有两条路线，一是步行，虹麓走出到团桥，过黄梅桥、土桥丁家弄，再到潘火桥，依河走，经横石桥、宋诏桥、白鹄桥，到达新河头，要走一个半小时，都是石板路。如果航行的话，最快的脚划船要一个半小时，和走路差不多。船里面铺着靠垫、席子，可半躺着，非常舒适、干净，相当于现在的快艇。要到下应叫，且费用高。最慢的是航船，要三个多小时，但费用便宜。当时虹麓的主要交通方式就是航船，一只船可以乘 20 多人，早上开去，下午开回来。航船宽两公尺多一点，长大概是十来公尺。都是木制船，用竹篾加夹毛竹叶而成的硬壳篷是黑的，船内两边坐板大概有三四十公分宽，船前后头有舱，可以摆放东西。船头还有洞，可以插竹篙、纤绳杆。半圆筒形的多节船篷，可连接，可拆移。有了它，乘客就不怕雨淋日晒了。这些篷可接可叠，也可从中间移向两边，很灵活实用。塘河有三段，前塘河从横溪到横石桥，中塘河从莫枝到横石桥，后塘河从东湖到大河桥，原鄞县人民医院在这儿。塘河大约几十公尺宽。这里小船摇出去，出塘河后摇橹加拉纤，塘河都有纤路，一直到宁波为止。从横溪到宁波，一路都是，河旁边可以走着拉纤的。航船过桥洞时，桥洞下有桥带，可以从桥下穿过桥洞拉纤过去。若桥洞下没有桥带，就要打纤担（纤绳头所系，可以扣在纤夫肩上的扁担似的竹片），纤夫快速跑到桥顶，把带着纤绳的竹担从船来的方向，穿过桥洞荡甩过去，务必使纤担在船去方向的那边荡转到桥顶，用手接住或拾起，然后继续套上肩，拉纤前行。这是高超的技术活。到河流漕咀，不能拉纤。

以前乡村没有采购员，乡下人到宁波买日常用品就靠航船捎带，陆焕章对各个地方比较熟悉。航船开之前，人们都会告诉焕章老大托买什么东西，他就一一记录下来。他肩上背着个长长的袋子，两端各是一个开着口的大布袋与中间可搭在肩上的布连成一体（俗称"栓裰"或"褡裢"）。往肩上一搭，两端可装物品的开口大布袋就分别挂在胸前和后背，一伸手就可放、取物品，非常方便。航船往返途中，都是一个个村站停靠过去的，可随乘客要求上岸下船。焕章老大是一个非常谦和，服务态度非常好的人。有人上船，他都会叮嘱他们小心，对年纪大的妇女和小孩子都会扶持帮忙，很有善心、耐心。别人付给他乘坐航船的钱，他就说："罪过罪过，那我拿下了啊。"这是他的口头禅。他这个人服务态度实在是太好了，我们现在就是要培养这种服务精神。他非常讲诚信，有人让他捎钱或托购物品，一个子儿都不会错，答应的事情必定做到，不收一分钱（也有人说，服务费还是要给的）。他还兼做信差，宁波有信过来，邮局都会交给他，他都会一一送到；乡村有什么信要寄了，也都交给他代寄。一旦人家有困难，他二话不说，会主动来帮忙。他的信誉相当好，整个宁波新河头都知道他是一个大好人。他从虹麓开船出发，又是招应接客，又是记账，又是吹海螺，忙碌不停。待航船过了马桥头，一出塘河，他就自己摇橹了。他的下手，原在摇橹的顺龙，这时就改去拉纤绳。他那只船一般有三个人：一个是他，一个是顺龙，还有一个是他的儿子或者侄子。船到宁波之后，他就给大家办事情，采购东西去了，样样都会给大家弄好。其余两人看管航船，并打扫卫生。他通常是免费采购，免费送信，连服务费都不收的，这是一个非常好的人。他这个人非常小心谨慎，注意安全。宁波城沦陷，日本人来了之后，伪军常要刁难敲竹杠，沿路要检查船上是不是有违禁品、粮食什么的。他总是帮着乡亲作揖求情，说船里乘有小孩、老人，千万别吓着他们了。如果村民没有钱，就帮他一起拉纤，他会夸赞，并免收船钱。他为人比较正直，口碑比较好，村里口碑好的人挺多，为村里多多少少做了事情。他代表了淳朴的乡风，陆友全这么说。

四、往上海、汉口等地发展的其他村民

宁波人稍微有点出息的人都往外跑，不识字的在家乡种田。除了宁波城内，就是去上海与汉口等地，其中到上海工作的人数最多。

陆世祥（1851—1914），"始由农而商"。有两个儿子，长子陆昌瑞（1884—1927），次子陆昌瑜（1890—？），字永廷。"幼附学乡校，读经能解大意，操笔能为文章，聪颖过人，为师长所称誉。"14岁（1903），"从父命，改习商于沪上，初营运输业。君虽处事沉敏练达，然以秉性诚实，不乐与世沉浮，居沪者垂十余年，是以不甚得志，然以此世味饱尝人情，谙习盘根错节，学识与经历俱增。盖天欲老其才而遂其所愿者"[1]。25岁（1914），"转业汉皋，改营木业，兼营扬子水险公司，由此所业蒸蒸日上，克展鸿图，先后二十余年，得以驰誉商场，为彼都人士所器重，而君之家业亦隆隆以起"[2]。发财以后，他在宁波江东百丈路七塔寺跟（跟，即后）建大厦。民国三十六年（1947）58岁时退休。陆昌瑜有三子，长子陆亨达（1911—？），字如松，长沙私立岳云中学高中毕业。次子陆亨远（1921—？），字如柏，上海市立聂中丞公学高中毕业。两人均业商，"执业沪上，有声商界"。兄陆昌瑞子陆亨道（1911—？）也业商。也就是说，第二代中有三人经商。陆昌瑜三子陆亨迪（1924—？），字如山，业儒，毕业于美国圣约翰大学，授理科学士位，执教鞭于该校[3]。

陆世嵩（1869—1944）早年在上海做炊事员，后退休回家。他有5个子女，大女婿是个小商人，在宁波城里开了爿酱油店，同时投资土地，出租给人。每年秋收，可收到十来袋租谷，分几袋给他们两老当口粮。吃菜的话，在菜园里自己种。他有3个儿子，老大陆昌贤（1898—1973），字贤德，也是做厨师的，在宁波中央酒楼当大厨兼采购员。后来，在农技学校做厨师。老二陆昌宏（1906—

---

① 殷惠琳：《陆永廷先生晋九暨配李夫人六十寿序》，民国《虹麓陆氏宗谱》卷一。

② 殷惠琳：《陆永廷先生晋九暨配李夫人六十寿序》，民国《虹麓陆氏宗谱》卷一。

③ 张怀礼：《世祥陆君家传》，民国《虹麓陆氏宗谱》卷一。

1968），字忠良，先在上海美生印刷所当排字工人，后到其外甥女开的杭州九龙寄售商店当经理。老三陆昌宝（1911—1972），字善忠，初做箍桶匠，后到江厦街当厨师。新中国成立后，到台州运输公司补轮胎。他们都是一线职工。

陆成法、陆梅堂、陆宝荣。陆成法[1]（1918—1995）是陆世震（1888—？）的儿子，过继给大伯陆世嘉（1874—1919）为子。11岁（1929年），到上海霞飞路法国人开办的成衣铺学艺。经过成年累月的勤学苦练，兼收并蓄，他练就了一手高超非凡的技艺，在国内外颇负盛誉。陆梅堂（谱名陆美唐，1916—？）的父亲是陆昌俊（1881—？）。他到汉口发展，后在武汉服装厂退休。陆宝才弟陆宝荣（1925—？）字世庆，也到上海学艺，后在上海群联服装厂退休。

陆亨仁（1910—2002）年轻时就到上海去工作。娶舟山金塘钟祥宝（1919—2015）为妻子。岳父是亨得利钟表店老板，武汉有一家，上海也有一家。靠岳父资产支撑，他在上海也开了一家钟表店，新中国成立后关掉了。

航运宁波人称为撑船，这是宁波沿海的一大特色职业。陆焕章有三个儿子，陆亨秀（1913—？），字国凤。陆亨秀有二子（启仁、启德）。陆亨和（1918—1980），字国宝。陆亨穗（1932—），字国定，在香港撑外洋船。同时在港撑船的还有陆焕章的堂兄陆昌达（1891—？），字炳章，陆焕章二弟，过继给叔叔陆世泰为子。他也去撑过外洋船，年老时才回来。其子陆亨金（1927—？），字瑞宝；陆亨稼，字庆宝。均在香港从事航运业。

陆永川（1916—1994），十五六岁去上海恒生油行学生意。1937年日本人占领上海，他回到虹麓村，从事粮油生意。没几年，被抓壮丁，参加军事训练。后来，他做了教官。抗战胜利后回到上海，参加"和平反共救国军"，当时隶属上海淞沪司令部。

由于虹麓村民以前在上海等地求职人员较多，其下一代多数仍在本村，如梁夏德、陆震伟、陆启林、陆祥明等。在70—80年代，根据国家有关政策，他们多数回上海等地顶替父母的职。

忻江明的弟弟忻庭镛（1880—1954）[2]，也作廷荣，字麓三，国学生。幼时

---

① "法"，宗谱作"发"。

② 其卒年多不详，见忻巨：《鄞董孟如忻如如年谱合辑》，见《四明清诗略》下册附录，宁波出版社，2015年，第2286页。

1940 年陆周袁（前）及其儿子陆永川（左一）、
陆永良（左二）、陆永刚（左三）合影

随长兄学习。后到汉口从事金融生意，发了一些财。民国十年（1921）时，捐资获得盐运司经历衔。忻氏祖上有经商传统，太公忻自上，"以少孤，不竟于学，服贾养母"。祖忻成国，"设肆里中，自主之，其为贾质而廉……喜读儒先书，自念世为贾，近市非初志，中年益潜心经史之学"①。

此外，陆水芳（1854—? ），谱名友浩，字霭五，号水芳。五兄弟皆习农，老五要求习梓人业。初学木匠，后在宁波做营造业，住江东。跟随师傅学习时，"殚精竭虑，大为其师所赞赏，故卒以审曲面势著于时"。他的出名，与替大姓林氏造房有关，"径营相度，佻期程功，大异于人俗之所为，由是

远近争延之，名日起，家日以肥，而君益精研其术，以副人之信仰。凡有营造，必先审形势，曲合规矩，故保固选材，均能不爽其言，盖实有得于艺之外者，而苟焉以资生已也。"②陆水芳"自奉甚约，而慷慨佽助不少吝，故善人之号，众口一词"。其子陆世爵（1895—? ），名金甫，号艺，字景圃，长顺提庄经理，以谨慎著于商界。其孙陆昌语（1934—），字明新，是上海九院教授级名医。

陆昌壻（1888—? ），字舜祥，"性宽敏律身朴，有计然才，经营甬上同和铁行，能昌大其业。其立身不苟，为乡人所器重，举为庙干，一言一行，均足模范于枌里"③。1941年宁波沦陷（"甬江事变"），他灰心业务，歇业返乡。有三子：陆亨镕（1918—1990），字善庭、陆亨铨（1922—1932），字华庭、陆亨钰（1926—? ），字伟庭。陆亨镕子陆震旦（启栋，1942—）、陆震彦（1949—）、陆震龙（1952—）、陆震卿（1954—），均到上海发展。陆亨铨子陆启樑（骏达，

① 忻江明：《鹤巢诗文存》卷二《黄泥岙阡表》，忻鼎永等整理，黄山书社，2006年，第150—151页。
② 卢霖：《陆君水芳家传》，民国《虹麓陆氏宗谱》卷一。
③ 应鸣和：《舜祥陆君墓志》，民国《虹麓陆氏宗谱》卷一。

1943—）、陆亨钰子陆启元（振兴，1947—）。

其他职员数量更多，百分之二十左右村民出去了。他们都是人带人带出去的，有的去外面撑船做了海员，有的去外面学生意。如陆锋（亨域，1932—2017）一开始到宁波钱庄当学徒，虽然不是什么大的钱庄，但这行当还算不错。后来去了宁波冷藏公司。

陆申庄（1922—2008）在宁波东门口网行工作。网行，相当今日的钢材市场、铁工厂。

第四节　学术文化

一、学校

由于陆孝伦的全力支持，至民国初年，置大业田 11 亩，小业田 63.9 亩，就读学生仍免收学费。"学产既丰，而塾宇未建，实为缺憾"。民国元年（1911）冬，动手建楼房三楹，义塾地点在十房贤屋二间一弄楼房。民国二年（1912）春落成，"讲堂学舍，规模粗具。至塾中教授章程，悉民国现今部颁学校规则"①。这是按当时教育部颁布的教育法规办的新式学校。为了保护学校，陆洪笙（1858—1914）等出面，通过同善乡自治公所，请县里立案。"倘不呈请立案，日后任用非人，将校舍田产有侵蚀等弊，恐于学业前途大有违碍，为此呈请给示勒石，俾得遵守无违，以垂永远等情到县"。据此，知县称"除批示备案外，合行给示保护，为此示仰，诸色人等知悉，须知创办学校，置买田产，无非为国家育人才，即为子弟谋幸福，倘有希图破坏及侵蚀等情，一经禀告，定即移究不贷，特示。中华民国二年七月初十日。"②

民国五年陆孝伦（1844—1916）卒后，"经费告竭"，毓秀义塾陷入停顿状态。因为陆孝伦所置田产是其房支的田产，仅看在孝伦面上，其中一部分可用于学校而已。一旦他过世，就保证不了了，所以会出现经费危机。"族先辈

_____

① 《鄞县知县沈示》，民国《虹麓陆氏宗谱》卷一。
② 《鄞县知县沈示》，民国《虹麓陆氏宗谱》卷一。

虹麓学校界碑

孝伦等创立了毓秀义塾"[1]。民国十一年（1922），毓秀义塾改名成德小学。陆孝伦之后，接续办学工作的是陆孝炽（瑞康）。他认为教育事业关系到本族下一代的人才培养和素质提高，是百年大计，所以十分重视教育。陆瑞康看到在祠堂办学也不太好，地方太小，要求入学的人越来越多，干扰也大。于是陆瑞康邀集陆友福、陆友庆及陆世安、陆世潮、陆昌祯、陆昌墒、陆昌陛、陆世义妻朱氏，共同协商，决定在祠堂旁边专门造一幢学校，有教室、院子和操场等。"丙寅（1926），从族贤孝炽于祠右建立校舍，易名为'虹麓小学'。"其他许多地方祠堂当学堂，虹麓是祠堂归祠堂，学堂归学堂，条件相当好。"吾村之新学制之小学，亦嚆矢于此时者焉"[2]。虹麓小学的创办，不但解决了本村儿童的读书问题，而且吸引了邻近村的学童，好多外姓学童慕名前来就读。次年，"复提倡募捐学田，以宏教育"。办学经费需要保证，怎么办呢？为解决办学资金，考虑到长期办学资费需要，经商量决定，采用筹募基金和拨助田产两种渠道筹集资金。陆瑞康把族里像陆世安那样家里比较殷实的人都召集起来，动员大家捐田，共同给学校募集办学基金（校产田）。并推举他们为学校董事，订列有关制度，管理学校相关事务。拨助田产就是将当时本族共有的部分田产拨给学校，其经营所得用于办学支出，这样，学校教育经费来源一劳永逸。总之，陆瑞康在这个学校建设发展的过程当中起了三个方面的重要作用：捐地造房子、组建董事会、创建办学基金。如此，办成专门有校舍、校产、校董会的新型虹麓小学。

陆锋8岁（1939）在上海上学，10岁（1941年）回来在虹麓小学读书，跳了一级，直接读四年级，学习成绩不错。母亲告诉他："你要翻头就要好好读书。"翻头就是翻身。因为家里比较清贫，要生活过得好点就要努力读书。陆锋说："这句话我记住了，努力读书很简单，就是上课认真听讲，老师说过的早就

---

① 张怀礼：《陆世安君传》，民国《虹麓陆氏宗谱》卷一。
② 陆世昌：《虹麓小学沿革记》，民国《虹麓陆氏宗谱》卷一。

记牢了，考试起来没什么困难，我每年都是第一名。当时的虹麓小学办得还是比较好的。"

1941年陆瑞康故世后，陆世昌接任学校主席、校董。抗日战争期间，许多学校因经费不足解散，而虹麓小学一直授课，从未终止。陆世昌为小学做的事情是为学校加建了一部分灶房、其他辅助用房。随着学童的增加，学校现有教育设施不足，急需扩展。"甲申，偕族人世昌，增筑校舍、膳室、厨房等"，甲申为民国三十三年（1944）。学堂是两层楼的，好几个课堂，蛮正规的，

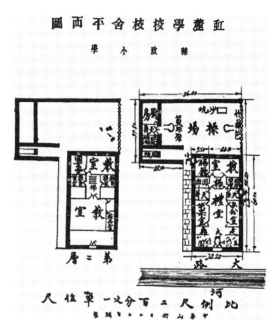

虹麓学校平面图

一开始就前面一幢，后来后面又造了一幢。添聘教师，并增设了高级班，他把学校从初小（四年）扩大成高小（六年），使虹麓小学成为一所完整的小学。随即续组校董会，陆世昌负责，设校长一人，云龙张姓老师为校长。当时共招聘了三名老师，一位校长亲戚也姓张，一位虹麓人陆鹏程。校长蒋企平是奉化人，也是陆世昌原先的班底。史德纯曾在此教过两年书。史德纯说："有一个学生叫陆亨元，印象很深，手工劳动做得好，一个刻有史德纯名字的笔筒现在还藏着。班级是这样的，一到六年级都有复式班级，一个班级四五十个学生，坐在同一个课堂。本来读高小要去下应的，后来变完全小学了，一到六年级都在这个地方，所以我四到六年级都在虹麓小学就读。教师质量也还可以的，老师大概有四五个，包括美术、音乐老师都有。"

陆世安也十分支持学校建设，认为"一乡一族之盛兴，全系乎人才，人才之造就，则赖乎学校"[1]。陆昌琴（1910—1970）在父亲陆世安过世后，继承遗志，担任校董，修谱时任采访等职。

陆敏根说："我读书时，陈科同是校长，有四五个老师，共六个年级，是完全小学。其他村没有六年级，所以其他村人也来虹麓读书。老的学校在十房里，

---

① 张慎礼：《陆世安君传》，见民国《虹麓陆氏宗谱》卷一。

我读书的时候是祠堂边。"

陆友全说：当时上学读书的规矩很庄重，一年级上学新生，第一天进学堂要穿长袍，要家长陪着参见老师，向老师鞠躬。还要泡一壶糖茶，一杯杯端给老师同学喝。陆友全一位哥哥在小学读了三年。他去读书时，穿着长袍，从家里拎糖茶过去，所以说那时候对上学读书很重视。

真正从小学毕业可以升中学的人很少。民国时期，家庭没有富农以上的经济条件是没办法上中学的。陆锋说："小学毕业的时候，我很想升学，而且按我的学业水平来说完全可以升学，但是家庭经济条件比较差。我一个表哥是在宁波老字号楼茂记当会计的，他蛮好的，说要是你去读书的话我支持你。但是读一个学期中学，学费要六七袋谷，相当于一年口粮，结果升学的愿望还是落了空。我记得我和一个堂兄弟很想升学，两个人一起步行到东钱湖，那时候鄞县联合中学办在东钱湖陶公山，到校门口去看看就回来了，没有钱去报名。后来我到宁波，他去杭州学生意了。"

教育改变命运。教育不上去，命运无法改变，有了教育这个根基，再去熟悉世界，才能开发自己。小学老师的工资都是公款开支的，士绅自己无须掏腰包，公款就够了。会读书的孩子，就保证让你有书读，至于读不上去那就是你自己的问题了。

二、祠堂与家谱

陆氏祠堂大门

（一）建祠堂戏台。民国元年（1911），又建祠堂戏台。光绪二十八年宗祠修建后，"惜乎既成之后，经费支绌，而台不克建，倘所谓美犹有憾事乎！越十年壬子（1911），宗老云书公敬祖不怠，见义必为，于是兴言建造。族人多以为难，而公志在必成。既倾囊倣助，复向族人殷实者劝募，庀材鸠工，

螺旋娥罗顶

经之营之，而洪缘公及昌元君规尽精详，监督勤敏，襄赞厥功，不数月而台落成，其规模宏大，坚朴精致，为诸乡祠台之冠"[1]。由此可知，陆云书是戏台建设的核心人物，而陆洪缘、陆昌元承担了具体的规划与监督工作。"祠中有台，歌舞以乐祖考也"[2]。可见，古人在宗祠中修戏台，是有其特殊考虑的。戏台宽达5.2米，深5.4米，高1.7米，台前柱子铁制，贴金描彩的"螺旋娥罗顶"（俗称"鸡笼顶"）藻井，直径4.8米，戏台上额书"人伦鉴"。"人伦鉴"，指戏剧舞台能起到宣慰人伦、教育子孙、报国爱民、行善积德的教化作用。祠堂除进主、祭祖等大事外，平常来主要用于唱戏、听书，过年时候开门祭祖。清明祭祖分麻糍，每户人家都可以去领。再一个就是农忙后庆丰收时，唱戏、听书，也算是一种文化娱乐。祠堂大门平时是不开的，一年就祭拜祖宗、唱戏的时候大开正门。

兰盆胜会图碑

（二）维修祠堂。民国五年（1916），曾有一次维修祠堂。"吾家庙岁修，费用绌，族出寒俭，难于筹措。"宗长陆洪杲以为"先灵所凭，观瞻所系，不可因

---

① 陆习仪：《祠台记》，见民国《虹麓陆氏宗谱》卷一。
② 陆习仪：《祠台记》，见民国《虹麓陆氏宗谱》卷一。

无费而失修也",于是出面倡议,"族人咸勉力佽助,翕然从之"①。

（三）重修女祠。和别的家族不同的是,虹麓有一个女祠堂。前祠堂摆放男性祖先牌位,后祠堂放女性祖先牌位。1938 年,陆瑞康"以乾坤敌体,考妣并尊,以女主而祀诸夹室,于心仍有未安,于义仍有未所宜也",同宗商量,决定"拓祠后之旷土,建女宗之专祠。当由泰房慨助经费之半数,余由祖祠拨款以济之。凡越七月,鸠工毕事,轮奂崇宏,堂构新美,移供神版,祭飨以时"②。强调祭祀女性祖先,倒符合时代发展潮流。"近代欧风东渐,士大夫多主张尊重女权,而女祠之修,正以提高妇女之地位,可谓与近代潮流不谋而合矣。在今日妇女解放,学识自宜增高,而对于吾中国女界所传之美德也,尤应保守而勿坠"③。可见其观念之进步。

随着人口逐步增加,虹麓发展到 20 世纪上半期成为建筑面积有三百亩地,人口增至一千多的大村庄。老话称,树大分枝、叶落归根,各家兄弟自立门户、立房,自设堂檐。虹麓村有堂檐 22 只,其中亥金川房两只、六一房 3 只、礼房 5 只、十房 1 只、五一房 3 只、十二房 2 只、廿二房 4 只、小七房 1 只、小五房 1 只,分布在全村各住房的中心地段。堂檐大门方向朝东南,堂檐两边两间(或一间),叫堂房间,面前有明堂,明堂比大路低大约 20 厘米。大的堂檐门口有明堂,其中 10 只堂檐门口有明堂,即六一房、廿二房、亥房、小七房、五一房、拾房、大操场(仁记屋后)、井文、树桥头、里外堂檐。所谓九井,是防火用的。在过去的年代里,常有瘟疫、火灾、兵灾。祖先为了避灾,在本村挖了很多井,有明的有暗的。九口井分布位置在后新屋、高车头、亥房、十房大堂檐西南角、大操场(仁记屋后)、祠堂内后进、世安屋外墙、井文、里局(神童)土地堂面前。四周砌着街沿石,中间细铺石板,再通过四周暗沟与出水沟相连,便于下雨时将雨水流到河里。堂檐两旁建造住房(平房或楼房),大门全部对着堂檐。堂檐只供一房堂檐脚下子孙使用,如六一房的堂檐只有六一房子孙有份儿,该房子孙要办大事,如结婚、丧事、上梁酒,都可以在该堂檐借用。办喜酒可以在堂内行大礼,明堂办酒水,亲戚朋友欢聚一堂,热热闹闹。出丧可以在堂内,停尸、念经、做佛事、办羹饭。堂檐脚下的产权,是子孙共有的。

---

① 王正平:《恭祝硕德望良尊兄陆老先生六旬庆荣》,《虹麓陆氏宗谱》卷一。
② 陆世昌:《重建女祀记》,见民国《虹麓陆氏宗谱》卷一。
③ 陆世昌:《重建女祀记》,见民国《虹麓陆氏宗谱》卷一。

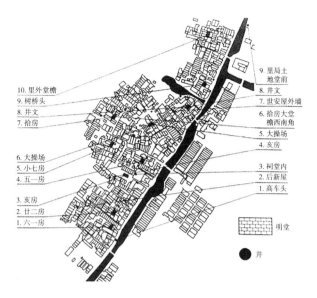

九井十堂分布图

（四）家谱编纂。民国十二年（1923）秋，烈风暴雨，祠堂略被摧残，于是重新修葺，上妥先灵。祠堂重修后，宗长、房长决定重修家谱。"博采旁搜，俾承先启后，弗致遗漏，庶乎木本水源，流泽孔长耳"①。陆昌坤、陆昌锟主持其事，陆世壎、陆世潮、陆世安、陆昌楣、陆昌瑞参与搜集活动②。民国十三年（1924）春，宗谱完成。

民国三十六年（1947）重修家谱，此时距上次修谱，已经有 26 年了。"中经国家多难，世局沧桑，倭氛虽戢，兵戈未已。陆氏诸贤，有感于是，咸谓世变方长，人事靡定，若不及时兴修，深恐将来采访更有不易于今者"③。也就是说，抗战胜利以后，又经国共战争。当时宁波影响虽小，但大局如此。在这种情况下，假如不及时修撰，信息的采访将相当困难。于是，募集巨资，设立谱局，推选宗长陆孝圆，会集族中贤达陆世昌、陆世爵、陆世华、陆昌楣、陆昌琴、陆昌渭、陆昌丰、陆昌赓、陆昌业、陆昌瑜、陆亨谟、陆亨瑞、陆启勤等分任修纂、会计、采访、校缮诸职事。陆世昌负责修谱，他能干，脑筋灵活。整个班子花了一年时间，很有功绩，把海外、省外相关人员全部召回，足足干了好几个月。陆利康说："陆世昌那时候去上海，每家拜访，然后拿着本子记名字，让那些老

---

① 陆友焜：《重修宗谱序》，见民国《虹麓陆氏宗谱》卷一。
② 陆友焜：《重修宗谱序》，见民国《虹麓陆氏宗谱》卷一。
③ 张虬公：《新修虹麓陆氏宗谱序》，见民国《虹麓陆氏宗谱》卷一。

板自己写要捐的钱的数目。那会儿钞票是会贬值的，他脑筋很好，钱一汇过来立马买实物，实物是不会贬值的，我们的料总是有多，不怕不够用，所以我们虹麓的祠堂修的那么好。"这次修谱的体例变化不大，"其于世系增续，仍遵前例，文献次序，略有更易，旧订凡例，有异与今法抵触，或不合于时宜，另订新凡例，以纠正之，条分缕析，展卷了然，可以垂为世范焉"①。陆金良说："当时做家谱时，做一模一样的三套，为了防火防盗防霉变。三套都放到有威望的人家，一套放祠堂，天气好拿出来晒，一般平时不动。一套就放在我老丈人家里，老丈人叫陆陶然，知识分子。一套放里局太茂里，他当时也是干首。家谱里规定很清楚，关于领养的人，村民代表（干首）会议通过，商讨能不能进，有红线和蓝线吊下来的，领进来的一辈算蓝线，再下一辈算红线，正宗的儿子算红线。"为什么只印三套？主要是观念问题，他们坚持"物以稀为贵"原则，印多了就不值钱了。也有保密因素考虑，宗谱是宗族人口管理档案，不能轻易外流。

辅政堂陆氏家谱

　　（五）进主。所谓进主，就是进神主牌。牌主分阴阳两种，过世的称为"阴主"，生者称为"阳主"。阴主的排列，分为两类，辈分高的人进入总牌，写上名字。另一类辈分低的人，分列几排，供人祭祀。阳主另列一处。一般 50 岁，

---

①　张虬公：《新修虹麓陆氏宗谱序》，见民国《虹麓陆氏宗谱》卷一。

要进阳主。它是宗族自我管理的手段。进主仪式时，宗长穿戴豪华，风光一日。1948年元月的进主活动，与宗谱完成有关。那一年的进主十分隆重，祠堂前的河上搭起了戏台，船只停满河流，各堂橹也有活动，唱戏说书，娱乐一周，可称为"乡村嘉年华"。

三、娱乐与医疗

（一）中秋会。"先世与时贤多有捐助银田，为子孙祭祖之资，夙有中秋会之设，是日招班演剧，同族宴会，及公胙给钱之例，嗣以政府振兴教育，乃划一部分田产为就地办学基金，仍留一部分为禴祠丞尝之用"。民国二十九年（1940），村民一致商定，"改中秋会为兴中祀，每年于禹历岁首行之。限于经费，又在抗倭期间，不得不撙节开支，将演剧之举，易为清唱，其他祭拜之礼，仍不废弛。是举也，与古时设乐供神之旨，颇相吻合。"①

（二）抬菩萨。民俗，二月初八、初九、初十，三天抬菩萨，抢登铜盆岭（莫枝）。每次活动时，各村都抬各自的庇佑菩萨，虹麓是黑脸菩萨，夺冠的村子就人前拜，因此村民抢着抬。

（三）医疗。贫苦村民文化水平低，缺乏科学文化知识，又受到封建迷信思想束缚，一患疾病，又无钱医治，只得求神拜佛，不少村民到菩萨庙里去求香灰，叫"仙丹"，用温水吞服作为良药。当时时兴神灵保佑、算命烧符、肚仙持病等迷信活动，造成不少劳动人民因延误治疗时机而死亡。当时常见的肺病（痨病）、疟疾、黄胖（肝炎）、疥疮、癞头、大脚疯（丝虫病）等也无法医治，一旦得病，难得求医，大都听天由命。

（四）接生老娘：产妇肚子一痛，家人就赶紧请接生人，接生的一般都是女的，不管年龄多大，俗称"接生婆"。这些人大都缺乏医学知识，也没有接生专用器具，使用坐桶，由产妇自行产下。遇有胎位不正的产妇或碰到产妇大出血更是危险。因此人们常说，妇女生孩子是"一只脚在棺材里，一只脚在棺材外"，非常危险。另外，婴儿生下后，接生婆常用碎瓷片、剪刀等割断脐带，倘若细菌感染，过了七八天就会死亡。俗话讲"七天疯，八日瘟，生生一眠床，葬葬一河塘"，造成婴儿成活率低下。

---

① 丁耀南：《兴中祠始末记》，见民国《虹麓陆氏宗谱》卷一。

（五）出窠娘：宁波富裕人家的妇女生产一个月内，会请一个专门的护理人员，称为"出窠娘"。宁波女人坐月子，有许多规矩，特别是大户人家生孩子、坐月子有许多禁忌，一般人都弄不清楚。一不小心，犯了忌，冲了家运不得了，故都要请"出窠娘"。侍候月子十分辛苦，宁波人生了孩子，不仅日里三顿正餐，还要加几顿点心。晚上产妇睡着了，还要叫醒吃两顿。产妇、婴儿都不能沾冷水，兑热水也是要烧开的水。婴儿的衣服要与大人分开洗，产妇的冷暖病痛要照顾，孩子要吃奶，产妇不能坐起，出窠娘每次要抱过去。一个月里，出窠娘日夜照顾，吃、穿、洗不算，对初产妇要催奶，婴儿"红屁股"要用土方治。干这行的，除了赚点辛苦钱，更多的是敬业，要有爱心。

四、忻江明

清末虹麓出过一个进士，是迁居虹麓的忻氏后人。

忻江明（1872—1939）[1]，谱名元彭，字祖年，一字毂堂，号兆曙，又号绍如，晚号鹤巢。生于清同治十一年（1872），当时尚有陶公山。出生前，其母陈氏（1846—1921）梦见大江中奇光眩目，光明耀眼，为此就取名"江明"。忻家经商出身，至忻江明父亲忻继善（1837—1888）转为读书人，谱名礼约，字简斋，号薛园，是一位私塾老师，在陶公山开私塾，教学生。那时候家里房子小，有的学生要住在私塾，人住了多了自然和邻居有争执。光绪四年（1878），忻江明7岁那年，"先君始由钱湖旧居来徙港陆，实依陆丈耀宗为主"[2]。也就是说，初租住人家。陆丈耀宗即陆世祐（1814—1886），字耀宗，受皇恩冠带[3]。其子陆昌元（1849—1920），字显位，五品衔。忻江明称陆显位为表兄，可见忻氏之所以迁居虹麓，是因为连襟关系。由此，忻江明"少长于此，习其俗，喜其人情敦谨，不忘本始，以故若葺祠，若兴义塾，凡敬宗收族之事，辄乐于为文以纪"[4]。

光绪十四年（1888），忻继善卒，忻江明才17岁。"余兄弟不善生产，岁

---

① 忻江明履历表"生于光绪乙亥（1875）九月初三"，年龄小三岁，这是官年。

② 忻江明：《陆显位表兄五十晋四寿言》，见民国《虹麓陆氏宗谱》卷一。

③ 民国《虹麓陆氏宗谱》卷八（中）《仁房世系表》，第99页。

④ 忻江明：《云书先生七十寿序》，见民国《虹麓陆氏宗谱》卷一。

辛卯，葺新旧宅，浼兄董其事"①，辛卯为光绪十七年（1891）。之所以修房，是因为 20 岁的忻江明要娶董沛小女儿为妻。董沛晚年在崇实、辨志书院教书，忻江明是其得意弟子，于是将自己的小女儿许配给了忻江明。此后十年，忻江明考试不顺利，以教私塾为主。光绪二十七年（1901），替岳父校勘《正谊堂文集》成。次年，为浙江举人，时年 31 岁。

忻江明及其作品

光绪三十年（1904），忻江明会试第 182 名，殿试登进士第三甲第 68 名，时年 33 岁。光绪三十二年（1906），为安徽省桐城县知县。适母亲 60 岁大寿，忻江明未上任，改授望江县知县。宣统元年（1909），权亳州事，知州。次年，署宁国知县，诰封朝议大夫，加四品衔，任亳州知府。宣统三年（1911），署潜山县知县。前后为官五年。

1911 年，武昌起义后，母亲要他回家。忻江明先派其三弟将母亲陈氏送回鄞县老家。知道母亲回乡消息以后，自己也辞职，将印交给典史，带着夫人董氏与侧室唐氏回到了家乡，时年 40 岁。当时的潜规则，武官不可临军逃脱，但文官可以辞职。

1913 年，考虑到忻江明在安徽省治理州县的政绩卓著，浙江推选他为浙江省第一届省议会议员。但忻江明秉持遗民理念，坚辞不受。1911—1931 年间，

---

① 忻江明《陆显位表兄五十晋四寿言》，见民国《虹麓陆氏宗谱》卷一。

169

《清代朱卷集成》记载的忻江明

他一直隐居于家，落寞寡欢，自认为"子遗之民"，写文章不署民国纪年①。民国十七年（1928），编校董沛的《四明清诗略》三十二卷。民国十九年（1930），又编《续稿》八卷，刊刻于世。校印之资，出自捐募。2015年，《四明清诗略》由袁元龙先生点校，袁慧、袁良植参校，由宁波出版社出版。

虹麓村人有一种说法，说当过知县老爷的忻江明家里很有钱。其实钱是忻江明弟弟在汉口做生意赚的，忻江明本人是没钱的，甚至很清贫，晚年还得去上海教书。只是，当年他们兄弟没有分家，所以也可以说忻家有钱。

1931—1937年曾客居沪上。1931年，张寿镛借宁波旅沪同乡会三楼图书室，设立四明文献社，编纂《四明丛书》，忻江明起草凡例。忻鼎永说："张寿镛和我祖父关系密切，他拿我祖父当哥哥的，当初他提出《四明丛书》编纂时，要我祖父当四明文献社社长，祖父性格比较谦虚，

四明清诗略

比较淡泊，不喜欢抛头露面，就婉言谢绝了，但还是很负责去做这件事。金性尧是祖父关门弟子，以前经常来家里，他年纪最小。那时候上海有个资本家，他几个儿子女儿要念书，于是就在上海凤阳路那里租了个房子，让祖父住下来，佣人、黄包车夫、保姆都配好了，就让祖父教书。《鄞县通志》里关于祖父事迹比较多，《四明丛书》最后一卷就是现在我编的东西。我和

① 忻巨：《鄞董孟如忻如如年谱合辑》，见《四明清诗略》下册附录，宁波出版社2015年。

爷爷生活过，就在虹麓老房子里，时间是 1937、1938 年，共 2 年时间。我兄弟 4 个人，老大老三跟我父亲留在上海，二哥跟我回虹麓居住。我祖父三兄弟都在虹麓老房子里住，没有分家，三房还是住一起的。我祖父的母亲陈氏还在，管理着整个大家庭。爷爷回老家来，还有个原因，日本人占领上海后想让他在上海做事情，爷爷觉得威胁大，就回宁波来了。"其兄忻钦典，卒于民国四年（1915）。

民国二十七年（1938），上海沦陷。忻江明辞教职回老家。次年十一月十一日（1940 年 1 月 1 日），病逝于虹麓村的家中，享年六十七岁。没有及时下葬，棺材一直放在客堂里。不肯下葬的原因，后裔认为是没有钱做大坟。"当时抗战战乱，我父亲原先是在水泥公司里上班的，战争爆发后，水泥变成战略物资，被日本人没收了，所有中国人失业，父亲只能靠教书写字维持生计，没能力下葬"。至于下葬时间，村人传言其棺材直到"文化大革命"后才葬在房屋后面，后来又迁葬于东钱湖寨场岙。此说不可靠。实际是 1948 年葬于东钱湖寨场岙。高振霄《清故朝议大夫安徽桐城知县忻君绍如墓柱文》明确作"又三年戊子，其孤恭如克治葬事，卜葬于寨场之原礼也"[①]。次年，因墓被人所毁，迁葬于象坎的万金公墓。

忻江明卒后，故居还居住了 5 个亲属，一是侧室唐阿翠（1888—1968）及过继儿子忻丁荣。二是三嫂陆定心（1884—1966），人称"三师母"，可能是其弟夫人。三是四小姐忻梅青（1921—?），住福利院。四是郑秀凤（1911—1977）。约到 70 年代左右，后裔纷纷离世，房子转手，分别由梁志明、梁仙友、马信龙、陈朝良四人接手。2010 年，虹麓旧村改造，忻江明故居也在拆迁之中。专门收购石鼓的戴文土看到了，花钱将之收购了。此时，鄞州文管会知悉了。经过商量，同意补助一定经费，要求整体迁移到戴文土的耕泽石刻博物馆。这样，忻江明故居也就迁到了耕泽石刻博物馆。

耕泽石刻博物馆中忻江明故居

① 见《鹤巢诗文存》附录。

耕泽石刻博物馆中的忻江明故居

其子忻荞（1900—1984），字鲁存，号笠渔。民国四年（1915年），入沪江大学读书。善书法、篆刻，工诗文，著有《思补轩诗文存》三册，2010年由其子忻鼎永、忻可闻编校于世。曾校其父忻江明《四明清诗略续编》，现藏上海图书馆。善弈，1928年被谢侠逊封为象棋界的"六十三师师长"。忻荞过世后，孙子们去虹麓次数少了。

忻江明对自己的要求较高，自选有《鹤巢诗文存》四卷。1940年编入《四明丛书》，刊刻于世。2006年，由其四孙忻鼎永等整理、注释的《鹤巢诗文存》由黄山书社重印。他博览群书，不但为编选乡土文献《四明丛书》做了不少工作，也为后两次修纂忻氏宗谱作了重要贡献。

第三章　20世纪下半期以来江六村纪事

1949年10月，进入中华人民共和国时期。这个时期，又可分为前30年与后30年。下应，正式的写法应是"雅应"。1958年时的印章，仍作"鄞县雅应乡人民委员会"。但人们手写时，习惯写"下应"。而此后的虹麓村为图方便也习惯写作"江六村"了。

第一节　50—70年代的江六村

1949年5月25日，宁波解放。7月，鄞县全面实行军事管理。

解放舟山时，解放军曾入驻祠堂，江六小洋房后空地住满解放军。因在此出操，这块地被称为"大操场"。

据陆善祥说，1950年3月，沙林高帮焕章老大摇航船，某一天航船至四眼碶，来了很多解放军，说："乘客请下船，老大留下，航船要征用。"当时除焕章老大外，还有他和陆庆宝两个人。陆庆宝那天穿了一双球鞋，谎称是乘客，就上岸回家了，只有沙林高同焕章老大一起摇着航船，跟着解放军从大石碶过坝到清水浦集中。当时清水浦已有很多航船，都是宁波地区各地征用来的航船。第二天，全部出镇海关，开往大溪方向（现在北仑港），船和船老大配合解放军，每天训练撑握摇船技术，准备解放舟山，作摆渡之用。当时解放军只吃点粗粮，而给船老大吃大米饭，这受到了船老大们和其他百姓的尊敬，军民一条心，为解放舟山做出了贡献。

一、土地改革与阶级划分

（一）村级管理的建立

1949 年 12 月，在南下干部帮助下，江六村废除保甲制，保长向村农会移交保内有关资料，宣告民国时代村级行政政权的结束，筹建村级组织、农会组织和民兵组织。1950 年 7 月，中共中央政务院通过并公布了《农民协会组织通则》，再一次确定，农民协会是农民自愿结合的群众组织，但同时规定根据中华人民共和国的《土地改革法》，农民协会是农村改革土地制度的合法执行机关。其任务是团结雇农、贫农、中农及农村的一切反封建分子，遵照人民政府的政策法令，有步骤地实行反封建的社会改革，保护农民利益；组织农民生产，举办农村合作社，发展农业和副业，改善村民生活；保障农民的政治和文化水平，参加人民民主政权的建设工作。

中国共产党执政以后，村级领导多选择贫农，倾向于选择没有宗族关系的外姓人来主持工作。方岳富（夫）为首任村长，史信高（1905—1984）[1] 为农会主任，孙阿康为民兵组长。方岳富是村中雇工，担任村长工作，后到上海打工去了。史信高是贫农，非常老实，胆子较小。建立农会后，实行"一切权力归农会"，开展减租减息运动。

史信高

1950 年，在上级领导下，村里成立民兵队。时值解放初期，新政权成立不久，民兵在配合剿匪、镇反、支援前线各项运动中，都发挥了很大作用。村民兵组织有枪支多支。民兵白天在村口要道站岗放哨，夜间巡逻防卫，为保卫村级新政权和土地改革胜利成果起到了重要的作用。孙阿康说："我当时当民兵队长时 20 多岁，当了 3 年。我让那些'四类分子'老老实实拔草、扫地，有些刁蛮，就处罚他们。合心（袁家）大队来江六村训练我们民兵连队，我们半夜去巡查谷仓，每

---

① 民国《鄞东史氏宗谱》作清光绪三十二年（1906）生。

天早上训练，一共三四十个人。"

1950 年，成立妇女联合会（村妇联），次年改成妇女代表会（妇代会）。陆明月为村第一任妇女主任。妇代会建立后，配合各个时期中心运动，宣传"土改"政策，宣传新婚姻法，教育和带动妇女参加生产劳动，参加其他各项政治活动。

1951 年，同保乡改为下应乡，下设 9 个行政村，村人陆明德（1920—1998）为首任乡长，陆小毛（1927—1999）担任乡委员。陆明德，家中老四。幼年

陆明德

陆小毛（右）与梁孝甫（左）

陆瑞龙

戴阿仁

勤奋读书，有一定才学和能力。为人正直，友善助人。不久，因处事不当，被上级撤了职。

1951 年底，农会换届，选举产生第二届新农会成员。1952—1954 年，陆瑞龙（1910—1998）当选为第二届农会主任。戴阿仁（1920—1989），嵊县人，为农会副主任。1932 年，戴阿仁因其母亲在酒厂食堂做饭，于是举家搬迁到村里居住。

（二）土地改革

1950 年 6 月 30 日，中央人民政府根据全国解放后的新情况，颁布了《中华人民共和国土地改革法》，规定了没收、征收和分配土地的原则和办法。它规定废除地主阶级封建剥削的土地所有制，实行农民的土地所有制。同年冬起，

没收地主的土地，分给无地或少地的农民耕种。地主也可分得应得的一份，让他们自己耕种，自食其力，借以解放农村生产力，发展农业生产，为新中国的工业化开辟道路。

1951年10月初，江六村开始进行土地改革。上级委派老王、老薛作为土改工作组，来江六村指导土改工作。土地改革工作分两大块：一是根据占有土地数量确定村民不同的社会身份。根据占有土地数量的不同，将村民分为地主、富农、大佃农、中农、贫农等。

当时40亩是一个杠子，占有40亩以上土地就是地主了。据此，整个江六村只有一个农业地主、一个工商地主。农业地主是陆泰芳，工商地主是陆世昌。凡评上地主者，都被没收家庭财产。"土改"第一大目的是夺取地主的财富，解救新生的红色政权的财政危机。陆泰芳的财产被没收，陆世昌的洋房、家具均被没收。分配的方式是，将地主财产送到晒场上，按有关规定分给指定村民。后来进行土地改革整顿，发现陆泰芳的成分被错划，改划为富农，已瓜分的财产，除生产资料被没收外，其他财产被要求退还。

二是将所有土地按人头重新分配。"土改"结果，缺田户分到2.4亩，照顾户由农会内定。真正实现了"耕者有其田"，激发了贫苦农民的生产积极性。陆敏根说："当时分到两亩地，我高兴得不得了，自己有地了，饭有得吃了。"这样的想法，在当时村中贫苦农民中应该有一定代表性。

（三）镇压反革命

陆柏寿出身读书人家，本人是江六小学老师，为人老实，人际关系一般，不和人吵架，也不太和别人搭界。行为有些怪异，时人都叫他"柏寿大胡"（宁波话"疯子"），他在村中并不得志。他规矩重，上课时要打小孩手心，由此得罪一些学生。他懂普通话，所以南下干部一来村里，表现得十分积极，因此做了小学

陆柏寿（后排右二）

校长。1952年的一天，开村民大会，大人们高喊"打倒陆柏寿"，下面小孩子也跟着喊。会议结束，村人就想早点回家，工作队领导让村民在一堆材料上签字画押，村民们纷纷做了。事后才知道，原来这是检举揭发陆柏寿罪行的材料。还没20天，陆柏寿就被糊里糊涂拉到下应枪毙了。村人说及陆柏寿之死，都说是"硬伤"。

二、合作社时期

1952年"土改"工作基本结束后，逐步组建村组织机构，原先的农会骨干，大多转为乡村干部。1952年，陆昌定（1930—2005）为第二任村长。陆昌定的父母很早去世了，父亲陆世恺（1880—1941）过世时他才11岁，穷人的孩子早当家。他21岁当村长，那时候村里未设书记，村长最大。他把抗美援朝第一批义务兵送出去。1953年，陆贵来（世海，1922—1988）担任会计。1955—1956年间，陆安康（昌德，1928—1987）为第三任村长。陆安康，家里很穷，父亲陆世芳（金华，1899—？）早早死了，母亲胡氏给人家做娘姨。他个子很高，瘦瘦的，脸也小，瘦长的，人家叫他"长脚"。

陆昌定

（一）初级农村合作社

土地改革后，广大村民都分到了土地，各自为自己耕作，劳动积极性得到了极大的提高，当时的那种体制叫"单干"。但是由于绝大多数农民群众，刚从雇工转变为拥有土地的主人，缺少农业生产所必需的劳动工具，而原地主、富农等拥有较齐全的农具。为此，国家于1952年逐步推广互助合作。互助组就是由几户农民自愿联合各自所有的土地、农资等组成的互助性小集体。江六在"土改"工作组领导下，"走互助合作化道路"，共组织了18个互助组。陆国荣说："那个时候是叫靠背组。我跟你好，就靠在一起。生产资料都是齐的，我那个时候是贫下中农，耕具又要向别人去借，待别人用好后，我才能去用。后来看看不对，就开始搞互助组了。互助组5个人农田约60亩分为一组。我当时是在第

18组，在组里放牛的。晚上还要车夜水、割草，要做得很晚。"互助组的形成，在生产技术上没有大的变化，但在一定程度上解决了生产上劳力、畜力和农具不足的困难，农产品产量比个体的单干农户有所提高，并在一定程度上限制了出租土地，消除了雇工剥削等现象的发生。

1953年，在互助组基础上，发动农民走合作化道路，鼓励单干参加。江六村由陆五全（亨信，1932—2005）、陆明杨（1920—1998）、陆明德（1920—1998）率先成立最早的初级农村合作社，分别取名为麓胜社、麓益社、里中社。

本着入社自愿、退社自由的原则，组织全体农民参加初级农村合作社。初级社土地、耕畜、大农具仍归个人所有，小农具个人自备使用，使用大农具折工并付租赁费，使用牲口须折工抵顶。成立生产合作社后，村里的一切事务，包括开会、传达贯彻上级的政策和任务，都由社主任承担，一切权力归社管会。从此，农会主任的权力和农民协会的组织也随之自然消失。徐后德说："1955年，互助组是互相帮忙，三个社并存的局面只存在了一年的时间。从低级社到高级社，是毛主席要求组织起来的，以共同富裕为口号的。麓益社里面每个社员个人投资，作为生产成本，投资土地及生产需要的资金，一家一户都投。投资，按照社员自愿的原则，再参照劳动力投资，劳动力越强，投资越大。收益是集体共有的，并非投资多，就一定收益多。我组17户有好的，有坏的，钱没有的去找贷款，贷款比较难，有些有钱的反而不出钱，为此成立贫下中农合作基金。"

陆五全

1983年第一轮土地承包开始，原十个生产小队解体，各生产小队的所有结余，由当时的村大队统一管理。原合作基金结合生产小队的结余资金，计股到户。所谓合作基金，是由高级社期间，以农具等生产资料及现金投入两部分组成。生产小队的结累资金，是60年代到70年代历年结余的资金。在1983年，将合作基金结合生产小队结余资金按劳动工分相应比例，合并计股到户。从1985年到2001年，每年按6%年利息支付到户。到2002年一次性将股金全部退还到户。

由于当时剩余劳动力多，50年代初，江六村三个社联合创办企业。1953年，由村民陆宝才发起，创办了草制品厂。厂址选在江六草庵，生产用于包装的草包。不久，陆宝才又在大堂檐创办了绳索厂，生产各类麻绳、棕榈绳等，于1954年关闭。1953年，又在东石桥边开办力年青厂，后关闭。

（二）高级农业生产合作社

初级社建立后，由于实行统一经营，共同劳动，根据劳动评分和入股土地的多少进行分配，农业资源得到充分整合，全村绝大多数农户的积极性很高，全村三个初级社运行良好。但初级社以土地入股，并按土地多少进行分红，它允许生产资料的私有制，本质上只具半社会主义性质，加之规模小、程度低，船小抗风浪能力差，不能抵御较大的自然灾害，同时经营范围单调，经济收入循环水平低，向高级发展已成必然。

陆明杨

1956年全村的三个初级社合并，成立了江六村高级农业合作社，全村农民均成为高级社社员，所有耕田归高级社集体所有，实现了生产资料公有化。高级社全称"高级农业生产合作社"，是我国农业合作过程中建立的、社会主义性质的集体经济组织，规模较初级社大，土地、耕畜、大型农具等生产资料归集体所有，取消了按土地分红制度，实行按劳分配原则。高级社下设十个生产小队，每小队设队长一名。生产合作社的成立彻底改变了生产资料私有制现象，为进一步实行公社化创造了条件。陆明杨任社主任，一直到1960年。也就是说，1956年以后，陆明杨是村中第一把手。其子陆国康说："我父亲最大的特点是工作认真负责。记得有一次台风来了，风力十二级以上，他挨家挨户去查问。"

1956年，陆明德被视作为"拔白旗"的典型，从此被边缘化。

大队成立青年突击队"水稻营"，半军事化管理，吃住一起，共同劳动，攻坚水稻种植。陆惠棠

陆惠棠

（宗谱作"渭堂"）（亨仕，1936—2011）担任负责人。

三、人民公社化

1958年5月，"大跃进"开始。中共八大二次会议，正式通过了"鼓足干劲、力争上游、多快好省地建设社会主义"的总路线。发动了"大跃进"运动。

（一）大办食堂

陆敏根

1958年，按上级要求，江六村大办食堂，食堂设在村祠堂中。陆敏根为食堂主任。陆敏根说："上面要求办食堂。工作相当复杂，村子大。有三个烧饭的，三个烧菜的，一个会计，我是食堂主任，共有八个人。发饭筹，上面写清多少人、多少粮食。食堂主任不好当，一是容易出现贪污，二是食堂人员关系复杂。我有始有终。饭票从印刷厂印来。饭是称重量，粥是勺子盛。有的拿回家吃，有的直接在食堂中吃。初办时很高兴，多的时有60余桌。菜有五六种，起初可以饮酒。"当时有句民谣"放开肚皮吃饱饭，鼓足干劲搞生产"。后期因"瞎指挥"、自然灾害等原因，造成粮食紧张。据陆素莉说："那时期吃草根树皮，还吃野菜，人家还要跟我们抢，我老四，家里共8兄妹，5兄弟，3姐妹，我正处于中心，还要管阿弟，饭又吃不饱。烧火时经常摔跤，医生一看就知道我饭没吃饱，都没力气走路了。"陆利康说："那时候我当队长了，20岁出头，我让社员们种点杂粮，我去开会时候，就让他们去吃点东西，不能饿坏了。其他队里人说：四队不知道怎么在搞的，他们肯定在偷种其他杂粮。当时当队长的都很辛苦。"

村级领导机构的调整。1958年7月，全国出现"拔白旗"运动。史家码村民，中共党员史永康被上级调派到江六村里包队，开始了党组织的建设工作。当时的高级社主任是陆明杨，但他为人老实，不会说大话，显然不合时宜。陆宝才因生活问题被打倒。此时，陆安康重新受到器重。史永康比较欣赏陆安康，将他培养为接班人。经史永康介绍，陆安康成为江六村第一名中共预备党员。江六村高级社与邻村多个高级社一起，并入邱隘东风人民公社，隶属邱隘东风人民公社下应管理区江六生产大队。生产大队下设十个生产组，由陆安康担任大队长，实行政社合一的半军事化编制。这么一来，陆明杨权力下降。接着，陆明杨、陆阿二入党。至此，江六村有中共党员四名，即史永康、陆安康、陆阿二、陆明杨。经上级党组织批准，成立中共江六村党支部，史永康为首任支部书记。

史永康　　　　　　　　　　　　　陆安康

1958 年，草制品厂归并，迁至天王庙、姜村，属东风人民公社。厂虽然转移到姜村，陆宝才掌握业务和生产渠道，厂长依旧是陆宝才。1960 年，由陆宝才发起，江六村自行投资，成立江六草包厂，厂址选在村祠堂内，生产各类草包，产品销往宁波市海洋渔业公司、鱼市场，及宁波市土特产公司等。陆如法称："1958—1966 年的老干部对江六村贡献最大，当时江六村农林牧副渔业搞得非常好，陆宝才不为家里的亲戚考虑，他还利用村河流进行养鱼，搞得很有起色，我认为是个好干部。"

陆阿二

（二）生产大队的建立

1962 年，"大跃进"结束，大公社解散，下应管理区取消，成立下应人民公社江六大队（从此原"虹麓"改为"江六"，一直沿用至今），陆阿二为大队长。1962 年在祠堂里选举，陆明杨票数最多，但史永康仍决定由陆安康担任书记，而将陆明杨调到邱隘种子场。陆明杨二话没说，就去那上班。史永康重新回到史家码村当书记。陆安康为人火气很大，容易和人吵，但吵过就没事了，大家都知道。陆阿二（昌蕃，1920—1999），跟陆安康比较配合。陆敏根说："当时村里有三个系统，书记（陆安康）抓政治，大队长（陆阿二）管生产，我担任财务主任，管副业。"

大队下设十个生产小队，分别由沙林高（1924—2000）、陆双全（1916—2004）、陆瑞龙（1910—1998）、陆明杨（1920—1998）、陆阿鹏（1926—2010）、毕永土（1931—1997）、陆利康（1936—）、陆世章（1929—2000）、陆宝全（1926—）、陆振祥（1922—2003）担任生产队长。

共青团江六支部全体同志合影
前排左起：史桂莉、陆方成、陆忠法、陆友娣，中排左起：陆启道、陆国云、陆如元，
后排左起：陆炳浩、马信华、徐后德、陆享珠

1964 年，江六村成立中国共产主义青年团支部，陆惠棠（1937—2011）

任首任书记。1967 年，陆国荣（1946—）继任第二任书记，当了近 3 年。团支部工作重点在于发展新团员。

在经历了一次次的组合之后，农民从此有了自己的生产小队、生产大队，几千年的农民从此有了一个称呼，叫作"公社的社员"，有了自己的生产组织。

（三）下放回乡

根据当时政策，1958 年从农村进城工作的人员，在老家有房产的员工一律下放回乡。陆永川（1916—1994）一家本来在上海生活，1958 年，因为被当成反革命，回到宁波老家——江六。当时其子陆惠宾（1941—）中专毕业，本可以去江西读大学，但听大人话，放弃了上大学机会。1962 年 4 月份从上海回江六种田，一直到现在。陆志法（1931—1999）也是 1962 年左右从上海回到宁波的。陆亨珠夫妇、陆祥能夫妇，也从杭州半山钢铁厂等地下放回乡。马信华从邱隘厂里回乡。

（四）1966 年的"文化大革命"高潮

1966 年 8 月，"文化大革命"开始。当时担任民兵连长的是徐阿祥（1935—2013）。当时的民兵系统，1—5 队有民兵队长，队长下面还有民兵。陆国荣称："我当时任团支部副书记，听民兵连长的多，搞批斗什么的，我们都是做配合工作，以民兵连长为主。当权派靠边站，陆安康被批斗，弄得很苦，搞得很凶。那个时候弄得确实不好。当时来讲，我是团支部的，配合民兵连长，比较温和，我做事情还是比较稳重的。从我内心上来讲，对于那些事情还是比较同情的。但是各方面工作，不是明做，而是暗做，这是规矩。"

"文化大革命"，扫"四旧"，那些迷信之类的都弄掉，抄家的抄家，藏东西的也藏不了。泥塑菩萨也全部敲掉。

破坏祠堂。原来祠堂祖宗牌位非常精致，材质是花梨木或黄杨木，围屏都经过精雕细刻，很值钱，后来遗失不知去向了。从此以后就简单了，就变成墙壁了，老的祖宗牌位都横扫掉了，祖祠被严重损坏。

抄家谱。所有大小的家谱，一起抄来以后放在马桥头米厂，当时厂里有一台马力很大的柴油机，起动时需要引火，那些家谱就被一页页撕下来，当作引

体现时代特色的村民大门标语

火纸烧了。当时抄掉的家谱数量还是蛮多的，抄来的家谱，相当一部分被当作引火纸烧了。

1966年，村里学堂里开批斗大会。在"文革"中，"地富反坏右"五类人中有些人，因忍受不了批斗，自杀而亡。当时江六村死了两个人。

"文革"时期，"地富反坏右"及其子女应有的基本权利和起码的社会保障被剥夺，不能受完整的教育，在社会上发展的一切机会被堵绝。不让他们入党、参军，使他们政治上永远处于最底层。他们中的某些人，到四十多岁还找不到对象，因为没有人愿意跟他们一辈子受罪。他们只能找同等成分的后代成家。如：十房的陆庆仁是大佃农，其长子陆嘉龙（1936—2005）娶潘火童王村姜姓女为妻。后来，其妹姜仁英（1953—）也看中陆嘉龙弟陆银龙（1952—），其舅佬开始不同意。后来拗不过其妹的坚持，在母亲的支持下，也就嫁给了陆银龙，从而演了一出他俩与她俩的两兄弟娶两姐妹的故事。陆利康说："在我队里，我一直告诉自己，不要和社员吵架，低调做人。我也跟社员讲，让他们不要冲动，不给人家戳我们脊梁骨的机会。那时候我们四队就有多个大佃农。后来说成分不好，我就跟他们说，工作时候，要灵活，会看人脸色，积极工作，这样别人看到你在工作，就会说这大佃农也挺好。要是你在那里无所事事，指不定别人怎么说你。我们这里反动分子倒是没有，就是大佃农，成分最差的。"

农会取消后，改成贫协。贫下中农协会，简称贫协，是在"以阶级斗争为纲"的极"左"年代里建立的群众组织，是共和国历史上存续时间最长的一个农民群众组织，相当于城市中的工会组织。

（五）"文革"的稳定期

1966年，村里成立了"文革"领导小组，民兵连长权力下降。1967年，大队管理委员会停止行政领导工作，村里成立"三结合"领导小组，陆安康主持大队工作。

1967 年 8 月双夏结束，大队领导决定 8 月 22 日下午召开一次社员大会，地点设在小学二楼大教室（利用小学放假教室空闲），会议内容：总结双夏生产、晚稻生产管理技术，传达学习上级文件精神，下午 3 点半左右会议结束。根据当时形势，会议结束前还要唱《大海航行靠舵手》等革命歌曲，唱完歌后才能散会。但由于很多社员想提早回家，致使教室外与楼梯口的过道中，社员集中过多，超过了木结构房子的承受能力（学校建造材料为洋松，再加上有一部分白蚁危害），造成过道倒塌，使近 60 名社员不同程度受伤。事故发生后，大队领导立即组织人员进行抢救。由于当时没有公路，只能用大队机动抽水机船送伤员到宁波二院急救，最后确定三人伤势严重，其他社员伤痛无碍。

1967 年开展"农业学大寨"运动，当时的江六大队对周边的杂边地、坟滩基地进行改造，新增农田多亩，并对全大队地势高低不一的农田进行平整改造，有利于农田灌溉，提高粮食产量。

那年，村里河水断流，寸草不长，为了解决内河水上交通，将甬江咸水引入内河。部分咸水灌入农田，严重影响植物生长，破坏土质。为改善土质，并响应国家号召，开始养绿萍、提倡多养猪、多积土杂肥，此外尽量多搞些化肥，以达到改善土质的目的。

1968 年，江六大队革命委员会成立，陆安康任江六大队革命委员会主任，马信华、陆方成、陆阿二为副主任。1971 年，村革命委员会取消，村里党组织恢复，陆安康继续担任大队书记。

1967—1974 年生产队的情况。陆国荣称："生产队的病虫害防治，都是按照公社农科站植保员传达，什么时候除虫了，什么时候打什么农药，都是统一的。对于我们的生产队来说，化肥不足，以农家肥为主，捻河泥，割野草。每个月去宁波环卫处一次，购入粪便。后来不够，我们生产队就去外地兑灰、出咸卤、兑入粪便，有时还兑菜籽饼。上面分配下来的化肥，基本上很少。那个时候，农药紧张，化肥也紧张，全都以靠土肥为主。当时田里野草很少，田埂三面光，走起路来要滑倒。没有地方可以割草，牛都没有野草可以吃，只能拉到山上去放养，山上还有一点草。割草要到山上去割。河里面养革命草、水葫芦。水葫芦给猪吃，猪屎养草籽，都是这样循环利用。猪吃的都是草糠，又没有精饲料。猪杀掉以后，皮都是薄薄的，没什么油。生产队如果能杀一头老牛，那要高兴死了，那个时候又没有东西可吃。"

马信华

1975年，"批林批孔"运动期间，省工作组下来，陆安康"靠边站"，被免除书记职务。1976年11月，鄞县革委会政治工作组批复，陆安康被撤销一切职务。这年大队支部选举，马信华当选书记。他最大的优点，一文化高，二负责。马信华说："我接手江六的时候已经亏空了，我们是寅吃卯粮，草包厂虽然开着，但是一年也就两三个月在运作。那会儿做官的都不像话，我觉得干部什么的还是要像高考那样出试题选拔，那样才有文化底蕴。"

企业需要电线。当时规定，高压线由国家出资架设到变压器，变压器以下由村负责架设。当时电线紧缺，低压线有三根，一根零线，共四根线。这时候是靠陆世昌通过关系采购。当时有一种剧毒的农药叫作"1605"，其瓶是用铝制作的，用完以后，农户将农药铝瓶卖给下应供销社收购，村里倒向供销社买来，去温州加工成裸铝线。30根电线杆也是紧缺物资，采购于宁海。农用水泵可以随便买到，但是电动机很难买到，20千瓦以上的电动机、裸铝线、电线杆都是紧缺物品，需要托别人才行。电缆线通过浙江省基本建设局拿到，他们给村里提供脱粒机电缆及水泥等（当时都属紧缺物资）。

以农促富，以富养农。方法是：第一，养猪，如果能达到65斤以上白肉，可以获得奖励，没有养到就会有惩罚。村里总结以前的经验，以前不惩罚农户，就没有生产积极性；第二，提高思想认识，改变政策和观念，戤社户是相对比较不合算的群体；农村戤社户粮食划归为生产队供应，将农业户和戤社户的粮食分批供应，戤社户的粮食由国家购粮任务中抵扣，农业户认为戤社户粮食是吃他们的，这是一种错误的观念；第三，扩大再生产，大多数社员提出将企业的利润全部分到户，但是村里没有选择分，要把集体经济打下的基础做实，而不是动用、分配。马信华认为办厂或者其他事情都需要大量的资金，为此村里发生了不少争执。有很多人希望将劳动成果（钱）分给每个人，但是马信华不想。他希望利用这些资金扩大再生产。以前都没有工作的人，甚至是一些老太婆，都出来工作了。因为各行各业都需要不同的人参与，或多或少都能赚钱，多了一些工作的机会，能解决很多的就业。村企业都有不同的分工，都有不同的工种，劳动力都是从生产队抽上来的。他们都是拿工分，但实际上村里以工资形式拨付给生产队，大队人员到各小队戤队计工分。企业产生的利润，主要用于扩大再生产。各生产队购买的拖拉机（每个生产队一辆），抽水机（每个生产队一部），化肥（碳酸氢铵）第一年30吨、第二年32吨，都由大队集体经济资金下拨的。社员根本没有考虑到资金的来源，村干部只能解说。粮食产量提升的这部分钱，村干部不会私用。大队长、大队会计、妇女主任等的工资都要向生产队抽。

有亲招亲，有邻找邻。发动群众，结果农业上高产。陆国康嬷嬷的儿子曹远峰到鄞县中学开交流会，在"沪办"工作，他的妈妈是江六村人，也一起过来，顺便来看望一下诸位亲戚。马信华找他帮忙，问他能不能帮我们弄些化肥和钢材。"沪办"相当于国务院上海物资局，因此曹远峰能够运来6吨钢材、30吨化肥，当时钢材和化肥资源紧张。30吨化肥都是市价买来的，非常便宜，当时下应供销社一年也才供应几吨。人家当然羡慕，让我们去给其他大队分一些，化肥厂最需要钢材。30吨化肥，两辆大车运。因为是亲戚，运输费用都不用拿出。化肥从沙洲化肥厂运到宁波。接着是用化肥换砖头，在东钱湖马山，1吨化肥可以换好几万块砖头，是青砖，质量比红砖好，可以用来造房子。在河对岸造厂房，造了20多间。主要的村企业都在这里，后来搬到马桥头去了，因为后来扩大再生产，规模逐渐扩大。陆小平说："马信华书记是我认为最好的书记，把食品厂、麻纺厂等办起来。他为江六村做实事，一心为公，没有私心。"孙阿康说："我认为马信华人品很好，做人本本分分，对于群众很关心，跟群众关系很好。"

陆启华说："马信华当书记，开始办厂，大大小小七、八家厂就这样弄起来。没有钱怎么办呢？1斤米换6块砖，换来造厂房。建造食品厂、手套厂、翻砂厂、绣花厂等。村变压器的增变，需电力部门核准同意方可增变，经努力将50KVA增变到100KVA，这样厂就能办起来了。当时马达、电线都是很紧张。马信华就去找供销社的负责人小李，德国进口来的铝瓶他收拢的，我们去给他拉回来。再去换电线，高压是上面供的，低压下面都是要拉开来的。那个时候水泥也很紧张，怎么办呢？就去广播站，让他们去订购。因为那个时候广播站是最吃香的。然后，村里让他转购，用于低压线。通过这样的办法，我们在1974、1975年时候，省工作队10个工作队员过来，其中有杭州纪检局的人，我们通过杭州纪检局，水泥指标拿来2吨。那个时候水泥多少紧张，我这些600号的水泥拿来干什么用呢？用来修抽水机埠，400号的水泥粘不住，600号的水泥拿来专门修这

1981年村干部送陆忠良去参军合影留念

前排左起：陆高成、马信华、陆忠良、陆国荣，后排左起：陆启华、陆阿二、陆惠康、陆宝华、陆信芳

个。现在600号基本上是买不到的。"陆国荣说："马信华是管企业的，一直在外面跑。农业全都是我管的，要造厂房全都是我来，造桥头，都是我亲自带头造的。桥面用水泥板铺好，对面河埠头要弄好，这全都自己赤着脚弄好的。搞建设，造房子，这全都是我管的。他们来说就是外面管业务的。办厂的，什么厂要请师傅，接任务，要两人搭档。所以当时我们没有差银行一分钱。以前从来不借钱的。最富的时候，人家需要去银行贷款，我们都不用。我们企业到了下半年，每一家都可以造5个、6个小方案，大头藏着，这是生产队的，不可以分光。除非人调走了，可以分。当时是精打细算的，驻队干部来吃饭，包括包队干部，不是去马信华家里去吃，就是到我家来吃，没有报销一分钱。我这个人就是这样，婚丧喜事老百姓都来请，别人送来的礼品都不要。我给你帮忙，忙是会帮的。有一个在医院里动手术钱没有的，他的女儿来哭，一个支部书记说：'你们每年都超支，钱借不来。'那我就说了：'人家大人住院，小孩来哭，这钱是应该借给人家的。'当时来说，借200块钱已经是不得了的事情了。那我说：'他在生产队超支是正常的，但是我们企业每户人家分下去的钱给他扣除，先给他欠着，他的孩子也是会

长大的。'我这样一提醒，其他生产队长就说：'对的，对的。'反正我这工作就是这样干的，不会要你们好处。包括卖房子也好，要上海人打折，给老百姓便宜一点。"

1976年，鄞县正在建造横溪水库，由鄞东南各大队抽调社员做民工，江六大队约有26名社员在横溪水库工作。7月26日，大队派出东方红 -20 型

1981年3月鄞县第九届人代会第一次会议合影
后排右起第一人为马信华

拖拉机为民工送米到横溪水库工地，刚好本大队民工中午已完成 1 天的工作任务，吃过中饭后，民工们一致要求驾驶员到奉化裘村玩一次，顺便购买点洋芋芳。在民工们的要求下，下午 2 点左右搭乘 24 名民工的拖拉机出发了，拖拉机行驶到距裘村不到约 2 公里处，由于下坡车速过快，无法刹车，拖斗侧翻，搭乘的 24 人全部摔倒公路边，多名民工负伤。呼救声惊动了两边村民，一起前来帮助急救。这时候刚好从宁波至裘村的客车路过，驾驶员见状，说服乘客下车，把大队民工全部送到郭家峙海军 412 医院抢救。经军医诊断，留下三名比较严重伤员，其余全部转送宁波第二医院。这次翻车事故，不幸中的大幸是无民工死亡。

（六）大队小队体制

生产大队有党支部，有书记、大队长、民兵连长、会计、赤脚医生、俱乐部主任、民办老师、大队植保员、水利员等，但这些所有的人员在没有工作时也要参加生产队的劳动，也要在所在的生产队分配，生产队的社员是每天的记工制，而大队干部在大队工作时拿的是社误工分，也要将这些工分划到各生产队进行记账分配，所以当时的大队干部也要看小队长的脸色，要是一个生产队的大队干部多，社员们就会有意见，因为他们经常不在地上干活，可也记着工

分，到头来还要来分粮食与柴草，这不是让整天在地上劳动的社员吃亏了吗？所以当时的大队干部也要夹着尾巴做人，对社员不敢怠慢，只是尽力地为本生产队做点贡献，这样去生产队挑东西时，也少看些社员的脸色。

在生产队中，每一个生产队长就是百多号人的当家人，生产队里有记工员、会计、植保员、仓库保管员，还有一套的队委成员，大家都相互监督，让你不敢偷懒，也没办法偷懒，因为每天的劳动任务都明摆着，你没有完成任务，就得不到应有的工分。当时能参加生产队劳动的最小年龄要在14岁，生产队的实足劳力，每天的工分是十分，而刚上地的小孩子定分是3.5折，然后每年按照劳动表现加分，表现好的几年就能到实足工分。

要说生产队长，那可是个苦活儿，他要懂得一年四季的生产安排，还要接受上级下达的生产指标。首先是农田的一个好把式，样样拿得起，出工最前，收工最迟，还要没有私心，不能贪生产队的一点便宜，所以当生产队长不但没有额外的收益，更多的是付出。但能当上生产队长，他往往有着说一不二的脾性，而且在本队有着非常高的威望，是大伙信得过的人。[1]

大队生产队计算与分配体制。陆昌善说："计工分是要算底分的，农活水平，要是好的话，当时级别最高是十级，要是稍微差一些，可能有九级半，或者更低，每年要评一次底分。平时你若是迟到了，就要减分，自己先提出来，减掉几分，别人审核。这大概是从合作社、互助组的时候开始的。一年时间内，按照每个人的工分有多少、合计工分有多少、农业收入有多少等等因素去分配。当时没有像现在一样工资是一个月发放一回的，那时是全年结账一回，要么是春花时，要么是早稻时，结账两回。春花时按照劳动力预支，劳动力越强，分到的越多，劳动力弱的是分不到的。早稻时按照劳动力预支，劳动力强，获得的工分多。两季稻割完了，就要全部分配了，就相当于决算方案。据此定好了，基本定粮，一年早知道，有多少劳动力，按照收入减去支出进行分配。劳动力少的话，可能会超支。1965年开始，我就做计工员。每个生产队只有一个计工员，10个生产队有是10个计工员。当时都基本差距不大，也很少有靠关系，主要还是依据劳动力，但是生产队队长也有一定的决定权。底分每年评一次，按照多年以来的劳动力，基本不会动。按照劳动能力评的，是基本分，很多年都不太会变，比较稳定。每隔两天或者三天评一次。工分主要是按照底分，工分在底分基础

---

① 江风：《人民公社：一段永不埋没的辉煌》，乌有之乡网刊2014年11月21日。

上按照实际的各种因素加加减减。工分换算成收入的话，每个生产队一共有一个固定分。公式：农业收入－成本－费用＝盈利。盈利除以工分，等于每个工分的钱。每个人根据所拿的工分，可以算出其所应得的收入。1970年以后，我在村里做大队统计，在农忙（以夏）季节，我要下田间，对每个大队下属的生产队统计，每天下午两三点去找各生产队队长，了解今天的生产情况，并汇总。如果生产队队长要是虚报的话，我也没办法，因为我眼睛看不出来的。再去下应乡政府汇报今天的生产情况，要让乡政府知道早稻收割数与晚稻插种数，已经完成的工作量。如果进度慢的话，领导还要开电话会议。一般的数据，只是问队长，自己眼睛看不出来的。统计指标包括生产完成情况、现在有多少田、稻割掉多少、田耘过几遍等数据，其中不包含产量。”

第二节　80—90年代的江六村

1982年，人民公社制度取消，改为下应乡。1992年，浙江地方"撤扩并"，下应与潘火合并成新的下应镇。

1981年12月20日下应公社第五届人民代表大会江六第五选区全体成员合影
前排左起：毕永土、陆宝华、许乐斌、陆国康，后排左起：陆友娣、孙金娣、陆太和、陆炳浩、邱建良（驻队干部）、陆高成、陆启华

一、联产承包责任制度

1981 年，陆宝华接任江六村书记。这年，下应党委书记陆方成联系江六村里工作。下应卫生院老院长退休，下应党委会议讨论决定，拟让江六卫生所陆宝华当下应卫生院院长。有一次，他跟江六书记马信华商量。马信华说："我体力比较差，让我先走走出去了。"陆方成问："那你走出以后书记谁来当？"马信华提出，让陆宝华（前农会主任陆瑞龙儿子）做接班人。职务之事一时定不下来，陆方成干脆说："你走出缓一缓，现在青黄不接的时候。"后来考虑再三，陆方成还是决定让老书记先走，由陆宝华负责村里全面工作。陆宝华初不同意，称"我是学校出来的，当村里第一把手，农业外行，企业外行。但是群众基础有的，文化有点的，只有两个优点。农业，我从来没有参加过。外行领导内行，我说这个不太好。这么多企业办着，虽然厂是小的，但是我业务不精通，会带来一定的困难。我喜欢吃业务饭的，不要让我挑担。"最后党委书记表态："思想不通，组织服从，我反正在公社的，支部书记会议经常开的。你如果工作有困难，到我这里来好了。"这样，陆宝华没有办法，只好上任了。

1980—1985 年，陆启华任副书记，负责全村村办企业。

1982 年，实行政社分离，大队改称村，建立村民自治组织——村民委员会，取代大队管理委员会行政领导，并成立江六村经济合作社。

最后一任生产队长，一队陆惠康（1951—2005），二队陆善祥，三队钱信福，四队梁太安，五队毕国方，六队陆国康，七队邵德成，八队陆国和，九队郑龙飞，十队陆高成。当时队长的工分，是按生产队劳力工分中前三名的平均工分计分。当时，生产队长经常参加公社与大队的会议。

陆宝华说：分田到户是我手里搞的。1982 年下半年，晚稻还没有收，开始第一轮土地承包到户，十五年不变。公社开会怎么搞，初步也是有方案给我们的。根据方案去分，分之前每个生产队开会。老百姓也喜欢分，那个时候集体劳动积极性也都已经挫伤了，出工不出力，"出工一直头，工分扎平头"。今天我多做了，明天要休息。后生有力的，都不出力，积极性都挫伤了。苦的活没有人干。即使在做的，做着做着，队长不在，就在牛棚聊天了。最好早点歇工，去自由地劳动。土田都是按照劳动力分，生产队全劳动力有

敬天爱人

陆宝华

几个，半劳动力有几个，作出统计，根据总地亩、劳动力去分。以各生产队为单位分配土地，土地多的生产队，每个劳动力多分一点，土地少的生产队，每个劳力少分一点。

分田到户，实行责任制确实是好。当初思想相当复杂，原来真正农活拿不出手，靠声音大在生产队混着的人，地分开之后，吃苦头了。原来生产队从育秧开始，拔秧、种田、耕地、割稻"一条龙"工作，现在都要自己上了。总的说来，联产承包责任制确实是好，因为干活很自由了，我今天要做就做，不做就不去做。生产队的话，日日出工，下小雨也是要做的。真的没有活了，生产队农闲，捡捡谷种，搓搓绳子，评评工分，也是有事情做的。

联产承包责任制就是在不改变土地集体所有制的前提下，按照农户劳动力数量，将土地分给农户自主经营，签订承包协议。原生产队的农具、仓库作价出售给各承包户，晒谷场按所承包土地的多少，按比例分配给各承包户使用，但所有权仍归集体所有。承包户除向国家交纳农业税、向集体交纳公共提留以外，收益完全归承包者所有。即"交够国家的，留够集体的，剩下都是自己的"。承包者在自己所承包的土地上，种植何种作物，种多少都由自己决定。联产承包责任制扩大了农民的自主权，调动了农民的生产积极性，发挥了小规模经营的长处，促进了农业生产的发展。

计划生育要搞，农业要抓，企业内部各种矛盾需要去调节。那个时候还有畜牧场养猪，养猪是有任务的。三年做下来，先进是保住了，集体也没有什么跌下来过。农业也先进，计划生育也先进，企业也还好。但自己感到十分累人，一百十多斤的人瘦得人都认不出来。快到三年，我写了辞职报告。陆方成书记说了："你不要写了，你企业、农业也没有下去，把关把得也还好的。"我说："我真的不要做了。我不给组织上施加压力，去社办企业什么的，我还是仍旧在村里当乡村医生。"陆方成说："下回再说，现在只管去做。"过了一段时间，陆方成调到邱隘区委当副书记去了，原来的副书记钟宏祥当书记。1983年到期，我又写辞职报告了："我真正没有办法了。我也没向组织上提要求，我仍旧在村里做乡村医生。村里一块，随便谁当领导，我积极配合的，做参谋工作，我也会做的。不会拖他们后腿的，我希望我后一届比我做得更好。"钟书记同意了。就这样，我仍旧吃老米饭，当赤脚医生了。

陆祖光说："1981年，我当时在五金厂，兼任村团支部书记，农忙时要帮助大队下田把田管好，分田到户后，做村里其他事情，如组织团员修东西，增加团里经费，组织去外面读书、学习，去别的团支部参观采访，帮助困难户等等。我当团支部书记第二年，还动员成立青年之家，买些书，打打球，青年之家原址在祠堂另一边，村办公室旁。28岁（1989年）以后，团支部书记不做了，自己办厂。"

二、村办企业

1983年，陆国康当书记。这一年，陆高成当村长，陆忠法为大队长，主管农业。1983年，妇女主任陆友娣调到下应电子仪器厂，史利英接任妇女主任。

陆国康说：我为什么当书记呢？主要是想办厂。为什么要办厂呢？一直想要试一试。一开始办的是鄞县日用工业制品厂，准备生产煤气灶具。我跟阿华（陆启华）两个人一直埋头办这个厂。当时灶具面板模具3000多元一副委外加工，小零件自行生产，以装配为主。1984年，机绣花厂业务清淡关闭，利用原机绣花厂设备及妇女职工，村里开办了江六化纤劳保用品厂。化纤劳保厂里都是妇女，就让史利英去管理，女的管女的。化纤劳保厂是我在领导配合指导下一起办起来的。以前厂里没有业务，要靠自己去找。那就去上海找陆成发，这是我去的。我和培罗蒙经理陈俊涵一起在

陆国康

陆成发家里吃饭，吃完以后，他拿出一包熊猫牌，还有 6 支香烟，一人两支。陆成发说他是走不出的，给你介绍一个人，西装会做，大衣也会做，中山装也会做，是陆梅堂，在武汉红旗服装厂，可能快要退休了，叫我马上去叫他。回到村里，我们连夜召开支部会议，决定让陆忠法到武汉去请陆梅堂。第二天早上，陆忠法来说，他不去了。关键时刻，要去请师傅了，必须得去。他不去，我就说我去，我马上就出发。那个时候不像现在可以坐飞机，火车也没有，只能坐轮船。长江轮船，快的票价高。为了节省路费，就只能坐慢的。到了武汉以后，梅堂师傅已答应去别的服装厂。后来梅堂师傅的老婆出面劝他，说已经约好的，应该要去。经过多方努力，终于聘请到梅堂师傅，并一起回来。厂慢慢好了，扩大了。那个时候，两个厂已经弄起来了，五金厂生产根本来不及。后来书记负责企业，主管两个厂，一个是煤气灶具厂，一个是服装厂。

1985 年 10 月，主管工业的副书记陆启华调到乡农机管理站任站长。因对继承人意见不统一，副书记职位空缺两年。1986 年，村长与主任被放到企业抓工作，陆忠法去培罗成厂，陆高成去五金厂。另外聘请了陆善祥、陆太龙两位助理，协助书记工作。

1987 年 11 月，陆国康任期到了，在区、乡领导授意下，村里支部会议完成换届选举。陆国康被调去社办企业任支部负责人。

三、村貌建设

陆忠法

　　1987年11月，陆忠法为江六村书记，史利英为副书记。此前的7月1日，村民委员会、经济合作社进行换届选举，陆太龙任农业社长，主管农业。陆忠法说："1988年，提出土地放开。当时经营好坏，也就六七百斤。抓全面工作，由农到工。1987年，与上海美又新时装公司搞联营，成立上海美又新时装公司宁波培罗成西服厂，西服进入上海市场。1990年，与上海国际购物中心合作，成立宁波金利成制衣有限公司。注册资金十万元，通过联营，可以免税。从此，西服厂开始兴旺发达，利润很高。有了培罗成西服厂，整个村都被带动了，村里开始富裕起来。1991年，捐资修建成法路，改造了水泥路，并在河岸旁种上樟树。1992年，重修祠堂，由成法师傅起头。1992年，捐资修建陆成法大师功德亭。亭柱上有原副县长翁礼华题写的楹联：少小离乡，刻苦学艺，名闻沪上；晚年返甬，义务办厂，造福桑梓。"

　　90年代中叶，企业转制。1994年，培罗成西服厂转制为民营企业，改名宁波培罗成西服有限公司。同时煤气灶具厂也转制成私营企业。

马桥头边上的功德亭

水江桥头的房屋为原来的村委办公室

河对面商品房

1998 年 10 月，陆忠法卸任，陆高成接任书记。

陆忠法（左）与陆高成（右）

江六村管理人员合影
前排左起：陆高成、施金娣，后排左起：陆昌杨、陆信方、陆祥福、陆惠康

第二轮土地承包从 1998 年 12 月 1 日正式开始，街道各村起始时间都不一样，我们比较早一些。主要是延长第一轮的土地承包时间，因为第一轮只有 15 年，按照中央的政策，第二轮土地承包 30 年不变。那时候的鄞州工业区要搞土地开发（约 2001 年），我村鄞县大道以北土地及现建东兴社区的部分土被征用。按当时有关政策，被征用土地还未达全村土地面积的 60%，尚未达到发放劳力货币安置费的标准。为达到该标准，将门前畈所有土地实行预征，于 2002 年 5 月发放安置费。

2006 年因建造甬台温铁路，及绕城高速建设，租用我村 14 亩土地，当时以每亩每年 17000 元租金出租，增加了村集体经济收入。

1994 年，经水产局指导，水利局帮忙，由区贸易局、街道、村三方合资，创办了绿丰养殖场。土地面积 92 亩，并挖掘了十多个鱼塘，养殖各类淡水鱼。集体经营一年后，于 1996 年租赁给个人经营。2006 年因铁路建设，绿丰养殖场关闭。

陆太龙说："我是 1987 年 7 月到村任代理村长，当年 11 月任农业社长。在 1998 年 12 月任村长兼农业社长。1988 年底，我向支部提出要放开种田，因为

陆太龙

第一轮土地承包是社员分责任地，当时每亩要负担农业税 97 斤、征购 1150 斤粮食任务，在分第一轮承包土地，其中一部分人没有种过田，一部人完成了征购任务后，剩余的口粮不多了。对他们来说，种田是不合算的。在这种情况下，支部经过商量后，经政府同意，于 1999 年实行第二轮土地承包，推行自愿种田，将不愿意种田承包户的土地，退回给村，实行流转，给外来户承包，并签约五年一轮的承包合同，五年后进行小调整，直到 2002 年土地被投创中心征用，实行劳力安置。

"2002 年土地征用后，取消了土地承包权证，剩余土地统一归村所有，实行土地租赁，对外出租。开始租金每年每亩 80 元，逐年增加，直到现在每年每亩 900 元。现在我村社员只有 15 户左右在种田，其余都是外来户。现在农户种植的大都是经济作物，从原来种植的西瓜、茭白等，改为种现在的葱、芹菜、莴苣、茄子、西红柿、菜蕻、草莓等。从露天种植向大棚种植发展，到 2016 年有钢架大棚 153 亩。

"1998 年，我们也引进了宁波的菜篮子工程，当时忠法当书记，他得到这个信息，因宁波炼油厂扩建，原宁波市贸易局蔬菜基地被征用，需另找蔬菜生产基地。通过多方协调，于 1998 年 12 月与宁波市贸易局签订协议，期限为 30 年。将 118 亩土地，以年租金 360 元一亩出租。自 2014 年起，经协商年租金调整到每亩 800 元。因铁路建设需要，部分土地征用，现蔬菜生产基地为 97 亩。

"我们村自 1989 年开始安装自来水。因 1999 年起，外来工大量增加，村民向外来工出租房屋也同时急增，生活用水大增，再加上管道老化，漏水严重，村水费损耗大。因此于 2001 年进行水管改造，共投资 15 万元。"

1999 年，村里将河对面的石子路，改造成水泥路。

20世纪90年代江六村党员老干部合影留念

前排左起：陆忠法、梁志明、沙林高、陆明扬、陆阿二、陆启鸿、柴杏莉、施金娣、陆高成、

后排左起：陆惠明、陆宏胜、陆祖光、陈云耀、陆信芳、陆永华、陆惠康、陆建达、陆太龙、陆太和

50—90年代，村里曾任财会人员：陆贵来、张品根、陆昌善、忻尚君、陆友娣、陆永华、陆祥福、陆惠康等。

陆贵来（1922—1988），大队会计。1953年互助组时就开始做会计，为村民代写屋契、分书等。字迹漂亮、工整，直做到去世。陆贵来去世后，村会计由原助理会计陆惠康提任会计工作。

忻尚君（1945—），1965年下放到江六村，她曾在陶公山代过信用社会计，所以下放到江六村后，就担任出纳。和陆贵来一起工作，搭档十多年，后到社办企业工作。

忻尚君进社企业后，由陆友娣提任出纳工作。1983年陆友娣去宁波工作，陆永华接替大队出纳，两年后陆祥福（1945—）接班。他是1963年高中毕业生，1964年参加村工作。30岁进翻砂厂工作，翻砂厂承包后，回村做出纳。1999年时退出。1999年，镇成立会计服务站，陆惠康去镇服务站

陆贵来

陆惠康

工作，陆永华任村文书工作。

陆惠康说："我 1963 年 12 月 28 日出生。我小学在江六小学毕业，初中也是江六读的，读的是'五七中学'。1979—1980 年读莫枝中学，总共读了九年半书。1980 年 9 月毕业，去江六第五队务农，农民做了一年，1981 年开始当大队助理会计，那时陆宝华做书记，陆国荣任大队长，我拜陆贵来为师傅。我从 1981—1999 年，在村里做了 18 年会计。后调到街道会计服务站做会计，一直到现在。"

第三节　21 世纪以来的江六村

一、人口普查、养老保险与医疗保险

第五次人口普查工作，时间从 2000 年 5 月至 12 月。江六村成立领导小组：组长陆高成，副组长陆太龙、陆永华，指导员：陆永华，普查员：施金娣、陆祥福。区域：江六村行政区域 1.2 平方公里范围，本区域分 3 个普查小区，每个小区绘制出人员居住的房屋分布图，编制户主姓名底册，安排普查登记的时间和顺序，做好对群众的宣传工作。普查结果：在册人口 1133 人，其中居住在本村外 81 人，外来人口 469 人，其中省内 278 人（本县 24 人），外省 191 人，主要普查年龄结构、文化程度。

第六次人口普查工作，时间从 2010 年 5 月至 12 月，主要贯彻省、市、区人口普查办要求，江六村成立领导小组：组长陆亚楼，副组长陆太龙、陆永华，组员陈惠君、项波、陆信方。指导员：陆永华，普查员：陆凤莉、陆如法、陈静霞、阮瑾、徐昌福、陆祥福、陆云良、陆亨珠、陆锡云、许杏花、陆素莉、陆佩莉、吴东共 13 人。具体实施工作：区组织培训。区域：江六村行政区域 1.2 平方公

里范围，本区域分14个普查小区，每个小区绘制出人员居住的房屋分布图，编制户主姓名底册，安排普查登记的时间和顺序，做好对群众的宣传工作。普查结果：在册人口1215人，其中居住在本村外387人（居住本街道其他村236人、街道外本区内76人、区外省内69人、省外6人）。外来人口5153人（居住本街道内其他村

陆永华

39人、街道外市内871人、市外省内1599人、省外2644人）。

陆永华说：我是1976年当兵，1982年退伍，那个时候我们在当兵期间，在原生产队可计点劳动工分，但没有像现在当兵有优抚补助，农村户口一般从哪里来到哪里去。70年代至80年代初期，国家还是计划经济，农村劳动力还是集中在面朝黄土背朝天的年代，很少劳动力进镇办、村办企业。1982年12月份，农村开始实行第一轮土地承包，分田到户。当时我任十个生产队经济保管员出纳，1983年陆友娣到宁波工作，我接替大队出纳。期间担任过村办企业工业会计。从1983年开始，土地承包到户后，生产力得到解放，农村劳动力逐步向第二、第三产业转移，当时第三产业很少。90年代农村劳动力家庭收入，主要集中在二、三产业。1999年村级账务由镇代理后，我到村里做文书工作（原村会计）开始实行第二轮土地承包、流转，种田以外来户为主，本村种田人很少。随着农村、农民、农业结构调整，社会形势发生变化，国家建设频繁，2001年开始大批土地被征用，祖祖辈辈的农民一下子变成了失土农民，按政策土地征用60%以上，可享受劳力货币安置。2002年上半年，按政策每人16500元发放到人。随着形势发展，政府相继出台一系列政策，2003年农村实行失土农民养老保险、大病住院医疗保险等等，特别是老人的晚年生活得到了保障。

陆永华说：我村是大村，到2015年底，在册人口1280多人，500多户人家，在2000年第五次人口普查时，本村在册人员1100多人口，外来人口400多人。10年后到了2010年第六次人口普查时，本村在册人员1200多人口，本村外来暂住人口猛增到5000多人，对村民来说收入增加了不少，但对村容村貌、

村民生活带来不便，村里投入大量人力、物力、资金。近几年村经济发展比较快，村里主要以资产、资源类出租作为主要经济来源，从 2002 年开始至 2015 年按照当年村级可用资金，社员每年发放粮贴，从 2016 年实行股份制之后，变为股金分红。现在农村经济收入得到发展，到 2015 年人均收入达 31000 元。

陆太龙说：拆迁前村里个人出租给外来工房屋很多，虽然增加了村民收入，但对村环境卫生、社会治安、计划生育却带来了巨大影响，可说是一利三弊。从而带来了村行政管理难度，工作量大幅度增加。

2008 年 4 月，陆高成（1951—2014）卸任书记，去潘火小区担任物业工作管理。

二、旧村拆迁与新村建设

2008 年 5 月，陆亚楼任江六村书记、村经济合作社主任。

20 世纪 90 年代中期，我国经济迅猛发展，政府投入大量资金进行基础建设，对鄞州行政区域进行长远规划、总体布局，许多村庄需要整体迁移。因历史原因，各行政村住宅区域分散，缺少整体规划，土地资源浪费严重，利用率低下。另一方面，随着广大村民生活水平的不断提高，急需进一步改善住房条件。已到婚龄的青年急需土地建造婚房，但国家为保护农田，保障粮食生产，出台政策规定未经省级政府批准严禁农田建房。因此土地资源紧缺，与经济建设、人们住房条件急需改善的矛盾十分突出。市场上虽有商品房出售，但价格奇高，普通家庭很难承受。政府为解决以上矛盾，在村民自愿的基础上，对原村庄进行重新整体规划，出台奖励政策，分期分批推进新村建设，鼓励村民积极支持新村建设，以杜绝土地浪费，大幅度提高土地利用率，也能改善村民的住房条件。

当初街道要求拆迁，早在 2004 年 11 月，江六村就组织过对旧村改造、新村建设意愿的调查，调查以户为单位进行。经统计，95.7% 的村民愿意拆迁，已超过 95%，符合拆迁条件。但因种种原因暂停拆迁。一开始陆高成在任的时候，旧村改造新村建设，村民会议和党员代表再三强调，这个工作肯定要搞。街道进行了整体规划，并委托有关部门设计了规划图。后来因街道主要领导工作调动，拆迁工作暂停。后来因看到周围村发展快了，江六老百姓心急，强烈要求拆迁。到 2008 年新班子上任，下决心做旧村改造工作。陆亚楼说："我是 2008 年去村里的，当时叫我去村里，主要是为了旧村改造。我们原来老书记在村里工作 10 年，年纪大了，身体不方便，旧村改造工作量大，当时街道里让他退下来，去社区工作，叫我们年轻人顶上。2008 年 5 月 12 日，村支部换届选举，我当选了村书记。"

2008 年 3 月，江六村设立拆迁办公室，成员由施金娣、陆忠法、陆宝华、张忠良四位同志组成，后来陆国荣也进入拆迁办。考虑到江六村旧村改造新村建设工作量比较大，要原拆原造，街道领导亲自挂帅，同时还配备了机关干部来指导工作。开始做宣传动员工作。陆亚楼说："我 19 岁当兵后，一直没在村里，跟别人也没怎么接触，既没和他们走很近，也对他们没意见。加上我自己是企业老板，做些公益事业而已，我没问村里要好处，做了工作以后，大家还是能理解。我说拆迁能带来好处而不是坏处，如果带来坏处没必要拆迁，就这样跟人家讲清道理，包括拆迁政策制定，尽量考虑老百姓利益。拆迁千年等一次，旧村改造能给百姓带来实际利益，面积大了房子质量好了，加上周边村改造后老百姓生活水平提高了，确确实实摆在面前。拆迁小区里，村民买车的很多，我们要考虑到这个，在规划拆迁小区时考虑建设 1000 多个车位，以 1 家搭配两部车为标准，后来做了调整。目前商品房开发，一套房子配两部车是必要的。当初规划考虑 1 户人家 1 部车，我认为社会发展，生活水平提高，车子以后会像自行车一样，1 户人家有两部车是最起码的。"

2008 年 7 月 1 日，发布拆迁公告，公告明确规定，各户在籍人数统计截止日期为 2008 年 7 月 1 日。同年 7 月 10 日，开始对全村房屋逐户进行面积丈量、使用性质确定、结构确定、房屋附属物登记等工作。7 月至 10 月，基本完成丈量工作。未完成丈量工作的部分，是因为所有者有的在国外，有的在外地，有些因内部财产分割不清，所以丈量登记工作难以一次性完成。

2008 年 9 月，村里组织全村村民代表、村拆迁办成员、街道新村办有关人员去象山开会，拟定《江六村旧村改造新村建设实施细则》，并于 10 月 21 日通过。后又拟定《江六村旧村改造新村建设奖励补充政策》。并将有关政策进行汇编，印刷成小册子，分发给各户。

2009 年 3 月，村拆迁办公室成员会同有关人员，对已经丈量，并登记入册的各户房屋面积进行界定，明确各户可调产面积、违章建筑面积等不同性质的房屋面积。

2010 年 6 月 18 日，拆迁协议签订工作正式开始，村民陆续前来签订协议。陆亚楼说："丈量登记结束后，2009 年开始产权界定，房屋组成很复杂，有违

陆亚楼

章建筑，有老的遗留房子，有中途遇到自然灾害倒塌后再建的，当初没有土地证、房产证，这些财产到底是合法建筑还是违章建筑要搞清楚。界定工作很难，要查历史资料，当时街道里跟有关政策规定，确定以1998年为时间界限，1998年以前，建筑高度高于两米二以上都属于合法，可以调产。低于两米二不可调产。这工作弄了半年多，界定完成后，在村里进行公示，接受老百姓监督，有差错的，给予纠正。公示以后，我们开始在7、8、9三个月签约，按照我们原来丈量登记户数500多户，实际我们户头不止，我们不分户、不扩户。因为有的父母亲住老房子，儿女住新房，包括违章建筑，分户越多，儿子签了，把违章建筑划到父母名下，说不清楚。为了防止村民合算就签、不合算就做钉子户拒签，我们当初以2001年土地证登记户头为限，签好后在分房时再分，所以老百姓对签约还是拥护，三个月签约，签约率70%。当初7、8、9三个月，我天天在村里，从早到晚，自己公司给老婆管。因拆迁工作难以离开，最终协调开会，把事情谈好，请示党委，个别问题怎么弄，否则这三个月不会是70%，在整个下应街道，三个月内签约率达70%的比较少。我们能达到70%很不容易。"

至于新房的建设，前后方案有所调整。陆亚楼说："原本设想房子差不多盖18楼左右，后跟着形势变化几次调整。原本叫我去以前，我们村搞原拆原建，多余土地自己开发，收入归村里。当初设想从马桥头到鄞县大道，店面房都归我们村，当时上面会议还明确表态了。另一方面，村里用地95亩够了，我们总的土地有300亩。我们当时想借用房产公司力量，按照500万一亩土地价格，预计投入4.5个亿，把村里房子造好。面积测算下来，村里大概有300间店面房，这是笔不小的财富，预计不少于4、5个亿利润，以后股份制改革分红相当可观。然而，随着房产的升温，街道不同意了，提出村里负责拆迁，街道负责开发。为了这事，我们和党委书记吵了好几次。我说村里工作，街道协助，到时候感谢领导，利润部分拿出 2000 万给街道。党委书记说，我们街道弄完，给你们村里 5000 万。为了这事，双方工作思路上的分歧很大。最后，区政府定下来，街道村里只负责拆迁，开发由区政府管。现在房地产市场不行，没人来开发了。当初我们和银亿集团签好合同书，他们投资开发，我们村里协助他们拆老房子，房子盖好后给我们多少钱，店面房归村里，村里祖祖辈辈要生活下去的，老一辈给我们的财产，我们不能把老祖宗东西拆掉。培罗成董事长史利英几次出钱做公益事业，如果旧村改造拆祠堂，就要变成罪人了。在村里工作，要想着为下一代造福。我们日子好过，企业稳定，为自己老家做贡献，留口碑，做其他公益事业，赞助多少多少，这都是应该的。我们是给别人评价的，你工作做了，人家看在眼里，没做好，老百姓也看得到，不需要我自己评价。我两年半时间里，做了应该做的工作。你坐在那个位置上，必须尽到责任，做你该做的事。当时工资 1800 元一月，我开玩笑说，公司门卫都要 2000 元。我来不是为经济收入，包括我去村里后，从来不去私下里弄香烟，茶叶自带的。以前有人到村里推销买茶叶，从 2008 年开始，我们村不买了，因为茶叶我自己有。必要的香烟，放在妇女主任那边，村里要用时，尽管去拿，登记一下就好。我自己不需要，我自己抽自己的。因为我自己有收入，你们在村里工作要养家糊口，不能自己贴了。没必要再去搞了，老百姓东西要分得清清楚楚。目前按当初发展方案，和现在改造好后村里的收入，相差很多，固定资产少了，店面房少了，其他的收入村里也少了。我无所谓，最大吃亏老百姓，意见分歧就这样产生了。"

2010 年 7 月份，开始拆迁。下半年在支部换届过程中，原领导班子进行了改选调整，产生了新一届的支部成员。由于面临江六村的拆迁工作困难，再加上有不稳定现象，在支部内部中没有人敢于挑这副重任。2010 年 12 月，下应街道委派了机关同志担任江六村党支部书记。在此期间，江六村老百姓为了加快拆迁进度，向街道领导推荐陆明福（新一届村民代表、村民委员会成员）配合江六村拆迁工作。2011 年 2 月 24 日，陆明福进入江六村配合拆迁工作。从 2011 年 2 月 24 日至 2011 年 7 月 18 日这段时间里，陆明福为了工作方便、加快拆迁工作进度，从平时一直居住在宁波环境优越的住宅，搬迁到江六村居住条件较差的约 40 平方米小屋内暂住，不分昼夜做群众工作。经过陆明福的不懈努力，从开始拆迁协议签订不到 60% 停留不动的情况下，上升到 80% 以上，为江六村的旧村改造、新村建设工作打好了扎实的基础。老百姓称赞陆明福工作有力度，江六发展有希望，就需要培养这样的人为村里办实事。

2011 年 6 月，村拆迁办公室公布搬迁期限，规定在 2011 年 7 月 10 日前搬迁的，可以享受奖励政策，2011 年 7 月 10 日后不得享受。至此，江六村村民陆续迁移到其他地方暂住，过渡费由 2011 年 7 月 1 日开始发放。此后，一间间旧房被拆除，场地一块块被整理。

村民在看别人拆房

2011 年 7 月，街道党工委根据江六村绝大多数老百姓的强烈要求，考虑到原来村里存在不稳定现象，为了进一步顺利开展各项工作，对全体党员、村民代表进行一次座谈，征求意见，90% 以上的人认为陆明福同志负责村里工作比较合适，有利于促进江六村今后的经济发展及旧村改造、新村建设工作。于是，街道于 2011 年 7 月 19 日决定任命陆明福同志为江六村负责人，主持江六村的日常工作。

陆明福

陆明福上任后，首先搞好班子内部团结，发挥班子成员的积极性，统一思想，有事集体商量，发扬民主，不搞"一言堂"，使得班子内部都很认可，很拥护。其次化解矛盾。原来江六村不是很稳定，老百姓思想复杂，由于个别民风不正，引起歪风邪气上升，无理取闹，对村里干部有偏见。陆明福上任后，通过了解情况，面对面做工作，化解矛盾，做到动之以情、晓之以理，得到了部分老百姓的理解和支持。他有创业精神，在搞好拆迁工作的复杂情况下，不放弃村级经济的发展思路，有计划地提出村级发展方向及规划，将实施发展村级经济、提高村民福利待遇提到首位。敢于牺牲个人经济利益，不提要求，积极带头，以身作则。在拆迁过程中，涉及他自己的临时厂房及库房共有建筑面积3000多平方米，他不向政府提出赔偿，要求自己无偿拆除。如此，在拆除其他临时用房过程中比较顺利。老百姓认为陆明福敢于牺牲自己，不计个人得失，有这样的带头人，比较放心。陆明福为人正直，虚心好学，办事公道，坚持公正原则，大事讲原则，小事讲风格，特别对亲朋好友要求更严。他经常说，越是对亲戚朋友在拆迁过程中越要坚持按规定办，否则带来工作上的难度。为此，他得罪了一些亲戚。

2012年8月，陆文光当选村副书记，并加入拆迁办公室。到2013年5月，江六村拆迁签约率近100%。2013年，公布整体规划图及套型图，村民根据各自需要选择套型，在拆迁办登记入册。到2014年上半年，全村520余户村民全部签订安置协议并腾空原房，拆迁工作还是比较快的。陆国荣说："拆迁工作涉及个人利益这一块，不是不得，而是多得与少得问题。工作难度较大，我是一家一家人地做工作，包括星期六、星期天都没有休息，晚上一趟一趟地去跑。有一些是朋友，有些是同学，有些以前是同一个生产队的。关系比较好的，工作比较好做点，人家也是要看你面子的。其实，我的内心还是愧对他们老百姓，工作做太多。"

2014年5月18日到5月29日，进行勘察、钻探，接着招标，宁波建工股份有限公司中标。2014年10月8日破土打桩。由此，江六村自2004年11月开始调查到开工建造，整整历时十年。陆素莉说："拆迁先量房屋尺寸，再计算多少平方，他们弄的还算公正。我们自

陆文光

己造的只有两间房屋，没有违章建筑，就立马签字了。他们有人因为违章建筑，和村里发生争执，要把违章建筑算进，就开始做钉子户了，或多或少希望能多拿几平方。我们没便宜好占，就签字了。现在盼望再三年住新房，年纪大的都希望早点能住进新房，像我母亲 89 岁，希望能在自己的新房住上几年，就满足心愿。"

2014 年 10 月江六小区开工仪式

工业区重建。陆亚楼说："作为我们来说，搞旧村改造，另一方面也要提高经济收入，如果村里经济不发展，每年收入没有，老百姓到年底拿什么分红。原来我们江六工业区 1980—1981 年建的房子，已变成危房了，随时有倒塌危险，这一块年租金只有约 15 万。2009 年，我们把工业区进行改造，建了 8000 多平米新厂房，把马桥头设为工业区 A 区。在恒大装潢市场对面草庵漕，那边有空地，建了两幢厂房，这就是工业区 B 区，有 2800 多平方，A、B 二工业区，每年为村里创造近 100 万收入。

"因土地征用，按政策规定，每村有 5% 留用田可用于多项经济开发，江六村共有 27 亩土地可以自行开发。后来与 6 个村共同将土地租赁给恒大装潢市场等三家单位，共计 161 亩。江六村占 27 亩，每年租金收入 100 多万，租期 20 年，

20 年后市场所建的经营用房，按合同结算归各村所有。

"建绕城高速公路，土地被征用了 30 多亩。福庆路建造、甬台温铁路用地，又被征用了 100 亩。如此，江六村的土地越来越少。"

2010 年 12 月，陆亚楼卸任。陆宝华说："亚楼自己办厂的，这个同志确实是好。原来我们一个厂房，过去食品厂、五金厂，小房子，破破烂烂的，原来是我们老书记时候建的。他当书记以后都拆掉，新厂房造好，出租。虽然一次性资金投入大，但每年可以增加房租收入。这个同志的工作宗旨，不是杀鸡取蛋，是养鸡生蛋。"

2010 年 12 月至 2011 年 7 月，街道委派机关干部章小龙兼任村书记。

2011 年 7 月至 10 月，陆明福主持村工作。

2011 年 11 月至 2014 年 5 月，街道机关干部张素淑兼任书记。

2014 年 6 月至今，街道机关干部张国荣兼任书记。

2013 年，陆明福当选江六村经济合作社社长，街道指定他全面负责村里工作。邻村俞米加主任称他："书倒是没读几年，接受新生事物快，有些事情摆得平。"可见，他工作能力较强。

需要说明的是，大队或村是公社、镇、街道的一个下属行政组织，谁当村里的书记，谁不当村里的书记，历来是由公社、镇、街道党委任命的。

三、村民股份制改革

农村经济合作社股份制改造

农村经济合作社股份制改造的目标是深化农村产权制度改革，赋予农民更多财产权利，促进城乡一体化发展。这是党的十八届三中全会和宁波市委十二届六次全会确定的任务。它围绕赋权强能，构建城乡一体化发展体制机制的目标，以建立"归属清晰、权能完整、管理科学、流转顺畅、运营高效"的农村产权制度为核心，坚持依法、自愿、民主、公正和集体所有制性质不变，法律主体地位不变，经济组织功能不变，财务管理体制不变的原则，全面推进村经济合作社股份合作制改革，完善配套制度，创新运行机制，实现成员对集体资产产权长久化、定量化享有，促进村级集体经济发展和农民增收。农村经济合作社股份制改革是继家庭联产承包责任制、村级集体企业产权改制、村级经济体制改革的第三次重大突破。

宁波市的计划，到 2014 年底，全市 70% 以上的村经济合作社完成股份合作制改革；到 2015 年底，全面完成改革任务，基本建立农村集体资产股权流转交易市场体系。股份制改造分三个阶段：准备阶段，2015 年 6 月 25 日，下应街道党工委办事处召开股改动员大会。根据要求，6 月 26 日村里组织三委会人员，专门召开了班子扩大会议，确定股改领导小组班子，部署股份制改革相关工作。在上级相关部门的正确领导和精心指导下，在全体工作人员的共同努力下，历时三个月时间，于 2015 年 9 月 24 日顺利完成合作社股份制改革工作。

加强领导，广泛宣传发动，搞好股改工作

为认真贯彻省、市、区村级股改政策文件，根据街道党工委办事处 6 月 25 日股改动员大会的工作要求，村三委会认真学习上级股改文件、高度统一思想认识，建立了村经济合作社股份经济改革领导小组，下设政策业务宣传组、人口排摸界定组以及维稳外调组，明确了各组工作职责。利用横幅、公告、公示、会议等宣传工具，大力宣传股改重要意义和工作目标要求，召开了党员干部、社员代表等形式的各类会议，连续两次召开了社员代表会议达成共识，通过发放《致广大股改调查对象的一份公开信》，确保股改工作内容、政策要求家喻户晓，群众关心的股改切身利益人人皆知。全村总体股改工作进程按上级要求，和谐稳步推进，本次股改理顺了村级集体经济分配关系，改革村级经济体制和运行机制，保障了集体产权主体和成员的核心利益，为构建新型城市化和城乡一体化奠定了基础，为户籍制度改革铺路，建立股份经济合作社是全社集体资产三资经营管理的制度创新。

认真落实，摸清人口底数，搞好股改工作

根据下应街道办事处今年 15 号文件总体股改方案要求，为深化集体产权制度改革，赋予社员更多的财产权利，促进社级经济稳步前进，拟定了村级股改工作计划和实施方案，确定了股改指导思想和基本要求，江六村这次股改坚持了依法办事原则，坚持明确了"确权确股不确值"的静态管理的产权机制，有利于今后村经济发展原则，发扬和坚持了股改公平、公开、公正的民主原则，坚持了股改按三个阶段（即准备阶段、实施阶段、总结阶段）推进和程序到位原则。这次村股改全村政策办法统一、股改工作内容统一、人口界定时间统一、股改操作要求和章程（草案）重点条款统一、股改的社级方案经社员代表会议通过后统一实施，股改工作政策性强、涉及面广、情况相对复杂，事关老百姓利益，村股改领导小组在党支部领导下，先易后难克服困难，稳步有序地积极推进股改，有力地保障了集体经济组织成员老百姓利益最大化。

具体股改推进工作，在准备阶段做了六项工作，建立组织、宣传发动、表决实施改制、制定工作计划、多次张贴股改内容的公告及公示，安排了工作量较大、情况复杂、人员分散居住的人口摸底，经初步统计，在册人口为1280人，一轮外迁人员共236人，二轮外迁共79人，其中婚迁对象大致为163人，蓝印户口3人，农转非等人口69人，挂靠户口31人，知青等子女10人，投靠及上门女婿、非亲属等14人，大中专外出和读书学生、出国、参军，及失踪人员、户口回迁等共35人，取得了数量特别多的各种类型、多种内容的证明、证据、书证材料，努力做到户籍不漏人口、不错不漏、不重复人口，摸底结束后张榜公布和进行差错核对，接受全民监督，做到公开公平透明。

在实施阶段，我村股改工作重点按照省条例和区里八条指导意见进行股改推进工作，按照浙政办发〔2014〕101号文件、鄞州区党办〔2015〕26号文件精神，根据"宽接收、广覆盖"的原则，依据本社股改实施方案，重点对人员界定进行了细化，在方案中规定了股改指导思想、改革后经济合作社组织性质和名称、股权量化界定办法、组织机构和建章立制等六个方面的内容。特别是量化界定办法中确定了享受和不能享受股权的四种对象人口，确定人口界定截止日期为2015年7月31日24时，确定了按历史政策依据的第一轮土地承包1983年1月1日、第二轮土地承包1998年12月1日的起始日期，确定了"户籍在本村、农业户口"的总则。从2001年12月6日起（货币安置日）截至2015年7月31日死亡人数共88人，按政策规定一次性补贴每人15000元。对不能享受股权的人员作了13条规定。

拟定方案，确股到人

确股确权是一项政策性很强，关系改革成败的关键工作。为此，江六村在上级党委政府领导下，在街道办事处股改办业务指导组支持下，股改始终按村方案，依法公正公开原则，多次召开各类专题座谈会，充分征求和听取群众的意见和建议，分析研究各类群体的不同特点，拟定出台《江六村股份合作制改革实施方案（草案）》。在股改实施方案中，我们着重对量化界定办法进行细化明确，确保能让村民听得清楚，看得明白。按照"宽接收、广覆盖"的原则，除对人员界定中碰到的疑难问题和个别特殊情况不明待核人员外，具体股权设置分四种类型：全额享受、部分享受、保留享受和不能享受，并进行公布张贴。股东人口股权认定工作基本结束，具体数据为：总股东户数共 527 户、股东人口共 1282 人。其中，可全额享受股权的股东人口 1211 人，部分享受股权的股东人口 71 人，保留享受股权的股东人口 1 人。另外，对不能享受的股权在册人口也进行了登记归档。

拟定章程（草案），建立股份经济合作社组织机构，搞好股改工作

经村改制小组、村三委会认真研究，拟定了股份经济合作社章程（草案），经多次调研修改、公示，向上级申报，街道办事处进行了批复，2015 年 9 月 24 日江六股份经济合作社在钱湖悦庄通过股份经济合作社章程，宣告正式成立。在村党支部领导下，股份经济合作社董事会依照街道办事处股改工作要求，在 10 月份已做好股权证书发放工作、承诺书的签订以及股改各类资料收集整理归档工作。

根据区级文件规定，江六股份经济合作社编制了股东清册。股份经济合作社首届股东代表，由原村经济合作社社员代表直接过渡产生，按章程（草案）股东代表名额共 31 个。

左起：陆太龙、陆明福、张国荣、陆永华

江六村全体党员、股东代表出席第一届股东成立大会

江六股份经济合作社成立挂牌仪式

江六股份经济合作社首届股东代表大会第一次会议暨成立大会
左起：陆信方、陆太龙、陆明福、陆永华、陆松和、陆忠康

第一届股份经济合作社董事会成员 3 人，其中陆明福为董事长，陆太龙、陆永华为董事会成员。监事会组成人员 3 人，组长陆信方，成员陆松和、陆忠康。由原村经济合作社社管会、村监会直接过渡产生，业已完成相关程序，对股份经济合作社章程（草案），拟定的股东代表、董事会、监事会组成人员名单（草案），经街道办事处审核，发文批复，严格按照程序依法提交股东代表会议表决通过。

江六股份经济合作社首届股东代表大会第一次会议暨成立大会
前排左起：陆吉良、陆祖光、陆金福、陆素莉、柴新翠、陆永年、施金娣、陈惠君、陆宏胜、
陆贤益、陆德良、林凤仙、陆明良、陆太和，后排左起：陆成龙、陆利丰、陆惠福、陆太龙、
徐思红、张忠良、陆明福、陆永华、陆信方、陆文光、陆忠康、陆小平

陆永华说："今年（2015）开始搞股份制，从 7 月份开始到 9 月基本结束，村里股东总共 1282 人。"张广云说："现在股份制一搞，他们有保障了，农民都变成股东，受到村里欢迎支持，又上了一个台阶。从赚工分到股份分红，性质不一样了，农民观念会发生变化。"

中共江六村（大队）支部历任书记名单

姓　名	任职时间
史永康	1958—1960 年
陆安康	1960—1975 年
马信华	1975—1981 年
陆宝华	1981—1983 年
陆国康	1983—1987 年

姓　　名	任职时间
陆忠法	1987 年—1998 年 10 月
陆高成	1998 年 10 月—2008 年 4 月
陆亚楼	2008 年 4 月—2010 年 12 月
章小龙	2010 年 12 月—2011 年 7 月
张素淑	2011 年 11 月—2014 年 5 月
张国荣	2014 年 6 月—现在

历届党支部成员名单

1958 年，史永康任书记

1960 年，陆安康任书记；支部委员：陆启鸿、陆阿二、陆敏根、陆和康

1975 年，马信华任书记；支部委员：陆阿二、陆国荣、陆敏根、陆宝华

1981 年，陆宝华任书记；支部委员：陆忠法、陆启华、陆国康、陆友娣

1983 年，陆国康任书记；支部委员：陆忠法、陆启华、陆高成、陆太和

1987 年，陆忠法任书记；支部委员：史利英、陆高成、陆太和、陆国康

1990 年，陆忠法任书记；支部委员：史利英、陆高成、陆太和、陆国康

1993 年，陆忠法任书记；支部委员：陆高成、陆太龙、施金娣、陆太和

1996 年，陆忠法任书记；支部委员：陆高成、陆太龙、施金娣、陆太和

1998 年，陆高成任书记；支部委员：陆永华、施金娣

2001 年，陆高成任书记；支部委员：陆永华、施金娣

2004 年，陆高成任书记；支部委员：陆永华、施金娣

2008 年，陆亚楼任书记；支部委员：陆永华、陆文光

2010 年 12 月—2011 年 7 月，章小龙下派书记；支部委员：陆永华、陆文光、陆嘉慧

2011 年 11 月—2012 年 5 月，张素淑下派书记；支部委员：陆永华、陆文光、陆嘉慧

2012 年 5 月—2012 年 8 月，蔡岳兴下派负责人；支部委员：陆永华、陆文光、陆嘉慧

2012 年 8 月至今，陆明福村全面负责人；支部委员：陆永华、陆文光、陆嘉慧

历届村民委员会成员名单

1987 年第一届村民委员会，村长：陆高成；委员：陆善祥、陆惠国、施金娣、陆太龙

1990 年第二届村民委员会，村长：陆高成；委员：陆善祥、陆惠国、施金娣、陆太龙

1993 年第三届村民委员会，村长：陆高成；委员：施金娣、陆惠康

1996 年第四届村民委员会，村长：陆高成；委员：施金娣、陆惠康

1999 年第五届村民委员会，村长：陆太龙；委员：陆永华、施金娣

2002 年第六届村民委员会，主任：陆太龙；委员：陆永华、施金娣

2005 年第七届村民委员会，主任：陆太龙；委员：陆永华、施金娣

2008 年第八届村民委员会，主任：陆太龙；委员：陆永华、陆小平

2010 年第九届村民委员会，主任：陆太龙；委员：陆明福、陈惠君

历年来曾在江六村担任过村行政职务人员

姓　名	职　　务	任　职　期	备　注
方岳富	村长	1949—1951 年	
史信高	农委主任	1949—1951 年	
陆昌定	村长	1952—1957 年	
陆瑞龙	农委主任	1952—1954 年	
戴阿仁	农委副主任	1952—1954 年	
陆安康	村长	1955—1956 年	
陆明杨	社主任	1956—1960 年	
陆阿二	大队长兼"革委会"副主任至 1971 年	1960—1976 年	
陆安康	"革委会"主任	1968—1971 年	
马信华	"革委会"副主任	1968—1971 年	
陆方成	"革委会"副主任	1968—1971 年	
陆高成	村长	1987—1998 年	
陆太龙	村长	1998 年至今	

2016 年江六村党员名册

序号	姓 名	性别	文化程度	出生年月	入党时间	工作单位
1	陆永华	男	大专	19580304	19790728	鄞州区下应街道江六村村委会
2	陆文光	男	初中	19660115	20061121	宁波市美达商标印织有限公司
3	陆嘉慧	女	大学	19791109	20010601	宁波市科技园区信达科技有限公司
第一党小组						
	陆永华	男	大专	19580304	19790728	鄞州区下应街道江六村村委会
4	陆亚楼	男	初中	19661014	19880202	宁波市万香食品有限公司
5	陆太龙	男	小学	19531121	19910921	鄞州区下应街道江六村村委会
6	施金娣	女	小学	19510409	19930101	退休
7	陆松和	男	初中	19570526	19810524	宁波市鄞州和峰金属制品厂
8	陆信方	男	小学	19560629	19781101	鄞州区下应街道江六村村委会
9	陆惠明	男	初中	19560801	19791126	鄞州区下应街道江六村村委会
10	陆忠法	男	初中	19441014	19761231	退休
11	陆祖光	男	初中	19620403	19890701	鄞州下应继靖压铸厂
12	陈荣耀	男	初中	19680923	19910125	个体
13	陆高跃	男	初中	19740115	19960825	宁波科义电力安装有限公司
14	陆国忠	男	小学	19541030	19770703	退休
15	陆国康	男	初中	19520820	19781125	宁波康祥工艺编织厂
16	陆建达	男	初中	19700908	19931006	宁波市邮政局
17	陆启鸿	男	小学	19350203	19621122	退休
18	陆济方	男	初中	19760219	19970202	东钱湖公安分局
第二党小组						
	陆文光	男	初中	19660115	20061121	宁波市美达商标印织有限公司
19	陆成龙	男	高中	19770214	19981022	鄞州区公证处
20	邵国富	男	初中	19710130	19930301	鄞州区下应派出所
21	陆敏根	男	小学	19340424	19730209	退休
22	陆宏胜	男	初中	19710327	19930628	宁波鄞州区志静服装辅料厂

序号	姓　名	性别	文化程度	出生年月	入党时间	工作单位
23	陆惠康	男	高中	19631228	20030105	宁波鄞州区下应街道农村集体三资管理服务中心
24	陆海明	男	初中	19721016	19950310	宁波铭盈辅料厂
25	陆小和	男	初中	19630513	20010501	宁波世纪东方广场
26	陆国良	男	大专	19650510	19970703	宁波新光飞达缝纫机零件有限公司
27	陆建卫	男	初中	19830320	20010501	宁波市鄞州交警大队下应中队
28	郑磊	男	初中	19830807	20060606	长安责任保险股份有限公司宁波市分公司
29	戴国民	男	初中	19500401	19790615	退休
30	陆国荣	男	小学	19460110	19741112	退休
31	陆宝华	男	中专	19501114	19761231	退休
32	陆华凤	女	大学	19870620	20091119	宁波江东郎培教育咨询有限公司
第三党小组						
	陆嘉慧	女	大学	19791109	20010601	宁波市科技园区信达科技有限公司
33	张珍珍	女	大专	19871013	20091113	宁波力量进出口有限公司
34	徐丽	女	大学	19890120	20091220	鄞州区下应街道江六村村委会
35	陈燕芸	女	大专	19890705	20101203	宁波精成电机有限公司
36	舒海啦	女	初中	19851027	20110604	柳州新宇纺织有限公司
37	陆剑波	男	初中	19801225	20100511	柳州新宇物业服务有限公司
38	陆慧娜	女	大学	19871201	20091205	浙江泰隆商业银行
39	陆青华	男	高中	19710828	20060515	国防汽车驾驶学校
40	陆琪东	男	大专	19860921	20110629	卡达克机动车质量检验中心（宁波）有限公司
41	陆忠杰	男	中专	19900923	20120630	鄞州区下应城管中队
42	陆剑峰	男	高中	19671107	20060628	宁波鄞州祥宏磨具厂
43	俞亚龙	男	初中	19660203	20140110	宁波市美达商标印织有限公司
44	陈惠君	女	中专	19680101	20140110	鄞州区下应街道江六村村委会

序号	姓　名	性别	文化程度	出生年月	入党时间	工作单位
45	沙素方	男	高中	19781113	19991005	宁波克震服装辅料有限公司
46	陆惠国	男	小学	19511028	19740524	退休

第四章　江六村人的谋生与创业

20 世纪 50 年代以前，中国处在由传统的农耕社会向工商社会转型时期。50 年代至 70 年代的人民公社时期，是中国历史上一段特殊的社会主义建设试验时期。实践证明，这条道路的探索是不太成功的。80 年代以后，确立改革开放原则，通过多方探索，重新回归多元自由竞争发展时期，村民的职业更加多样化。本章拟通过生产队集体经济与自主谋业两个时期的农业与工商业的嬗变，看看村领导是如何抓经济工作的，村人是如何谋生与创业的。①

第一节　50—70 年代的农主工辅

过去集体经济的时候，江六的发展较快，农副业收入比较高。当时江六以农业为主，土地多，在下应算一类土地，土壤很肥沃。

一、农业生产

在相当长时期内，农民都是手工种植水稻，其过程要经过育秧、拔秧、插秧、耘田、收割、晒存等步骤。拔秧时，人像老虾公似的，低着头，弓着腰，时间一长，就会觉得直不起腰，头晕眼花，走起路来拐来拐去了。秧田里拔起的秧

---

①　在地方志型的村志中，人们会发现村志多有农业、工业、商业的专章，这是组织本位原则决定的，而本村史没有这样的名称。其实，这一章就相当于传统的农业、工业、商业，只是写法不同，按时间顺序合起来写而已，退居到第二层次小目而已。之所以要合起来写，是为了突出人为本位的新村史原则，我们是从村民的谋生职业与创业角度来写农工商活动的。这样的写法，可以克服农业、工业、商业分写的缺陷。一个村太小，分开来写，往往十分单薄。更重要的是，缺了人，只有事。事是人做的事，不写人如何能写好事呢？

苗，要移栽到大田里，就得挑秧。挑秧担一是担子重，因为秧根沾满泥浆；二是路难走，不像水泥灌注的大路路面平坦，而是要从秧田的污泥中一脚一脚挑出来，再往大田一脚一脚从污泥中挑进去，其间要经过一条条的田塍路。遇上雨天，人走在窄窄的田塍上一滑一滑的，一旦踏空，连人带着满担的秧苗一齐跌倒，脚骨不被扭伤算是运气。①

　　在宁波，这套农业生产方式被称为"摸六株"，种田人也被称为"摸六株"。其实，"摸六株"是老祖宗对种水稻这一农活立下的规矩：插秧插六株、耘田耘六株、割稻割六株。

　　插秧插六株。插秧前，先得从秧地里把秧拔起来一把把捆好，再挑到耙平整的大田边，抛给插秧的人去插。插秧的人先拉好种田绳，一般两人一条绳，两米宽，像参加赛跑的运动员一样，在各自的"跑道"中开始插秧。有首插秧诗这样写道："低头便见水中天，手把青苗插田里。六株秧苗分均匀，退步原是向前进。"有道是"插秧不用学，只要随脚落"，插秧时脚不要拔起，脚后跟要往后拖，两脚要拖成两条小沟，人站在田中弯腰，拿起抛入水田的小捆秧苗解开，左手拿着一把秧苗，右手的拇指和食指迅速从一把秧苗当中"分秧"（一小撮一般6—7株苗），然后将秧苗迅速插入土中。初学时一排六棵秧苗从左到右插，左脚沟左边两棵，两脚沟中间两棵，右脚沟右边两棵，分苗要均匀，横直株距要相等，还要随时看前面插的秧苗直不直。插秧熟能生巧，掌握插秧技术后能左右开弓，加快插秧速度。浅水插秧，深水护苗，一块田秧插满后，开始放水护苗，大地就这样被一块一块地绣上了绿色。

正在插秧的农民

　　耘田耘六株。耘田是水稻作业的日常管理，耘田前先要把田水放光，否则"大水耘田一摸光，前头耘过后头

　　① 封志明：《那年月的农活》，《萧山日报》2014年8月6日。

荒"。田要耘三遍，"头耘精、二耘深、三耘平"。耘田要脱掉长裤，高挽衣袖，双膝跪入淤泥之中，经常被蚂蟥叮出血。耘头遍田要精细，稻秧刚移入大田不久，秧根还浮而不实，发现浮在上面的秧苗，必须十分小心地用双手扶苗，使其真正入泥；看到粗细不匀的秧苗，要做好"分粗补细"的工作；必须将稗草拔掉，因为稗草根系发达，会吸收土地中养分，将稻苗挤垮。耘二遍田时，稻根泥土稍有点硬，所以说"二遍要挖深"，促进稻苗分蘖；这时稻株之间杂草始长，把挖起的杂草折揉成草团，塞入淤泥中，腐烂成肥，"一团草就是一把谷"呀。耘田最辛苦的要数第三遍，这时稻苗已长得强壮，将"怀孕"抽穗，稻叶似利剑，一天耘下来双手双腿均被稻叶割得红肿，疼痛难忍。如果耘田耘得不好，稻田将出现"三层楼"：上层杂草、稗草超过水稻，中间是稻，下层是密密麻麻的杂草，抢走了地中养分，稻谷自然就长不旺，影响产量。

割稻割六株。割稻的专用工具俗称"沙尖"，形如新月，长约六寸，刀口开有细密的锯齿，置短木柄握手。割稻左手捏住稻根以上的部位，右手把"沙尖"伸往稻根处，然后用力一拉，稻秆和稻根就分离了。割稻和插秧一样，每行割的也是六株，但插秧是从左插到右，而割稻却是从右割到左，割下来的稻要有序地放在一边，堆放整齐，一般每四行稻放成一堆，以方便打稻的人。在烈日下，弯着腰割稻十分辛苦。[①]

然后，用双手一小捆、一小捆放在木稻桶内拍打脱粒，扎好一束束的稻草，把毛谷担挑到生产队的晒谷场。田畈距离村庄的晒谷场有点路程，每当正午，头顶烈日暴晒，地面热气扑面而来，全身上下衣服被汗水浸透。

耕作方法：1949年前，种田农户必须要用上几大件的生产农具，如牛、犁、耙、车头盘（牛车盘）、稻桶、船、砻谷等。每户必备的零星小农具有锄头、钉耙、劈田睦刀、落田耙、横刀、沙尖（割稻用的刀）、扁担、土箕等各种不同手用农具，作为零杂的小地块翻耕、平整之用。1975年江六村引进第一台中型拖拉机，从事农田耕作，大大提高了耕田效率。后来又逐步添置了旋耕式手扶拖拉机。手扶拖拉机价格便宜、体积小、重量轻、转弯半径小、对机耕路要求低，因此该机型引进较多。随着形势发展，村里也逐步购进了轮式拖拉机，农忙时耕作农田，闲时搞运输。旋耕式手扶拖拉机的耕幅80厘米，耕深12—18厘米，

---

① 郑毓岚：《摸六株》，《宁波晚报》2013年6月23日。

每小时可耕 2—3.5 亩，还可耙田，功效比原来的木犁提高 10 倍以上，而且大大降低了农民的劳动强度。

以前江六村农田灌溉都用牛车，俗称"牛赶水"，依靠牛作为动力，从水潭中取水浇苗。牛赶水用的全套工具都是木头做的。它由水车、车盘、地曼（轴）三部分组成。牛车盘呈圆形，由 103 只齿轮组装起来，旱塔 43 只齿轮，水塔 11 只齿轮，后水龙 7 只齿轮，天芯上顶，车盘下埋铁二头于铸件，叫土头。水车长 500—700 厘米，宽约 30 厘米，有车槽、车骨、车板及大小水塔等部件，分上下两层；车盘由一个直径三米左右的伞形大圆盘和天心及横担组成；地轴是一根长 250 厘米，直径约 18 厘米的横木轴，固定在两块结实的、中间有凹形的木架上，这木架俗称"压脚"。打造这么一套构造复杂的赶水工具，在当时农村着实是一桩费工耗料的大工程，而且只有技术十分高巧的木匠才能胜任。要把这套工具在车埠潭边安装好，那也是技术性很强的行当，只有经验丰富的老农才能搞定。如果装得稍有差错，不但车不了水，而且会轧碎车板。安装水车时，先要把车板一块一块地套进一个个车骨中，并用木梢插牢。接着把水车斜放到水潭中，车头要伸到水面下十厘米处，放得过深，水有阻力，赶水时会显得沉重；放得太浅，又会赶不上水。为固定水车，还得用树干或毛竹竿作桩子，并用绳子把水车头扎牢，水位下降时可放松绳子，使水车头下沉，使其始终浸在一定的水位中。水车的另一头靠在堤岸的堰沟口。然后是在岸上放地轴装地埋、架车盘等。安装完后，还要试车。农民将牛牵到系在横担左右的两条绳子中间，在牛肩上牛轭，系牢肚绳，扎好牛绳、包上眼罩。随即赶着牛沿车盘按逆时针行走。车盘一转带动旱塔，旱塔带动地轴，地轴带动水车中的大水塔，大水塔旋转拉动车骨、车板和小水塔。这样，车骨车板从上到下，又从下到上循环往复，不断地转动，就把河水一格格地提取上来了。试车时，如发现水车转动不顺畅，就得及时调整。因为是人管着牛拉水车，从河中取水上岸，所以这种农活叫做"牛赶水"。为不让牛消极偷懒，农民把带有一个节的短毛竹筒对劈开，做成"眼包"，架在牛眼上，使牛行走时眼睛只能往下看，无暇顾及周边情况，老老实实地沿着车盘不停地走。赶水是件辛苦活，特别是久旱无雨的季节，水源减少，河中水位下降，而田里禾苗却需要大量用水，就得昼夜不停地赶水。尽管每个车埠头一般有两头牛轮流替换，但由于长时间连续行走，牛脚蹄会磨破出血，这时就得设法给牛蹄套上草鞋。为防止牛头颈被牛轭磨烂发炎，还得常常为牛捏

垄沟耙

摸头颈。至于定时给牛喂草、随时清除车盘旁的牛粪，那更不在话下。夏天天气炎热，为避免牛中暑，还要用竹竿、稻草搭凉棚遮阳。赶水人夜以继日地忙碌在车埠头边，实在疲倦了，也只能在一旁的草舍里休息片刻。随着抽水机的普及，牛赶水成了远去的故事，这一凝结着宁波农民智慧的全套赶水工具也进了博物馆。牛赶水，不但效率低，而且很辛苦。特别是到农忙季，大批农田需要灌溉，人畜经常二十四小时轮流工作。由于依靠畜力抽水，水量有限，水沟中水压不足，好多农田进水困难。

平　耙

滚　耙

手摇水车

排灌机具：1964年江六村购入了第一台温州产16匹内燃机（戏称"温州大头"）及水泵，机房设在马桥头，坐机后改装船机，由陆德康（1932—1978）、陆启鸿负责管理。1972年，江六村又购入第二台由宁波动力机厂制造的8匹内燃机（由于起动时依靠人力摇动，由内燃机惯性轮使其连续工作，所以人们戏称为"一摇灵"）。内燃机和水泵分别安装在农船上，由内燃机作动力通过皮带带动水泵工作。这样的船只人们俗称为"打水机船"。水泵抽水机的使用，成千倍地提高了农田灌溉效率，渠道中的水量和水压大幅上升，部分农田进水困难现象得到彻底解决。由于船只能在河道自由移动，所以可以为多处农田灌溉。以后由于农用电网及电动机的普及，内燃机因体积大、重量重、冷天难起动、保养成本高等弊病，逐渐被大功率电动机所代替。后期安装在农船上的电动抽水机也被淘汰，而改为在水渠进水口安装固定座机，需要抽水时只要合上电闸，水泵就能工作，极为方便。

脱粒机具：过去农民收割早稻的季节最辛苦，那时天气又是一年之中最热的时候，既要抢时间收割早稻，又要抢在立秋之前插上晚稻。农民只得起五更睡半夜。收割早稻时两个人一口稻桶，用手掼稻脱粒，干活时全身湿透，打下来的稻谷还得在中午前挑到村边晒场翻晒，遇到下雨还得急急忙忙赶到晒谷场收谷，如遇台风天气，多天下雨还需防止稻谷发芽。那时的农民确实十分辛苦。

50年代中后期，逐步改用脚踏脱粒机，改用后劳动效率得到较大提高，劳动强度也有所下降，但终未能解决依靠人力的局面。直到60年代后期，电动脱粒机开始逐步取代脚踏打稻机。到70年代电动脱粒机全部取代了脚踏打稻机。1994年引进联合收割机，它能边收割边脱粒边清理，极大地提高了劳动效率，使农民彻底地从繁重的体力劳动中解放出来。

手甩稻桶

风　箱　　　　　　　　　　　　　　笋　筐

粮饲加工机械：稻谷加成米粒，需要一套专用工具。以前用石碾、捣臼。但加工出来的米粒表面粗糙，碎粒又多，并且加工费时费力，还是依靠畜力或人力。1969年，江六村引进了一套轧米设备，初期安装在马桥头，后来搬迁到原水江桥头附近的村集体房内（也称轧米厂），解决了村民轧米难问题。该套设备共有四台主要设备。第一台为粗轧机，俗称"沙龙"。它的功能主要是将稻谷去壳。第二台是将经剥壳后的米粒精加工成洁白的大米。第三台将精加工后的米粒吹去其他剩余细小杂物。最后一台是饲料加工机，将谷壳（俗称"砻糠"）和其他杂物粉碎成粉末，用作饲料（俗称"细糠"）。现在由于村里大量土地被征用，农田种植水稻的也已很少，大都种植经济作物；村民大多数也都在企业工作或自己开厂开店，做饭大米都在市场上购买，所以米厂也就关闭了。

历朝历代，江六村村民为解决吃饭问题，农田都以种植水稻为主，一年两

石　磨　　　　　　　　　　　　　　石　臼

季。水稻的种植需要适时灌溉农田，保证水源供给。1949 年以前由于生产技术落后，农田灌溉依靠畜力、人力，效率低下，造成灌溉农田困难，粮食产量低。1949 以年后国家十分重视农田水利建设，加快灌溉农机具的更新改造，大力鼓励基层乡村进行农田水利基础设施改造，并划拨专项资金用于农田水利建设。江六村先后打造灌溉内燃机抽水船两条、电动抽水机船多条。购入大功率电动机几十台，先后新修和改造机埠二十多座。新开挖河流一条，新修和改造进水渠道 6000 多米，并分期分批对全部进水泥土渠道进行两次标准化改造。一部分改用水泥瓦筒，就是用预制的水泥瓦筒铺设成暗渠，瓦筒直径近半米。另一部分改造砖块水泥结构，即水渠两边用砖块铺成，底部用水泥浇制，避免了在水渠周围生长杂草，大大减少了流水阻力，增加了水流量，缩短了进水时间。后来因土地征用，部分机埠、渠道拆除、回填。另一部分因大部分承包户种植各类经济作物搁置。

1949 年以后，国家实行土地改革，农民家家户户都分得了土地，为自己种田，劳动积极性得到了空前提高。他们早出晚归，精心培育和管理。由此农业生产得到了迅速发展，平均水稻亩产量已达到 600 斤左右。

1954 年以后，江六村逐步改进水稻种植、耕作制度，改双季稻为双季连作稻。采用培育壮秧、合理密植、适时插秧、合理施肥、浅灌勤灌、勤耕耘、防治病虫害等技术，亩产量逐年提高。

1956 年，由于连作稻推广速度过快，已超过劳动承受能力，同时又遇特大台风，早稻基本失收，晚稻又因插种失时，造成严重减产。1957 年，曾一度恢复间作稻。1958 年开展"大跃进"运动，超越现实条件，又盲目扩大连作稻种植，减少粮食种植面积，至 1961 年产量严重降低。造成年人均口粮只有 300 多斤，每人只吃 13.7 两（16 两制）稻谷，也就是一天 7 两大米，俗称低标准。

1962 年国家颁布有关政策，调整

蓑衣、斗笠

分配制度，实行多劳多得，不劳动者不得食的分配原则。并以每人1分地田标准分给农民作自留地，以补充农户粮食，并免除自留地农业税。鼓励农民在屋前屋后的杂边地种植杂粮，推行谁种植管理谁收获的政策，提倡养殖家禽家畜。

1965—1967年开展学习农业八字宪法活动，深耕土地，改良土壤；合理施肥；兴修水利，合理用水；培育和推广优良品种；合理密植；积极保护植物，提前做好防治病虫害工作；勤于管理；改革和引进先进农机具，实行农业八字宪法，即土、肥、水、种、密、保、管、工。江六村先后引进的早稻优良品种有矮脚南特号、广陆矮四号，晚稻优良品种有老来青、红须粳、台中育、农垦58等，由此亩产也提高到800斤以上。

1968年，江六村响应国家号召，开展"农业学大寨"运动，积极推广三熟制种植模式，即春冬季种植大小麦或油菜，夏季种植早稻，秋季种植晚稻。同时对村所属区域的坟滩进行拆除，改造成农田，平整农田，增加了耕田，扩大了粮食种植面积。村里还积极开展农田水利建设，修造抽水机机埠，修造进水渠道，开挖排水沟，做到每块土地都能及时进水、排水。从而彻底改变农田种植条件，把原烂田畈改造成为良地。

由于受当时条件限制，农业生产所需化肥非常紧缺，江六村开展大规模的积肥运动，大力兴办小队牧场、养猪场，以畜粪作肥料。农闲季节，组织社员外出割野草，田行做到三面光。冬季捻河泥，去宁波城市中积肥。外出兑粪便、兑草木灰，有时还到下洋船里去买咸卤等等，开展多种方式的积肥运动。有机肥料的广泛使用，不但解决了化肥不足，而且改造了土质土壤。

宁波有捻河泥的传统。在那个化肥还是奢侈品的年代，捻河泥是为了积肥。捻河泥时，人们站在河泥船的甲板上，摆稳步子，抢起河泥夹，沉到水底。然后一开一合，河泥夹就夹上了满满一篓肥沃的淤泥。

1978年，江六村年平均亩产达1600斤，首次粮食超"双纲"。特别是第一生产队单季大苗早稻亩产高达901斤（单产），在下应公社名列第一。以后有多批人员前来第一生产队学习参观。

实行承包责任制后，广大农民科学种田的积极性进一步提高，同时也由于农业科技的普及和提高，地膜覆盖栽培技术的应用，农田水利建设更加完善，进一步促进了农业生产的发展，粮食亩产也得到了大幅度上升。

1949年后广大农民群众分得了土地，生活有所改善，吃饱饭的问题逐渐解

河泥捻夹、便桶

决。随着合作社、人民公社的成立和劳动生产力的提高，村里渐渐出现剩余劳动力。为安排剩余劳动力，增加广大村民经济收入，进一步改善条件，在村党支部领导下，逐步创办村办企业。

看牛倌，即牧童。在牛耕为主的农业时代，村中一直存在一种青少年工种，即看牛儿童。这种现象一直存在，直到80年代以后，才逐步消失。每个男子在成为正式劳动力之前，都必须经历过这个工种。陆永年说："我看牛的时候工分是两分一天，1969年开始看两头牛，工分是三分半。放牛一般是4月份开始。用草籽和黄粮草拌在一起喂牛吃。早稻草叫黄粮草，晚稻时的叫夜稻草。"

以前有传统的经验，农业有二十四个节气，清明以后育秧，五一节的时候插草稻，7月下旬，早稻成熟，边收边种，又称"双夏"。晚稻收获后，大约11月份种大小麦或油菜。那个时候7到8人分成一组，做好才能收工。陆素莉说："以前读书时要管弟妹，要烧饭，辛苦得很。后来我姐嫁出了，我为了照顾弟妹不读了。以前小的时候比较辛苦，人瘦人小。14岁种地，我出手快。20岁出嫁，做了6年，生产队隶属第十队，后来合并之后变第五队。以前还要计工分，老早要起来拔秧去了，有时1点起来就要去打稻，边割边打哈欠想睡觉。后来统一了，3点起来，4点拔秧，天亮去割稻。"徐后德说："公社化时候，那时候瞎指挥，农民生活一塌糊涂。1958—1961年，我在里局，自己租房子住。1959年开始当民兵连长、治保主任。1961年我才到生产队一队。一队和二队土地、栈房分开。分开只是形式，财产都是集体的，高级社人员，凭借个人喜好去一队或者二队，普通百姓随便安排，求得人数基本平衡，多少地，多少劳动力搭配好。当时也是人工操作，用牛灌水，没有抽水机，后来才有抽水机。当时整个下应一万多亩土地。江六一个抽水机站，抽水源头在江六马桥头，要灌到全村，及邻近黎明、河东两村，一台抽水机根本不够用。当时用稻桶将水稻脱粒，比较笨重。后来出现脱粒机，比较轻便，最早开始用人力，俗称脚踏打稻机，后来才用电动的。

当时除了水稻以外，下应规定百分之三才能种经济作物，主要像西瓜、脆瓜、冬瓜等，目的为了增加收益，否则全部种水稻，经济收入明显不够，以粮食为主。"

历届生产队长

年　代	50 年代—60 年代中期		
队　别	姓　名		
1	沙林高		
2	陆双全	徐后德	
3	陆瑞龙	陆小毛	
4	陆明扬	陆五全	
5	陆阿朋		
6	毕永土		
7	陆利康	陆龙全	
8	陆世章		
9	梁小夫	陆宝全	
10	陆振祥	陆阿二	陆国荣

年　代	60 年代中期—70 年代后期		
并　队	姓　名		
1	沙林高	陆惠康	
2	陆小毛	陆瑞夫	
3	陆明扬	陆阿朋	陆国康
4	陆明根	陆忠法	
5	陆国荣	陆高成	
种子队	陆宝全		

年　代	70 年代后期—1982 年分田到户		
分　队	姓　名		
1	陆惠康		

年　代	70 年代后期—1982 年分田到户			
2	陆培元	陆善祥		
3	陆小毛	陆海仁	钱信福	
4	陆祥福	夏小狗	陆全礼	梁泰安
5	陆阿朋	毕国方		
6	陆国康			
7	陆忠法	陆国和		
8	张忠良	邵德成		
9	陆小堂	郑龙飞		
10	陆国荣	陆高成		

沙林高

陆阿朋（1926—2010）

徐后德

梁阿二（1902—1975）

陆小毛

陆惠康

陆世章（1929—2000）

陆双全

陆国云

毕永土

陆五全

陆瑞龙

陆明杨

陆阿二

陆国康

陆敏根 　　　　　　　　　　　陆忠法

陆宝全（左）与孙阿康（右）

　　沙林高是一队队长，家庭出身艰苦，做实事，一队每次产量都是前几名。陆启鸿说："沙林高是一队队长，比较会做实事，当过县里劳动模范，那时候我大概已经当兵回来了，曾创造 901 斤粮食产量，这是 1963 年左右的事，奖励一头大黄牛，当时很珍贵。他家庭出身艰苦，对生产队负责，肯做，生产队产量也高，每次产量都是前三名。"陆亨珠说："我们两家住得就很近。陆焕章在乡下的房子一直空着，所以沙林高就住进去了，一直住到很晚了，大概是 1979年。后来置办了自己的房子。他肯干活，是他父亲一手教导出来的，属于贫农。他父亲做泥水工。会干活，也会给别人分配任务。但是生产队主要靠自己做，只有队长带头做，其他人才会跟着做。我们那个队里是老头比较多，没有什么后生。我们的田大，也出谷，产量高，所以沙林高当时也是蛮有名气的。"

陆利丰说："队长换了很多了，在十队队长是陆振祥、陆阿二，并五队时是陆国荣，后来小小队，队长变成陆晓棠和陆高成了，再后来

陆利康

变成郑龙飞，他是'末代皇帝'。十队里主要人物是陆阿二、陆国荣和陆宝全。"

陆利康说："那时候史永康到江六来，我人是在第三队，他一到马上让我去第四队当队长，那时候我还小，才二十几岁。他们说我人还老成，可以干这事的。弄了一年后，史永康说这弄得挺好的，于是就那么弄下去，一直当队长。有一次，副队长和我吵架了，我就说你去当正队长，我当副队长，然后他就乱弄，结果干不了，又让我当队长，说还是你好嘛。正队长也好，副队长也好，我没意见的。正队长换副队长是29岁那年，公社书记和副书记说我弄得蛮好，公社下半年的粮食指标完成不了，我去开会，让我帮忙，说下半年的目标总要完成它。让我买个两三千斤，谷仓库里还有，那时候觉得到时候社员不够吃还可以拿出来给社员。最后买了三千斤，然后又卖掉，卖掉的钱分给社员，让社员多点收入，社员都说好。有一年河里没水，我那时候有三天两夜没睡觉，一直在折腾打水机，我宁可放弃自己。我妻子是在生产队当妇女队长，她随我怎么弄，她觉得生产队弄得好了，等于把我们家弄得好。那时候五个生产队，别的队基本都是二百来亩地，只有我们近三百亩，精确地说是二百九十九亩半，队我们最大，人也是我们最多。春天插秧，插完我就不怕了。这是当队长最重要的事情，秧子弄好了，其他就不怕了。我23岁当队长，他们看到我都喊老队长，都说再比江六四队的队长厉害的没有了。当队长的体会，最深的就是感谢毛主席啊。我妻子是妇女队长，我跟她说你们妇女要干什么，她明天就带着她们去了，我就不用操心了。三天两头要开会，我头一天分配好工作，交代给副队长，然后开完会回来，不管多晚，我还是会去检查一遍，他们都说，队长晚上肯定会来的，不会直接回家，肯定会先来地里。"

张忠良说："我从水库回来以后做现金保管员，只需要将生产队的现金保管

好，我比较实事求是，村民比较信得过我。政治上是共青团员，自己身体也很强壮，社员也很信任。1978 年，他们选举我做生产队副队长。1979 年，因为前任身体不好，就任了队长。队长任务是产量搞上去，你要布置好生产，发挥好社员的生产力。首先要把农作物布局、种子搭配等布置好，发挥社员的积极性。每个生产队有经济保管员、计工员、生产队会计三个部分。生产队会计分配粮食、物品等，经济保管员要保管生产队的现金、饲料票等。除此之外，都是生产者，有约 100 个左右，老老少少都有，带自留地，有三百亩田。"

陆国康说："1971 年的时候，天旱，我们下应的河水都干掉了。现在有石子路，可以推手拉车。过去没有这些，只有石板路。那个时候去卖谷，我的印象就是晒谷的人，谷都压好，多少重量，200 斤就是 200 斤，又不会少。我那个时候挑担，从我们的晒场挑到河东祠堂，接连挑 4 担，不放，那是两三里的路啊。因为我人个子小，但是力气很大。我筋骨很好，每天早上，拿石锁，俯卧撑，一直锻炼。那个时候，一个对一个，我不怕了。我是 1972 年当的生产队副队长，实际上已经算是队长了，因为我爸是队长。我们队田最多，有 380 多亩田，田最多，田性最坏。村子门口到几个村的交界，一走就有 3 里路可以走，从村里走过去。我爸是从其他地方调过来。那个时候 10 个生产队，调到第 3 队当队长。1972 年我当了副队长以后，基本上活都是我来安排。1973 年我当了队长以后，那我们的生产队，每年是公社样板队，一年到头我都是去上台发言去的。上台说春秋播什么种，夏收怎么安排，都是我来弄的，春收冬种每年都是我去发言的。那个时候上台说，稿子是要让报道员写的。我不要让报道员写，因为让他写，我讲不出来。报道员只会讲大话，我要自己写。我自己生产队怎么做，怎么安排，我说得出就做得到。我几时要完成，几时要结束，全部我自己来。那个时候报道员是李方荣，他说你写好要给党委书记陆方成看的。我说看是可以，但是不能让他写，如果让他写，那我是说不好的。这样生产队长我一直做到 1982 年。1982 年分田到户。我大概是 1978 年入的党，1983 年的时候原来的党委书记来给我做思想工作，让我来当村书记。本来觉得应该论资排辈一步一步来的，如果党委支持我，那我试试看也没有关系。"

陆宝全（世亨，1926— ），1958 年到邱隘新生酒厂工作，户口移到酒厂，做了 3 年。1961 年，下放村里当队长。他人高马大，气力相当大，可以挑几百斤。

徐后德说："1961 年开始当生产队一队副队长一直到第一轮土地承包为止（1982 年）。1937 年出生出于下应街道袁家村，13 岁父母去世了，姜山姑母家里寄养的。1952年到江六村，姐姐在江六村。1955年江六村成立了生产合作社，包括麓益社、里中社、麓胜社，我当时参加的是麓益社，只有17户人家，当时还有其余人家是后面才进来的。1959年我开始当民兵连长（1959—1960）、治保主任（1959—1963），1956年三社合并，只有一个社，本来在八队，后来调到一队。1962年结婚，当时只有五个队，不久分开成十队，我变成二队队长。1963年以后，又从十个队变成五个队，因为我不是党员，只能回到一队当副队长，一直到1982年。"

戤社户（队供应户）。它是宁波鄞县独特的一个户名，全国其他地方称为"买粮户"，是拥有居民户口的一方与拥有农业户口一方结婚后把农业户口的一方及其子女划成戤社户，但是户口本上写着是农业户。1961年，我国遭受严重自然灾害，粮食供应紧张。当时为减少城市粮食的销量，度过暂时困难期，党和政府采取了城市人口下乡的措施，"凡是近三年从农村来的，一般都要动员他们回去"。这些人员响应党和政府号召，户粮关系迁入农村，不再吃国家供应粮，粮食由当时的农业生产合作社的生产队从自己生产出来的粮食中加以供应。他们一般不参加农业生产，但也有一些地方因"双夏""三秋"生产劳力紧张，有时也动员他们农忙劳动、"评工记分"。由于他们家住农村，口粮由生产队解决，而又不参加农业生产，因而称之"戤社户"。陆永年说："戤社户的粮食是向生产队拿的，不像其他人凭粮票去向国家要粮食。一年到头有500斤好吃，用白市价买进，教师有固定的粮食。一年比如说女的有560斤粮食，男的600斤粮食。双夏时教师全部落在生产队，在食堂帮我们烧饭。"这是一群数量非常小的群体。

陆序多说："我们家里尽管住村里，但户口还是居民供应户，和村里直接关系实际上是没有的，只有居住关系，工作什么都在外面。只知道那时候很艰难，吃国家粮和村里没联系，国家计划供应的，柴火不够烧，就把草绒从田里用耙子耙过来，那些农民很不愿意的，农民割了稻子，留下的稻穗也不给捡，小时候就有这个界限了，当地农民不给我们吃，是因为我们吃国家粮食的，农民活和我们无关，你去抓点泥鳅啊黄鳝啊，他们还要经常说你。作为自己来说，他们不让我们干可能有某种原因，后来知道了，是有这么个界限，不能去侵犯他们。小时候想想是浪费的，让我拿回来，还可以帮助家里烧点火啊啥的。那时候是集体所有制，他们自己干不愿意，你去弄又不给你弄。60年代生活困难，大家都在吃野菜，居民供应户粮食也不够吃，你去弄点野菜，都要被农民扔掉篮子的。那时候孩子们正值年轻，供应的粮食都不够吃，家里原来比较殷实，那时候刚好家里人年龄上都要吃饭，那就要问农民偷偷买粮。父母去买粮，挑晚上去的，和农民私下交易，一箩谷子多少钱。当时我们 4 个孩子都胃口很好，都是长身体年纪，吃东西你抢我夺的。冷藏公司的黄鱼骨头只有几分钱一斤，肉都理完了，我爸有时候回来就会把鱼骨头带下来，10 斤 20 斤，和西瓜、蔬菜、螃蟹、火腿、香肠等一起带下来，也就是说把好吃的东西带回来。我小时候有印象，就是父亲回来会带回好吃的，人有时不回来就托人带回来。"

装咸卤、送草包。陆银龙说："草包厂多早就有啦，我们还很小的时候就已经在了，那时候就有每年一两万的利润了。再加上这么多人好安排，现在说起来很了不起。我们做农民的在厂里，二人搭档，一船草包运到白沙，可赚运输费五块钱，两个人就有十块钱了。但是我们成分不好的人还轮不到，这样的外快还轮不到你去赚。到孔浦码头的话，就有五块七角了。那时候我们年轻人出道的话，'四类分子'的儿子还不给你去。后来还是我去争取来的，我对陆国荣队长说：你不给我们去也可以，毕竟我们是'四类分子'，装草包的钱不给我们赚。装咸卤，那我们也不去了。那我们也不去做了。装咸卤，没人去的呀，那个工作苦。咸卤是什么呢？海洋抓来鱼用盐腌沉下来的水。船舱下面几米深，把那些东西拿上来，我去拿来再倒到农船里，要弄三到四千斤的重量。两个人去弄，回来之后，全身都是鱼腥臭。当时老江桥头下面有吃点心的地方，我们去吃的话，别人都要逃了，人湿漉漉的，咸卤又很臭。咸卤装来到队里，才一工，一工才只有一块钱呀，装草包的话有五块钱呢。这个农民要反对了，但是他们就是不给我们去做呀，根本没办法的，说是'四类分子'不能赚这个钱，就是

摇船人

不给你赚。那我就向他们提出来，装咸卤的话，有人说年纪大了力气小，吃不消，就不去了，可你运草包怎么去了呢？那我就不服了，就这样说了。咸卤白白拿的，当肥料的。草包的话，就是和他们挂钩了。那时候有几个人一起去装咸卤，后来船翻了，死人了，我们村里也

有两个这样的人。就是为了那一船肥料。那时候没有人肯去的呀，这个活不好干。运草包的活，真的是很好的。"

二、畜渔副业

陆如法，兽医。"我12岁前去村里面务农，22岁成家，24岁开始做畜牧工作。1972年，我接替陆祥能负责村畜牧工作。他刚卸任，村里就发生瘟疫。1971—1972年，我自己家里刚开始养头猪，猪就患了瘟疫了，村里500头中，死了300多头猪，当时的损失是不可估量的，整个江六大队受到影响最大了，我第一次养就很受打击。这时候整个大队讨论研究后，批准我做畜牧工作。我首先在鄞县畜牧兽医院学习动物防疫的相关知识，一边学一边搞，在学习的同时，也将所学知识用于控制村里的疫情，花了三个月时间，把疫情控制住了。当时中央号召大力发展畜牧业，江六村的牧业是最好的，村里面最为重视，一些老干部是绝对奉献的，只有付出，不求回报。在我的管理下，1140亩田耕地，一人一猪，一亩一猪，当时国家大力发展农业生产，产量出新高，我负责村里的畜牧工作时间是1972—1982年。我做这个工作的时候，是村里面的赤脚兽医，只计工分，当时我一年的额外补贴大概有12元。1982年调去下应街道，19个自然村，20个单位，我负责9个村的畜牧业，畜牧业范围很广，包括动物贸易、活禽、诊疗医治、阉割、发展参谋、给农户技术辅导等。1988年任下应乡畜牧兽医站站长，一直到1994年为止。1994年到2008年在街道里面做畜牧工作。2008年以后退休。"

1973年，国家实行国民经济发展，农村以粮为纲，农、林、牧、副、渔全面发展。村里共有十个生产队，生猪总存栏1506头，其中公、母猪205头。每生产队要饲养常年存栏100头以上，简称"百猪场"。因村副业经济雄厚，促使畜牧业发展，猪多、粮多，用循环经济来增加农民收入。奖励办法：（1）动物防疫、诊疗、阉割实施免费。（2）每出栏一头生猪，投售给国家，奖稻谷100斤、稻草10把。每一箩猪粪，按质量记分，最高10分，按质论兑。（3）社员每购买小猪一头，记半天工分。江六村是鄞县实行生猪"百猪场"第一个先进单位。陆利丰说："当时造百猪场，应该是1974、1975年时候，后来分田到户后，百猪场没了，我没去做过，生产队百猪场有专业人员管理。"

养鱼业。陆忠法说："江六漕河流是下应唯一归村里所有，1956年经上级批准同意进行淡水养殖。每到重大节日，特别是在春节和国庆节前，村组

陆昌定在养蜂

织捕鱼，分配给社员，鱼塘面积大约二三十亩。"

陆昌定养蜂。陆金良说："我父亲有资本主义思想，而且很严重，按现在说法，是发家致富带头人了。我8岁的时候，他买了3头牛。养牛之前，家里还有一群羊，他的思想很先进。当时刚好1966年，后来没养起来，他和我现在丈人一起去，买了两头大牛一头小牛，小牛才30块，后来小牛难弄，一头出问题，又卖掉了。接着养鸡，养瓦罗克，发生疫情，死了一大片。1971年看别人养蜂，自己也开始拜师养蜂，养蜂是正道，一直在养蜂，2002、2003年不养了，养了30年左右。他吃了很多苦。我们还小，蜂场转场很辛苦。我们从东钱湖那边弄蜂回来，叫当地百姓手拉车拉出来，6块钱一辆，在韩岭自己装船，他边摇船边打瞌睡，很苦。我还小，劳力不够。有时为了赶花期要全国到处跑，这里早，四川晚，这边完了就要赶到那边去，油菜花开花完了，后面还有枣花、椴树花、棉花等，一年四季都要跟着花期到处跑，看有没有劳力，有没有朋友，凑一车皮去。三十几个蜂箱，一个人弄吃不消的，当时我去当兵了，我小弟弟跟他弄。我蜜蜂很懂的，基本上在家里。按时间顺序，最早我们这里油菜花，后来紫云花等。不出去的话，再接下来就是瓜花，但瓜花产出量不高，它自供可以。养蜂最怕下雨，因为本钱还是大的，冬天要喂它，几百斤喂下去。当时养蜜蜂很困难，买糖要凭票的，从上海去搞糖票，去一趟把几十斤糖弄回来。村里还要找他，割资本主义尾巴，要批他，要找他麻烦。那时候日子很不好过，家里孩子又多，就他一个劳动力，生产队每年超支。我们家从我当兵去后，政治上地位相对高了。后来他慢慢年纪大了，家里条件还可以。父亲脑子活，后来又开小店，生意也很好，赚了钱。"

三、村办企业

江六村整体上是个大村，基础不错，以农养副，村里一开始就办了村办企业，办五金厂、麻厂、草包厂，对社员收入带来一定贡献。

江六草包厂

50年代创办"三厂"。1953年，由村民陆宝才发起，创办了草包厂，厂址在江六草庵。工厂由陆宝才负责日常经营。生产产品是将稻草加工成用于包装的草包。1953年，由陆宝才发起，在大堂檐创办了绳索厂，1954年关闭。1953年，在东石桥边又开办万年青厂。当时草包厂劳动力多，原料稻草又便当。

陆宝才（世功，1920—1987），也作陆宝财。其父陆友发（金生，1888—？）。陆启鸿说："陆宝才在我当兵前在村里负责，我和他关系不错，当时十多岁，让我办群众写字班，对我蛮信任的。后来我参军去，等我回来，知道他犯错误。当时犯错误处理去胜利大队，就地劳动改造，后回到江六，做社员。我和陆宝才后来一起在生产队，一起种田。陆宝才做事认真，和陆安康不一样，以前担任过社主任。"陆祥福说："他是第三生产队的，现在看来，有闯劲，做事认真，脑筋也好，出主意点子多，家里中农，要发展副业，公社化时期被打倒，批斗得很严重，割资本主义尾巴。"陆如法说："1958年—1966年的老干部对江六村贡献最大，当时江六村农、牧、副、渔业搞得非常好，陆宝才一心为公，不为家里的亲戚考虑，把渔业搞得很好，是我认为最好的干部。"马信华说："陆宝才比较聪明，善于交际，很会经商办厂，人也很好，很活跃，事业心很强。陆宝才和陆世昌、陆阿二等住在中局那里。虽然他在生活上存在问题，其实也很正常，只是因为那个时候对生活作风问题抓的比较严。草包厂虽然转移到姜村，陆宝才掌握生产和业务渠道，厂长依旧是陆宝才，厂仍

陆宝才

被江六村控制，外村感到不舒服，排挤江六村人，然后抓住其生活作风问题将他弄倒。陆宝才主要开办了万年青厂、草包厂、绳索厂等三个厂，都是短期的，说明其事业心强。他受到陆世昌办厂传统的启发，加上自己的事业心，因此有如此成果。所以，办厂一要有传统，二要有事业心。"

1958 年，草包厂归并，迁至天王庙姜村，属东风人民公社。1960 年，陆宝才重新发起成立江六草制品厂，厂址选在村中间祠堂内，生产各类草包，产品销往宁波市海洋渔业公司、鱼市场，及宁波市土特产公司等。高峰时期有木制草包车四十多台，生产工人一百多人。1981 年，因草包逐渐被新材料的编袋所代替而关闭。历任厂长有陆宝才、陆敏根、陆启鸿、陆亨成、陆明扬。陆友娣说："1963 年，我做过草制品厂会计，当时 18 岁。原会计是陶公山忻荷菊，当时有一个厂长是省里来村里的，两人闹了很大的矛盾。省里来的人自然不能动，忻荷菊就辞职不做会计了。这时，陆安康找我谈话，想让我当会计，把我叫去做草制品厂会计。自己刚开始觉得吃不消，毕竟只上过小学，这时，老会计陆贵来也劝我去，他说会教我怎么做的，我就去做了草制品厂的会计。我做会计时威信很高，我和草制品厂里人都很好，从来不和人争吵，和他们打成一片。我自己懂会计的工作，有本事，能处理好人际关系。我学成本核算，多少草制造多少草包，质量如何都要验收，只是我的除法不行。"陆素莉说："14 岁进草制品厂，在田里农忙之余，去草制品厂里工作，做草包算副业，春耕割麦拨菜籽，去田里工作，弄完去草制品厂，三季稻麦要种、要割，有时割晚稻草制品厂还不放工，只好开夜工。成分差，没有固定的生产车，缺人不休车，只有贫下中农有事休息离开，我们才能上车，今天做这辆，明天做那辆，不固定的。现在不管成分，好多了，以前成分差，做子女都很辛苦。"陆序多说："村里有草制品厂，尽管很辛苦，条件也不好，灰尘很多，妇女为了几毛钱，拼命去工作，附近人还很羡慕。"

在办厂过程中，陆世昌出力很多。他就是一个做生意的料，除此之外他还修桥铺路，江六村的兴旺有他一份力。回江六后就住了很长一段时间，办了江六第一厂、草包厂、草绳厂这些。60 年代以后，他住陆永庆（昌叙，1922—2011）家里。马信华说："陆世昌有很多办法，只要有人有途径就去办厂，麻纺厂是其办起来的，除了草包厂，其余包括纸盒厂在内都是他办的。我和陆世昌的关系要从草包厂开始说起，我知道其人缘很好，不然它开不起来，其他人也不会帮忙。由陆世昌和陆宝才开办的草包厂后来被公社合并，之后又回来。我

1963 年下放，当时草包厂开着，我在做技工、修车，之前有三个师傅，后来只剩下我一个。年底，让我去做工，当时和陆世昌还未接触。后来到了麻纺厂，开始和陆世昌接触（1967），当时书记是陆安康，他让我去办厂，其他人不会弄，我文化程度相对较高，高中毕业，机械方面我比较在行，麻纺车等相关证书我都考出来了，我会制图，图纸也是我画的，两个样车也是我搞的，开始时逐步建起了。轧麻车是指旧麻先分开，然后用麻车轧掉，过程类似于轧棉花，这是让黄岩人来弄的。变成麻绒，这是另外的师傅，请来的。纺麻车和麻袋车都是自己搞的。这时候和陆世昌有了关联，因为各大队都去办，我们江六村办得很早，是由我去办的，而陆世昌比较熟悉，带着我们到处走，到镇海去，我到陆世昌宁波的家里也去过。麻纺厂后来并到公社里去了，后来我到五金厂去了，技术是我搞的，但是五金厂业务、设备，和陆世昌帮助有关系。"陆金良说："原来草包厂很早，从 1949 年后办，一直办到去我当兵。从编织袋开始，草包就没用了，没编织袋之前，都要用草包。随着工业化推进，编织袋开始使用后，草包淘汰了。"

麻纺厂。1967 年，由马信华发起，在村大会堂创建麻纺厂，马信华任厂长。主要是将麻丝先加工成麻线，再将麻线编织成麻片，麻片加工成麻袋。麻丝加工成麻线，全部外发加工。当时从舟山进货。在这个过程中，陆世昌出力不少。马信华随陆世昌跑外勤，到萧山，到上海。当时没有商标。抓好生产质量。再生袋、麻片，都不成问题，卖给土特产公司。以诚待人，不卑不亢。1969 年底，由当时的公社党委决定，与姜村、东升、王家、史家码五村的麻纺厂合并，创办鄞县化纤麻纺织厂，史东海当厂长，江六陆亨珠任副厂长。厂址在天王庙，即后来的宁波华荣商标厂。陆亨成说："我和绳索厂也有交集，我也是发起人之一。70 年代去宁波海洋渔业公司拉业务，拉来给本小队做，草包厂是集体的，绳索厂是小队的，绳索厂做麻绳，跟渔业公司挂钩，绳索厂是当时第一队内部的工

陆亨成

厂。当时海洋渔业公司亟需麻绳，我想这个可以给我们村里做，所以他们业务拿来给我们了。当时陆熙泰是调度科科长，他在那时出了很多力。"

1969年大旱灾，造成粮食生产连年减产。1969年江六村购入轧米设备一套，在村口马桥头机房创办轧米加工厂，由陆小毛（仁记）技术指导，由一台16匹柴油机和24匹内燃机作动力，陆德康、陆启鸿、陆惠棠等负责经营，陆如法做学徒。后搬迁至村大会堂，并改用电机作动力。1991年，因村承包地向种地大户集中，大多数村民进工厂工作，家用粮食也向商场买袋装大米，所以米厂轧米量急剧减少而关闭。

1972年，江六村购入年糕加工设备，每到年底，为全村村民加工年糕。因与轧米厂同样的原因，于1986年关闭，设备出售给有关村民。后来购入设备的村民，为江六村村民多年有偿加工年糕。

江六农机五金厂是在陆伟丰的舅舅帮助下建立起来的。他舅舅在石家庄某五金厂工作。马信华要求陆伟丰与其舅舅通信，取得联系。信拿来，看过，心中有数，又一起到石家庄，谈好后，决定办厂。1973年初，经马信华发起筹建，在大会堂办起了江六农机五金厂（五金仪表厂），陆伟丰跑外勤。陆如元的舅舅在甘肃兰州工作，村里让他通信联系，建立了业务关系。由于当时营业执照办理困难，所以与附近村五金厂联合报批，最终于1974年批准成立下应社队联办农机修配胶木五金厂，江六农机五金厂作为一个车间，生产五金产品。陆启鸿说："我1963年复员回来的，刚开始陆宝才办了草包厂。当时村里办企业，上面不允许，有草包厂在，对于下应来说，江六村经济条件很好。他自己做事情可以，担责任不行，从他以后另外厂没怎么办起来过。四队队长陆利康跟我商量，有一个五金企业要办，让我弄。当时我弄这个刚开始很外行，如果队长同意的话，让我弄我也愿意。后来两队队长商量，准备创办五金厂，陆安康知道了，内心不太高兴。我和他说，企业归根到底给集体赚钱，你想不想弄？想要呢就给大队里弄，不同意给生产队办厂。我和他这么一说，陆安康同意大队里弄五金厂。开始我做参谋，五金厂弄起来了，算村办性质，生产队就不弄了。陆安康怕这样弄来对他不利，老制造矛盾，后来我决定退出。五金厂已经弄起来了，全部东西归村里。当时村里跑五金厂业务的有几个，但业务数量不大。"陆嘉龙表兄弟徐顺龙在杭州五金公司，有销路，五金厂通过这层关系开起来，也有了销路。1973年，14岁的陆松和（陆太和）进厂，跟随师傅学习，后做带班师傅。80年代初，陆启华担任村办企业总厂长后，由陆松和担任厂长。当时有两班，每班十多人。五金厂先在大会堂，后来搬到河对岸，最后搬迁到马桥头。据说，当年要进五金厂工作十分难，只有干部、军人子弟才可进，人称"饼（兵）干（干）罐（官）头厂"。陆嘉龙在其中的贡献较大，他为人热情，乐于帮助，活动能力强。当时的紧俏物资，都是他弄来的。

江六翻砂厂是在陆四银、励昌华帮助下开起来的。陆四银（1926—1979），家谱作陆亨诚，字四明，是陆祥福的父亲，在镇海炼油厂工作。镇海炼化总厂，原来叫浙江炼油厂，

左起：陆国康、陆嘉龙、陆高成、史利英

其中有翻砂业务，当时刚刚开办，是江六翻砂厂的主要业务来源。励昌华在宁波拖拉机厂做技工，为人热情，是陆惠明的叔父。他出面请来了顾永发为师傅。顾永发是镇海人，原是江西鹰潭水泵厂退休师傅，水平很高，人很倔强，对职工很严厉，是全国劳动模范，这个厂都是通过顾永发的帮助办起来的。员工去拖拉机厂培训，每个生产队两个人，将农业的劳动力转移到工业。因为是陆四银的关系，所以其子陆祥福为厂长。这就是马信华会用人之处。

1975年江六村办饴糖厂，来料加工饴糖，由陆明扬担任厂长，陆银龙负责销售。陆亨成说："1975年村里办饴糖厂（生产的是麦芽糖），厂长陆明扬，人很好，热情，也会做事情。"后来，在饴糖厂基础上创办江六糖果食品厂，为宁波怡泰祥、升阳泰、宁波糕点一厂、宁波糕点二厂生产饴糖、食品糕点、南北炒货等。历任厂长有陆明扬、沙林高、陆银龙。后经镇党委决定并入下应副食品厂，划归镇办企业。马信华说："我当时的思路：有亲找亲，无亲找邻；组织、挖掘、整合。我积极发动村民，在村民大会、干部大会等会议上传达我的上述理念，发动后很多村民都被动员起来了。当时的政策是限制、改造、利用，利用一切可以利用的力量。其中，陆银龙、陆嘉龙兄弟两个人经商潜力被挖掘出来。江六糖果食品厂、饴糖加工厂（陆鹏成）、大有（赵大有）食品厂，都出自于江六村。江六饴糖加工厂开始时候用手工，后来变成锅炉生产，生产效率提

升，执照很难批准，后来宁波糕点一厂、二厂、三厂的，凡是做糕点的，都要用到麦芽糖，很有营养。糖果食品厂聘请宁波糕点一厂、二厂等的师傅和宁波副食品厂的师傅。当时，它在鄞州和宁波占据重要的地位，升阳泰等商店里的商品都来自于江六糖果食品厂。开始在大会堂，后搬到河对面，为此造了一座桥。"陆银龙说："我的一个叔叔是在宁波大有食品厂里当经理的，他是共产党员。我们家里成分差，他是一个共产党员，是在市区企业里面当经理的。后来宁波成立了商校，叔叔就去学校里当老师了。当了老师的话，徒子徒孙很多，糕点一厂、糕点二厂、糕点三厂什么的厂长经理里面好多是他的学生。就这样我就有了跑供销的资本。1975 年 7 月 1 日正式开始的，就这样一直搞到 1984 年。"陆银龙说："我是 1975 年开始进厂的，1978 年三中全会开完之后，我们村里的老书记认为我一个年轻人人不错，也蛮有前途的，就准备培养我入党了。当时是邱隘区里第一批'四类分子'子弟入党，当时我自己也是有思想顾虑的，我就对他们说：我不要入党的，到时候来了什么政治运动的话，说什么'四类分子'的儿子混进党里面是有什么意图啦。当时我们很怕，因为从小就有那种烙印。马信华就劝我，还有副书记陆国荣，他们就劝我没关系的，现在有了新的政策了，不会这样的。那我就写申请书，把申请书交给他们，能批下来就批，不批拉倒。当时入党批文也批得很顺利，马上就批下来了。在 1983 年下半年，我就成为了预备党员。我现在是先进分子了，为大家搞福利之类的。因为当时我企业搞得好，企业利润有十多万。我厂长是 1978 年的时候开始当的。原来的厂长也就是个老农民，当队长什么的退下来的，陆明扬当过，沙林高也当过，后来都不行，因为他们年纪大的关系，和像我这样在外面闯荡的年轻人的思路都不一样的。所以后来我就是一边入党一边当厂长。当厂长之后，可以说是把企业从一团糟弄到了一百多人。每天有汽车进进出出，运输量相当大，可以说企业弄得比较红火。我们这样的村办企业算是厉害的，当时整个宁波市能有几辆汽车。从老江桥过去连警察都向我们敬礼。他走过来对我们司机说，他老婆要生小孩了，让我给弄五斤鸭蛋，五斤白糖，我就帮了他一下，后来他们都过来敬礼了。那时候我底气很足，每年都有十多万在赚，那时候的十多万，别放在现在看了。那时工资才 40 元左右一个月呀，那真的是不得了。我们每个月都有结余，也没什么贷款，钱都可以存起来了。"

1976 年江六村开办化纤劳保厂，主要生产劳保手套，由陆敏根任厂长。化纤劳保厂的成立，得到了陆惠宾舅舅的帮助。陆惠宾娘舅在天津一商局当党委书记，有销路。化纤劳保厂主要是再生布，开始做手套，外面是再生布，里面是旧布，看起来是新的，是劳保手套。原料到绍兴去买，处于初级阶段，用缝纫机（江六村有一百多台），最早陆敏根做厂长，后来业务关系停止。新办机绣花厂，由姜仁英任厂长，陆雪琴任技术师傅，几年后又因业务关系，机绣花厂关闭。为了解决女工劳动力问题，史利英开办服装加工厂。史利英说服陆成法，到江六村指导西服加工，加上弟弟陆志法在江六村，原来也在上海。随后，成立培罗成西服厂。陆昌杰也是江六人，鄞县财税局税金股股长，是培罗成厂成立的关键人物，免税等工作得到了他的全力支持。

江六村包装用品厂在1976—1977年左右建立，陆银龙一开始跑腿。由于他是大佃农的儿子，所以一开始受管制，我们将其改造利用，进行把关，后来开放之后，做厂长，业务从与江六食品厂挂钩的宁波有关厂争取来。

1977年，在河对面新厂房创办木制品厂，生产加工纸盒、啤酒箱木格等，由陆建立任厂长。陆建立说："我当厂长40岁左右，七几年，开始叫木制品电器配备厂。以前做装火表电表用的那块底板，有时做包装箱，就这么弄起来的，我是第一任厂长。厂里六七个人，厂小，要去登记、交税，自己跑供销。木头进来了，把储木屋建起来。厂办在自己家里，我自己家里比较大。厂先算村办企业。在糖厂时期，一个宁波人来和我说，让我办木器厂，做家具，我和你拼（合伙）。这大概是1977年左右的事。我说做家具好，朋友都和我说外行东西不要弄，怕我弄不好。他和我拼，实际一分钱也没有出。我到宁波地区木材公司打交道，问厂长，乡下要发展，希望他多支持。他问我要多少木头，打个报告来。我说一个车皮够了，他说可以给50立方或60立方，有两个车皮。我比较讲实在，给我60立方车皮，总共钱要6万。我经济上困难，问大队借了2万，先付了2万，余下钱等厂里盈利了再交。他也答应了，双方签字成交。当时村里还是机耕路，这么大的木头要运进来不易。那边厂长用解放牌汽车送进来，在马桥头扔进河里，经过厂里时再捞起来。厂开始算村里的，后来承包给我了。然而厂里做出的组合式家具，像床啊什么的，没什么人要，16个师傅加徒弟奖金，亏本了六七万块钱。不过，木材公司厂长很好，让我做小方凳，做了几百只，后来上交了4万不到的钱。再回来做配电板，赚了钱还债。做配电板生意时，利润蛮高的，15×20、30×40等规格，卖一元二毛多，本钱4毛，靠赚这个还了钱，没欠人家钱。木制品厂办了将近20年，厂名没换过。现在厂里10多年没做了，想给儿子，儿子开不出，人比较懒，外面不跑，电话不打，不跑外勤。我做的产品好，比较用心，箱子制造时一定要牢固，两个合拢地方的木头在钉时要特别注意，他们搬运工运货，运到火车上是要去扔的，不牢的话是要散架的。人家去外面做供销，我自己不用跑，有人会上门几百个几百个地来购买。人家箱子4块一个，我卖4块5一个。但厂里还是做配电板为主，木箱也是一直在做的。交到儿子手里，木制品厂没了，只开了三年，儿子现在开浴室。厂长不做，自己休息了，人家让我做的时候，偶尔自己买些板什么的随便做做。我自己木匠还是会做的，做木匠细活花活不会做，钉子钉钉拢这些大致的还是会做的。厂里人最多的时候是三四十人。基本上都上门来订购的，我送货去，起头（开始）我用船，送到（宁波）新河头，再用黄鱼车送，后来用汽车送货。当时从江六到新河头要3个多小时。出塘河了，还有人在旁边拉纤的。塘河有三段，前塘河就是横溪上来到这里，中塘河是潘火到宋诏桥，后塘河到大河桥（现人民医院）。这里小船摇出去，出塘河后拉纤，河里有漕咀，塘河有纤路，一直从横溪到宁波。旁边有东西可以拉纤的，桥下也可以拉的，从桥下走，没桥头的，用打纤单，从桥上扔过去，要有技术。"

1979年马桥头新厂房建成，1983年创办了日用工业制品厂，由陆启明任厂长。1988年左右分开成东方燃气灶具厂、机械配件厂，生产"炬塔"牌各类燃气灶具及其他机械配件。东方燃气具厂由陆松和负责经营，陆嘉龙跑外勤。机械配件厂由陆祖光负责，其父陆惠丰（1937—2014）跑外勤。由于缺乏资金，技术跟不上形势，燃气灶具厂关门。当时，已经开始流行不锈钢燃气灶具。当时工人工作很开心，即便加班，补贴2角，也很高兴。当时的运输方式仍是航船，货托航船。

陆亨成说："我曾经在江六小学读书，只记得1945年，我读完三年书，就开始讨生活。1949年后，村里开了家草包厂，解决村民剩余劳动力问题。大概1963年左右，大队里把我叫去做工作，当时我正在田里干活，陆敏根把我叫去，让我去草包厂里当厂长，因种种原因，当时草包厂厂长换人频繁，前后换了好几任，有时候做不到一年就要换。或许是因为我为人比较正直，当时的大队领

陆建立

导就选我去任草包厂厂长。那时我想只要自己放平心态，秉公办事，正直、诚恳待人，企业总会有希望。担任草包厂厂长十多年来，我从未多拿过集体一分钱，人家三分一个的脆瓜也是出钱购买的，不因为当了厂长就占便宜，当厂长要有奉献精神。我任草包厂厂长时，草包主要销往宁波海洋渔业公司鱼市场，用来打包整冰海产品。期间我还记得生产过用于'抗美援越'用的草制品，我们称为'越南草片'。在长达十多年的任职期间，我印象最深的还是到各地去收购稻草，那活很累，我经常一人去，稻草是草包制作的主要原材料。当时为了收购原材料，我在全市各乡镇到处奔波，常去的有白鹤（西乡）、镇海骆驼、奉化等地，三天就得去运输一次。当时收购稻草需土特产公司出具证明，国家有指标，有证明才能运输过来；如果没有证明，稻草也不能随便买卖，因为当时国家实行计划经济，什么东西都有分配指标。有时为了赶工时还经常连夜运送。"

陆亨成的儿子陆国良说："我记得老爸在草包厂当厂长 13 年，那时我还是小孩，有时常到厂里去玩，只记得厂里比较忙，生产工人以女工为主。我老爸在任 13 年，草包厂效益还是比较好的。在那个年代，即使你有劳力，也很难找到挣钱地方。事后多年，我记得我老爸说过，其中一年工厂盈利好几万元。我想在当时，虽算不上是巨款，但也应该是一笔不小的收入。以前村民出工劳动都由每生产队记工员记账，出勤一天，记一工。到年底，各生产队根据收支情况，计算每工工钱。经我老爸提议，草包产生的净利拨付一部分给各生产队，使每个参加生产劳动的社员，都能分享到由工厂赚取的红利。工厂生产的草制品需要运输到宁波，由各生产队男工，二人一组由农船运送。每次每人补助 5 块，在当时 5 元钱已是比较可观了，每个生产队社员轮着去。我老爸和当时水产公司、土特产公司、海洋渔业公司相关负责人员关系很好，直到现在，老爸朋友仍有往来、联系。我还记得，以前海洋渔业公司会计，他儿子在暑假期间还来我家，住上十天半月，吃、用、睡都在我家，我们常常一起玩。后来村新书记上任后，对我老爸缺乏信任，于大约 1977 年卸任，厂长由新书记丈人担任，老爸又回到原第一生产队里务农。由于原来有基础，大约在 1979 年，向当时的生产队提议，以第一生产队出面，开办绳索厂，产品仍供给原草包厂那些客户，所获利润归生产小队所有。在那个年代，生产小队办一个企业，在整个宁波地区也是很少见。多年后我与史利英厂长聊起我老爸时，她对我老爸也比较认可。后来经史利英厂长提议，认为我老爸对村集体经济的发展具有一定的贡献，因此每年年底，村里慰问老干部、老队长时，将我老爸作为老厂长也列入其中。"

马信华说："陆亨成做厂长是在 20 世纪 70 年代。1968—1971 年我做'革委会'副主任，那时陆安康做主任，当时他已经是厂长了，我跟他只是开会的时候有交集，支持一下村里的工作。当时他的领导工作其实和现在的领导工作本质上差不多，现在的领导更加轻松，连农业都不用管，只是顾着开会，大多都是应付应付，传达上头领导的意思为主，没有创办事业的强烈意愿，如果有这种强烈的意愿，草包厂和其他厂也不会弄成这样子。当草包厂缺钱，甚至发不出工资的时候，是陆安康、陆亨成出面去筹款，这和陆世昌也有关系，用草包厂的草包去换钱。我当时做俱乐部主任、草包厂厂长、广播员等，都是由陆安康安排的，因为我的文化程度高。"

1979—1985 年江六村村办企业负责人

机绣花厂：姜仁英（陆银龙夫人）

手工绣花厂：乐元娣（外地人）

五金厂：陆太和

翻砂厂（铸造厂）：陆祥福

包装材料厂：陆建立

草包厂：陆亨成

饴糖厂（后与食品厂合并）：沙林高

食品厂：陆银龙

日用工业制品厂（煤气灶）：陆启明

培罗成服装厂：史利英

陆启华

陆启华说："1978 年，原来的五金厂厂长招工去了，我当五金厂厂长，当到 1979 年，当了 2 年，效益很好。1979 年村里利润大概 9 万多，破天荒头一回。五金厂搞定额和用计件算工资，当时五金厂职工都是生产队长以上的干部家属，五金厂在村办企业里地位最高，一般人走不进。1978 年当五金厂厂长，主要负责生产工业配件，螺丝啊什么的，计件工资制度主要是从那时开始的，过去是大锅饭，拿多少都是固定的。我们实行计件工资，产量大幅度提高。大锅饭生产提不高产量，没利润。我们按照定额，按照难度计算工作量，每道工序规定基本标准，超额奖励，多劳多得。这样一来，其他厂里人也来看。1979 年利润从 6 万到 9 万，自己比较有成就感，职工工资大幅度提高。定一个基本产量，超过定额加钱。和杭州、上海各厂挂钩（杭州余杭仪表厂、上海崇明跃进仪表厂等）。其中杭州的还在生产，只不过形式变了，以前是机械表，现在生产电子表。1979 年入党，1980 年担任支部副书记，负责工业。当初江六村里企业蛮多，五金厂、包装材料厂、翻砂厂、食品厂、草包厂、绣花厂（两个部门：机绣花和手工花），培罗成前身就是机绣花，80 年代办起，手工花办的时间早。后来办了鄞县工业日用金属制品厂，执照是我去批的。生产煤气灶，本钱高，模具投资大，吃不消，做了一半，产品也跟不上，给个人承包了，势头不是很好，后来才出现转机。说及培罗成请陆成法的事情，在我印象中，第一次是我和利英婆婆一起去请陆成法，因为当时我负责工业。早上去请人没在，陆成法家房子很小，我和利英中午吃快餐。当支部副书记时主要负责工业，要去每爿厂里去看。食品厂车间里一起帮忙，包豆酥糖、油赞子等。翻砂厂等图纸看不懂，我给他们看，零件加工，生铁浇铸，模型模具制作参谋。绣花厂上海联系业务一起去，手工花，宁波来了也要过问。总的来说，样样要管，但不用管得太细，有厂长在，大事过问一下就可以了。70 年代末 80 年代初，江六村办企业在下应算可以了，区里开工业会议我经常去的，但没有先进这样的牌子，过去对先进不重视，不像现在奖啊什么的这么多。食品厂建设初期，从宁波锅炉厂购一台锅炉，由于是统购物资，需要到省机电公司里开票。从宁波汽车装运因道路小，只能到下应，再从下应移进厂里，相当艰难。"

张广云说："我记得以前厂都是集体的，最早草制品厂，我小时候该厂影子还在，我妈就是那边上班的，我们小孩放学就去玩，后来扩展了，村里办了手套厂，发动村里劳动力，像我外婆做工业劳保用品，后来慢慢升级到西服厂。那时候我印象中还有食品厂，我老妈刚开始在草制品厂，后来去食品厂，食品厂我有印象，那时候仓库保管什么的。我舅舅在铸件厂。鄞州区类似的工厂算早了。我们村里企业还是很多的，好像还有麻绳厂、五金厂。那时候我们村里副业蛮好，后来农民承包到户，家家户户承包了，承包时我还有印象。培罗成一直是领头羊，后面小企业也有，村里面后来有灶具厂、食品厂，都是靠自己慢慢起来的。村里食品厂挺多，后来厂解散，技术人员没地方去，自己办食品厂的也多。我参加工作以后，像模像样的工厂也有几个，同龄人创业一个搞缝纫配件。陆建良，他以前跑销售，后来办厂。其他不多了，做小生意的比较多。还有陆文光做商标，他也是慢慢发展过来。他比我大 11 岁，跟我有点远亲关系，他的外婆跟我的外婆是好姐妹。他当初在我这个年纪也是在外面闯的，骑着车到处跑，也是从很小的工厂开始的。"

第二节 80—90 年代职业多元化

徐后德说："1983 年开始，我去江六村草制品厂当厂长。草制品厂一开始销路是水产公司、贸易货站、防汛包（台风时防水）等包装，大头是在水产公司。陆宝才（第一任厂长）遗留下来的销路，我是最后一任草制品厂厂长。草包和纸箱其实一样，没有保温保质的功效，后来冷冻车厢适合用纸箱，草包被淘汰。草制品厂大概有四十到五十人，年龄比较轻，用手工操作。每个员工都有一部车子，贫下中农一个人占有一部车子，富农两个人拼一部车子。车子是用来编织草包用的，需要五金师傅、木匠师傅经常维修。一天一部车子必须完成 70 个草包，当时已经是多劳多得，当时拿计件工资。我的能力其实是有限的，那时候销路还是有的。1986 年，商品包装不用草包，开始用编织袋，销路下降。1986 年草制品厂关闭，开办网袋编织厂。"

1993 年，在原第一生产队的陆家大坟滩，挖掘 92 亩的养殖塘，取名绿丰养殖场，养殖各类淡水鱼、虾等，具体由陆太龙、陆惠福、张文军等经营。

一、乡镇村工作

陆启鸿厂长。自述："1970 年开始当渔业队书记。1970 年刚好干旱，河里没水。原先渔业队书记调去供销社，后来就让我去当书记。我在渔业队时期，在下应小桥头，老镇政府那边，大王殿，在那里办公。当时生活很艰苦，后来造了五间房，搬到下应大桥头那里。开始时那里有五金胶木厂（1971），和河东合并。当时供销是河东的，师傅也是河东的，分配归河东。我想这不是办法，我就考虑单独办，从河东分出来。当时有个供销陈永福，开始办，单位虽小但效益很好，能赚几万，有结余了。生活还是艰苦，渔业队没电，河西村有电，问他们用电很难，做胶木用碳，做完人很脏。当时和供电所打通关系，供电所也有困难，从皎口水库用电指标转过来。当时6月天热，'文革'期间，斗争激烈，原来公共汽车可以到，因两派斗争停开，我们只好步行，有三十里路。当时周公宅那里有小水库，有发电材料，负责人是黎明人，我和他打交道，拿来电线。电线装完是1973年。我1984年调出，五金胶木厂还开着。1984年调到农工商加油站，在下应，让我负责。1986年，我正式退休。"

陆国荣厂长。自述："我是1946年1月10日出生的。我是生在上海的，那个时候爸妈在上海，我是7岁到宁波来的。爸妈在上海，爷爷奶奶在这里。因为上海叔伯兄弟比较多，有十个左右，全都让爷爷奶奶养。我在兄弟之中排行第五。7岁到13岁在江六小学读书。读到5年级的时候，在同学这些人中，我家的负担比较重，我爸又上了年纪，于是我就到生产队去放牛。从13岁开始放牛，放了两年以后，就到生产队当了记工员。当了记工员以后，就到村里当了团支部书记，这是1964年的事。团支部书记当了3年，1967年就当了生产队队长了。当了生产队队长以后，1974年11月12日入党，这个日子我是不会忘记的。1974年下半年任大队副书记兼大队长。1980年，调到社办企业下应综合厂当厂长。那个时候厂的经济上有一点问题，让我去查他们那笔账去。我过去以后，主办会计就跟我说，以前的事情就让他过去好了，你自己弄得清爽一点。我一想也是对的，其实我也是不想去弄他们的。我去的那两年，企业上去了，经济上去了。1982年，调到仪器二厂及塑料厂当厂长，小厂的副厂长和技术人员是我带过去的。1984年，回到村里的鄞县食品糖果厂当厂长，此前已经并到镇里了。进去的时候，米也亏，钱也亏，房子造的是豆腐渣工程。去了以后，经过两年，由亏转盈，镇和村里分成，镇和村里交接以后，镇里就全部还给我们。从1987年开始，我到农机厂当生产副厂长，当了22年。2009年，因为岁数到了，就退休了。2009年到2010年，村里搞拆建工作，我就弄拆迁工作。从2010年到现在，一直在搞。"

陆如法，畜牧站站长。自述："1982年以后，我在下应街道工作范围广了，不再是单纯的畜牧业，还包括观赏动物、宠物狗等。开始注重经济效益，你若是想要发展，我们可以提供技术、信息等方面的参谋，不能收钱，是免费劳动，国家会发给我们工资，因为我们是编制内的员工（街道是事业单位）。我

陆如法

们每天上班要去村里挨家挨户地采访，群众若是想发展畜牧，他们会向我们咨询。当时发展规模大，国家有政策补助，疫苗、雇佣工资都有减免优惠。当时的疫苗、技术、疫情都由我们搞好，政府提供场地优惠和水电优惠，他们只需要搞好自己的本职工作，按照规律办事，畜牧户肯定不会吃亏。村里的畜牧户很多都有赌博的习惯。畜牧户单户若是符合蛋鸭 3000 只以上或者生猪 50 头以上或者肉鸡 1000 羽以上，待遇就会提升，规模越大，待遇越好。家里若是有条件、有资本，自己去搞畜牧，就能成为专业户，整个下应有 23 户专业户，专业户的总量有 16000 头生猪存栏，36000 只蛋鸭，23000 羽肉鸡。下应还有白鹅基地，都是一户人家搞的，这户人家不是江六村里的村民。我们把上面的工作完成，实事求是。"

陆启华，农机管理站站长。自述："我是 1955 年 1 月 15 日出生，小学 1967 年毕业。因为'文化大革命'，原应 1966 年毕业，中学没开办，后来就帮老师干活，变小老师了，延迟了一年。这时候下应中学开办了，叫邱隘中学下应班，我就去读书，读了两年书，1970 年毕业。由于那时候课程不是按照常规，读书日子比较少。1971 年毕业后去生产队劳动，1975 年已经开始当工农兵大学生，鄞县中学办了共产主义劳动大学，我去共大读书，主要学农机。1977 年毕业后我回到村里，村里农业机械都是我修理的，一代两代中型拖拉机、手扶拖拉机都是我修理的。1978 年五金厂厂长招工去了，我当五金厂厂长，当到 1979 年，当了两年，效益很好。1979 年，村里利润大概 9 万多，党支部考虑奖金给了我 300 元，破天荒头一回。1979 年入党，1980 年担任支部副书记，负责工业。1985 年 10 月去下应乡农机管理站。后来几年形势发生变化，书记负责工业，当初书记管书记，企业管企业，上面政策变了，我感到多余了。陆国康任村书记时，乡里差个人，把我调到农机管理站去当站长。后来从乡农机管理站，到镇农机管理站，再到下应街道农机管理站，一直任站长，工程师职称，将近 30 年，直到退休。"

陆金良。自述："1985 年去社办企业，去了 1 年多。1986 年 9 月份进下应街道政法办，搞政法工作。1996 年鄞州区有 8 个乡镇搞了殡葬改革，我是第一批人，1998 年街道任命我为殡葬办公室主任。1998 年 10 月去下应渔业社当支部书记，按照街道里要求下去的。2002 年 8 月份，投创中心借过去 1 年，负责东兴小区拆迁和安置分房工作，弄完又回来了。2005 年 1 月街道让我去兼任下应居委会主任和书记，所以两个单位。我在几个工作单位还是弄的比较好，组织上也相信我，作为我来说也比较努力，不管在哪个工作岗位上，我认为我自己不算很优秀，应该算合格以上了。这样算起来工作将近 30 年了。"

二、开厂

1987 年左右，陆松和独立办厂，创办佳和金属制品厂。1989 年，废弃原来的厂名，另申办宁波市鄞州和峰金属制品厂。

1988 年，陆如宏办慈耀食品厂，经营月饼、豆酥糖，2011 年关闭。

1989 年，陆松和办宁波市鄞州和峰金属制品厂，经营各类五金件的制造加工，至今。

1989 年，陆信国办宁波卓洋印务有限公司，经营各类印刷服务。

2004 年，李善法办宁波市鄞州固联缝制设备有限公司，经营缝纫机零件的制造加工。

1991 年，陆文光办宁波市鄞州美达商标织造有限公司，经营各类商标的制造及其他印刷服务。

1991 年，陆勇年办宁波市鄞州永发覆膜厂，经营覆膜加工，2001 年关闭。

1993 年，陆亚楼创办商标厂。

1994 年，陆亚楼办宁波市鄞州横街富利食品厂。

1995 年，陆国康办宁波市鄞州康祥编织工艺厂，经营各类织带制造加工。

1996 年，陆善祥办宁波市鄞州下应织祥条带厂，经营商标带、织带的制造加工，2005 年关闭。

1997 年，陆祖光办宁波市鄞州继忠五金厂，经营五金配件制造加工，至今。

1997 年，陆的考办宁波市鄞州新宇电器厂，经营橡胶制品制造加工，至今。

1998 年，陆亚楼办宁波市万香食品有限公司。地点在鄞州区姜山镇胡家坟村。经营西式糕点、中式糕点、馅料的生产加工。

1998 年，夏二毛创办宁波市鄞州如荣糖果制品厂，经营糖果、糕饼制造加工，至今。

陆亚楼说："我是 1966 年出生，今年 50 岁，在下应中学初中毕业。1981 年毕业，在缝纫机零件厂工作 4 年。1984 年 10 月份当兵，在舟山海军驱逐舰第六支队 133 号驱逐舰上当兵。1988 年入党。1990 年 3 月回来，因为宁波兵当几年就回来了，实际当兵差不多当了 5 年，回来工作在下应桥梁工程队，那个单位去了 1 年。那时候乡政府需要工作组搞社会主义教育宣传，我去社教工作组一段时间，这是 1992 年左右。本来留在政法办，后来我和党委书记说，我自己性格想搞企业，就去了厂里，刚好那里只有厂长 1 人，缺少助手，去了 1 年，负责业务销售。从 1992 年 10 月份以后，就出来自己干。1993 年自己办了商标厂，1994 年弄了食品厂，商标厂做了 10 多年，两头兼顾精力不够。因为食品厂是季节性产业，平时空，每年到中秋生产月饼，中秋这几个月特别忙。商标厂业务慢慢少了，企业设备就卖给别人了，现在一直从事食品厂工作，1994 年一直到现在。原来工厂在下应，现在河东村村委会那里房子都是我盖的，村里出土地，我出钱，财产属于村里，建造资金作为租金形式，当初集体资金紧缺，但有土地，就叫企业老板来投资，就和现在土地租赁一样。我们那时 5 年，5 年后归村里所有，以后要租就续租。我在那边租了 8 年，后来随着城镇发展，生产规模扩大，我搬迁了，在姜山茅山买了块土地，2007 年买的土地，2008 年搬过去，5 月 7 号开业。"

陆国康说："1987 年调到综合厂以后，我觉得不对，小孩也大了，就在综合厂主管了一家厂，是针织厂。这个厂里面有三个部门。后来到 1994 年就转制了。镇海有些老客户就跟我说：阿国厂长，你这样弄弄，一年赚个几万块还是有的。那我就自己定下来了，自己弄。办了宁波市鄞州康祥编织工艺厂，经营各类织带制造加工。小而精，蛮好的。第一年赚了 3.4 万，第二年赚了十几万。1995 年开始办厂，一直办到现在。办的是织带厂，给人家做毛毯、脚垫，厂比较小，就几个人做做，一个月做六七天、七八天工作。"

陆善祥说："在培罗成厂里，我名义上是副厂长，其实不是副厂长，主意没有的，拿工资的。跟厂长有点矛盾，我走出了，和忠法书记讲了，不要做了。那他说到翻砂厂去。翻砂厂要翻煤气灶具内零件要弄出来，动了很多脑筋。翻砂厂去了一年，这个东西一直模仿不出，师傅也请来了，就是模仿不出。我去了等于辅助，协助做出来这个产品，因我也没有技术。做不出，后来，翻砂厂关掉，我和泰浩两个人弄磷中机（金属元素）厂，成本很大，贷款什么的。后来东动脑筋西动脑筋，弄了三个月，做了一笔生意，亏本没有亏本，卖到上海，两个人工资总要付的，设备也在的。设备是普通设备，改改就可以了，再做的话，成本太高

陆善祥

了。那个时候包括存、进、出每项 20 万资金，总要 60 万流动资金。村里也没有钱，贷款也没有钱，60 万元哪里来啦，这个厂就关掉了。我到煤气灶厂跑供销。日用五金厂，那个时候是村办的，我就在那里推销煤气灶，跑舟山，弄了一年多一点。后来厂转给个人了，那我到下应去了。因为阿国（陆国康）当书记，他把我叫去了。下应老综合社也转为私营了，做了一年，厂卖掉了，阿国自己办厂。那一年我 49 岁，阿国把我叫来，两个人并厂。弄了一年，阿国说两个人并着不是道理，又分开了。他继续办厂，我自己也创办一个厂，我做了三年，投资投了很多。生产商标带，剖开来就好了。下应生意都要去兜，可以做的做。下应也没有全部做，华荣商标厂打不进，人家是大厂，我小厂弄弄。我头一年产值做 28 万，想想 28 万很多，实际才赚点吃饭钱。利润很低的，1.5% 利润。按道理说 1.5% 利润，28 万也有一点钱了，但这边付点，那边付点，税交完，什么费什么费拿出，每个月进货要愁钱了。出货很简单，进货要愁了，进货钱要汇出去。后来村里（陆）高成当书记了，他说你那么多社员闲着，用我个人的名义办纸盒厂。我住在学校旁边，那些房子借给我，算村里的，给培罗成加工，别的业务再拉点来。做包装箱，也做了两年。利润很低，就是安排安排劳力。穿标牌，我到华荣印刷厂弄点标牌来穿，将近 10 个职工，总要让他们赚钱，闲着怎么办啦。我到 59 岁倒闭了，办了 10 年，营业执照在的，只有 4 到 5 年，后来税交不出了，厂也不要做了。不是逃税，人家开了发票还有几块钱看到，发票到我这边转出去，再开发票出去，我还要亏本。国家增值税很麻烦，没有办法。逃税了，可以看到钱，不逃没有钱。这样几次弄过，人家到对方地

方去买了，我没有生意了。问我买，我发票不开，对方发票开来了，你钱给我，汇到那边去，我做过路人了，钱赚了一点，业务马上缩小了。"

陆祖光说："我是1962年出生在江六村，1969年读小学，地点位于现在祠堂旁边（江六小学），1975年在下应中学读初中。16岁（1978年）毕业回村，进村里五金厂，工资大概16—18元一个月。我年纪小，出道早，手艺也是好的。当时我的工分高，6分一天，18岁拿10级工分。这样大概做到80年代末。24岁当厂长，五金厂原来没名字，叫江六五金厂，后分开，一个太和五金厂，做煤气灶，我自己办厂，因为自己有技术，这时候大概是在27岁左右。当时企业打算承包给个人，其中牵扯到诸多利益纠葛，因此我退出了。大概1995、1996年，我妹夫也从压铸厂辞职出来，一起出资办压铸厂，叫鄞州下应继清压铸厂。刚开始我对五金熟，对压铸感兴趣。创业阶段很忙，很辛苦，炉子自己弄，铝什么材料都要抬，要放材料，每天早上五点起来生炉子，但厂规模也不是很大。后和妹夫分开，这大概是2009年的事。现在和舅舅儿子一起办厂，现在的鄞州甬珠机械附件厂，已经五年了，我自己弄压铸，企业由他具体负责经营。除了大事，我不怎么管他，以免产生矛盾。"

陆文光说："我土生土长，在江六读小学，下应中学毕业，恰巧大队分小队，我分到第3小队，陆宝华当书记，大人在乡镇企业上班，分到4亩多田，开始种田。20岁开始进厂，叫鄞县缝纫机零件厂。婚后花了2万元，从广州买来机器，开始办厂，叫宁波市美达商标织造有限公司，1995年左右，和服装配套，生产商标、辅料、吊牌。2010年又开了一爿厂，叫宁波市鄞州奔时服饰有限公司。2006年加入中国共产党，2008年村支部换届选举，当选村支委。村拆迁改造工作开始，我作为支委开始没参与拆迁工作。后书记提出方案，让支委下去包批拆迁工作。陆明福负责村拆迁工作后，我配合他工作，脱产负责。2014年拆迁工作基本完成，我自己也有企业，三年来全心全意为拆迁工作，损失也不小，我就写辞职报告，2014年12月，退出拆迁工作。改革开放分田到户后，我有个表娘舅，在水利处当处长，他说种田不好，一年到头没多少钱，让我去他们单位。我和那里的师傅相处挺好，去外面后，人的思想都起了很大变化。我家里大概有3万多元，我到广州买了印标，当时钱好赚，镇上商标厂蛮难办的，镇里弄不出，白天跑业务，晚上做工，后来花12万多元造了一幢厂房，1200平方，把厂搬到这里。我思想开放，不管别人怎么说，请了客和他们说好，我一心一意可以弄出来。陆高成当书记时，我和高成说想把企业搬到江六来，江六租房子，马桥头那里，300平方房子租给我，所以我和高成比较接近。当时一年30多万产值，后来翻翻，70万，140万，300万，到现在1000多万。人不经历挫折，不知道自己有多狠，觉得商标吊牌几分一个的东西，我能做出1000万的产值，确实不容易。现在生意稳定，业务也好。虽然钱难赚，但还是可以继续下去的，现厂址租在草庵，1000多平方，40多个人，不管大环境怎么样，都可以做下去。服装厂开办是偶然事件，5年前我办了这个企业。当时外贸在走下坡路，我朋友当时想办服装厂，没有业务，我和进出口公司关系比较熟，我就去打听咨询。50万件衬衫1年，我朋友不放心，想让我拼一点。我说我过多的精力没有，毕竟也要负责商标厂，你分给我多少。他说30万件，我说好，就这样投进去了。后来我想想不对，和进出口公司又说了，后来又拉来30万，共60万。我租了房子，买进设备，人员组织好，交给他。弄了3个月，发现不对，厂里进出他弄，财务我老婆弄的。他提出要监管财务，我觉得要失控，财务要管，我就退股，大家好聚好散，也不伤情感。他退股，我没让他亏，这是做人根本。后来我有钱，又收购回来，现在变成我70%，朋友30%。将近6年，马马虎虎能过去就好了，近千万一年产值，和别的小厂比比还行。主要做马甲、裤子，今年内销，开始做校服了。"

陆国良说："1983年我高中毕业，刚好当时的乡镇企业局举办一期机械设备制造专业的大专班，浙江广播电视大学脱产三年制。经培训考试后，我于1984年就读于该校。学杂费用都由所在乡镇解决，唯一条件是毕业后必须回当地乡镇企业参加工作。1987年7月毕业。当年10月被分配到鄞县缝纫机零件厂中的宁波自控设备厂，从事新产品开发工作。1989年3月，因工作需要从事财务工作直到现在。由于毕业后一直在乡镇企业工作，对村里的事情缺少关心，所以了解得比较少，只记得当时'双抢'既苦又累。早晨4点起床后就得去割稻，下午1、2点钟要去种田，有时到晚上7、8点钟才回家。后来分田到户了，各家都自己干自己的活。大约在2014年下半年，我受江六村村史编写组邀请，进入江六村村史编写组，负责村史编写执笔工作。说实在我业余时间很少，工作日要去企业上班，休息日还有多家兼职的企业账务需要处理，难以走访大量人员，本人又从未进行过类似创作。为此我先在网络上查找有关村史编写的结构和具体要求，并参考了其他村村史，先确定村史结构，编写好村史目录，再充实具体内容。经村史编写组成员半年多的共同努力，完成了江六村村史草稿。后来村委托宁波大学历史系钱教授编写村史，原来完成的村史草稿作参考资料。

其后我会同编写组其他成员，共同协助钱教授编写江六村村史。"

陆明福。张广云说："他们这代赶上'文化大革命'，书都没怎么读过。他也是农民出身，不安于现状，不想种田，开始养鸭子。鸭舍离我们承包田不远，有时候我们躲雨喝水，会去他那里。现在搞了建筑公司，变成承包商了，他的人脉慢慢多了。那些会动脑筋的人，政府也会多给你接触机会。我印象中他是个能人，他有能力、有魄力、有气场，这是与生俱来的。他年纪和我舅舅差不多，长我20年。村里一代代出来，10个人也就两个冒尖。他鸭舍被台风吹倒，挫折也很多，也不是一帆风顺的。后来盖房子，做工程队也是慢慢来的，需要资质的。他能做成那样，论年代排，他应该是冒尖的。他没有钱，没有拼爹，也是白手起家的，没有父辈打基础，完全靠自己。"

江六厂房

三、开店

1988年，陆惠元办炒货食品厂，经营各类炒货，1999年关闭。

1986年，陆明华办江六炒货食品加工厂。自述："我是在江六读到4年级，5年级6年级去下应读书了，1951年出生，十五六岁时刚好'文化大革命'。我小学毕业，13岁放牛去，放了两年，参加农业生产，在农村里做了6、7年。

后来 30 多岁做木匠了，随后去建筑队，这是 80 年代后接近 90 年代的事了。后来在建筑队弄了 3 年，上头把我派到下应三脚桥头那边去。后来北仑港火车通了，北仑港那边要改造，我们这帮人去修铁路桥等，像设计、画图纸、准备材料都干过。后来，还在下应桥头和北仑桥头做了一段时间木匠。后来形势变化，那时候可以自己干活

陆明华

了，1986 年，想离开建筑队，开始炒香瓜子。两个领导和我说：如果是做木匠，那还是在建筑队里待着比较好；如果自己开厂，那肯定是开厂好。于是我就自己开厂，开了江六炒货食品加工厂，开始炒香瓜子，后来炒花生，后来还有兰花豆、茴香豆等。我们加工好，给他们二号桥市场去批发，因为那边需求量比较大。后来两个朋友说了，觉得我做下去人要累的，身体要不好的，整天和灰打交道，容易得职业病。那些炒货全是我自己炒的，本来手工炒的，后来改为机器炒，机器也是自己发明的，期间还让别人加工过。我是第三年时候开始用机器。用机器炒，速度快多了，人比较轻松了，前面手工炒比较累，比较不方便。那时候很多都是个体户，家族里自产自销的，边进货、边炒货、边送货。香瓜子都是从新疆那边发过来的，然后我们去二号桥那边采购。有些自己运回来，有些让那边汽车运回来，然后在家自己加工。村里还有小店，我们也批发给他们。那时候农村里香瓜子销路还是很广的，吃的东西少，家家户户都要买的。后来小核桃来了，香瓜子、花生需求量就逐渐没了，生活要求变化了。那时候一天能卖出去多少？那还是要看行情的，有时多点，生产时候要有结余，防止天下雨。当时每天要生产的，如果遇到雨了，香瓜子要拿去晒场晒，我母亲在的时候会帮我们去晒场看着，晚上拿回仓库来。下半年节日多，我们以炒为主，因为过节了家家户户都有需求，平常炒花生啥的，都是给农忙时农民干活吃的，但这个有季节性的。后来听朋友劝说，来下应菜场这里开店了，店面叫江六炒

货店，专门卖炒货的，自己做的逐渐少了。后来办完执照叫下应市场粮油批发部，粮食也卖，油也卖，以前厂里开食堂，食堂要买菜要油，那时候生意还不错，我们在这里开了8年。后来随着新江厦这些商场建立，我们个体户销售额比较差了，加上年纪也大了，做到50岁就开始休息了，大约2000年。我们炒货弄了10年，1990年到2000年，在这里开店开了8年。刚开始在江六村里干，那时候炒货店有三间门面，后来搬到下应来，在这里开店开了8年。后来是卖瓜子了，做得比较少了，因为生意好了。刚开始利润不高，做品牌的，能销售出去就行，人家知道了，利润就高了。我注意行情，后来一看不行了，就不干了，来下应买房子来了。"

1997年，沙贤龙开店，经营啤酒等批发零售服务。

四、进企业工作

陆永年说："我1954年出生于江六村，8岁上学，读了4年左右的书，书费学费付好之后去放牛，后来1966年在村里看牛，当时工分低工资少，后来一直做到1982年分田到户为止。1982年到1992年自己种田，1996年3月开始进入个人开办的厂里，厂名叫康祥经编工艺厂（地址在村里），我负责全面管理，2015年5月底我才退休。"

张忠良说："1997年，我到下应镇土桥村护村队工作。1998年，我到向阳集团做保安。2007年，我回到江六村。2008年，成为全村改造、新村建设小组成员，一直做到现在为止，我现在仍在协助村里的拆迁工作。"

陆小平说："我于1958年1月20日出生在江六村，在江六村小学读书，在下应中学读初中。17岁（初中毕业之后）开始去务农，在村里面搞运输、开货车，1979年开始在江六村食品厂开货车。相对来说那时比较富裕，当时整个乡也就我们村有一辆货车。1982年我去乡政府给领导开车。1992年两个乡变成一个镇，潘火乡和下应乡变成下应镇政府，镇政府范围变大，我后来变成汽车队队长，一直开到2007年。2007年根据中央文件进行车改，由以前十多辆车变成两辆车。同年我被分配到鄞州区下应街道城管中队分队，曾经当过分队长，一直到现在。"

陆昌善说："1937年出生，小学五年级。我家里原来住在胜利村，后来1949年以后到江六村，祖籍是江六人，我的父母都是江六人。1949年之后，土地分了之后去干农活，当时十二三岁。我一开始在生产队里做计工员，当时生产队长也算当权派，开会的时候，是和生产队队长都坐在一起。后来我来村里做统计、助理会计等，后来在田地里打水，村里的米厂也去做过。1974年以后，我到乡办企业去工作。1977年，去乡办企业做助理会计。1993年辞职，我去宁波甬江装饰公司做了一年的会计。1994年，我又回家，去陆文光的宁波市美达商标印织有限公司做会计，一直工作到2015年1月24日，因年高退休。"

陆昌善

陆德良说："1981年，下应乡社办企业考试，我考进了，到社办企业综合社工作。当时人的思想观念都是这样的，跳出田头样样高，离开农民样样好。当时肯定进厂好，像那些社办企业招人，都要一定文化程度以上，招工都要考试的。大概做了两年，1982年左右，到水电安装队去，做了1年。综合社当普通职工，做五金，做车床，生活很平常。后来下应乡组织整个社办企业骨干，要文化程度高的人，由每个企业抽出这样一两个人，成立水电安装队，主要服务下应乡办公大楼，去3楼安装水电。水电安装队后来取消了，所有人员主要负责筹办自来水厂，第二年开始办起来了。以前农村没自来水，全是用水渠作为饮用水。从1983年开始，做大约了1到2年，当时很艰苦，开沟埋管，我自己当时都快吃不消，感觉和现在农民工一样。1993年，下应、潘火并拢，我去潘火。虽然是潘火自来水厂，但总的名字还是叫下应自来水厂，地方在潘火，此外下应还有一家自来水厂，但总厂在潘火。2013年，下应、潘火分开，按身份证，下应人去下应，潘火人回潘火。因为街道分开了，所以自来水厂也分开，我又回到下应自来水厂。8个月之后被宁波自来水总公司合并。现在除了邱隘和莫枝之外，其他姜山、云龙、横溪全是吃宁波自来水厂供应的水。当时去城市管理培训中心培训4天，参加培训的人员全部是鄞州分公司的人。我在自来水厂当了10多年安装工，1996年从事收费工作。现在在宁波自来水公司鄞州分公司下应营业处工作。"

五、种田兼副业

张忠良说："种了六亩多地，开始时粮谷有任务，后来限制放开了，我开始种西瓜、蔬菜。田里收入比较少，就到土桥村做保安。做了一年，我被调到向阳集团，负责安全生产。当时田还在种，利用业余时间种田。"

张广云说："我听说村里种植也挺厉害，西瓜、黑茄子，种的比较好。当时农民想促销，故意把我们村西瓜框放显眼的地方。那时西瓜比较优质。小时候也见证过，有这个印象，我们家前面那条河里，特别在夏天，西瓜船很多。一代代创业方式不一样。当初村里用拖拉机、机动船跑运输也是很早，拉砖拉沙都是这样的。我自己有些片段可能没经历过，但我们村一步步过来，说难听点，以前我们村石板路骑自行车都不行，只能走，也不宽，小时候台风天不敢去走的。"

1985 年，陆金康随父亲陆昌定一起养蜂。自述："1984、1985 年正值改革开放时代，乡政府鼓励农民大力发展畜牧业，当时鄞县成立了蜂业公司，刚刚初中毕业的我跟随父亲陆昌定一起养蜂，家里的承包田就全担在母亲和哥哥姐姐的肩上。那时外出养蜂须经鄞县蜂业公司批准并协调组织，打好介绍信，我们和附近几个村的养蜂专业户，再加上横溪的，还有布政的养蜂户等，一起包下了好几节火车的车皮，在宁波火车北站发车，前往全国各地赶花期放蜂。记得印象最深的一场是在吉林省安图县白河林业局光明林场，那是一个非常大的原始森林，高山峡谷一片全都是高大的椴树和榆树，大白天有黑瞎子（大黑熊）经常在我们的帐篷前出没，那年椴树流蜜的时候刚好迎来了大晴天，短短几天蜂蜜就像溪水一样流进了蜂业公司专用的大铁桶，蜂皇浆也大获丰收。这年应该算是父亲养蜂生涯中收入最高的一年，大概净收 1 万元左右，第二年就盖了两层楼房。在我的记忆中，我的父亲和母亲是江六村最勤劳的。母亲林惠定（1935—2013）出身林家，在困难时期生养了我们兄弟姐妹 6 人。我排行最小。即便在那个温饱都无法保证的岁月里，父亲和母亲咬紧牙关从没有间断供我们读书，6 只书包，非常不容易啊。而母亲从未上过学，但很聪慧，进农会扫盲班几天，能识字，且过目不忘，记忆力相当强。各种流派的越剧母亲听一遍就会随口唱来，惟妙惟肖，不仅运腔得体，吐字清晰，更是收放自如委婉动听，农闲或干家务时就喜欢吟上一段，唱得投入时声泪俱下。母亲是个要强的人，听父辈们说起，母亲年轻时个头不高，小巧玲珑，力气蛮大的，200多斤的牛粪能从草庵挑到外局，拔秧种田拖稻桶不输男劳力，性格开朗，为人随和，人缘好，曾在村办草包厂、劳保厂、食品厂、培罗成公司工作过。1992年父亲和母亲在村里开了一家小店，生意一直很好。现在生活好了，她的子女都成家立业，而我们的母亲却永远离开我们了。在我18岁那年，经培罗成厂长史利英介绍，拜师学做木匠，师承小木师傅冯海肆。此后，做小生意。20岁那年干起了养鸭专业户，当时和邱隘冷冻厂挂钩养北京填鸭，肉鸭出口新加坡的。刚开始时养1200只，多时达4000余只，期间也开过孵坊。1995年，28岁，随小姐夫杨建培到深圳打工3年，学做模具。1998年，回宁波。"

第三节　作为村办企业的培罗成

陆锋说："我现在的想法是：培罗成是成功了，要写出培罗成为什么能成功，这里面有很大的宗族因素在起作用。陆成法如果不是江六人，管你什么闲事？他不光传给你技术，把企业营销的门路也打开了。做工作服，工作服有很大的市场，他把你从这条路上引出去了，所以你才能成功。陆成法在上海是特级劳模啊，评上劳模说明是非常认真的人，技术过硬。我说培罗成集团的当家人要摆正位置，别老想我是能人，是我一手弄起来的，说难听点，没有陆成法，没有虹麓村的宗亲，你怎么发展得起来。所以要让他自己体会到我培罗成成功了，应该怎么回报村里，这回报村里不是拿点钱给村干部去吃喝玩乐，应该在村里再做点别的事情，比如把新村环境弄好，路修好，绿化搞好，像花园一样，让村里的孩子都能升学成材。培罗成一开始是由村办企业发起来的，村办企业是共有的，后来逐渐私有，也是正常的，因为参与管理的人说起来也是有投入的，这和现在利益集团不一样，国有企业低价收购不一样的。"

陆金良说："1984年开始的培罗成，史利英女士（1944—2017）开始办厂，培罗成从江六到1995年迁出，对江六村贡献很大，就业问题得到了很大解决。江六一开始都以陆姓为主，在厂里干活几百到几千一个月，该厂对村里老老少少就业贡献很大，培罗成对江六村的贡献是不能够否定的。不只是它给了村里多少钱，其实主要还是就业的问题，光就业就江六村人优先，我母亲以前去培罗成上班，还能钉纽扣啥的，更不用说年轻人了。所以到现在为止江六村群众是富的。"

一、史利英与培罗成

史利英

宁波培罗成集团有限公司，不但在宁波市是一家著名服装制造企业，在全国服装行业中也享有较高知名度。很难想象，宁波培罗成集团有限公司，从一家小小的村办企业，经几十年的艰苦创业，发展成现在大中型集团公司。梳理培罗成的成长历程，有几个节点值得注意：

一是 1984 年决定创办江六化纤劳保厂。80 年代初期，江六村企业办得欣欣向荣，这触动了妇女主任史利英的心，她也想学别人的样，赶一回时髦，办个厂弄弄。那个时候，刚好机绣花业务很少，将要关闭，职工面临失业。1984 年 2 月，她拿来了自己的 1000 元人民币存款，决定要为村里的姐妹们办一个厂，史利英时年已经 41 岁了。厂房是江六村机绣花厂原有的四间厂房，业务是宁波周围的几家单位给的纱手套和食堂饭单加工业务，设备就是员工自带的 19 台缝纫机。管理、会计、业务都归史利英负责。

二是与宁波双鼠西服厂建立业务联系。厂办起来后半年，史利英听说邱隘有一个村办厂宁波双鼠西服厂，因为生产能力不够，打算将一批业务外包。她就主动跑去拿这个每条裤子只能赚 7 毛钱的加工业务，这笔订单她没赚钱，因为员工们没做过服装业中比较难的西裤加工，结果没有合格，当时定下的 3 毛 5 分钱一条加工费，其实做了两遍。第一遍加工，基本都被退了回来。史利英为了上台阶，自己求人先学，然后再教员工。虽然没赚钱，但是这笔加工业务却让 19 个农村女真正学会了做西裤。以后，史利英不断地接各种各样的业务，企业也在不断地增大实力。到 1984 年底，因为众人的勤奋，小厂已经有了积累。当然，它还是一间很平常的小厂，只能做一些缝纫活儿，分配是按加工费计件结算。没有技术师傅，只能做一些加工活，难以成为服装厂。

三是陆成法等师傅的加盟。自开埠以来，上海一直是宁波人心目中的商业高地，尤其在服装业，更是领计划经济时代的潮流。80年代初，宁波人做服装生意，眼睛都瞄准上海市场。1985年，《宁波日报》报道了上海培罗蒙西服店的特级大师陆成法，帮助奉化江口成立罗蒙服装厂的消息。进一步打听发现，这个陆成法就是我们江六村人，其弟陆志法就在村里。史利英眼睛一亮，决意把这个服装技术大师请过来。她将此情况汇报了村里书记，得到了他们的认可。他们于是到上海去见陆成法师傅，不过，陆师傅一问厂里的实力，就婉言谢绝了。一而再，再而三，他们先后去请了三次，最终陆成法说，我这边还在上班，走不出去，但可以帮你们推荐两个水平差不多的同乡师傅，一是上海群联服装厂退休的陆宝荣，一是武汉服装厂退休的陆梅堂，他们都是江六村出去的服装师傅。于是，他们拿了陆成法的介绍信，经过一番努力，终于说服两位师傅，来江六村当服装技术师傅。1986年，又进一步动员陆成法成为企业的顾问，成立培罗成西服厂，提供男西装样板。"培罗"表示出自正宗的培罗蒙，"成"是纪念陆成法。这个名字，非常奇妙。退休后的陆成法，以正式身份进入培罗成西服厂。1988年，修建"成法路"，开始进行有规模的慈善事业。1989年，为表达红帮大师陆成法对江六村西服厂的贡献，捐资修建功德亭。培罗成借陆成法得以出名。

打开上海市场。有了陆成法这块牌子，就好寻找订单了。史利英每天都去上海长宁区劳动用品商店走走，去多了，这个宁波女子也引起了商店马姓经理的注意。经马经理的介绍，史利英开始接到了第一个大单，那就是为上海织布三厂职工做1300套西服。这是企业接到的第一个大单，也是第一次规模练兵。通过它，培罗成走向了正规服装企业之路。

走引资扩张之路。1987年，在陆成法的牵线下，与上海纺织美又新时装公司合办美又新时装公司鄞县西服厂。利用这笔资金，建起了新厂房。1989年，与上海国际购物中心合办宁波金利成西服厂，利用这笔资金，在马桥头增建厂房4幢，占地面积2500多平方米。1992年，与意大利金冠时装公司合资，这使企业进一步上了一个台阶。利用这笔资金，购了进口设备。甚至还会省钱，譬如与福利企业合作，少交一些税。

善用人才。1986年，史利英请来好姐妹孙金娣为业务副厂长。与史利英从小要好的孙金娣，此前为社办企业下应机电站出纳，初不肯来，后陆方成出面协调，用每月上交270元方式借调，来到村办厂里当副厂长。她做事比较认真、细心、应变能力强，人缘好，有一股很强的亲和力，联系业务，签合同，为企业的发展做出了很大的贡献。还培养了新的技术师傅胡美玲。1989 年，她又请来徐福珍当生产副厂长。徐老练稳当，富有生产管理经验。这样，史利英就有了左右两员大将，企业走上了顺利发展之路。史利英另一个举动是，培养儿子成才。此前，大儿子陆信国为商标厂开过货车，小儿子陆宏国当过木匠。1989 年，因上海纺织局陆明龙经理提供了一个去日本爱知大学留学的机会，她让陆宏国先去日本留学，半工半读。1990 年，又让陆信国也到日本留学。1992 年，两个儿子先后从日本留学归国，开始进入厂里工作。开始，陆信国想在别的企业寻求机会或者单干，并不屑接管培罗成的小摊子。但母亲意志坚决："创业难守业更难，有本事你就让培罗成做名牌，把牌子打向世界！"被激将的陆信国决定进入培罗成。1993 年陆信国只身赴培罗成的杭州分公司，在那个只有一张桌子一张床，堆满了西服的 8 平方米的小房子里，开始二次创业。为把产品推进百货商场，他天天泡在杭州的商场服装部，即使别人不理他，他也坐在一边看商场进货的定位、价格、质量等，然后把这些情况向总部汇报。甚至媳妇也从企业中寻找。技术总监胡美玲成为陆信国老婆，而财会李坚波成为陆宏国老婆。核心职工成为媳妇，加强了企业的内部凝聚力。这样的结构，也是少见的。

在企业领导力上，善于抓住别人的心。史利英既是一位会做事的人，更是一位会做人的人。她的名言是：员工有困难，正是企业做贡献的时候。办企业的人，要牢记是员工创造了这个企业。理解别人等于理解自己，善待别人等于善待自己，宽容别人等于宽容自己。她喜欢帮助别人，尤其喜欢当红娘，仅仅她做媒成功的婚姻，在培罗成里就有 38 对。这种点滴入微的做法，稳定了基干员工的队伍。在服装业高峰期里，她更是舍得投入，把赚来的钱变成了车间里的中央空调、变成员工幼儿园、变成员工食堂和外来工宿舍。为职工造了 100 多套住房。这种人性化的投入，极大地提高了企业的凝聚力。她以一个"情"字，把培罗成所有的员工，紧紧地勾连成了一体，将企业打造成一个小社会。

通过以上的努力，企业逐步成功。1989 年，注册"培罗成"商标。1990 年，培罗成西服荣获农业部优质产品，开始打响牌子。1991 年，宁波保税区培罗成实业有限公司成立。这年，培罗成进入鄞县骨干企业行列。1992 年，在行业内率先提出职业装概念，全面开发职业装。同年，培罗成商标首次被认定为浙江省著名商标。1993 年，宁波培罗成制衣公司成立。同年，培罗成服装被认定为浙江省消费者信得过产品。

企业转制，进入大发展时期。1994 年，开始流行转制。邱隘区委书记陆方成鼓励史利英将企业买下来。这样，企业从江六村搬到了下应交通方便的大道边。1995 年，宁波培罗成集团有限公司成立。

史利英（右）、陆信国（后）、陆宏国（左）

二、陆信国与培罗成

1995 年，长子陆信国担任公司集团副总经理，开始进入管理层。两个儿子进入公司以后，带来的最大变化是企业决定往职业装方向发展。90 年代初，当时国际上职业装产业刚走向成熟期，国内还没有起步，职业装这个产业在国内大有可为。两兄弟根据上海织布三厂的动向和日本服装企业的现状，建议其母亲以职业装作为自己企业发展的方向，"利用名牌培罗成西服效应发展职业服装"，力争开辟出一条与其他同行企业完全不同的发展之路。这一思路得到了史利英的认可与鼓励。

陆宏国说："培罗成做职业装，感觉进步非常快的一年是 1997 年。当年我们接到了一个最大的订单——中国远洋集团，它总共有 8 万多员工，全部都要做统一的职业装。当时中远招标，开始考察对象是不包括民营企业的，至少也需要是集体企业。记得当时中远到宁波来主要是考察另一家著名西服企业，当年这个企业在全国已经很有影响了，市场销售也很旺。中远集团派一个总务局长下来考察，结果他们只派了一个办公室主任来接待，给出的价格也相对较高。意外的是，为中远提供面料的企业推荐了培罗成，因此中远也顺程来培罗成看了看，结果培罗成也进入了最后招标名单。培罗成的价格比他们低，质量却非常好。最后的结果，在比较了价格质量和服务多方面的综合评分以后，培罗成中标了。这8万件服装，到今天看也是相当多的，而且现在培罗成还是中远定点生产制服的企业。1997年当年我们就为中远就做了3万套，两年时间做完8万套。要知道1996年我们的总产量也就十几万套呀。当时拿到中远的订单，还起到了很好的广告效应，很多大企业、大机关都对培罗成另眼相看。通过中远，交通部的其他单位比如海事局等也都开始在培罗成定制职业装了。"

2001年，陆信国接任总经理。2004年，他说，培罗成作为一家私人企业，首要关注的是如何控制风险，为此，在把产能严格控制在45万套的基础上，每年持续进行技术和设备的更新改造投入，以便在职业服装生产领域一直保持领先地位。

2009年，陆信国担任集团董事长，陆宏国为总经理。此时的培罗成已经是国内最大的职业装生产基地，是众多国家机构和企业集团的职业装定点生产单位。做好接班人，要有自己创新，要做就做创二代。要做一个立足于母亲建造的基础，却又不同于母亲的新时代的创业者。

2009年12月，培罗成集团与国外知名公司合资建设新项目，这意味着培罗成新的国际化企业策略和投资战略已经迈入世界大门。2010年5月，国家工商总局正式认定"培罗成"为"中国驰名商标"，这既是国家权威部门对培罗成的充分肯定，更是对团队做出努力的广泛认可。

在陆信国的带领下，培罗成集团在同行中率先通过ISO9001、ISO14001和OHSAS18001，荣获"中国优秀企业"、全国"诚信企业"示范单位等众多荣誉；"培罗成"产品先后荣获中国驰名商标、中国名牌、国家免检产品、

陆信国

中国消费者信得过产品等称号，培罗成集团更是进入中国民企 500 强的行列，其品牌以近 26 亿元的价值名列中国 500 个最具价值品牌之列。

第四节　21 世纪以来农业与工商业

一、种田兼副业

陆利丰说："我出生于 1953 年 12 月 28 日。读了 1 年半书，11 岁读书，12 岁后父亲去世了，开始务农，当时是放牛。种田一直种到现在，从生产队到分田承包，到现在种田，没有什么变化，现在还在种。自己没怎么吃苦，但在干活时富农老被看不起，要说你的，评级也慢，同样工作只有 1 级好加。边工作边哭，吃苦吃得很惨，从小苦到现在，自己打天下打到现在。现在好多了，分田到户，自己越弄越好，也肯下力气，也会做，地头也弄得很好，现在生活条件比以前好多了。做农民靠力气靠脑筋，根本靠老天爷，天气不好，种的东西要全军覆没的。农民东西没有保障的，一定有多少收入不确定的，天气不好，没有一定的，一样东西弄好弄坏，也没根脚的。总的说，现在比以前大队小队时生活条件好很多了。"

二、开厂

1978 年中国经济改革以来所取得的重大成就之一是乡村企业的飞速发展。它的发展对国民经济做出了重大贡献，成为吸纳农村剩余劳动力、增加地方政府财政收入以及提高农民收入的有效途径。然而，到了 90 年代中期，随着市场竞争加剧、政策支持力度的减弱以及地区间发展差距的扩大等因素，乡村企业的发展开始走下坡路。国家放开有关政策，鼓励发展个体私营经济，广大村民的思想也由"务农致富"向"经商致富"转变。一些个体的私营企业如雨后春笋，逐渐发展起来。江六村积极为个私企业做好服务工作，尽力提供生产经营场所。

2000 年，张琪办宁波市鄞州飞翼针织服饰有限公司，经营服装制造加工，2005 年外迁。

2000年，陆金康开办了明发线切割加工厂。

2004年，陆唯君办宁波市鄞州华夏工贸有限公司，经营塑料袋制造加工。2011年外迁。

2005年，陆金军办宁波市鄞州风云塑业有限公司，经营塑料制品的制造加工。2010年外迁。

2005年，张广云办宁波市鄞州下应弘博塑胶制品厂，经营塑胶带制造加工。2011年外迁。

2006年，陆贤益办宁波市鄞州下应贤宸服装辅料厂，经营服装辅料制造加工。2011年外迁。

2010年，陆国良办宁波市鄞州天乾包装箱厂，经营纸箱制造加工。2011年外迁。

2010年，陆海明办宁波市鄞州铭盈服装辅料厂，经营商标制造加工。

2010年，周忠伟办宁波甬盛塑料制品厂，经营塑料制品制造加工。

2011年，陆立泉办宁波市鄞州绿英力塑料五金厂，经营各类塑料制品的制造加工。至今。

2011年，陆文光办宁波市鄞州奔时服饰有限公司，经营各类服装的制造加工。

2015年，陆宏胜办宁波鄞州志静服装辅料厂，经营各类服装辅料加工。

此外，钱信华，在外面包山矿。

下列20家企业先后借江六工业区办厂，每年上交租金给村里。

1996年，忻应杰办宁波市鄞州秋之杰皮毛服饰有限公司，经营皮毛服饰的制造加工。2000年外迁。

1996年，洋国平办宁波市鄞州飞乐针织厂，经营服装的制造加工。2003年外迁。

1996年，应龙年办宁波市鄞州龙鹰针织厂，经营服装的制造加工。2006年外迁。

1999年，李仁华办宁波市鄞州下应继靖压铸件厂，经营铝压铸件加工。

1999年，谢正峰办宁波市鄞州意建电器有限公司，经营电器制造加工。2001年外迁。

1999年，周繁荣办宁波市鄞州利嘉机械电器元件厂，经营机械电器元件制造加工。2001年外迁。

1999年，顾志英办宁波市鄞州下应志鹰缝制设备配件厂，经营刀片制造加工。2008年外迁。

2000年，凌伟强办宁波市鄞州下应鑫雨五金厂，经营各类五金件制造加工。2008年外迁。

2001年，应国昌办宁波市鄞州下应创业缝纫机零件厂，经营缝纫机零件制造加工。2008年外迁。

2001年，施正才办宁波市鄞州政元缝制机械有限公司，经营缝纫机零件制造加工。2011年外迁。

2002年，朱建均办宁波市鄞州下应建兴工具厂，经营各类工具的制造加工。2004年外迁。

2003年，叶晓芬办宁波市鄞州兴丰针织制衣厂，经营服装制造加工。2008年外迁。

2004年，陈世安办宁波市鄞州下应华达模塑加工厂，经营模塑加工。2007年关闭。

2006年，朱国忠办宁波市鄞州创艺服饰有限公司。2007年关闭。

2006年，王有忠办宁波市鄞州蓝途五金工具制造有限公司，经营工具塑料模具制造加工。2011年外迁。

2009年，林明通办宁波市鄞州天渡塑料制品厂，经营各类塑料制品的制造加工。

2009年，史银龙办宁波市鄞州惠杰缝制配件厂，经营缝纫机零件制造加工。

2010年，杨岩松办宁波市鄞州猎人箱包有限公司，经营各类箱包的制造加工。

2010年，应国定办宁波市鄞州甬珠机械附件厂，经营缝纫机零件的制造加工。

2010年，周祥华办宁波市鄞州明基模具压铸有限公司，经营铝压铸制造加工。

张广云说："我于2005年开办宁波市鄞州下应弘博塑胶制品厂，厂房租在马桥头原培罗成西服厂那里，我在那里租了几年之后，厂房不够大，2010年5月拆迁搬出去了。说难听点，我是从村里生根发

张广云

芽的，先迁到横街，后搬到东吴，后来考虑到厂里发展，2013 年搬到北仑。印象中，村里办企业人挺多，有这个氛围，我毕业以后想自己闯一闯，当初村里比较支持，要办证明盖章很支持，不像其他地方，没有故意设门槛，包括租用场地，用电用水，配合得好，有这么好的氛围在，我干劲比较足。其实如果村里不拆的话，厂还能搞得更大，因为前面有很多榜样在，5 年、10 年之前，成功相对容易。1996—2000 这四年中，我前期冲着创业去，一开始没资本没积累，我打工打了一年，在轻纺城那儿，倒三班，每天来回，觉得打工不是我想要的。后来考驾照，自己跑运输，开货车开了两年，当中接触社会，形形色色的人都碰了过。一个偶然机会接触这一行，刚开始做亏了不少钱，因为经验不足。我们这代人赶上好机会，国家鼓励出口，出口对我们小企业来说就是机会，相对来说品质好服务好，人家就愿意和你合作。客户现在以出口为主，内销没再做，内销模式和出口还是有区别的。出口靠网络、展会，拉客户，一开始我们找代理公司代理，现在做大了直接和老外做生意，10 多年模式就是这样了。出口从 2003 年开始，前两年模式还没出来，产品基本上没换，一直做胶带，胶带品种很多。这几年关系网和设备都已经成型了，以前做的品种多，现在精简了一下，剩两三种，做自己有优势的。生意这东西也是慢慢累积的，后来有稳定客户圈，业务这块基本成型了。以前说实话开单、等单很累，现在不成问题，最难的时候过去了。创业那段时间最难熬。一没资金没渠道，二我自己好琢磨，硬是琢磨出来了，我没呆过大工厂，没一定基础，我完完全全靠自己干，白手起家，主要靠家里人支持，农村人几乎没积蓄，我亲戚什么都问了，这是第一步。另外自己想干这事，自己坚持下来了，说实话，那时没工人没业务，白天跑业务，订单拿下来了，第二天做完还要跑去送货。你失败过有人会抱有怀疑态度，就那时候很困难，后来支持人越来越多了，多少见到苗头了。以前说实话最开始货往哪里销售都不知道，经过 2000、2001 年几次失败，苗头有了，就过来了。村里氛围还可以，企业没有被设过人为难题，村里环境很好。后来有见效后不一样了。后因生产发展，原厂房不够大，村里马上租给了我，因为村里优先考虑本村人，这样我租到了厂房。企业人不多，现在职工有 50 个左右，我一步步发展过来，根据活多少叫几个人，毕竟个人企业，不养闲人。做自己分内之事，现在年出口额 3000—4000 万，但形势好，产品属于易耗品，毕竟一次性消耗，需求量大。现在希望一家人开开心心在一起，生活工作不要分开，礼拜天稍微空点，一家人在一起，照顾爸妈，生活改善就好。我从开厂办到现在，一直跟着我的工人还有两个，也习惯了，年纪比我长几岁，跟我自己家人差不多了，做久了有时心知肚明了，他们把厂里当自己的家。因为我们这工厂也是一点点大起来的，我也打过工，能理解他们的想法，出来打工，钱是一方面，每天受气也不好，大家平等就好。我跟他们说我出工资是享受你们服务，我们平等，你们把分内事做好，懂的技能越多我给你们也越多，这也是我们个人企业决定的，我们把劳力最大化利用起来。我说实话自己办企业后，很少留意别人了，一开始几年，我自己也是磕磕绊绊过来的，亏掉赔掉很多，我心态调整找原因，学费交了好多了。说实话我就是想干，钱开头亏进好多，一直有理念支撑着我，让我坚持下去，他们说我很辛苦，又要接单又要生产又要采货又要发货，其实我觉得还好，因为我自己想做这些事情。"

2000 年，从深圳回乡的陆金康，开办了明发线切割加工厂。2009 年以后，具体业务由徒弟来管理。后来，又分成金尖机械厂、银尖机械厂两家厂。

三、办公司

近十年，陆明福与各种建筑公司合作，接下了一个个房产建筑项目，成为村中最大的建筑承包商。张广云说："后来盖房子，工程队也是慢慢来的，需要资质的，他能做成那样，论年代排他应该是 50 年代冒尖的。他没有钱没有拼爹，也是白手起家的，没有父辈打基础，他老爸和我外婆一个生产队的，完全靠自己。现在领头进行农村改造，这工程也是很难的，我觉得小家要考虑，大家也要考虑，掌握平衡就好，但总归有人要办这个事情，愿意做这事要有心，纯粹靠利益不行，有些也不是塞钱就行的。每个人经历不同，横向比较纵向比较，一千多人一千条心，农民比较注重眼前利益。我们村这十年一直围绕着旧房改造这大事情在弄，通过几年努力马上可以看到结果了。前期工作最难，现在分好就行了，我觉得这么多人，要方方面面管到很难，关键要有说服力，能镇得住村民，需要有个人来办，如果村里没他，能选的人也不多了。做这事需要精力、财力、魄力、热心肠，好几个因素决定，做事不能缩手缩脚的。一个人如果墨守成规的话，最多最多稳于现状，为村民闯一下，最后结果就可能不一样，最后你这人是好是坏，还是用结果来衡量的。路只要正确就能到，路多远都不要怕。"

四、开店

陆金福说："我 1964 年生于江六村，在江六村五七学校读书，初中毕业。毕业之后务农，务农主要是养鸭和养鸡，一直养到 30 岁。36 岁左右，在村里开杂货店。39 岁，开始开快餐店。我的杂货店规模比较小，样品比较齐全，柴米油盐酱醋茶等日用品都有，主要还是混日子过的，村里的需求还好，当时很知足。自从快餐店开起来以后，才一点一点做大的，资本才慢慢积累的。饭店的地址换了三处，一开始是工业区老房子（江六食品厂），后来换到江明小学，后来换到江六工业区。开始我们的快餐店规模很小，只是为了谋生，一日只有 100—300 元营业额，后来才逐渐做大的。44 岁开线切割厂，2013 年房子拆掉之后，厂也卖掉。厂的租金只有 500 块钱，租用的是村里的厂房，地址沿着马路，厂房在马桥头比较热闹的地方。快餐店一开始是自己做的，是我老婆在烧，自己进货，自己做菜，也是混日子。后来买了部面包车，帮别人开夜车，人家有事需要我，我帮别人开车。后来开了家线切割厂就不开车了。买了 10 台线切割机床，每台 1.5 万元左右，钱是问别人借来的，总投资不超过 30 万，后来因为村厂房拆迁，只能把机床当烂铁卖掉。"

2010 年，陆金康办伶意婚纱摄影公司。自言：爱好拍录像，购了一台 DV 机。2009 年时，流行广场舞，江六村大妈大姐们开始跳广场舞，姐陆珍飞是领舞人。那样，我就替他们拍跳舞。从中获得灵感，开办了这家伶意婚纱摄影店。2010 年，购了专业的摄像机。一边拍婚纱照，一边替人拍结婚录像，也经营婚庆产品。目前有四五个人，请了专门的摄影师、化妆师。近几年，也为几个古村拍了纪录片，2013 年为邻村留存古村落录了像，2015 年为横溪镇的梅溪村制作了宣传纪录片。2016 年，又为江六村制作宣传纪录片。

陆金康

第五章　江六村民生嬗变

村民群体生活是由无数个体村民的生活汇合而成的，群体生活面貌是通过个体感受来反映的。历史是人的历史，村民生活史也是村人的生活史，而不是简单的风俗介绍。[①]

第一节　生活方式

江六村宗祠门联上写着"派自山阴别，地因虹麓灵"，村子以祠堂为中心，分为外局、中局、里局。说是耕读传家，真读书的人不多，头脑稍为活络一点的都往城里跑，这是陆锋的记忆。而陆友全的观察，江六是以忠孝节义传家的。这是两种不同的观察角度，前者是农耕社会村人活动的基本方式，后者则是村人意识形态的主流思想，这也是宋元明清以后主流的国家意识形态思想。

---

① 这一章的主旨是从群体的角度反映村民的物质与精神生活方式及习俗的变化过程。将生活世界的面貌写出来，通过纵横不同体例的设计，尽量将之如实写出来。生活是村民的基本方式，生活可分物质生活与精神生活两大领域。新中国成立以来，村民的生活方式是如何嬗变的，生活水平是如何一步步提升的，这是值得打捞的群体记忆。但是，如何写群体的生活及其习俗的变化，却是一个远没有解决的课题。在现有的村志中，虽然也有衣食住行、文教卫活动人、民风民俗的章节，但想象方式往往是成问题的，常常是简单的衣食住行、文教卫活动人、民风民俗介绍。如果是那样，全国的村志村史都可互相抄一下，不用另外编写了。我们的理解，它是人类应用、体验风俗的故事。但限于采访的数量，又不可能采集到全体村民的感受。其结果只能通过部分人的讲述来反映群体生活及习俗。某些村民会说，为什么写上某人而没有写上其他人。那是采访不及的结果，不是人为的安排。

一、江南水乡

三维图中的江六村

村南有条大字江,自南向北流向的河流,贯串整个村庄。以前该河是一个漕嘴(俗称江六漕),漕嘴内还有三个小漕嘴(后来两个被填),河水只是涨落,很少流动,河水常年呈棕红色,几百年来它一直是村民赖以生存的水源。

大字江边的江六村

20世纪80年代初因农业生产等需要,在里局店桥南30米开挖了一条新河,将漕嘴与金崇庙江相接,因此变成了活水。以前河两旁种植了地头树,树枝都向河中心倾斜，繁茂的枝叶能遮住河流。这些地头树树龄估计有三百余年，不过拆迁前这些百年老树也没剩几棵了。1991年村前道路进行改造，河旁重新种植了樟树，拆迁前这些樟树粗的树围已达50厘米，都已成材，现都迁植他处。

大字江边百年老树

村里历史遗留下来的房屋，大都沿河朝东南方向修建，面向太白山麓。80年代河对面沿河也建造了一排住宅房，也朝东南方向建造。由于村里住宅大都修建在依河的窄长地带上，村民为了能较好地表达所居住的位置，人为地将宅第分为三局。以村落中心的祠堂居中，祠堂中心附近至竺家漕为中局，祠堂中心靠西南边的为外局，靠竺家漕东北边的为里局。所以人们常常用住在外局、里局、中局等来表达居住的大体位置。

村河边大树

江边村貌

　　由于江六村村落居住地集中，面积较大，人口众多，在整个下应街道中知名度很高。历史上有"江六——下应——史家码"之称。将江六放在第一位，由此可见江六村在下应街道中的地位。

马桥头边的村落

江六漕边村貌

　　江六村的主河流是一条由大字江流入村前的"江六漕"，全长九百多米，以前江六漕内还有三个小的分漕嘴，分别叫竺家漕、张龙漕，另外还有一个靠祠堂旁边的无名漕。因种种原因，祠堂旁边的那个分漕嘴及张龙漕被填平，后用于建造民宅，拆迁时仅存一个竺家漕。江六漕是江六村民赖以生存的母亲河，人们日常生活的洗涮、饮食用水以及农田灌溉、交通运输都依靠该河流。

马桥头

　　人们还在河边修造了许多埠头，既方便村民日常洗衣、洗菜等生活用水，又便于水路运输货物时上岸下船。埠头一般都用大石条砌成，大的石条长达二米多，宽近半米，厚二三十厘米，一条大石块有好几吨重。河旁用较小石块砌成河岸，上面铺有石板，有的石板上还凿有拳头大的圆通孔，用作固定各类船只的缆绳，大多数是马鞍埠头。

　　1984年，因农田灌溉需要，江六村在里局店桥向南30米处又开凿了一条新河，河长300余米，宽12米左右，与金崇庙江相接，使原江六漕的死水变成了活水。1991年，在改造村前大路时，将河西边的河岸全部重新修葺，并对河底进行了一次彻底洗淤，在新修葺的河岸上种上了香樟树。

由马桥头看南边

　　这条河成为江六老人的历史记忆所在。如今，却在旧村改造过程中被填掉了，几百年的人文景观记忆没有了，这成为很多有识村民的最大遗憾。

江六漕边的大树

江六漕另外一个功能是养鱼。以前在马桥头进入江六漕入口处，有一道竹鱼坝，用毛竹条编织而成，两旁固定并较高，中间刚出水面，能随着河水的涨落上下浮动，便于船只进出。这样既不影响水上交通，又能防止鱼苗外逃。每逢过年过节，村里组织捕鱼，平价销售给社员，所养鱼类以塘鱼为主。为使河边未砌石岸部分不至于倒塌，河沿都种上树木，新中国成立前树种以地头树为多，后改为樟树。

江六漕边洗衣人

既然养鱼，捕鱼也是一种行业。鄞东农民用网来捕各种鱼类。它们有小扳罾、大扳罾、忽忽网、趟网、兜网、丝网。

扳罾是将两根竹竿根部绑在一起，再用另一根竹竿与之交叉，成为十字架，绑在一起，成为弓形的四角，把一张网撑开。不用时可合起来，使用时在十字交叉处绑一根粗的长竹竿。

在往昔河网纵横的宁波乡间，不少人会乘农闲时节，或是在夏收夏种大忙以外的早晚时段，带上渔具去河里捕捉野生河虾，或用来改善伙食，得以"下河一餐鲜"，或拿到市场上出卖，以补贴家庭生活开支。当年捕河虾的渔具主要有两种，一是在有河草的河滩浅水间使用的"扳罾"。这是一种孔眼细密的绳网，系结在两根作骨架的交叉弯弓的拇指粗竹竿上。网口沿长 1.2 米以上，宽约 0.5米、高约 0.6 米，颇似家庭扫地盛垃圾的畚斗，只是网两侧及后壁所封闭的边比畚斗高得多，另外，畚斗的把杆在斗背，而网的把杆——乒乓球般粗的长竹竿则是绑扎在网顶的弓背处。操作者手握赶罾的把杆，网口朝向自己，将赶罾轻轻按入水，抵达滩底后一只手把定，另一只手操持差不多长短粗细的赶棒，在河岸与网口沿间点戳、捣拨，驱赶躲在河滩、草根间的河虾进罾。

忽忽网是长约 3.5 米、宽约 2 米的一张网，它的四个角分别用绳子固定在两根长 3 米左右的竿子上，两根竹竿分开时，底部形成一个兜兜。它主要用在平直的河或埠头河岸处。

兜网是撑着小船使用的捕捞网具。它常架在船头的前面或手握。此网是由两根竹竿张着的三角形的网。兜网也可以做得稍小一些，用它在河边的水草地方来捕小鱼与小虾。

丝网长度较长，一般有十多米，宽约一米五左右。网丝都由蚕丝编成，网的上面绑着用木头做成锥形的浮子，网的下面用锡做成重碰。使用时用船把它放到河滨里。它半沉半浮在河的中上层水里，当鱼儿撞到游丝网时，它的头部会撞到网眼里，它的腮被卡住，就逃不走了。

趟网是用竹条围成一个直径为 1.0—1.2 米的半圆，形成一张网兜。使用时，从岸边向中间河底推动，河底有河草，鱼儿与虾儿都会在那里休息，退网时网里的水草与鱼儿、螺蛳、鱼儿就挟在网里。①

扽（音"顿"）虾篓。一种捕河虾的渔具，是用来在砌筑了垒石的河塘和堤岸边使用的。这是件毛竹制品，竹编的篓斗形体，有点像脱排油烟机的抽吸油烟斗。篓斗两侧边承接了一根横担轴，使斗能绕轴自动翻转；在横担轴中间装

---

① 邵启龙：《介绍过去几种鄞县一般捕捞鱼虾》，汲绋轩的博客 2014 年 9 月 25 日（http：//blog.sina.com.cn/s/blog_5d2053180102v0ys.html）。

有一根手臂粗的长竹竿（有 3 米多长），杆顶端系了一根细密的长棕绳，绳的另一端拴在篓斗背沿。收紧松垂的长绳，虾篓敞口面就会竖立起来贴紧把杆。操作者握持把杆与收紧的长绳，将虾篓敞口面向垒石堤岸压推入水，在入水的篓斗周围出现凹坑时，马上松开手中捏持的长绳，巨大的水压差迅即使篓斗相对的河堤垒石缝中的水涌进敞口的漏斗内。"扽"是用力下插之意。在压力差消失、篓斗周围水面恢复平静时，就需用力拉篓斗，直至篓斗竖起贴紧把杆，倒进斗内，水随之自动漏掉。将篓斗提拉至岸上后，就会发现被"扽"进里面的虾、小鱼、蛳螺，运气好时，还能见到河鳗。使用扽虾篓比使用赶罾的效益好，然而比使用赶罾更耗费体力，而且置备时更耗费精力和财力。赶罾除了花少量钱采购绳网及竹竿之外，其余均可自制；而打造扽虾篓，除了碗口粗的一株几年生的毛竹费用，还须请篾匠（编制竹篾品的老匠人）师傅来上门，用整整一天的时间制作，需付比短工多三倍的师傅工钿，还须另给师傅一包好烟、招待两顿正餐和两次点心。[①]

鱼钩。在鄞东一带的河塘里生长着许多鱼，有草鱼、青鱼、鲤鱼、乌鱼、鲫鱼、土鲋鱼、鲶鱼、差鲌鱼、黄刺鱼、鳜鱼等。农村里常用鱼钩去捕鱼、钓鱼。

鱼叉。鱼叉捕鱼在鄞县有两种，一种是扁形的鱼叉，另一种是圆形鱼叉，它们大的有七齿，也有五齿，齿端有很锋利的倒钩。它们长约 25 厘米。后部装有一根长两米左右的竹竿。竹竿后部还有一根绳子拖着，以便可以套在手腕上。夏天或其他季节，发现有鲤鱼、青鱼、草鱼，或乌鱼领子，投鱼叉的人瞄准鱼身，把鱼叉投将过去。

农田中也可捕鲫鱼。南方天气转暖较早，惊蛰后常有阵雨或大雨，一天下来，稻田里就积满了水，这些稻田里的水就得排泄到河滨里，是时正是鲫鱼打子的时间，所以往往当稻田里放水到河滨里时，它们会逆水而上到达稻田里。有时稻田里有稻苗，也有的稻田里没有稻苗。根据鲫鱼逆水而上的特点，人们往往第二天早晨就到有缺口流水的稻田里去抓鲫鱼。先看稻田里的水花，看它们是否在游动，鱼游动时有一条痕条，个儿大的鱼还会把它的背鳍露在水面之上。人下田，停止游动时就用双手按下去。如按住了田鱼，另一只手把鱼的腮帮处卡紧。也可以用类似于鸡罩一样的鱼罩，见到鱼在游动时就可以把它罩住，接着从上面的大洞处伸手把鱼抓到。既然鲫鱼有逆水而上的特点，人们就采用

---

① 吉成:《赶罾和扽虾笼带上渔具去河里捕捉野生河虾》,《宁波晚报》2014 年 9 月 14 日。

如下一些抓鱼的渔具：鱼簖，用竹条和绳子编起来的竹帘子，每条竹条之间有一定距离。稻田里的水流下去形成地沟，把它的底部插入到地沟里，两边用泥土塞紧，上面斜向稻田的流水，使鱼簖的下面有一个空。如果稻田里没有鱼，可以在稻田的缺口处垂直插入泥底下，两边堵好。当不再抓鱼时，把稻田排水的缺头一堵，就可以把鱼簖底下的鱼收起来了。筌篓，把它放在水量较大的地沟里，左右与上面都得压住。筌篓的洞较大，倒刺也长，鱼进入方便，但是出来就不容易了。①

江六漕边

二、衣食住行

1. 穿戴与美容

清代官员穿马蹄袖官服。男性商人、知识分子穿长衫马褂，俗称"长衫先生"。咸货行、蔬菜行的商人喜穿靛青色龙裤，裤腿短而肥大，套在裤外，以便作业。冬天穿质地甚厚的百褶围裙。手艺人及农民以穿直襟胡桃纽短衫居多，

---

① 邵启龙：《介绍过去几种鄞县一般捕捞鱼虾》，汲纫轩的博客 2014 年 9 月 25 日（http : // blog.sina.com.cn/s/blog_5d2053180102v0ys.html）。

也穿斜大襟短褐、短衫、短袄。下穿中式白腰头叠拢裤。逢喜庆过节日，普通男子也穿长衫马褂，脚穿自制的布底鞋或蒲鞋。女子穿旗袍、大袄、长裙，脚穿自制圆口布底鞋。

妇女平时有一种围身布襕。它是围襟的一种，长三尺，宽二尺，黑色棉布面料，青色腰折，青白相间腰带，腰折两头各镶一块四方白底绣花边饰。这是"浙东女子尽封王"掌故中，小康王与晒谷娘子的定情之物，是女子一生的荣耀，也是女子洁身自好的标志，平时烧饭干活、节庆进祠堂拜祖宗、念经诵佛，都要系着这条布襕。平时则穿粗布带着补丁的衣裤。俗话讲："新三年，旧三年，缝缝补补又三年。"

过去在穿着上孩子们更是不讲究，老大穿后老二穿，有"新阿大，旧阿二，破阿三"之说，做一件新衣裳，那是非常不容易的。

平湖非遗围身布襕图

新中国成立后开始流行列宁装，后改穿中山装。"文革"期间，又流行起穿军装。当时，购布需要布票（最多时每人每年6公尺，最少时一人仅1尺8寸），所以，村民的穿着除了款式变化外，平时仍穿着补丁摞补丁的衣服。西装、旗袍、裙子，在农村根本看不到。改革开放后，随着村民收入的增加和观念的转变，衣着发生了显著的变化。西装革履、茄克风衣、连衫衣裙、牛仔裤、喇叭裤都流行起来。乡下大阿嫂红裙绿夹袄，面料质地讲究，颜色光彩鲜艳，款式新颖，村民的穿着已融入城市潮流之中。到商场去购买时尚新衣已成为常事，请裁缝师傅到家做衣则成为历史，穿不暖的问题已彻底解决。

布底鞋是当时村民普遍的穿着，男男女女，老老少少，均穿自制的布鞋。但以鞋面料的好坏、品质、是否绣花分高下。

蒲鞋，是江南特有的一种用蒲草编织的鞋子，属于特种草鞋。前鞋很浅，钩伸一下，脚趾就可穿脱，颇为方便。它有冬季蒲鞋和夏季蒲鞋两种。在炎热夏天穿蒲鞋，有清凉、爽快的感觉。冬季专用的蒲鞋，是芦花晒干后搓成花绳，嵌于鞋底，外加船形鞋帮，厚实大方，防寒保暖，尤为舒服。特别是在雪地里行走，穿蒲鞋最为适宜。这种鞋，有的地方又称芦花靴、芦花鞋。蒲鞋也有用

布底鞋

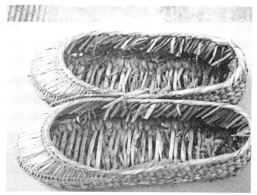
蒲　鞋

稻草和茅草制成的。制作时，先在鞋底周围通过拧插，拉出细股茅草绳，再将茅草紧挨着拉出的细股茅草绳交叉编上推紧，确定鞋帮深浅后，再间隔拼股拉出茅草绳用来完口。编制蒲鞋要比推制草鞋费料费时。20世纪60年代中期，一双草鞋卖七八分或角把钱，而蒲鞋要卖2角钱左右一双。农民下田时以穿草鞋为主，不会轻易将几角钱一双的蒲鞋穿到田地去。蒲鞋有鞋帮，鞋底又比草鞋稍为厚实细腻，宜于夏天赤脚穿。春秋再穿双布袜子或旧的纱袜子，上集镇、走亲访友，要比穿草鞋显得大方、体面又阔气。

木屐，是最为普遍的木头拖鞋。屐，大多是一种两齿木底鞋，走起来路来咯咯作响，适合在南方雨天、泥上行走。

绞面：一种古老的妇女美容项目。当"美容"这个词还没在生活中诞生与蔓延的时候，就有了"绞面"，绞面又称绞脸或开面。先前女子出嫁之时，会邀请"绞面师"来为新娘绞面，把新娘额前、鬓角的汗毛拔掉，目的在于去除脸上的汗毛，使皮肤焕发光彩，以达到美容的效果。在没有现代美容技术的时候，这项手艺几乎遍布全国。其行头其实很简单，只需要两把线、一盒粉、一支眉钳、两张凳子供摊主与顾客对坐即可。

绞　面

绞面过程是绞面师首先在顾客脸上涂上粉，接着拿出一条麻线，挽成8字形的活套，右手拇指和食指撑着8字一端，左手扯着线的一头，口中咬着线的另一端，右手拇指一开一合，咬着线的口和左手配合右手，8字形套在脸上拉来拉去，直到汗毛被拔光，人的面部变得光洁而富有弹性。绞面师再把顾客的眉毛修成月牙眉或妃子眉等形状。绞净面毛可令颜面光洁，之后重生的汗毛会较细，久而久之，毛囊收缩，能收到长久美容之功效。目前，拥有这项技艺的艺人渐渐少去，恐怕几十年后再无技艺传承人。当时江六村附近的金崇庙中，住着一些堕民，人称"庙堂人"，男的学吹打，女的做送娘子（喜娘）或绞面师。

2. 食

旧时农民种植水稻，稻米是主食。但稻米产量低，一年的口粮接不到明年早谷，于是农民自己种上一些番薯、芋艿、马铃薯，以补充主粮之不足。在收番薯的季节里，村民早晨吃番薯加点米的番薯泡饭，也有不加米的番薯汤来代替早饭，到现在已成为习惯。

据陆友全的说法，1958年之前，村民三餐吃干饭，农忙插秧割稻时，外加上午与下午两餐点心。因为要下地干活，必须吃饱才有力气，所以村民连早饭也吃干饭。当时说法，男吃农忙，女吃做生。点心品种较多，多为米制品，如年糕、汤头、食荚（类似于凉粉、凉皮）、旋镬面（类似于面疙瘩）、青团、炒磨粉等。1958年以后生活困难，很多人家的早餐不再吃干饭，只吃稀饭和流食。点心，有时也变成家中剩余的冷饭。

做年糕。每年冬至一过，村里家家户户便开始筹备做年糕。米是当年的新米，掺一定比例的糯米，呈玉白色，做出来的年糕就是自然色，一点没有添加剂。水则是未受任何污染的河水，清澈香甜。最值得称道的还是工艺。做年糕共有9道工序：浸米、磨粉、压干、粉碎、上蒸、捣臼揉、手做成条、板压成形、晾干，其中最关键的就是浸米、水磨和捣臼揉。冬天浸米要浸足10个小时。随后，磨成了浆的米浆会被装在大米袋中，米袋上还会压着几块大石头，让其挤干水分，自然压干。结成了块状的米块再历经粉碎、蒸熟，成了热米团。之后，就是捣年糕了。捣年糕必须有两个人，一人捣，一人手浸冷水，快速地翻炒热米团。也可加工成年糕团即糯米块，吃前蒸一蒸，想吃甜的就放点黑洋酥，想吃咸的就裹点咸菜，也可以裹根油条。

炒磨粉是用炒米磨的粉，一般都会和芝麻一起磨，然后加点白糖，吃法很简单，就是拿个调羹，舀一勺往嘴里送。也可用开水冲调成糊状食用，咸的吃法也有。

下饭的菜肴大多是用自家园地里种植的蔬菜、瓜果加工腌制成咸菜、冬瓜腐、苋菜管。海产类有海蜇头、龙烤干，是当时家中常备的下饭菜。过年过节再杀猪、羊、鸡、鹅等家禽，并腌制成咸肉，以便于长期储藏。"咸肉炖蛋，菜干烤肉"是村民的特色菜肴。客人来时，增加的大菜，也无非是"烧煎黄鱼两头甩，鹅志韭菜摊鸭蛋"。"菜抵三分粮，咸齑当长菜""三日勿吃咸齑汤，两只脚骨酸汪汪"，咸菜汤则是餐桌上的常用菜。当时的村民都是埋头搞生产，只求肚子吃饱饭，根本没有什么营养搭配观念。

现在，随着收入的大大提高，村民的生活基本和城市居民接轨，大米成为主要食物。有些村民讲究营养，特地购入部分粗粮加以搭配，以补充人体的营养需求。菜肴升级，海鲜肉类等已成为村民的家常菜，逢喜庆宴客，鸡、鸭、鱼、蟹、虾等高档佳肴和名酒饮料已不稀罕。现在人们考虑的不是吃饱的问题，而是如何吃得营养全面，对身体健康有益，又不会使人发胖。陆素莉说："以前做在做，钱很少，现在吃劳保了，自己补缴点，国家好，每个月到时间可以拿，2000多一月，以前一天在食品厂里6角5分，生活很艰难啊。现在年纪大了可以享福了，算蛮好了，满足了，饭吃好可以去跳广场舞。早上6点起来，打打羽毛球啥的，很热闹。现在租房子租在东兴社区，现在村里也好多了。人心不能太贪。"

村人十分节约，譬如陆世昌，家中有钱，但不准浪费。饭可以吃，但不能浪费。如果浪费，他是要训斥的。这就是优秀村民的勤劳节约好习惯。

马桥头边的村民房

生活用品

农耕时代，有特有的一些生活用品与用具。这是选自史家码村文化礼堂的部分生活用品图片。

3. 居住

村落是由村屋与道路组成的，内容在变，外貌也在变。

所建住房都是木结构楼屋和部分平屋。一间楼屋，建筑面积一般为40平方左右，古楼屋以立房而建，先建堂檐，有的还有前后穿堂，再前后明堂；随后在堂檐两边再建造两排面朝堂檐的楼房，高度不能超过堂檐，每排楼屋少则三四间，多的有十多间。陆姓共有五房，即仁房、义房、礼房、智房、信房。以后在五房基础上又分成好多房，如六一房、廿二房、十房、亥房等等。

宽檐唇，是南方平房的特色。所谓宽檐唇，就是屋檐前伸一米多，是屋内以外部分，可以避太阳、风雨，这里可晾衣、乘凉。下图是移居耕泽石刻博物馆的忻江明故居后宽檐唇，略可见当时江六村的宽檐唇面貌。

忻江明故居的宽檐唇

　　20 世纪 80 年代中后期，随着收入的增加，想改善住房条件的村民，逐步建造钢筋混凝土楼房，有建二、三层高的住房，也有购置别墅的。房屋内的装修更是干净、实用又豪华，农村已向小康水平发展。

里局太茂弄堂

外局水沟弄 石　门

80年代末90年代初，村里流行拆掉旧房子，盖新楼房。当时连水泥沙都买不到，都是要凭票的，好多人一次砖买不齐，也买不到，买不齐就先买点堆着，砖有时候都长青苔了。

张广云说："现在很多房子都出租了，外地人多，像我舅舅有老房子，村里还有自建房，那么老房子还有仓库整理一下就可以出租了。我的仓库拿来当车间了，没机会出租了，全村几乎家家户户都会有空闲的房子，所以拆之前都用来出租。"

陆素莉说："以前，电灯也没，只有煤油灯，帐子吊吊。现在新房子有电灯、有空调，冰箱、洗衣机、电视机都有了。"

村河边的洗衣人

4. 市场与商店

市场与商店，这是维系常态生活的必要保障。

陆荣庆（1892—1971）与升大。陆荣庆，人称"小辫子公公"。懂英文，能替人写书信给美国。陆金良说："老丈人父亲也是上海进进出出的，他家在当时江六村里威望颇高。因为他辈分小，和我父亲同辈，昌字辈，我和我老丈人同辈，在江六村算比较有威望的族门，叫升大，这一房算江六十房里面小房。"

陆荣庆

升　大

陆明华说："我爷爷陆荣庆原先在上海做报关托运生意的，像现在货代一样。后来回来了，那时候日本人进上海了，一打仗，民心乱了，生意差了，就回来了。后来就没出去过，在江六桥头开了小店，生意一般，因为老百姓钱也不多。那家店叫大陆小店，这是解放前的事情。那时候小店没钱，但是营业执照啥的还是批下来了，就是墙上挂着的这个。我爷爷干活很好，人缘也很好。"

陆金良说："我老婆的爷爷奶奶原来在江六开小店，是当时江六第一家小卖部。1956年刮台风，台风在象山登陆，风力十二级以上，把小店刮倒了，房子倒了，他们躲在八

20世纪50年代的专卖品销售商登记执照（升大）

仙桌下差点被压死。后来重新造了。1962 年奶奶去世。1970 年爷爷去世，享年 82 岁。过了两年上面规定个人不允许办小店，个体户要并入合作社，供销社开始了，要什么货都问合作社拿。那时候个人不允许的，上面供销社派人下来代理合作小店，也就是代销店。店里所有的事情都是政府安排的，爷爷奶奶退休了。"

陆明华说："那时候我爷爷办小店算早了，我 1951 年生，六七岁时候我知道的，糖一分一件，那时候我经常去店里吃糖的，我是大孙子，我爷爷对我很好的。那时候条件艰苦，店开着，农民没钱，要拿米来换东西的，有时米都没，要来赊账。那时候穷人多，不像现在有钱。那时候农业生产都是季节性的，有时候农民早稻晚稻卖了才有钱还账。小时候，我和爷爷住一起，爷爷老是教育我，不要给笨人出主意，要和聪明人交朋友，还有吃亏就是便宜。这些话语，现在想起来，都是有一定道理的。到一定年龄，你就会觉得这些话都是对的，都是做人做事的基本道理，不管哪一代都是用得到的。这些话要自己去理解和分析，理解分析好了，你会觉得这些话很对。我爷爷在上海，村里做家谱活动，进主活动，他全参加的，还去户户传递消息，拉人捐款，再回来一步步把家谱做好，这些全是义务劳动，没拿过村里一分钱。我奶奶有时还要抱怨爷爷的，费用啥的用太多。那时候老一辈思想很好的。"

陆昌阜（1889—? ）一直来从事裁缝行业，技术很好。过世后，其妻应梅青（1905—1982）继续做裁缝业务。他们农闲之余，帮助别人做做衣服，做的是传统服装如长袍之类。

村中偶尔有专门的理发师。解放初期时，祠堂隔壁就曾开理发店。1954 年，云龙对江岸村人陈明章（1920—1997）到村里定居，负责理发。也有流动理发师来村中理发的。理发师挑着担子，流动理发。前头放一只炉子，上面放一只铜盆，最上面毛巾架还挂一面镜子。后头是一只带有三格抽屉的凳子箱，里面放着理发工具，箱顶就是坐人的凳子。以前由于贫穷，村人一年理发次数不多。

祠堂北边的商店

5. 用电、卫生、防火

20 世纪 50 年代前，人们用菜油灯、蜡烛、灯笼、汽灯、美孚灯、桅灯等来照明。

当时，火油货少价贵，也很难买到。乡村老百姓晚上用自己制作的菜油灯照明：将用剩的旧铅皮边角料或零星木板制成高约 20 厘米、形状各异的灯盏，灯底是一个直径十二三厘米的圆盘，中间有个半圆环，方便提灯；灯端做四个搁脚，可放置圆形瓷器小碟，再用农家自纺的松软棉纱线搓成灯芯。使用时，取一只直径不到十厘米的小碟子搁在灯盏上端，碟内放上灯芯，倒上小半碟自产自制的菜油，用小柴棒将灯芯一端拨向碟外，用煤头纸点燃。晚饭后，一家老小围坐在黄豆粒大小的灯火旁聊天；深夜，家庭主妇坐在这昏淡的菜油灯下做针线活。①

此前，村民有一种引火纸，用纸卷成细棒状如筷子，成为一个小引火杆，俗称煤头纸。过去做饭烧煤，而煤不是纸那么容易就点燃的，所以烧煤时要用纸来引燃，把点燃的纸放到煤块的缝隙里，再向里吹风，加快空气流通速度，使纸充分燃烧，借以点燃煤块，用以引燃煤用的纸，就叫煤头纸了。"20 世纪

---

① 董秀英：《煤头纸和菜油灯盏》，《宁波晚报》2013 年 3 月 3 日。

五六十年代，没有打火机，市场上火柴紧缺，远远不够人们使用，人们就用煤头纸代替火柴，既省钱，又解决了困难。略显糙性、米黄色的煤头纸，质疏松、干燥易燃，买几张花不了多少钱。回家后裁剪成一叠边长约30厘米的正方形纸片，拿一枚竹针，裹住一张煤头纸的一角，松松地卷，轻轻地搓至纸的对角，形成一根手指般大小的圆柱形纸卷，抽出竹针。卷成后的煤头纸，两端有突出的纸角，食指一按，折叠后，往纸卷内径一扣，不会散开。卷成一捆后，放在干燥之处，防止受潮。"[①] 煤头纸不能搓得太松，也不能太紧；太松了不好用，太紧了吹不出火苗来。用的时候，嘬起嘴巴呼的短促吹一口气，煤头纸便燃起黄豆大火苗。不用时，插入一个竹筒内，火会处于暗烧状态待用。"那年代农村每户人家灶间都有火缸，缸内昼夜不熄火。取火时拨开盖在上面的冷灰，拿煤头纸一端往缸内火中一插，即刻燃红，用嘴呼哧、呼哧一吹，立即点燃，便可用来点柴、点灯、点烟。用毕，吹灭火花，往地上一扣，藏在灶火洞内，方便下次使用。一根煤头卷纸一般能用10来次。"[②] 火柴普及以后，这项技术逐渐衰落。也可以说，这项技术是中国的国粹。

60年代末，照明电接入村民家。由此，产生了村民的电力服务职业。江六村不同时期，相当多的人都曾担任电工。

1976年村赤脚电工合照
上排左起：陆永年、陆海彪、陆明和、陆生康
下排左起：陆惠忠、应明伟（公社站长）、陆友全、钱信国

近年，村里担任电工的主要是陆信方。他说："1998年开始，我在江六村做电工，主要是负责全村的用电，电器设备坏掉的时候去修一下。台风天电线吹掉也有，吹到人的身上，会造成重伤。有一次，我在电线杆上面工作，系着安全带，电线到我身上，造成有伤。以前我要上门收电费，后来电费直接交到银行。如果有断电情况，我也要去维修。最重要

① 董秀英：《煤头纸和菜油灯盏》，《宁波晚报》2013年3月3日。
② 董秀英：《煤头纸和菜油灯盏》，《宁波晚报》2013年3月3日。

的还是发电机，有一次我去挂
吊针，雷雨将村里的发电机击
坏，整个鄞州区坏掉了 18 处，
我只能拔掉吊针去抢修。现在
我还是比较轻松的，只有有事
的时候比较忙。一般事务都是
村长和村支书指派，群众如果
有断电的情况，会打我的电
话，我必须及时赶过去，但是
仅限于上班时间，半夜等时候
会不方便，晚上十一点以后就
休息了。"

陆信芳（左）与陆惠明（右）在工作

　　茅坑变厕所。陆永华说：
"当时村里的人口密度很大，
环境比较差，所以我们当时请
来很多清洁工，每天扫垃圾。
河水里水污染也比较严重。我
们大概在 1990 年左右，第一
次请人来把河里的淤泥冲洗

清理河道垃圾

掉，将泥浆吸出来，因为农村里洗衣服、洗菜等都在河里，如果不注意，河流
就不成样子。村庄道路都用水泥浇起来，粪坑全部消灭掉。2000—2001 年左右，
我们做了八个标准的公共厕所。后来，村里做了 30 多个固定垃圾箱，有专人负
责。这样村子里变得整洁起来，过去臭气熏天，现在整洁干净，曾被评为三星
级卫生村。"

江六同安会

　　江六村消防队始建于 1947 年 8 月，属民办消防队，取名为江六同安会。由
陆世昌发起，会同陆世华、陆昌琴、陆财舫、陆云青、陆云根、陆冬生、陆谒
堂及村里有关慷慨好义之士共同创建。购置了当时最先进的消防器材，并于宗
祠之左配备了专门房屋，用于存放消防设备。筹集日常开支费用，制订操作使
用规则和保养制度。选拔智、仁、勇兼备的年轻人作为义务消防队队员。同安

消防队的主要灭火工具为一台人力消防龙，村民将其命名为"太平龙"。为防患于未然，及时发现火情，晚上还配有值班人员敲更巡夜。自村里成立同安消防队以来，未发生较大火灾。同安消防队的建立，为本村及周边村的防火、灭火做出了很大贡献。当时在同安消防队的相关制度上有这样一条规定，只要离村里十里之内发现火情，村里的消防队必须出龙救援。十里之外有条件的也要参加救援。听上辈老人说，只要江六的"太平龙"一到，一般的火灾都能及时得到扑灭。大约到70年代中期，原人力"太平龙"被新的汽油发动机消防龙所代替，但村消防队仍然保留至今，队员由护村队队员及退伍军人等组成，但现已很少有人提起同安消防队原名了。

6. 道路、交通、通讯

道路

　　石板路。由于历史原因，村里绝大部分村民都居住在村的原址即河的北岸。村里人口多，村落大，住宅集中，进出人员多。先祖在建村时就考虑到进出村落的交通问题，因此在河旁预留部分位置，作为进出村落的道路。整个村落在修建住宅时，每修建一排房屋就隔一条弄堂，弄堂大部分都与河边大路相接，以方便人们进出。因此，依河的那条道路就成了村里的交通主动脉。以前村里的大小道路，都由石板铺设而成。后来有自行车了，那就不好办了，遇石板与石板之间高低相差较多和中间少几块石板时，都得下车。新中国成立前，村里通往外面的道路大都是狭窄小路。主要道路稍微好一点，就是用一块块石板相接铺设而成。铺有石板的道路在当时算是高级的大路了。虽然在道路上铺有石板，但石板与石板之间相接之处往往会稍有高低，有时石板与石板之间还会缺少几块，步行时一般不会有太大问题。

　　桥梁。新中国成立前，江六漕自西往东共有桥梁4座，分别为马桥、东石桥、太平桥、店桥。这4座桥梁架设在主河上，另外还有两座架在祠堂旁的漕嘴上，分别叫水江桥和水湖桥。后因

村中石板小路

该漕嘴被填，两座桥梁也不复存在。在村前正前方约八九百米处的金崇庙江上，还架有4座桥梁。马桥正前方的为新桥，东石桥正前方的为王家桥，另外一座通往史家码方向的叫沙河桥（后称搭新桥）。还有一座庙桥，通往金崇庙。田畈后还有通往下应的塔水桥，通往团桥的毕家桥。新中国成立后，由于江六村的大批农田在河对面，原3座桥梁已不能满足村民的生产需要，因此人们在马桥与祠堂之间又架起一座桥梁。由于最初时由木竹架设而成，所以叫板桥，后改造成由空心板铺设而成的水泥桥。在原水湖桥的主河上，又架了一座新桥梁，未命名。新河开通，在新河上同时建了一座新桥梁，取名江六桥。

机耕路。大约在70年代前期，随着拖拉机、自行车等农用工具及其他交通工具的出现，石板路已难以适应当时形势发展的需要。根据当时的经济条件，机耕路修建的任务已摆在我们面前。村里第一条机耕路，是将从黎明村经江六村通往下应方向的那条原石板路改造成机耕路。所谓机耕路就是用塘渣在原路上堆积铺垫而成的，较为宽阔、平整的道路。其次，为耕作农田的需要，在农田的周边地带逐步修建起较窄的，但能适应拖拉机犁田需要的农用机耕路。到70年代中后期，汽车、运输拖拉机、摩托车、自行车等交通运输工具逐步普及，步行外出人员渐渐减少，原历史遗留的石板路，慢慢退出其作为主要交通道路的历史舞台。

水泥路。机耕路的建成，在一定阶段内方便了人们的出行，也告别了货物运输只能依靠水路的局面，为村里的经济发展做出了一定的贡献。但随着改革开放的推行，经济快速发展，作为村里通向城镇的主要道路——机耕路，虽经多次加宽、加高、路面修缮，但仍难以满足经济发展的需要。同时机耕路需要经常养护，雨后会变得坑坑洼洼、高低不平，容易出现积水、基础不结实等现象。1989年，村里通往城镇的机耕路被改造成水泥路（现名为镇东路），从而彻底改善了村

成法路

民的出行状况。方便了村里及邻村的车辆直接通往鄞县大道，因此，村道变成了村级公路。由于当时的培罗成公司的特技师陆成法对公司做出巨大贡献，因而取名"成法路"。

1991年，由村出资，将依河的主道全部改造成水泥路面，全长900余米。建功德亭一座，并用块石在河边驳岸，又在岸边种上香樟树，这样不但加固了路基，同时也加宽了路面，并与镇东路相接，使小轿车能直达村庄，大大方便了广大村民的出行。

1995年，村里出资，对全村各弄堂及其他公共道路进行了全面的改造。将原高低不平的石板路全部改造成水泥路面，并且将原明出水沟，全部改造成用水泥瓦筒出水的暗沟，从而彻底改变了村民的出行环境，也改变了整个村落的环境卫生。村主要道路的修缮，不但方便了村民的出行交通，同时也使村容村貌得到了较大的改善。但由于各弄堂路面、出水沟未经改造，所以下大雨时，弄堂里的污水有时直接冲到河沿大路，造成雨后水泥路面污染物较多，既影响环境卫生，又阻碍了人们的出行。

交通路线。从江六漕出发走水路，经村口的江口（又称"嘴水登"）往东可通向东钱湖，往南可直通云龙、横溪，往北可通往下应，直至宁波等地，水路交通四通八达。过去村里通往村外的主要道路有三条，一条是村外局通往下应、黎明，另一条是从中局后畈通往下应，还有一条是里局通往邻村朱家及去东钱湖方向的路。由于东兴社区有相当部分修建在村里后畈地，及河东村的部分农田上，建成后的东兴社区东门又面向村里，因此又增加了村民出村可走启明路的通道。今日村东有鄞县大道，南有成法路，西有镇东路，北有启明路，真可谓四通八达。鄞县大道通过江六村，1998年通车。施金娣说："孙金华任县政府农政委主任，我和孙金华说，他刚好在搬家，当时江六村改造，他和交通局打招呼，把江六村出口放到了今鄞县大道边上。"张广云说："村里完全倒过来了，本来村里外局方便，后来里局变成交通最方便了。这条路对我们村的影响也是突飞猛进的，交通好了村里要不发展都难，边上村朱家、史家码路修好也是。我1996年7月份参加高考，10月份通知书来了，我考了金华师范大学下面学院，我没去，钱要多交，我就没去。那半年我待业在家，我看着鄞县大道修，这条路修了将近两年，分段通的。后来通公交了，想都想不到，鄞县大道通车后第二年东吴到宁波黄鹂的公交车也开通了，出行方便多了。我原来骑自行车去下应要20分钟，现在从下应坐汽车到宁波也就20分钟，村里面到镇里花的时间多，后来公交车开通后方便多了。那时候感觉村里已经不是农村了，已经是郊区了，现在感觉像市区了。以前这里完全是农村景象，现在找不到影子了，我女儿这代人真不知道村里怎么样了。新房子盖了，可能以后还会更漂亮。以前我们村里辖区里比较远的农田在福庆路那边，现在还是，那里是村里唯一存在的农田了，只种经济作物了，以前油菜花、麦田很漂亮，现在地都弄光了。以前我们暑假没事做，一天到晚泡在水里，现在不一样了，有电视有电脑，忙得要命，以前想都没想过。"

交通工具

当时的水上交通工具，主要是航船与脚划船。航船是当时最主要的慢速水上交通工具。一般前后舱放货，中舱装有扬篷，用于避风防雨抗晒。竹篷下为客舱，两边铺木板，作为乘客座位。过去去宁波市区，如果不想步行，只有一个选择，那就是乘航船。当时有一条专门航船停在江六村，一天一个班次，早晨6点半左右先用人力摇到村口，不到7点就有从史家码方向过来的机动船，拖着驶向宁波新河头。从江六到宁波大约需要2个多小时。下午又从宁波新河头驶回。同现在的公交车一样，一路上客下客。船票当时每张一角几分，有的村民为省下船票钱，来回步行。当时去一趟宁波市区，光花在路上就得4个多小时，还得提前候船，所以很不方便。随着陆上交通的发展，当时作为外出主要交通工具的航船已成历史。

脚划船是江南的一种快船，以脚划船，装运货物。一种是载客船，一种是农用船。清俞樾《脚划船序》称："小舟如叶，一夫坐船尾，以足运桨划之，往来如飞，谓之脚划船。"

陆路交通工具有元宝篮。新中国成立前后，有一种两人抬的人力轿子元宝篮，后面跟着换肩的两个人也一路小跑。元宝篮是用竹篾打制的，最初功能是充当农村的"救护装备"，在产妇或病人上医院时充当"救护车"的角色。那时候，农村的道路以土路为主，

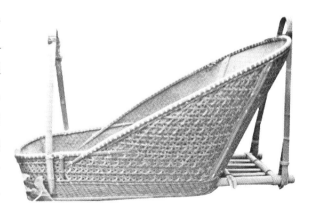

元宝篮

稍微大一点的村子，都会备有几只元宝篮，以应付不时之需。当年的农村，无论是妇女临产，还是亲人生病，如果需要送医院，基本上都是用元宝篮抬着去的。元宝篮前低、后有背，因形如元宝而得名。它是篾匠师傅用竹篾编织的，分内外两层，内层紧密，考究的还编有花纹，外层编成菱形，底部夹有硬竹爿，内层涂有亮油防腐。做元宝篮的技术要求很高，从锯竹、劈篾、刮青、剖丝到编成成品，需要很多道工序，不是每个篾匠都会做的。新中国成立后，轿子被取消了，轿行关门大吉，于是元宝篮取代了轿子，成了老年人出行的必备用具。由于迎娶新娘子的大红花轿也被取消了，但是婚嫁时新娘子脚不沾地的风俗没有变，于是，元宝篮一度替代了新娘子的花轿。①

后来，出行工具逐步被自行车、摩托车、电瓶车、小轿车所代替。639 路、177 路公交车直达村口。村东有成法路，南有镇东路，西有启明路，北有鄞县大道，条条道路通四方，外出极为方便。现在江六村年青人大都有自备轿车，过去出行难的问题已不复存在。

通讯

新中国成立前人们与远方的亲戚朋友联系主要以信件为主，投递邮件的人被称为"邮差"。外地来的信件由邮差挨家挨户送达。新中国成立后国家成立邮政局，但邮件的收发放式基本没有太大改变，邮电投递员肩背邮袋，徒步奔走各乡村，天天前来收发。村里在小店门口挂一只邮箱，邮票由小店代售，每张八分钱，如要寄信，可以在小店买一张邮票，粘贴在信封上，投到邮箱内，第二天邮电员来送信件时，把信件取走。后来邮电员由徒步改成骑自行车了，这样不但减少了邮电员的体力劳动，同时也加快了投递速度。如遇急事也可发电报，但村上没有，要到下应邮电所去办理。发电报价格较高，按字数计算，所以电报一般都很简短。陆国康说："那个时候家里没人写信，我年纪小，但是会写信了。我爸的信就由我来写，问他怎么样了。一封信来回要一个星期。等我家里造房子的时候，家里的信很多很多。后来这信就被表姐妹的女儿拿走了。"

现代传媒

1958 年，村里安装了第一部也是唯一部手摇电话机，如要同外面通信必须通过下应邮电所总机，由总机机务人员帮助接通电话，如外线没空，还得等待，

---

① 《元宝篮》，蚂蚁的博客 2014 年 8 月 21 日（http://blog.sina.com.cn/s/blog_a26188f00102uzgm.html）；张鹰：《抬新娘的元宝篮》，《宁波晚报》2011 年 8 月 21 日。

直到外线有空方能通话。90年代，国家通信技术有了很大的发展，程控电话逐步普及，家庭电话安装也一步步成为现实。大约到2000年以后，移动通信技术迅猛发展，移动通信设备和通信资费价格大幅度下降，使人人能享受移动通信带来的快捷和便利。现在几乎家家都有座机电话，人人都有移动电话。以前打电话都要在村里，现在袋里摸出手机就能打了。陆的考称，他在村中较早拥有PP机（当时2800元），也最早使用大哥大（1.5万元）。他用的手机总是最新型的，前后花了十多万。数字通讯技术的发展带动了网络终端的普及，现在大多数家庭都开通了网络宽带，足不出户就能了解世界各地的新闻，也能在网络上发表个人评论、查找资料等等。

第二节　文教卫

一、祠堂与家谱

1. 祠堂

新中国成立后，宗法制度被废除，陆氏祠堂曾被改建为粮站，后又办过草包厂、劳保厂等。"文革"时，又遭受重大损失，桌子凳子之类古物被刻被削，做戏的娥螺结顶被拆了。公社造反派要拆上面的戏顶，村里不肯，便用泥土将顶涂掉，然后骗他们说已经弄掉了。

70年代末仍在办草包厂时，经常照看祠堂的王海康老人巡夜时，发现祠堂起火，及时通知村人来抢救，祠堂幸免于火。

1992年，经陆成法倡议，培罗成厂出资10万，对祠堂和戏台作了较大规模的重修。重修工作始于7月，于12月竣工。具体由老年协会陆世章等人负责督修。这次主要的任务是恢复祠堂的面貌。此前，祠堂如厂房，已经不像样了。重修祠堂时，他们用水冲掉泥土，让戏台上的雕刻得以重见天日。祠堂修好后，请戏班子来唱戏加以庆祝。祠堂的戏台是附近最好的戏台之一，所以特受欢迎。每次演戏时，村民拿了短凳来看戏。祠堂重修以后，成为老年人活动的场所。

陆家祠堂文保碑

1992 年重修宗祠碑文

　　2006 年村领导决定修缮祠堂。过了十多年以后，祠堂出现破败现象，要重新修理。祠堂前原来有两个石礅子，2015 年被盗走。后经全村村民捐款及村经济合作社拨款，共耗资 47 万元对祠堂进行了重新修缮，使陆氏宗祠焕然一新。这次修缮活动，由陆善祥、陆利康、陆伟丰、陆惠堂等负责督修。2010 年 9 月16 日陆家祠堂被宁波市鄞州区文化广电新闻出版局批准列入鄞州区文物保护单位。2011 年 6 月 6 日宁波市鄞州区文物管理委员会办公室正式在陆氏宗祠前立石牌。由于旧村改造，目前祠堂已经关门 5 年。

陆家祠堂

宗祠正堂

　　陆家祠堂大门横匾作"陆氏宗祠"。据宗谱记载，大门两侧为"派别山阴远，支分虹麓长"。今作"派自山阴别，地因虹麓灵"。两边柱子，"晋代衣冠难为兄更难为弟，唐朝宰相不负君亦不负民"（虞善来书）。"句甬于今追道派，象山终古式儒风；宗风上拜侍郎系，族望远承祠社支"。

祠堂匾

陆氏宗祠 　　　　　　　　　辅政堂（曹后德书）

河南名宗（虞善来书） 　　　　山阴世家（张忠良书）

亚魁（曹后德书）　　　　　　慎终追远（曹后德书）

陆宗纪念堂　　　　　　　　　人伦鉴（曹后德书）

祠堂对联

读书议数言泽国惠民唐室山河由再造

诵剑南万卷经时援俗宋朝社稷得偏安　　　　　（中堂　家谱词，张忠良书）

立族二千年齐宣王封土陆乡子孙繁衍大江南北

建村七百载嘉辰公率属鄹地后裔安居广野西东（大厅沿口　曹后德词并书）

承祖德振国威利民生何分敦男敦女

弘宗风绘宏图令辉煌重任惟予惟汝　　　　　（大厅沿口　翁礼华词，朱华廷书）

祖先英列英魂功绩世代相传永垂不朽

世代曾孙晚辈立足继德继业日月同辉　　　　（大厅二柱　陆颂荫书）

文以安邦秉承祖训读四书五经育擎梁俊杰

武能定国应顺天命列三公九卿居辅政重臣　　（后井　曹后德词并书）

陆氏祠堂

宗祠中的题词

家谱

自清代乾嘉以来，陆氏修过 5 次宗谱，最后一次是 1947—1948 年。完成以后，刊印了 5 套，分别珍藏于宗长、干首等家。各堂檐存有本支小家谱，某些殷实人家也藏有本支小家谱，但这些家谱到 20 世纪 60 年代大都流失，损毁殆尽。

陆金良说："'文革'时抄家，把家谱全部弄到马桥头，堆放在那边，当时毁得比较厉害。当时有人还私自拿走了几本，特别是有些识字的，看到是他房支里的本子，就拿走了。当时家谱毁的严重，总共 11 册，其中 10 册一样厚，另外一册只有半本。1985 年，我看到当时轧米厂里有个工具箱，红木做的，我一看就说应该装家谱的吧。陆利康说：你怎么知道？因为那箱子抽屉很厚，一格格分好的，像我家红木家具一样的，上面有甲乙丙丁写下去，有抽屉可以拉出来。我凭自己想象，对这个东西很感兴趣。后来通过鄞县文管会上报上去，文管会出来把家谱拿走。"

陆利康说："那时候没人敢藏，他们觉得我胆子大，就让我藏。60年代，已经要到'文化大革命'了，家里不能放，我当队长，拿到庙里，放到我自己的柴房里。后来觉得还是不对，那时候牛吃草，早稻割下的草，我们是放着下半年给牛吃的，我在外面给它套了一件棉袄，然后把它藏到了草堆里，他们就没找到。下半年，要割稻了，我拿着它到了米厂，掀开某个地方的铁皮，把外套铺好，再把它包起来，盖上铁皮，又在上面覆上了瓦片，就这么藏下来了。一直到马信华当书记，他知道我藏着东西，我们两个姓氏不一样，他要是说出来，会被全江六的人骂。他就跟我说，他不会说出去。接着，下应上头的人知道了，有两个老头来，一直问我要，我坚持说没有，第一次来没有，第二次也没有，直到第三次，有个老会计说漏嘴了，我也藏不住了。说是借去看一看，后来一直未归还过。共有十二本，我这里是不齐的，而且它有好几套，箱子全是樟木箱，不会被虫蛀。这东西损毁还是挺严重的，我藏的基本就是最后一套了。"

探寻和重获宗谱。2003年，早已移居宁波的陆友全遇到陆锋，共同谈起江六往事和1948年修谱、进主盛事。陆锋说陆氏宗谱仍在鄞县文管会。获此信息后，陆友全去江东的鄞县文管会查阅宗谱，花了两天时间，弄清了本支的情况，出钱把有关本家一支的相关篇幅和第一卷复印回来。2004年再次查阅家谱时，发现已经移交鄞县图书馆。又因书库屋漏，第一卷、第二卷被台风天雨水淋湿，已有部分散卷，缺损、破蚀。2005年，又传出江六村要拆迁。陆友全、陆锋一方面通过前市政协副主席毛翼虎等要求保留江六祠堂，另一方面又急急赶到江六，希望江六村牵头，抢救陆氏宗谱。时任江六村书记陆高成召集陆太龙、陆伟丰、陆惠棠、陆利康、陆善祥与陆友全、陆锋等人共同研究，决定讨回陆氏宗谱，或拍摄扫描宗谱，以便重新影印和续修。后经与图书馆王黎黎馆长等协商，图书馆同意江六村可随时查阅家谱，并配合宗谱的拍摄扫描。因家谱已经转手，过程复杂，归还是有难度的。此后，陆友全、陆锋拍摄了几卷，因工作量过大，精力不支，又改请培罗成属下的卓洋印务公司扫描影印，最终因费用与生产安排等困难而未能如愿。2015年5月，成立村史编纂小组，陆友全重提复印和续修陆氏宗谱事。因原宗谱是村史最基本、最重要的资料之一，编纂小组一致决议，编写村史与续修宗谱同步推进。并委托陆友全出面与鄞州图书馆协商。6月达成协议：由鄞州区图书馆将陆氏宗谱送天一阁修葺和数字化处理，并提供精致复印本和宗谱数字化光盘，供陆氏族人长期保存和使用。江六村则发布捐赠声明，鄞州图书馆得以名正言顺地永久珍藏陆氏宗谱。从此，陆氏宗谱有了相当完整的电子文本，有了一个大开本的复印本，极大地方便了这次宗谱续修与村史的编纂。

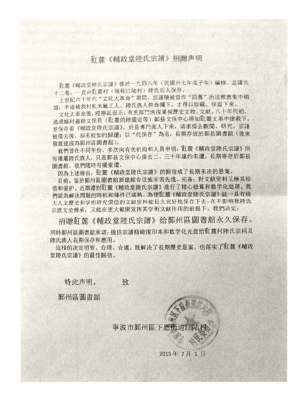

宗谱捐赠声明

陆氏宗谱收藏、捐赠证书

复印本陆氏宗谱

重修家谱。2006 年重修祠堂以后，陆友全等人曾提出重修宗谱，但未果。陆善祥动手，完成了廷英公三房支谱。陆善祥说："因当时我是修理祠堂的成员之一，修祠堂期间，接触到陆氏宗谱，最后一次修谱是 1948 年，至今已经有 60 余年。我萌发了能否把陆氏宗谱文化遗产接下去的想法。与同村领导和几位长辈商量，把家谱接下去，但因为资金和精力等种种原因没有结果。后来，我想是否把我这一房先修起来。同本房几位长辈和同族兄弟商量，决定先修本房家谱，为全村全族做一个榜样。所以，在 2006 年，我花了三个多月时间，把本房家谱修好。家谱是从两千多前至 1947 年止，再从我族友萃公开始，至 2006 年修谱前。凡出生小孩，不分男女，一律记入家谱。原谱妇女不记名，不记生日年庚。如按古谱，则接谱有所不妥。因国家实行计划生育之国策，现在多是独生子女，所以本次修谱，妇女同男子一样入谱，但要求是陆姓可以入谱。本次修谱，共印了 20 多本，基本上每户一本。同房兄弟陆国良、陆文光参与了修谱活动。"

至 2015 年 5 月，陆善祥、陆启华、陆如法、陆国良参与村史编纂。辅助村史编纂期间，他们重点主持了宗谱编纂工作。集中征集村民资料，整理并输入电脑。陆国良帮助制作了宗谱电子版式，陆启华、陆善祥负责文字录入，制作成稿。至 2016 年 7 月，全谱成稿。这次是续修，乃接续 1948 年宗谱而成。

陆善祥、陆如法、陆启华在修家谱（2016 年）

二、娱乐文化

新中国成立前，人们基本没有业余文化生活，都保持着日出而作日落而息的生活习惯。迫于生计他们白天参加繁重的体力劳动，晚上在家休息，有的在晚上还得做些其他手工劳动，工作时间长，体力消耗大，休息时间少，基本上没有参加文化活动的想法。最多在茶余饭后，到桥边路口乘乘凉，聊聊天，讲一些天南地北奇人趣事怪事。

1955 年，村里第一次安装有线广播，共 3 只，分别安装在外局麓胜社（六一房堂檐门口）、中局里中社（洋房里）、拾房麓益社（拾房大堂檐门口）。1978

年，全村村民家家户户安装了有线广播，每天早上 5 点半、中午 10 点半、晚上 4 点半向村民转播。节目丰富，有广大村民所关心的气象预报、国内外新闻事件、戏曲评书等等。一旦村里有通知、告示等，也可以通过有线广播向广大村民传达。有时还有农事专题讲座，及时告知农户当前该防治什么病虫害，该用何种农药，该施什么农肥等等。随着收音机的出现和普及，有线广播慢慢被收音机所代替。有线广播的安装，在一定时期内，不但丰富了广大村民的业余生活，更拉近了政府与群众的距离，为走向信息化社会打下了良好的基础。

新中国成立后，随着生产力和科学技术的发展，人民生活水平逐步提高，广大劳动人民的业余时间逐渐增加，社会文化事业也得到了较快的发展。看露天电影是当时的文化大餐，一般区（县）放映队两个月左右来村里放一次露天电影，内容以战争片为主。受当时交通条件限制，放映队专门建造了一条用于装载放映设备的木船，船带有硬木篷，通体油漆成银灰色。这样既能遮风避雨，又能使放映人员在船中得到休息，很有特色。村民们看到电影放映船来村时，就知道晚上就可以看电影了，大家都会从家里带上自家的椅凳，放到放电影的操场上，以便晚上来坐。碰到邻居，常常也会告诉他们，今晚要放电影，早点准备晚饭。即使有农活，也大都会提前收工。后来镇里也成立了放映队，电影放映船再也没来村里，但来村放映露天电影的时间间隔却缩短了，村民看电影的机会大大增加，影片的内容也更丰富多彩。后来由于电视机的普及，放映和看露天电影逐步减少，现在已经很少了。

马信华说："那时候要上夜校学技术，后来还办俱乐部，村级俱乐部，大概'文化革命'时候。我当俱乐部主任，但我缺少音乐细胞。那时候打算安装广播，但是下应公社是没有线的，就去钟公庙拉，基本上有需要的人家都安上了。坏了我们去修，有工分补贴。那时候都热衷于听歌，听越剧与宁波走书，不管男女老少。"

看戏听书也是村民们所喜乐见的。

在逢年过节，或在农闲时节，村里常常出资聘请有关剧团来村做几天戏，有甬剧的、京剧的、越剧的、现代剧的等等，以满足不同群体的需要。请说书先生说书，也是很多村民所喜欢的。相对于做戏，请说书先生说书价格相对便宜，能长时间倾听，有的村民听得入迷，每天都听，一天不漏。

在旧社会的春节新岁，城里也好，乡下也好，从初一到十五，大户人家门口每天都会有几班民间艺人来献艺"讨彩头"。大户人家的主人也会准备一些年糕、白米、花生、铜钿等等相赠，来一班发一班。有的班子是五六人一班表演的，如马灯班，也有单个表演的，如"唱新闻"等等。这些民间艺人很受老百姓欢迎，在没有电视机、没有电脑、没有手机、没有 Pad 的年代，民间艺人挨家挨户"讨彩头"，满足了大家的休闲娱乐生活。特别是一群小孩子，屁颠屁颠跟在民间艺人后面，又学又唱，有得好玩了。

当时有百剧头、串客、背花锣、帐头人影、大头和尚、伴扫地、跑马灯等节目。

百剧头是一种道教节目，类似于目连戏，属唱书。

帐头人影，是一种木偶戏，也称人影戏。人在一块白色的幕布后面表演，通过灯光将演员表演影像投射到幕布上，这种艺术称为"人影戏"。

"串客"是甬剧的早期名称，是宁波地区乡间农夫用方言演唱的一种民间艺术，相传至今已有近 200 年的历史。清中叶出现职业串客班，演出样式逐渐从清唱等向器乐伴奏的戏曲过渡。类似东北的二人转，表演大都生活化，有些节目较黄，只适合成人观看。早期演唱剧目以《卖草囤》《庵堂认母》等折子戏和《康王庙》《大闹花灯》等众家戏为主。清光绪十六年（1891），已从农村乡镇进入宁波城的"串客"，又成功地跻身上海，于是改"串客"为"宁波滩簧"，发展成甬、沪两地双技并茂的局面。

"大头和尚"，又称"哑舞"，俗称"抛大头"，是活跃在宁波市鄞州区集仕港镇翁家桥村"太平会"艺人表演的一种民间传统舞蹈。源于清朝道光二十年（1840），至今已有 170 余年历史，艺人已传至第八代传人。"大头和尚"演员戴着面具，穿上彩服，不讲道白，不唱腔调，全用舞蹈动作，乐队只用大鼓、大锣、钹、小锣等打击乐器，演员随着打击乐的各种节奏，用各种舞蹈动作表演事故情节，表达思想感情。该哑舞取材于明代冯梦龙《古今小说》卷二十九《月明和尚度柳翠》，也叫《老和尚背柳翠婆》。剧中的老和尚，就是原著中的月明。人们把他看成佛的化身，是除魔消灾、救苦救难的菩萨，那柳翠婆在人们的心目中是一个火魔，是火灾的象征。剧情从小和尚跳着开山门的舞步开始，到老和尚背柳翠婆到村外结束。故事虽然简单，但正符合了人民群众"驱灾星、保太平"的心理，所以各村为保太平每年都要请太平会演出这个节目。又由于剧中的小和尚机灵活泼、老和尚沉着幽默、剃头师幽默滑稽、柳翠婆诙谐风趣，令人捧腹大笑，百看不厌，深受广大人民群众欢迎和喜爱。1955 年 2 月，《大头和尚》参加了浙江省第一届民间音乐舞蹈观摩演出大会，获得了不菲的成绩；

也曾参加宁波市等地的大型活动，受到好评。①

"佯扫地"。过年时候，唱"佯扫地"的人背着大筐，手拿一把缚了红球的扫帚，口中唱着——"去年不来扫，门口出青草；今年来扫扫，老板生意格外好。"对于这位唱"佯扫地"的"发财人"，有些老百姓也会施给年糕，直至他背的箩筐装满。与盲艺人"唱新闻"不同，"佯扫地"的表演是以"亮眼"来完成的，以一人表演为主，一般不用乐器伴奏，偶尔也用竹板打节奏。表演时艺人边走边动，边打竹板边拿一把芦花扫帚做扫地的动作，边唱歌谣。除了新年期间唱"佯扫地"赚一些"外快"，平时这些艺人偶尔也会有一些演出，那就是给唱大戏的演员跑跑龙套。在越剧团开演之前，也会请唱"佯扫地"的艺人来卖唱热热场，因为"佯扫地"的歌词比较风趣，给观众逗逗乐。唱"佯扫地"为什么一定要用扫帚？这可能和古代扫帚神的传说有关。在古代民间信仰中，灶神、扫帚神等都是很重要的信仰对象，"廿三祭祭灶，廿四掸掸尘"，在迎新年的习俗中，祭过灶王爷后就要请"扫帚神"来掸尘，把一切"穷运""晦气"统统扫出门。这一习俗寄托着人们破旧立新的愿望和辞旧迎新的祈求。在老百姓的传说中，这位扫帚神的显相是十二岁的姑娘，所以表演时候要用红色小绒花打扮一下扫帚。"佯扫地"是民间小曲与方言声调相结合的歌唱，有一定快板节奏，曲调流派别具一格。其唱词内容因为过年"讨彩头"的需要，语言都较为吉利。各地佯扫地的歌词大同小异，但有一定的规律。开篇往往是介绍"佯扫地"的重要性，宁波地区的"佯扫地"，演唱者往往自称"陆阿小"（有的写作"陆阿笑"），他是这样唱的："好笑好笑真好笑，人人叫我陆阿小。我去年弗来扫，老板年成弗大好。今年来扫扫，老板年成格外好。"唱开篇也有一些变化，有的会说一些调侃自己的话，逗人发笑："吉利吉利真吉利，清早爬起打喷嚏。万岁有信来，招我驸马做女婿。我一来勿肯去，二来少盘钱（缠），情愿拿拉一把扫帚扫扫地。"唱完开篇，就要唱东南西北。如："嘟得啦，一扫帚扫到东，老板屋里五根活蛟龙，黄龙盘谷仓，青龙盘水缸。嘟得啦，一扫帚扫到南，老板屋里发大财，大元宝使箩抬，小元宝使船载。"在扫东南西北四个方位的时候，各个地方的演唱者会根据自己的地域文化进行文字加工编排，根据"老板"的不同身份赋予不同的祝福。如果老板是开丝厂的，"佯扫地"是这样唱的："一扫帚，扫到南，老板屋里好养蚕，养起蚕来雪骨亮，做起茧来石骨硬，大丝车隆隆响，

---

① 见浙江省非物质文化遗产网。

小丝车隆隆响。"唱完东南西北，就要唱老板屋里的账桌、老板屋里的介橱（食橱）等等，然后再唱老板娘、老板囡等等，把老板家里里外外、上上下下祝福一遍或恭维一遍，基本上就是这么一个程序。表演的时间可长可短，短则两三分钟，长则七八分钟，要看老板听得高兴不高兴，满意不满意了。[①]

跑马灯

　　跑马灯："正月马灯跑又跑"，大年初一二至元宵节，各路"马灯班"就会陆续来到村中祠堂、寺庙、晒谷场、明堂，甚至挨家挨户给大家拜年，庆贺新春。扛令旗者为领队，先敲响锣鼓拉起场子引来村民，接着开始表演"跑马灯"，同时唱起"马灯调"："正月马灯闹呀闹，各家各户问安好，新年新岁新喜到，恭喜大家运道好。哎格伦登哟，恭喜大家运道好。"演出同时，领队的就会说些恭喜发财、岁岁平安、年年有余、财源广进等吉利话，唱的是过年祝愿词，到各家各户去邀赏。那时，大家手头都没有多少现钱，因此家家户户犒劳跑马灯表演的大多是家里现成的年糕、花生、爆米花。"马灯班"一般由十多个人组成，除了领队，其中演马灯的两人为一对，有2对马灯、3对马灯，最多的4对或5对马灯。规模最大的当数象山石浦的"延昌马灯"，已有近200年历史，表演者达20多人，即3个"守城门"，4个"马童"，两个"旗

　　① 孙峰、夏鲁娜：《舟山民间说唱"洋扫地"》，《今日定海》2014年12月26日。

手"，8 到 10 匹"马"，竹扎马灯架子，布或纸糊（蒙）成马眼，马灯眼睛会亮，表演者口唱歌谣俚曲即"马灯调"："小小马儿五尺长，爬高落低奔四方。有谁认得千里马，五湖四海一同闯。哎格伦登哟！五湖四海一同闯。哎格伦登哟！五湖四海一同闯。哎格伦登哟！五湖四海一同闯。"当时扮演马灯的多为儿童，头扎彩巾，身着红绿彩衣，马鞭轻扬，马蹄哒哒。一首古老的马灯调，一路唱来，积淀悠悠乡情，演绎过往故事。还有随队奏乐的一个拉胡琴、一个打锣、一个敲鼓。表演时演马灯的孩童就随着锣鼓声先跑一个圆场，再两两相对穿梭奔跑。跑时一手持马头，一手拿马鞭，跳动着挥动马鞭作跑马状，并随着胡琴的奏起反复唱起"马灯调"来。"马灯调"为 7 字一句，共有 4 句，领唱的先唱了前 4 句，紧接一个过门，然后齐唱"哎格伦登哟"再重唱最后一句。那时，农村很少有电影、戏文，见有如此精彩的表演，大人孩子每每把场子围得水泄不通。如今"马灯"已不太常见，但《马灯调》音乐却流传下来，在宁波家喻户晓、人人耳熟。①

随着改革开放的进行，电视机逐步普及，品种、尺寸、样式也不断推陈出新。原来的电视信号靠无线接收，画面质量差，信号不稳定，容易出现"雪花"。1982 年，江六村引进了有线闭路电视，家家户户都接进了闭路电视线，不但改善了画面质量，而且大大增加了节目数量。

随着老年人的增加，为丰富他们的晚年生活，使他们老有所乐，江六村于1992 年以村祠堂作为活动场所，成立老年协会，购买了两台大彩电，配了乒乓球台、麻将桌等。由专人管理，为老年人相聚聊天提供了良好的环境，减少了老人的孤独感。逢年过节发放东西，开始分发水果，后来改为发日常用品，如油之类。后来改为发钱，不再发实物。

为帮助大家提高科学文化知识水平，养成良好的生活、养生习惯，了解历史等，1992 年成立了村图书室，向本村村民免费开放。凭本人身份证做一张借书卡，一次可借阅 2 本图书，现有各类书籍 5000 余册。

---

① 浙江在线新闻网，2013 年 1 月 31 日。

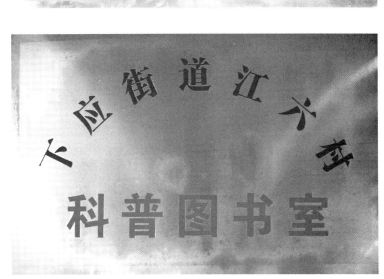

春泥计划实施村
（江六村）

　　现在江六村家家户户生活水平都得到了很大的提高，以前吃不饱穿不暖的日子已一去不复返。许多中老年人反而出现营养过剩、身体肥胖、高血压、糖尿病等富贵病。经常性参加体育锻炼成了他们生活的一部分。为此，2000年，江六村在人员相对集中的公共区域安装了各类健身器材，为村民锻炼身体提供了方便。有条件的家庭还购置了健身器材，足不出户就可以锻炼。现在特别是上了年纪的村民，早上晨跑或快走，晚上跳广场舞、散步等，已蔚然成风。

　　伶意广场舞。近几年，江六女村民跳起了广场舞，参加了气功五禽戏，打起了腰鼓。而且，在各级比赛中获得了好成绩。每当夜幕降临，江六村外局晒场上一排排大姐、大嫂的身影在欢快激昂的乐曲声中摇曳。拆迁以后，转移到东升新村东边的空地上，这与陆珍飞姐妹的努力是分不开的。2009年流行广场舞，江六村大妈、大姐们开始跳广场舞，陆苏莉是较早的领舞人。半年以后，陆珍飞也加入广场舞行列。为什么要跳广场舞？别人告诉她可以让人瘦下来。人到中年的她，有点胖起来了，于是她也加入了跳舞行列。她的悟性高，能把握跳舞要诀，且能随着音乐编排舞步，很快后来者居上，成为跳得最好的人。周围姐妹们羡慕不已，纷纷跑来拜师。舞友多了，她与妹妹琢磨着让舞步再多些，舞姿更美些。一有空，她两人就在家里看各种广场舞的碟片，然后重新编排，有时灵感来了，还加入一些自编的步法。而且，她会自己做舞衣。看着两个姐姐跳得这么欢乐，弟弟陆金康也跑来凑热闹。他买来摄像机，帮助她们拍摄广场舞。并在下应、东钱湖等地选外景，为姐姐们搭配服装，拍下广场舞视频。一天，陆金康突发奇想地把视频放到土豆网上展示，取名"伶意广场舞"。孰料，顿时就有众多粉丝观看、留言。"整齐，美丽！舞蹈真给力！"一名山东网友这样留言。随之通过网络、电话向他们索取舞蹈碟片的舞友铺天盖地而来，他们的 QQ 每天都有陌生舞友留言请求加为好友。2011 年 3 月，姐弟仨再也控制不住了，他们把视频制作成碟片，发往北京、新疆、福建、广东、江西、江苏等地，仅 8 个月时间，千余张碟片被各地舞蹈爱好者收藏。"伶意广场舞"引起了下应街道文化站的关注，决定把它培养成街道的特色文化，并向周边推广①。

陆珍飞在领舞

陆珍飞获奖证书

江六村集体舞蹈，起步较晚，但进步较快。每晚多时有上百人参加，每天晚上跳一个多小时。6 年来，"伶意广场舞"逐渐成为江六村的一大文化品牌，多家媒体作了报道，只要上网一搜，就可以看到多款广场舞，供人们下载观看。

---

① 蔡亚辉、胡明敏：《农家姐妹自创广场舞爆红网络》，鄞州新闻网 2011 年 11 月 27 日。

江六村的大众广场舞，既丰富了农村文化，又提高了百姓的身体素质。

2010 年 5 月，江六村代表队参加气功"五禽戏"比赛
前排左起：朱素琴、史惠娣、陆珍飞、包云仙、陆如花
中排左起：吴根花、陈秀菊、陆苏莉、应月娥、陈惠玉
后排左起：陆桂芳、王英娣、许杏花、姜亚萍、梁福英、江金香

2015 年，在村负责人陆明福、前妇女主任施金娣的支持下，陆珍飞组织多位女村民，成立了江六村第一支腰鼓队，在比赛中获得了二等奖。

2015 年，江六村腰鼓队成立
前排左起：陆秀宝、徐赛芬、陆珍飞、施金娣、史惠娣
中排左起：林凤仙、朱素琴、陆苏莉、陆如花
后排左起：许杏花、应翠菊、江金香、王英娣、高仲飞

三、教育体系

由于前辈对教育事业的重视，村里教育基础好、设施齐全。新中国成立后，教育机构收归集体所有，但江六小学作为基层学校仍旧保留，继续为村里及邻近村学龄儿童上学提供方便。学校归属国家教育部门统一管理，办学经费由政府统一安排。50年代末60年代初，人民政府开展了声势浩大的扫盲运动，大力发展教育事业。借江六小学为教室，创办了夜校扫盲班，首先以扫除青壮年文盲为目标，使用《农民识字课本》，主要帮助他们认识常用字。当时青壮年的文盲和半文盲男女青年，对识字学文化要求迫切，学习热情高涨，白天工作，晚上听课，回家后还复习老师教过的字词，常常挑灯夜学到深夜。有的在白天工作之余，探讨传教，互帮互学，共同提高，形成了一种良好的学习文化知识的氛围。教夜校的老师一般是当时的小学教师，也有村上有文化的其他同志帮助辅导。当时在校学习的小学生，也被学校要求帮助自己的父母兄长扫盲。经过一个冬季的识字扫盲，很多青年从文盲中脱离出来，能看一些简单的账目，也能阅读一些浅显的报纸杂志。

70年代中期，由于就读学生增加，又在操场对面修建了2个教室，另外在亥房篮球场旁边新造了一排小屋，开设3个班级。当时因下应中学学生数量激增，无法满足全镇小学毕业生进下应中学学习的需要，于是在江六小学开设了中学部，附近村的小学毕业生，就近在江六学校学完中学学业。其间学校不但重视教育质量，而且培养学生德、智、体全面发展。经常在农忙期间组织学生参加农业劳动，帮助"五保户"打扫卫生等。课外时间积极鼓励学生参加打乒乓球、打篮球等各项体育活动。陆忠良、陆亚男等曾在全县乒乓球比赛中取得优异成绩。

小学正门朝河，边门在祠堂旁边，后门朝南。

以后由于国家实行计划生育政策，每年新生数量逐步减少，单独江六村办一所小学已没有必要，经同邻村协调后决定，由江六村与黎明村二村共同新建一所小学。1996年，江六村出土地5亩，黎明村出资约10万元，余款由镇政府拨款，建了全新小学——江明小学，位于江六村的马桥头。随着镇中心小学规模的扩大和小学新生生源的减少，江明小学逐渐完成了其历史使命，于2000年将所有学生、老师全部并入镇中心小学。原江六小学先后改为江六幼儿园及生产厂房，校舍先后出租给多家私营企业作厂房，最后因旧城改造、新村建设，于 2014 年全部拆除。

江明小学

曾在江六学校任校长及教师的有：

陆友华	陈科同	陆柏寿	赵时展	龚　旭	徐芳庭	郑月敏
戴亚珠	邱联和	周国安	董耀明	虞承祢	袁赛英	陆月娥
高菊菲	陆忠惠	陆德良	徐义惠	许乐斌	陈光华	徐　萍
陆翠娣	陆亚娣	陆和祥	史定跃	孙金华	吴耀乾	张　帆

袁赛英、高菊菲老师和江六小学 79 届学生师生会
左起　高菊菲　陆小玉　吴萍　袁赛英

许乐斌

老师的回忆

虞承祔说："我原是西乡人，1962 年来到江六村。当时国家有个政策，户口由非农业转为农业，我就来村里当老师，拿村里的工资，当时有的地方还在拿工分。1979 年调去顾家小学，后调到下应乡中心小学，以后又调到下应中学（现李关第中学），直到 1998 退休。当时我去的时候，学校里只有两个班级，两个老师。1971 年学生多了，班级扩建，逐渐来了两个老师，一个陆翠娣，另一个陆月娥，1973 年也来江六小学教书。1974 年又增加了老师高菊飞。当时小学五年制。1975 年，开始办五七学校，招收一年级到初中的学生。因为当时下应学校学生多，容纳不了，于是上头教育局提倡有条件的学校扩建，于是兴办五七学校，也叫戴帽中学，既有小学，又有初中，教师也因此多了。当时流行五年制小学、两年初中的教育方法，教师数量逐年增加，原来初一增加了，初二也增加了，初三也是。五七学校巅峰时期有 9 个老师，原有 5 个，后来增加了许乐斌、孙金华、陆德良这些，学校设在江六村里。我教数理化，其他英语、生物、语文、历史、地理也都有，和现在中学一样。我印象中五七学校最多有7 个班级，学生人数大概 300 左右，一班大约 40 人左右。当时一至六年级实行包班，我 1973 年去了，就到一年级包班，兼职做二、三年级的体育或声乐老师。我主要教理科，如果只带一班，其他音乐、体育、美术要去兼课，一、二年级音乐合并的。学生四年级时，语文、数学分开，分别由语文老师和数学老师负责。建校时遇到的阻力比较少，因为当地村民看到学校建立也比较开心，不用去镇里，孩子有书可以读了，要知道当时去镇里有 3 里远。五七学校办到 1977 年，办了两年。后来生源开始慢慢减少了，因为计划生育接上了，对口下应中学容纳得了了，五七学校就没有再办下去的必要。记得我老伴 1972 年生下小女儿，半年后就绝育，去下应卫生院做了，当时计划生育政策已经实行了有好几年了。下应中学当时也没的，是鄞县中学下放几个教师，再在小学里抽几个，这样办起下应中学，所以学生容纳不了，要办五七学校。当时下应中学也没有多少老师，调鄞州中学老师去那边上课。当时五七学校的老师都是村里招的，高中学历就可，没有编制，民办老师，由村里给工资。我 1962 年 8 月来到江六村，进江六小学，当时就我和袁赛英两个老师。两个人负责教 4 个年级，我教高年级，她教低年级，都是包班，一天上到晚。江六小学当时人数在 80 人左右，平均每个年级 20 人，当时有初小和高小之分，一到四年级在江六小学，老师很忙，一堂课要教两个年级。当时工资是村里发的，就是所谓的民办学校，教师工资大概 32 块一个月，后来慢慢涨到 36 块，学费 1 元 5 角一学期，然后多少上交村里，有的家庭困难还免费。当时江六小学基本没硬件软件设备，桌椅很破旧，村里自己造自己修的，一学期到了，将坏掉的桌椅拿去，叫村里木匠修，黑板也是这样。和现在相比，当时学校条件很差很差，和现在多媒体什么的运用，真是天地之别。当时讲台也就比课桌高一点，马马虎虎能用。办公室很简陋，操场也没有，就一个天井，开办'五七'学校以后才有，就是一块烂泥地。当时还有乒乓室，在办公室对面，靠河边那边，有铁门围墙围着，学校这点蛮正规。还有礼堂，在天井中间，里面是乒乓室，隔壁是办公室，后面和楼上是教室。实际上，原河边的三间小屋，一间隔开，那里既是乒乓室，还是礼堂。1966 年，因为白蚁，房子坍塌了，后来拆了，变成天井，再后来重建三间小屋，一间做办公室，两间做教室。学校课程都是按照上面设置的，当时的教材都是普通教材，上面发下来的。由于统考比较多，因此学校着重应付统考。教育局统一发试卷，每年统考，有时候所有年级都要考，有时候抽查一个年级单独考，有时候抽查几个年级中一门科目考试。小学、中学教育特点：小学生年幼无知，顽皮好动，个人觉得比较难教育。中学生懂事，听话，讲道理。因为'五七'学校有中学，我教过中学班，教过初一初二，所以我了解初中教育，因此不存在小学到初中融合的问题，而且在'五七'学校，我每个月也要有几次去下应中学学习业务。我的学历是中文大专，当时没有教师资格证，去下应中学也是领导把我调过去的，他们刚好少了一个教师，调到县府去了。下应李关第中学到顾家只有二三里路，来回还是比较方便的。原来是有一个，孙金华，在鄞州区政府工作，做副县长。此外比较出色的还有陆勤康（现鄞州人民医院院长）、陆伟方（现余杭人民医院院长），做外科的。陆勤康的特点是学而不厌，态度很好，听他父母说，学着学着能睡着的（杭州中医学院毕业）。陆伟方的特点是学习努力（浙江中医学院毕业）。1962—1968 年我做学校负责人，1969 年以后袁赛英做负责人，1979 年以后胡耀乾老师做负责人，1983 年后我老婆做校长，这时候人少了，当时江六小学又变成 3 个年级了。江明小学地点在黎民过来，江六过去一点点，地是江六的地，马桥头下。课桌什么换了，学校、操场变新，合并后还是两个村合建，江明小学学校归村里管，课桌椅修理这些由两个村负责，领导都由乡镇来，实权在上面。开学有办公费 500 元，用完，凭票去报销，到期末把账算清楚，一个月一个月算的。我们还是把德育放在第一，怎么表现很难讲，但注重德育教育。陈毅总理说过，飞机开得好，没有高尚的道德品德，飞机要开到敌人地方去。当时学生年纪都小，孩子不知道，老师怎么说他们怎么做，听老师话而已，看到会打招呼，类似于邻里关系，来看只有初中学生。我们对学生管理严格，学校门前是条河，为了安全，我们告诫他们出去不要玩水。当时学生上学放学没有接送，由正副路队长管，根据村的位置来分路队。道德教育主要在晨会课，放学加强安全教育，以口头讲为主。学校里主要还是注重考试成绩，帮助差的学生放学补补课，对统考的班级抓紧点。"

虞承礽、陆月娥夫妇

陆月娥说："当时我对这块熟悉，我们受下应镇管，学校业务上归下应乡镇中心小学，经济归村里，没有自主权，不独立。我们也是根据中心小学要求弄统一教材，弄内容，编排课，我们都只是执行者。我们照教育局订的书，人教版，学生成绩还是不错的。老头子爱好体育，每天4、5点带学生练球，后来拿到鄞州区里乙组乒乓团体赛冠军，当时有个学生叫陆忠良，12岁，拿了12岁那组单打冠军。统考是突击的，要统考开学时不会告诉，临时要考了才会告诉，所以每天都要抓好。7点上班，一般村里老师6点半要去学校管学生，甚至老头5点多去开门练乒乓。各方面都要涉及，既是教师又是管理者。当时教师辛苦，有的学生成绩不好，要去家访，让家长配合，很多学生家长每天上班，甚至不管孩子。对于留级生的工作要时刻抓牢，因为当时许多家庭有好几个孩子，家长经济差的话，成绩差可能就不让他继续读书，转而让他干活。因此，我们要做留级生工作，学生和家庭全部都要做。五七学校办到1978、1979年，下半年开始，1980年吧，民办学校招工，老头子调到顾家小学，去扶持那里。1979年前，老头是民办教师，希望招到公办去，所以努力工作，提高业务水平。1982年，去下应镇中心小学，后来上面来招考，宁波教育学院语文大专函授，平时工作，一学期抽几次学习。暑假里再集中一星期学习。到1983年他读出函授，拿到大专文凭，当时下应中学刚好需要一个语文教师，他是读文科的，就进去了，也就是现在李关第中学。下应中心小学和李关第中学是公办的。我1984年接班，那时候只有2个老师，我和1个请来的代课老师，他负责一年级，我负责两个年级。1985年，又多了一个年级，四个年级，又请1个代课老师。1986年人少了，隔年招生了，又只有两个代课老师，只有六七十学生。1990年，来了1个新老师，变成3个老师。1984—1996年，我做学校负责人。直到1996年8月份，和黎明小学合并，变江明小学。当时教师有5个，教一到四年级，大约35人左右一班，4个班。当时还有学前班一个，共5班。每节课有1个老师可以空出来。一般都是一年级二年级跟班，三四年级语数分开，一二年级包班，别的副课像体育这些也是年级合并上的。1997年，新校长要来，是史家码村陈光华，然后我1999年8月退休。我1988年做公立教师，工资问国家拿，那些代课老师归所属地的村拿。村里人都知道我老头，我老头1962年进去，户口现在还在那边。我就是江六村人。村长书记还是关注教育，支持教育。学期结束，村里村长、书记会邀请老师吃一餐，多少给点钱，过年发点钱，平时出去旅游也会补贴，其他的事情也不错。如陆忠法种树绿化，派人采购。陆高成管教育，旗杆课桌坏了跟他说。去杭州 300、400 元，会贴你 100、200 元。当时五七学校没食堂，俩人仨小孩负担比较重，江明学校有饭师傅，下应中学有食堂的。"

学生们的回忆

陆如法说："我 1948 年出生，当时还没解放，我家里条件很差，3 岁的时候父亲就去世，5 岁祖父也去世了，那个时候很可怜。6 岁开始，我就去放牛了，12 岁才上学。学校是江六村小学，读了两年书，后来因为家庭经济原因又去放牛了。15 岁又去村里的耕读小学上学，这个学校只是办了一年多，那时候做农活是不给报酬的，一边上学，一边耕作。我当时成绩在班级里排名第一。当时不读书不让你去劳动，规定要我们必须读完小学 6 年才能去劳动，所以后来我又去上学。小学只有四门课程，只有语文、算术、图画、唱歌四门课，体育课就是去参加义务劳动。我们早上和大人一起出工做农活，到中午 11 点吃饭，11 点半马上又到学校里去读书，学校里读书只是读一个小时，读到 12 点半，然后下午继续务农。"

陆永年说："学校走进大门两边都有上课的教室，后边的操场用围墙围起来，走进中间一道铁门，左手有厕所，有一个弄堂，一直在那边读。楼梯两边都有教室，教学楼有两层，中间是走人的楼梯，两边是教室。1969 年'文化大革命'期间，学校瘫倒了。当时开大会，楼道比较窄，参与会议的人又非常多，过度拥挤，由于建筑时间比较长，突然就塌陷了。维修之后，学校就没有继续办下去了。我当时在看牛，修复需要很多救援人员，很多人跑去参与救援。学校维修之后，又用作其他用途。当时学校的课程只有语文、算术、图画等课程，一直是讲授为主，讲授完毕之后，给学生布置些许作业，学生可以自学。袁赛英是我们的语文老师，专门教一年级和二年级，她的老公是镇里面的，她们家是给社户，农忙的时候给我们烧饭烧菜。"

陆惠康说："五七干校时期，许乐斌老师教数学教得好，虞承祢教语文。许乐斌老师现在去世了，我们都喜欢他，特别是数学听的比较认真，尤其是几何教得好。语文老师虞承祢教时，我们中考考的成绩也很好。物理、化学老师，相比之下较差。"

张忠良说："我当时的班主任是袁赛英老师，她对我的影响很大，现在和她还有来往，我对体育比较爱好。我读了五年半小学，由于生了痱子，在家休息两三个月，成绩跟不上，我的自尊心也比较强，就不去上学了。那时候学校老师都是民办老师，都有自留地，可以供给自己种植，平时业余时间去种植。6月1日之后，上午有3堂课，中午还有午睡课，下午一般还有3节课。我在二到三年级的时候，就挂上红领巾，挂红领巾的条件是必须德智体全面发展，表现良好才能挂红领巾，或者成绩好，或者其他某方面表现比较良好。当时书本很少，一般是上面的教育行政主管部门编印发下来的，书本是黑白的。'文化大革命'时期书本内容是与政治有关，一本书有一百多页，文字不是非常多，插图占的比例比较大。有时学校组织校外活动，三年级以上就有出去的机会，特别是我记得清明节的时候给烈士扫墓。体育课中有乒乓、篮球、跑步、沙坑等，乒乓球场在学校的大礼堂内，篮球在村内，学校自己有田径场，场地比较小。教学多数是由老师主导的，师生互动比较少。黑板的墙壁上有些是贴石膏的，用木头做的黑板也有，大小约为1.5米乘以2米，有些是用木板做的。科目有语文、珠算、体育、图画等。我也是红小兵，成绩好的同学中由教师和学校选取，我没有参加多少时间，后来我就看牛、放牛去了。当时'文化大革命'有'打倒刘邓'的运动和口号，红小兵要去参与运动，还有本村里的路口等地方需要红小兵站岗（早上或者晚上），平时做做宣传工作，（拿着话筒）喊喊口号，根据形势的发展口号有所不同。在村里面的大佃农、富农、右派、反革命等成分坏的人，让他们在国庆等节日的时候去进行扫地等义务劳动。"

陆友娣说："因照顾弟妹，我11岁才上学。当时校外儿童要挂红领巾，和现在不同。我这个人不会捉弄人，我人很热心，总想照顾别人。万幸的是，母亲不管我们家里条件怎么样，总要想方设法让我读书，我读了4年。虽然我人小，但比较懂事。后去下应正德小学，读五年级，我选上中队长。结果当时政策变了，15岁及以上即为超龄儿童，不用再读书了。当时我们的班主任张老师很好，让我们晚上坚持去读书。后来因为晚上读书的地点是弃婴地方，张老师带我们去过几次，就不再去了，让我们自己去。当时人小害怕，就不再读书了。随后便开始参加农业劳动，放牛，这时候我大概十六七岁，我开始当生产队妇女队长，这是1962年。我参加农业劳动后，家里弟妹又增加了，有了七姐妹。父亲当生产队长，我是生产队妇女队长。当时在农村，很多家里不让女的读书，也没条件，我家则不然，我哥哥当时已经读大学去了，下面弟妹也都上学了。我曾去教那些农村不识字的人。当时有耕读小学政策，村组织扫盲班，陆安康找到我，让我去扫盲班当老师，教那些人。那时我也就十七八岁，让我晚上备课，中午抽一小时教那些放牛、割草的人读书。当时我害怕母亲骂我，就没告诉她。教书好，我能一提升自己，二热心帮人。后来还是被母亲知道了，挨骂，因为一小时不种田，损失了不少工分。"

陆德良说："我8岁读小学，就是1966年读书，读了5年半，在江六小学，1972年初中去下应中学读。高中在共产主义劳动大学就读，就是现在鄞县中学，在里面读了两年。1976年9月到村里教书，教了4年半，1981年离开学校。刚进学校当教师时比较年轻，当时虞承祁当教导主任，数学、语文、体育全要我负责的。当时我才18岁，普通话不会讲，学了再教学生，江六村里陆惠康他们都是我教的，年龄没比他们大多少。当时我已经开始教拼音，自己也不是很懂，教读虽然不准，但写写还行，马马虎虎还是能教。五七学校是小学初中并拢的，戴帽设立初中一个班，老师就地教，不像现在正规。我做代课教师时，江六就是五七学校，史家码、黎明这些全部来我们的五七学校学习。戴帽意思是原来小学毕业应该去下应中学，结果那时候人多，读出后在自己学校待着，附近史家码小学、黎明小学学生六年级毕业后也来江六读，河东、河西那些是去下应读的。"

陆金康说："我们一年级的时候，高菊菲老师的儿子陆继东也和我们同班，所以高老师一直跟班到我们小学毕业。当时她教我们语文，是我们的班主任老师，普通话教的相当好，非常标准，比我们高一年级的或者比我们低一年级的学生根本不可能和我们比。我们班的梁丽波同学经常参加全校的普通话比赛，学校的早间广播体操是由陆燕珍同学喊口令的，包括我现在在电脑网络和手机聊天一直用拼音的输入法，这确实得益于我们的高老师。全班40多位同学除了一位同学的个人原因外，全部考入了下应公社中心中学，这个成绩在当时相当突出。袁赛英老师是学校的校长，教我们的数学，她教书认真，而且在当时的环境下，她在政治方面的阶级意识比较强，非常正直，作风正派，在生活方面相当朴素。我们班的同学和老师的感情一直很好，经常和老师有联系。一般小学开同学会的很少，但是我们在2010年10月30日开了一次江六小学79届师生联谊会。许乐斌老师虽然没有教过我们的课，但在学哥学姐的口中经常听到，他们说起他数学造诣很高，后来他被调到下应中学任教。当时鄞州区有一届中学升级考，下应中学有4位学生考上了鄞县中学，其中2位是许乐斌老师教过的学生。许老师在教书期间，还经常务农，放学后挑着担，家里的自留地种出来的农作物他老婆还可以上集市卖，生活勤俭朴素，穿着打扮不拘一格，看上去却很严肃。"

下应公社江六小学七九届全体师生三十年聚会
第一排左起：吴萍、陆小玉、陆亚圆、沙珠红、陆梅君、陆惠娥
第二排左起：陆红霞、陆飞芬、陆燕君、高菊菲、袁赛英、陆金康、戴亚明、张明娣、梁丽波
第三排左起：陆祖年、陆金军、陆德云、陆海良、陆培红、陆剑峰、陆忠明（大）、马春芳、陆宏良、戴红军
第四排左起：陆惠儿、陆忠明（小）、陆三忠、陆继东、陆金芳、陆明福、陆启东

　　江六村幼儿园始办于1956年。地点在陆昌善、陆南昌两户家里。当时幼儿园不叫老师，叫阿姨，负责人是张福菊（1928—2014）。幼儿阿姨是陆凤仙（1940—）、陆惠珍（1944—）。勤杂工是白头发婆婆。幼儿园只在农忙季节开办。1978年，江六村办幼儿园，当时有42个儿童。史利英因具备初中文化水平，成为幼儿园老师。一直做了五年，到1983年，改做妇女主任，那年40岁。

四、计生与医疗

　　60年代初，妇代会又积极组织妇女参加集体生产劳动，学习插秧、割稻，使妇女成为农业生产和农田基本建设中一支不可缺少的力量，发挥了半边天作用。70年代开始，农村实行计划生育，妇代会始终把计划生育工作列入自己的重要工作日程，广泛宣传，调查摸底，登记上册，上门走访，做到心中有底，工作有针对性，使计划生育工作形成制度。1984年开始，根据上级指示精神，开展评比"五好家庭"活动，全村累计评出"五好家庭"多户。

历届妇女主任，陆明月、应菊青、陆银娥、柴杏莉（—1974）（期间王彩虹曾任妇女主任）、陆友娣（1974—1983）、史利英（1983—1984）、施金娣（1984—2006）、陈惠君（2006年至今）。

应菊青，陆世谋妻子，当过3年妇女主任，当时才20多岁。那时会议多，这是她最大的印象。后来因为嫂子过世，要到上海接养侄子，便辞掉妇女主任职务。

年青时的陆银娥　　　　　　　　　　晚年时的陆银娥

陆银娥，1934年生。自言："出身贫下中农，父亲开始在陆永庆家帮忙。我没有读过书。解放后，父亲做豆腐，挑着豆腐担，到附近去卖。我拿女子中最高的7级。读过夜校，父母反对。20岁左右，参加速成班。后入党，做大队妇女主任4年，办幼儿班。婚姻自由后，自己找对象，与同村的陆阿三在舟山沈家门部队时结婚。后到公社做半脱产干部，一度当过信用社负责人，直到1978年退休，大女儿顶职。"

柴杏莉（1927—），当过草包厂车间主任、妇女主任。很严厉，谁工作不认真，经常教训人。公社化时，当妇女主任，当了28年，1978年退休的。曾多次被县、区评为计划生育先进集体、先进个人。

陆友娣说："当时是柴杏莉当妇女主任。做妇女主任一要有本事，自己拿得出手，二不要计较。我妇女队长仍然当着，妇女主任改选，我凭票做了妇女副主任。第二年改选，又是我票多，于是我当上了妇女主任。老实说，我凭推荐肯定不能当上妇女主任，只能通过改选才能选上。王彩凤是副主任。根据人口比例，我们大队只有12个孩子好生。有两三个小孩的人，动员绝育。先给结婚

柴杏莉与儿子

人生，做计划生育，解决骂人纠纷，动员做计划生育工作难度很大。"

施金娣，妇女主任。"我1951年出生黎明村，在史家码小学读到4年级，读书时要喊口号，我经常带头。5年级时在下应中心小学，班主任张守芳，会唱歌。后不再读书，在史家码纺麻，1971年出嫁到江六，做草包，纺麻，做田头，做劳保手套。1977年生小儿子，还没满月去上海买纺车，1978年马信华让我去草包厂当会计。1984年接替史利英，代理村妇女主任，1987年正式担任村妇女主任，2006年5月退休。我曾被评为镇十佳共产党员、三八红旗手等，村里计划生育工作做的很多，工作基本上很顺利。1997年入党，现在村拆迁办工作。"

陈惠君，自述："我由1991年从云龙出嫁到江六村后，一直在宁波圣龙集团公司财务部工作。2006年初离职，本想到其他公司从事财务工作，当时刚好村妇女主任改选，在全村范围内选拔村妇女主任。在我不知情的情况下，婆婆为我报了名，后经资格认定、笔试、面试、党员村民代表选举等程序，于2006年3月，出任村妇女主任。在村任职十余年期间，我默默地完成上级布置的各项工作，积极配合村各部门完成各项临时性任务，为村集体荣誉的获得，做出了应有的贡献。"

新中国成立后，党和政府十分重视和关心劳动人民的身心健康，特别是60年代中期，党中央发出把医疗卫生事业的重点放到农村去的指示，村里

村文书陆永华与妇女主任陈惠君在工作

积极响应党的号召。1957 年，江六村创办医务站，设在祠堂南边看楼下。第一代保健员朱德意（1923—1991），主要业务是治小病，实行免费敷料包扎，同时承担各类疫病接种任务。后来，祠堂被公社征用，成为粮库，医务室搬迁到他自己家中。1966 年 2 月，派陆宝华同志去邱隘区半农半医学校培训学医，经近两年半后回村。1968 年 5 月，由村出资创办起了村医疗卫生室，逐步缓解了村里缺医、少药、求医难的状况，村民能基本做到小病不出村，大病上医院。每逢"双抢"季节，天气炎热，村民抢收抢种又特别忙，村医务人员每天上午、下午各一次，背上药箱巡回在田畈村头，为全村村民送医送药，为村里农业生产的发展作出了一定的贡献。村医务人员每年还在不同的季节，做好各项防疫工作，积极完成各项预防接种任务。1971 年，村里实行了农村合作医疗制度，村民全部参加。参加合作医疗人员每年交费 2 元，村内求医报销 80%，个人负担 20%，向县市级医院求医，报销 50%。实行了合作医疗制度以后，来村医疗室求医人员有较大幅度的增加，为此村里又增加了一名医务人员（先后有缪玉儿、张佩琴、陆云成曾担任过村医务人员），并做到 24 小时服务，随叫随到，如有需要还能上门服务。村合作医疗制度的实施，大大减轻了村民求医的经济负担，但同时也加重了村集体经济负担，经 13 年运行，村集体经济难以承受，于 1983 年取消了农村合作医疗制度，改为医务人员承包制度。

陆宝华说："考进鄞县中学以后，大人总也不愿意让我去读书。结果村里要培养一名乡村医生，村里开村民会的时候，我们一个叔叔提出来了。跟书记说，村里要培养一个人去学医，我叔叔就推荐我，让我去。结果村民大会开了以后，经过村干部讨论以后跟我谈了。去的时候报酬没有的，就是每天生活补偿费 2角，问我要不要去。1966 年 2 月，我就去了邱隘区半农半医培训。是东海舰队医训队培训的。地点在阿育王寺。学习两年半以后就回到村里，因为是村里培养的，村里推荐上去的。培养好以后就办村里的医疗站了，为江六村村民服务。办了 1 年以后，那个时候我刚刚是适龄青年，义务兵役制年龄刚刚及格，就体检进了。当初去体检的时候，适龄青年个个都要体检的。那个时候去的人有 19个人，体检进了 5 个名额。结果公社里规定我们江六村分配两个名额。村里医疗队刚刚办起来，再加上当初我后妈一个儿子还在部队，还没有复原。我那个时候的指导思想是最好让我到部队去。体检站里带兵的一个干部也说过：你到部队喜欢去吗？我说喜欢去的。主检科一个来带兵的人说，你喜欢去，好的，给你做本职工作去，部队里卫生办也蛮需要的。结果跟村里衔接一下，村里不同意，名额不在内了，没有去。结果一直在村里当乡村医生，那个时候叫赤脚医生。后来我一直当了 44 年乡村医生以后，在 2007 年进卫生服务站，结果绑在一起了。服务站去做了两年半。我们编外工，不能转正，待遇很低的。江六村支部讨论推荐，我们旧村改造，新村建设，让我做拆迁工作，是拆迁小组里面的成员。卫生院的院长也干脆这样说：虽然你在做服务站，村里知名度也有。村里让你做旧村改造新村建设拆迁工作，你不要妨碍村里工作，也不要妨碍服务站的工作。我们本来服务站里两个医生，两个医生轮流休息。后来辞掉了服务站工作，到村里协助拆迁工作直到现在。"

长期以来江六村村民的生活用水，都依靠村前河流。洗衣、洗菜都去埠头，做饭、烧菜、烧茶等饮用水，多半用家中水缸中存储的水，所以绝大多数村民在家中都备有水缸。水缸中的水有两个来源，一是一大早从河中挑来，我们称为"河水"。二是下雨时从屋檐接引而来，我们称为"天水"。河水常常会有污染，天水虽较为纯净，但经过屋顶后或多或少也有污染，所以两种水作为饮用水都不卫生。1985 年，江六村全面安装了自来水，将水管直接接到每户村民家中，大大提高了广大村民饮用水的卫生标准。

80 年代前，没有抽水马桶，也没有公厕，而露天粪缸却很多。人们大小便要么在家中马桶中方便，要么在露天粪缸中方便，很不卫生，苍蝇、蚊子满天飞，村公共卫生呈现脏、乱、差局面，并且管理难度大。自从自来水接入村里以来，抽水马桶逐渐普及，清理露天粪缸的条件已成熟。1990 年，对住宅区内的所有粪缸进行了折价清除。同年，择址修建了 8 座公厕，配 3 位专职人员，一天 2 次冲刷打扫。同时又新建垃圾桶 30 个，配清洁工 3 位，打扫公共卫生。由此，江六村的公共卫生得到了彻底的改变。

计划生育

中国社会传统观念以多子多孙为福，五世同堂为佳。富豪之家，三妻四妾，儿孙绕膝，称"螽斯衍庆"。早婚早育，沿袭成风。贫农雇农，家无隔夜粮，无力娶妻，竟成绝户。建国初期，国家颁发《婚姻法》，规定最低结婚年龄男为 20 周岁，女为 18 周岁。80 年代最低结婚年龄调整为男 22 周岁，女 20 周岁。大多数青年积极响应晚婚优育号召，自觉延迟婚期。

从 1971 年开始，《计划生育的若干规定》深入农村。村里在各级党组织的领导下，认真落实计划生育的宣传和教育工作，对全村育龄夫妇进行了认真排摸登记，乡村医务人员也积极参与，并成为计划生育领导小组成员。在登记过程中，对村里 40 多对育龄夫妇，其中 10 多对新婚者进行计划生育把关，有效地控制了无计划生育现象发生。同时还从已有两个以上子女的育龄夫妇入手，开展计划生育工作，通过召开全村妇女大会，大力宣传计划生育的好处，明确计划生育的意义。而且会上动员她们响应国家号召实行计划生育，会后上门做思想工作，再宣传再动员。她们被计划生育领导小组的细致深入的工作所深深地感动，对计划生育的意义有了更进一步的认识和了解。在短短几天内，向村里报名要求参加结扎手术的育龄夫妇共有 22 对。经村支部商量后，为有条不紊地开展工作，也为了更好、更快、更方便地实施好结扎手术，一方面及时与上面手术队的医务人员取得联系，要求来村上门为服务。另一方面动脑筋想办法，腾出学校教室来做临时手术室。另外，还安排和落实好术后休息，使做手术后的育龄妇女生活上更方便、更舒心、更安心。术后的育龄妇女，村里还适当发给她们经济补贴，解决了她们的后顾之忧，从此为江六村的计划生育工作打下了良好的扎实的基础。1973 年以后，推广放环避孕，其后放环、人流、引产与结扎 4 项节育措施并行。1978 年以后，县计划生育委员会加强领导，严格控制农村超生及多胎生育，工作有了很大起色。1981 年国家提倡"一对夫妇只生一个孩子"。村里育龄夫妇积极响应国家号召，自觉只生一个孩子，个别家庭经村干部上门做思想工作，大多都能响应国家号召。1991 年，推行"独生子女养老保险金"，为独生子女家长解除后顾之忧。村里曾被宁波市人民政府评为市计生先进单位，三次被县（区）评为计生先进单位，连续多年被公社（乡、街道）评为计生先进单位。

柴杏莉说："我过去两个儿子，四个女儿。两个儿子，大儿子生两个女儿。我大媳妇生的很紧，一断奶就马上怀上了，她跟我讲了：妈妈，我绝育算了。那个时候绝育的人很少，我说：既然你喜欢绝育好了，我也觉得好。我是怎么想的呢？只要他们喜欢绝育好了，我要做人家思想工作，自己要带队。就是说一边乡政府喇叭叫：某某人，计划生育先进。后来我儿子不同意。后来生了第二个小孩后就做了绝育手术，两夫妻不开心了。那我媳妇跟我来讲了，我说名已经报好了。大队书记跟我说，让她慢慢来，我说不可以的，我们自己讲得出做得到。这样村里带动起来了，好多生两个女儿的育龄妇女只好去绝育手术。"

陆宝华说："我担任乡村医生的时候，也配合村里的妇女主任搞计划生育工作。计划生育工作的任务也是比较严的。我们江六村搞计划生育，曾经多次被市、县、公社评为先进单位。当初我的工作是和妇女主任配合的。特别在妇女大会上，也再三宣传家庭搞计划生育。我们村人口多，每年新婚有十二三对、十三四对。公社下来的生育指标只有千分之十，我们一千一百出点零的人，最多只能生 11 个。如果超过了，具体工作要我们自己去做。"

"一对夫妇只生一个孩子"表彰大会留念

江六村代表队参加街道组织的插花比赛

五、养老与社保

五保户

1956 年生产合作社成立后，村里对没有子女、生活无依无靠又身有残疾的社员实行保吃、保住、保穿、保医和保葬的五保政策。江六村当时有两个盲人，一个叫陈忠年，另一个是陆善昌，符合五保条件，被列入"五保户"。逢过年过节，村里都会送衣、送被及其他慰问品等，平时关心他们日常生活，经常派人挑水、送药，帮助求医，当时学校老师还经常组织学生为五保户打扫卫生等活动。后来镇政府组建敬老院，五保对象都入住敬老院，所需费用，均由村里负责支付。

照顾困难户

自集体经济建立以来，村里对一些缺乏劳动力，经济负担重，或因病、因事造成经济困难的家庭，在经济上给予一定的补助。每到年底，村里都会对全村社员的经济状况进行排查，安排一定资金，对当年因病住过院的，或经济负担特别重的社员，给予适当补贴。

老年人劳保

1986 年起，江六村用村集体资金，对全村男 60 周岁、女 50 周岁以上的老年人发放生活补贴费。其中男性每月 15 元，女性每月 10 元。2002 年，土地被征用后，发粮贴。2003 年政府出台《鄞县农村社会养老保险暂行办法》，规定农民必须参加养老保险，保险费一次性交纳，男到 60 周岁，女到 50 周岁，即可每月领取养老金，称农保。保险金由个人交一部分，集体、国家负担一部分。养老金的领取金额，也由开始时的 200 元增加到现在的近千元。

2003 年，政府推出大病医疗保险制度，鼓励农民参保，保险费用一部分个人支付，另一部分由村补贴。村民如遇大病住院，百分之七十五左右的医疗费用能得到报销，减少了村民后顾之忧。后来政府又出台新政策，根据不同年龄和档次，一次性补交一定金额，允许农保参保者转入城镇职工养老保险，已有许多村民转入镇职工养老保险。转入城镇职工养老保险后，不但每月领取的养老金增加，而且也能享受门诊医疗报销政策，夏天还能发放冷饮费，逢年过节还有补贴。

管祠堂的陆利康

　　福利。2005 年起，每年春季村出资组织老年人参加旅游活动，村里派专人全程陪同，并配有医务人员、保安人员等。2012 年根据上级有关指示，考虑到老年人的身体健康和外出安全，取消旅游活动，改为发放旅游补贴，每人每年500 元。历年来，每到年底，村里都对老党员、老干部、老厂长等，对村建设和经济发展做出过重要贡献的老同志，送一定数额的慰问金进行慰问。

村中妇女参加救护知识普及班训班

下应街道"我心中的母亲"演讲比赛

村民参加街道演讲比赛

第三节　民风民俗

村民的人生大事，除了红白喜事外，就是造房子。生死、居住，这是人类生存的基本活动。

一、红白喜事

1. 婚俗

提亲：男女婚姻大事，依父母之命，经媒人撮合，认为门当户对，互换"庚帖"（年龄、生辰八字），压于灶君神像前净茶杯底，以测神意。如三日内家中无碗盏敲碎、饭菜馊气、家人吵嘴、猫狗不安等"异常"情况，则请算命者"排八字"，看年庚是否相配、生肖有无相克，认为周全后始议亲。

定亲：定亲前议亲，议亲始议"小礼"，兴讨价还价。一般"四洋红"或"六洋红"（绸缎衣料4至6件），金戒指两只、金耳环一副；聘礼，小礼三十六，中礼六十四，大礼一百二十（银圆）；食品，个数"六十四"，即包头64对、油包64只、麻饼64只等。尚有老酒2担至8担不等，故生囝有"老酒甏"之称。定亲后，男方将上述礼品用杠箱抬到女方家。女方回礼多为金团、油包及闺女自做的绣品。

定亲凭证：男方送"过书"，俗称"红绿书纸"（纸张两层，外红内绿），女方送"回帖"认可，俗称"文定"，相当于后世的结婚证书，是婚姻的法律凭证。故旧时夫妻吵嘴，妻子常说我是有"红绿书纸"的。

继"文定"后择吉迎娶，由择日店拣"好日"。

亲友送礼，婚礼多是现金，或喜幛、喜轴，并书以"百年好合，五世其昌""天作之合"等。送嫁礼多为绣花或绸缎被面、被头或日用器物，亦有送红枣、花生、桂圆、莲子，寓"早生贵子"意。称媒人为"媒百橱"，媒成能吃上"百餐"，要酬以"谢媒酒"。但婚后如夫妻不和或婆媳不睦，媒人有调解责任。

成亲：请吃酒迎亲的日子叫"好日"。俗谚"请吃酒，亚（音'倭'）拜生"，好日前新郎拿着红纸"知单"请长辈亲友吃喜酒（好日酒），长辈要在自己姓名下写上个"知"字。好日前有待郎、待嫁习俗，双方父母亲请子、女吃包子、蚶子、肘子、栗子、莲子，讨"五子登科"彩头。好日前三五天，男方送女方"轿前担"，一般为鹅2只、肉1方、鱼2尾等。

看嫁资：男方去女方搬嫁资（嫁妆），女方置嫁资于厅堂，让人观看，称"看嫁资"。器物披挂红色彩线，衣服等薰以檀香，箱底放数枚银圆，俗称"压箱钱"。

嫁资搬到男方，亦陈列于厅堂供人观看，亦叫"看嫁资"。由阿婆取女方钥匙包，取钥开箱，俗称"掏箱"。

安床伴郎：迎亲前一日，男方要"安床"，由一位"全福"妇女，取24双筷子系扎红线，安放新郎席子下，称"安床"。婚前一至三天夜里，由一个父母双全的小儇（男孩）伴新郎同睡，睡于床的里边，称"伴郎"。晚上要给这个小儇吃包子、花生、鸡蛋，寓"包生儿子"意。待"好日"那天早晨离开时，要给红包，俗称"挈出尿瓶"。

享先：好日前一二天，男家向赁器店赁得花轿和婚礼器物，张灯结彩，以上等筵席款待贺店，称"细便饭"。好日五更好辰，男家以全副猪羊或五牲福礼及果品，在厅堂供祭"天地君亲师"，俗称"享先"。早餐兴吃"享先汤果"。

坐花轿：闺女出嫁均坐花轿。花轿，俗称"大红花轿"，有四人抬、八人抬之分。坐花轿，尚有明媒正娶、原配夫人之意，女子一生只能坐一次。故夫妻吵嘴，妻子带在嘴边一句话"我是大红花轿抬进门的，又不是走上门的"，以此来炫耀高贵。迎亲日，花轿出门，以净茶、四色糕点供"轿神"。放铳、放炮仗，大红灯笼开路，沿途吹吹打打。新郎不到岳父家迎新，以送娘（喜娘）为使者，持名帖前往。

开面：女家喜娘用五色棉纱线为新娘绞去脸上汗毛，俗称"开面"，客人兴吃"开面汤果"。花轿临门，女家放炮仗迎轿，旋即虚掩大门"拦轿门"，待塞入红包后始开。花轿停放须轿门朝外，女家有人燃着红烛、持着镜子，向轿内照一下，谓驱逐匿藏轿内的冤鬼，称"搜轿"。女家中午为正席酒，俗称"开面酒"，亦叫"起嫁酒"。

上轿：新娘上轿前，经男方喜娘三次催妆，佯作不愿出嫁，懒于梳妆，而后坐娘腿上，娘为女儿喂上轿饭，寓意不要忘记哺育之恩。习俗有三：其一，"哭上轿"。女儿上轿，母亲哭送，哭词多为祝颂、叮嘱的话，新娘动了感情，含泪惜别。其二，"抱上轿"。新娘由兄长抱上轿，进轿坐定后，臀部不可随便移动，寓平安稳当意。其三，"倒熄灰"。新娘座下放一只焚着炭火、香料的火熄，花轿的后轿杠上搁系一条席子。起轿时，女家放炮仗，并用茶叶、米粒撒轿顶。新娘兄弟随轿行，谓之"送轿"。兄弟送至中途即回，且要包点火熄灰回来，并从火种中点燃香或香烟，返家置于火缸，俗称"倒火熄"，亦称"接火种"。

一般习惯，男方陪客10点左右到女方家迎娶，中午在女方家办，晚餐在男方家进行。

拜堂：花轿进门，男家奏乐放炮仗迎轿。停轿后，卸轿门，由一名五六岁盛装的"出轿小娘"迎新娘出轿，用手微拉新娘衣袖三下，始出轿。新娘出轿门，先跨过一只朱红漆的木制"马鞍子"，步红毡，由喜娘相扶，站在喜堂右侧位置。是时，新郎闻轿进门，即伴躲别处，由捧花烛小偍请（找）回，站左侧。

喜堂布置与拜堂仪式：前面挂太公太婆像。有主香公公，多由新郎祖父或祖伯叔担任。主香者和新郎、新娘皆遵赞礼声动作。父亲在前、儿子在后、媳妇殿后，同时行三叩礼。礼毕，退班，送入洞房。

拜堂仪式毕，由两个小偍捧龙凤花烛导行，新郎执彩球绸带引新娘进入洞房。脚须踏在麻袋上行走，一般为5只，也有10只麻袋的，走过一只，喜娘等又递传于前接铺于道，意谓"传宗接代""五代见面"。

入洞房后，按男左女右坐床沿，称"坐床"，由一名福寿双全的妇女用秤杆微叩一下新娘头部，而后挑去"盖头逢"。新郎稍坐即出，新娘换装，客人吃"换装汤果"。而后，新郎、新娘行"拜见礼"，论亲疏、辈分依序跪拜见面，称"见大小"。拜毕，赐红包给新娘，俗称"见面钱"。新娘与同辈见面则作揖，若小辈拜见时，新娘亦给"见面钱"。

贺郎酒：拜堂晚上，男家为好日正席酒，叫"贺郎酒"，新娘须逐桌逐位为长辈和客人斟酒，酒要斟满又不可淌出。酒饮状元红，菜多鸳鸯名。

是夜，有吵新房习俗，谚云："三日无大小。"成亲那天新娘不多与客人说话，吵房时先逗新娘开口，看其衣裳纽扣，五颗纽扣说是"五子登科"，看其脚髁头，说是看老寿星。闹至午夜始散。新郎随出送客，喜娘始铺被褥，新娘即赏以红包，喜娘嫌不足则伴立不走，待增加后才出。新娘关房门，新人共吃"床头果"。新郎上床，新娘"坐花烛"，花烛不可吹灭，烛尽方可上床。有的在白天做好手脚，夜里撬门跳窗进新房，挪走新郎衣裳，吵房成功，新人要罚出糖果、香烟钱。

回门成亲：次日起床，须由新郎开房门。是日，男方备轿请阿舅，阿舅受茶点三道后，退至阿妹，请房歇息。午宴，请阿舅坐首席，称"会亲酒"，忌用毛蟹（娘舅谑称毛蟹）。宴后，用便轿接新郎新娘回娘家，称"回门"。随轿送"望娘盘"一担。岳父母家宴请"生头女婿"，忌用冰糖甲鱼。宴毕返回，新娘一出轿门，宾客中爱闹者预先以二三十条长凳从轿前铺接至新房门，架成"仙桥"，要新郎搀扶新娘从"桥上"走过，客人欢笑催促，若步履稳健，则在新房门前"桥头"凳上再叠上一条凳，并递上一只油包，要新娘口咬油包走过，美其名曰"鲤鱼跳龙门"。第三日，"三日入厨下，洗手做羹汤"，新娘下厨，煮糖面分赠四邻。

满月盘：新婚弥月，岳父母家遣人送礼品一担，谓"满月盘"。又送礼券若干，金额不等，供婿家酬谢襄办婚事人员，俗谓"花笑票"。

堂檐结婚，拜祖宗、拜天地、拜父母。一直用木船，上放篷子，多为借来的。即便只有一点路，也要用船来接新娘。否则，被人说自己送上门，嫁不出去。有钱人家出嫁用轿子，无钱人家用船。现在有时嫌轿车档次不高。明媒正娶，以前离婚是不允许的，媳妇会说：花轿抬进，棺材抬出，表示一生不离不弃。现在有的婚菜还没有吃完，半个月就离婚了。50 年代前，花轿进门，拦轿时，需要一千谷，相当于一头牛钱。女方嫁妆，结婚时同时抬进来。后来，改为提前三天，先将嫁妆送过去，要办酒席。只有长辈，如外婆、祖母之类可以开箱。压箱钱，用今日的话，是随嫁钱，是带来的财产。有时叔姑会说"吃我们家饭"，此时新娘会说"我靠阿娘压箱钱吃饭的"。有钱人家，有时会压上田契之类。看过，就相当于公证过了，否则说不清楚。随嫁钱，是一个新妇的本钱。

业余媒人，可以吃一桌酒。酒席结束以后，另送上一桌菜，作为谢礼。有熟的，也有生的。除了菜，还要送酒。有钱时，送一担即两坛黄酒。凭票供应时代，只能送上一斤酒。如职业媒人，就是要收钱。俗话说"攀亲不如择媒"，熟悉媒人说媒，相当要紧，对双方知根知底，信任度高，他感觉双方差不多，才会考虑做媒。

新中国成立前，穷人结婚十分简单。陆亨程说："我大概二十多岁结婚，当时没钱，很穷，没办酒席。"解放初期，结婚尚简。60 年代后期至 70 年代初，结婚拜堂时，证人手拿《毛主席语录》，高呼："祝伟大领袖毛主席万寿无疆，祝林副主席身体永远健康。"陆友娣说："我是 1966 年左右结婚。自己找对象，我和他谈恋爱，在当时属于一个风波，因为当时找对象不看外表，不看家境，看的是劳动能力。我劳力很足，看上我的人很多。我自己认为学历低，需要文化，想找他依靠依靠。当时我们的生活是早上种田，晚上去民兵训练俱乐部玩，没过多久，两人结婚。当时结婚没几桌，菜样式很简单，'文化大革命'时期不能铺张，不像现在。亲戚朋友有送来《毛主席选录》当礼物的。"陆素莉说："结婚时老公那边兄弟也多，他从小没有干活，田里活不会做，只能做轻松工作，只有六七级工分。分开没房子，买了破楼，拆掉，重建了 2 间屋。慢慢好了，也是卖西瓜卖出来的，加上儿子赚钱了，好多了。结婚时也没钱，只办了没几桌，兄弟姐妹来吃一顿就好了，娘家生活也困难。"

陆瑞夫（1919—1983）与刘兰英（1914—1975）20 世纪 50 年代结婚证

2. 白事

丧葬之礼，要经过做寿域、送终、更衣浴尸、移尸、报表、吊祭、穿丧服、入殓、出殡、入穴、熏沐、做头七、做百日等顺序。

做寿域：也称做寿坟。富家老年人多择地做寿域，域内放"寿砖"、茶壶、油瓶（称"寿油"）各二。墓碑"寿域"两字涂以红漆，以示空穴，日后进柩则改涂黑漆。做寿域须择双日，以初十为吉日，本人不可在场。

送终：病人弥留之际，家属环侍床前目送，小辈要跪在榻前。送终以子女到齐为"福气好"，倘有儿子尚在途中未赶到，有的为临死者灌参汤，以延续时辰。待一断气，俗谓咽下最后一口"海底痰"，再平卧，家属方可号哭举哀。旋即焚烧锡箔纸钱，谓之"送盘缠"。

浴尸：老人逝世，孝子撑伞、挈桶至水井或河边焚化纸钱并汲水，用新毛巾擦抹死者，谓"买水浴尸"。一般是儿子浴父尸，女儿浴母尸。浴毕，为死者梳发整容，修剪指甲，换穿寿衣。亦有临终前换上寿衣者。

移尸：由长子捧头，幼子扛脚，移尸于堂前间的木板床上，称"移板头"。移尸过天井，则要撑伞遮住，谓尸不见日。移妥，于死者脸上盖一块白布，俗称"盖面白"。脚后点油灯一盏，谓给死者照明，俗称"脚后灯"。停尸后眷属方可哭啼。

报表：即向亲朋们报死讯，路近的派人，路远的电话电报。

守灵：陪死尸或陪夜，孝堂悬孝幔，设祭桌，摆灵位，焚香燃烛，做"灵前羹饭"，由尼姑诵经，念伴打醮。孝子等眷属卧在尸侧草荐（草垫）上，谓之"陪尸"。到"大殓"（落材），再轮流守灵，直到"出丧"。

破孝：死者眷属裁制孝服，谓之"破孝"。给来吊唁亲眷分白布裁制孝服，谓之"散白"。孝服有区别。孝子孝孙穿麻衣，着蒲鞋，腰束草绳，头戴"三梁草冠"，孝孙于帽檐扎一块圆形红布，以示孝中有吉，侄子辈戴"二梁草冠"。嫡亲，男者"白帽头"圆顶，远亲方顶。女眷戴孝兜，状如披风，有长有短，女儿、媳妇所戴最长，一般女眷亦戴白包头。族内本家晚辈穿麻衣，同辈则穿白衣。

大殓：亦叫入木、入殓、落材。人死后，一般停尸三日，特殊情况也有五日、七日，俗称"几日排场"。贫家即日或次日出殡，富家择日出殡。一般择单日、拣潮涨时辰大殓，故俗谓"看潮水落材"。一般用稻草灰铺棺材底，富家用石灰，上铺灯芯碎末，俗称"灯芯眼"，摊上材席，放置枕头、搁脚，称"元宝枕"。由孝子捧头扛足，帮忙者四人抓起兜尸被的四角，纳尸入棺，俗称"落材"。尸脚须碰着棺材板，并要说一声"脚踏实地"。尸体周围放24包或32包石灰，俗称"包头"，死者生前所爱的器玩，连浴尸时剪下的指甲、趾甲用纸包好一并纳入。然后依次叠盖眷属亲友所送"重被"，由执事者两人一呼一应，盖一条要喊一声是某人所送（如同今日报送花圈者名单）。相传宁波俚语"骗侬落棺材"出典于此。最后一条重被为孝子或孝孙所送，俗称"子孙被"。盖棺前，揭开"盖面白"，谓"见亲人"，使亲人最后一见。合棺盖敲梢钉封棺时，亲人须抚摸棺材，谓可减轻死者"疼痛"。殓成，眷属号哭，并围棺拉成圆圈，绕行数周。最后做"入木羹饭"，孝子孝眷亲友分批跪拜祭奠。并系好绳索、备好棺杠，俗称"太平杠"。

出殡：俗称出丧。普通人家灵柩上盖条红被面或红毡条。贫家出丧两人抬出，称"独龙杠"。富家灵柩罩以柩套，抬柩者有4人、8人，多至16人，称"阔绰天平杠"。灵柩过桥，孝子先过桥跪迎，还要呼一声"过桥啦"，待柩过再起行。途中逢亲友祭奠，称"路祭"，则歇柩受祭，孝子叩谢。

入域：柩至墓域，先祭山神土地，祈神庇佑。孝子率送葬者先左后右绕墓域三圈，而后启墓门，用芝麻秆、点心食品烘墓穴，谓之"暖圹"。纳柩于域，有藏墓志铭（石或砖）者，掩封墓门，覆土墓顶，焚明器、草冠等于墓侧，倚丧仗棒于墓前。送丧者一般半途即回，至亲送至坟山。回程循原路返，进丧家门，须跨越门前燃烧着的稻草堆，俗称"燂火麻"。送丧者离开丧家不须告别，丧家也不送别。

做七、做百日、做周年：接死者亡日算起，每隔七天做祭奠羹饭，谓"做七"，其中以头七、五七、七七为大七，亦有逢单作大七者。五七则谓死者在"望乡台"，有不吃家乡饭之说，由女婿祭奠。至七七，称"断七"。在"七七"四十九天中，如遇初七、十七、二十七相重，称"重七"，做羹饭时重空碗一只，延至做百日、做周年，至三周年止。每次纪念活动时，念经烧香、做羹饭。

做阴寿：即为亡父亡母做寿，亦自五十岁起每逢十做寿。寿堂陈素色，阴寿寿宴称"做十头"，至满百岁而止。

招魂：死于他乡，或死于"飞来横祸"，无尸骨可归，家人以衣服饰为人状，置于竹竿上摇晃，望空遥祭，谓之"招魂"。也有做"衣冠冢"者。

丧礼一般三天，这要考虑季节，如夏天不可能长，也没有必要长，尸体容易腐烂发臭。为防止腐烂发臭，有钱人家会购几块冰，放在尸体两旁压着。办喜酒，要请人来吃；办白事，邀请后不来不失礼。办白事，菜好坏不可说。办喜事，可以说。必须有白豆腐，表示对死人的尊重。不用牛肉。牛是耕田手，是牛大王，平时就不吃。不吃牛肉，表示对长辈的尊重。否则，长辈会被阎王惩罚，成为牛头马面。宗族观念，即便平时吵过架，心中有想法，遇上丧事，也必须要来。可以不吃饭，但一定要帮忙。否则，会被人说。有钱不稀罕，没钱才稀罕。没钱人家，也能叫到人来帮忙，才是稀罕事。

通过戴不同颜色的帽子来区别是哪一代人。一至三代用白帽，四代是黄帽子，五代是红帽子。现在人结婚晚，所以出现红帽子的概率越来越小，四代都少了。红帽子多，表示死者高寿，那要祝贺。出葬时，有的静悄悄，就是抬出去，放放炮仗。陆明华说："1970年爷爷去世，享年82岁，那时年纪算大了。那时候年纪大的人出丧，我们年轻人要去抬棺材，去抬一把，做做好事，出出丧，可以去霉运。"陆如法说："如遇到年纪大的、子孙多的、福气好的老年人过世出丧，年轻人都想去抬一下棺材。年轻人出娘胎第一次抬棺材，这叫破肩。意思是借好福气，以后会印在自己身上，讨一个彩头。以后，可以给人家抬材帮忙了。"

1996年12月1日起，鄞县各村全面实行火化。村里第一位实行火化的是夏阿四（1918—1996），火化日期是1996年12月10日。从此全村实行火化殡葬制度。

近年，红白喜事的排场越来越大，越来越复杂。本质上，礼俗是有钱人有闲人意义表达复杂化的产物。对于没有钱的人来说，就是简单地做一下。

3.过生日与做大寿

男子到 30 岁开始过生日。如果已经结婚，由丈母娘送生日礼，负责做生。40 岁不做，"四"与"死"谐音。50 岁生日不可错过，一定要做的。60 岁不做，怕阎王勾走其人。古人寿命多短，一甲子 60 年，多数人不容易达到，60 岁容易成为人生的上限，人们不敢做 60 岁生日。70 岁以上，人称大寿，所以 70 岁、80 岁、90 岁、100 岁，均可以庆祝，称做大寿。宁波习惯，逢 9 做寿，即 69、79、89、99 岁做寿。不过，也有个别人喜欢逢十做寿。

做大寿时，提倡敬天地，忌大肆操办，怕惊动阎王。经常会发现一些过生日以后几月人就走了的现象。实际情况中，有些老人不喜欢做寿。因为做寿活动虽然是子女操办的，但孙子、玄孙来庆祝时，老人要送红包。每人 200 元，有时要送几千元。这对没有钱的老人来说，是一笔不小的支出，所以老人内心不太乐意。

此外，宁波有 66 岁吃 66 块肉的习俗。父母到 66 岁时，女儿要送 66 块肉，一碗上下覆着的糯米饭，上放一条龙头烤。以前真的是 66 块大肉，现在因老人怕吃肉，所以做成很小的 66 块肉。到娘家以后，不能直接从大门送进来，要从窗口递进来。意谓开后门，大门有阎王管着。在新楼房时代，则用绳子吊上来。也有人简易化，仅在门口放一张凳子，隔着凳子递进来。

二、四时八节

春节：是农历正月初一，这是我国民间最隆重、最热闹的一个传统节日。此日必须起得早，由家里的主要劳力男人即老公开门，意思是大门开正元宝滚进来。还必须放炮仗称"开门炮"。讨过吉利，如果三只炮仗有一发不响的话，放炮仗的人会说："阿拉闷声发大财。"如果炮仗只会"趣"的一响，放炮仗的人会说"炮仗放趣趣，阿拉今年稳督主"等吉利话。那天男女老少皆穿新衣新裤、脚穿新鞋新袜。早点，宁波人家家户户都吃浆板汤果，有团团圆圆、甜甜蜜蜜之含义。在吃之前，要设香供拜灶君菩萨，也要设香供奉已故的长辈。早餐后，携妻带儿，拎着礼品给长辈拜岁，称贺岁。与人相见皆拱手作揖，给小辈拜岁钱。直系亲戚走过，过年结束了。初一吃汤果、汤团。

清明节：清明节是我国传统节日，也是最重要的祭祀节日，是祭祖和扫墓的日子。扫墓俗称上坟，是祭祀死者的一种活动。按照旧的习俗，扫墓时，人们要携带酒食果品、纸钱等物品到墓地，将食物供祭在亲人墓前，再将纸钱焚化，为坟墓培上新土，折几枝嫩绿的新枝插在坟上，然后叩头行礼祭拜。

二月初八抬菩萨：据说，约公元前11世纪，殷商纣王暴虐无道，朝中奸佞专权，忠臣良将惨遭迫害，曾经显赫沙场、战功卓著的五大元帅竟死于纣王刀下，万民痛泣。百姓为感念五元帅生前恩德，建府造殿，并塑了红、黄、蓝、白、黑五尊神像，含义"金、木、水、火、土"，也就是东、南、西、北、中五方位神。东方神勾芒为木，南方神祝融为火，西方神蓐收为金，北方神玄冥为水，中央神后土为土，是从佛、道、儒三教崇五神之愿。"五皇殿"也称"都神殿"，主要是为了祭祀五方治瘟之神而得名。这五方之神分别为赵公明、张元伯、钟七秀、刘元达、史文业五兄弟，可为百姓驱逐瘟疫，而后百姓将每年的农历五月廿五日定为五都神的圣诞日，虔诚膜拜神灵。这种佛教神和民间神合一的现象，反映了百姓对神灵信仰的融合，也是对丰收的渴望。宁波东乡一带素有"二月初八抬菩萨"的大型民间活动，每年的农历二月初八日清早，各村壮实后生自发组织到五皇殿抬菩萨，祈求国泰民安、风调雨顺、降福黎民，这是旧社会老百姓祈盼美好生活的愿望。菩萨每到一地，主人必定出门迎请，要给红包。"二月初八菩萨出殿巡道"这项千年民间风俗一直沿袭至今。江六村提供的是黑脸菩萨，眼睛会动。2016年二月初八江六村的抬菩萨活动，已经由伶意婚纱摄像公司拍成录像，放在土豆网上供人观看。

端午节：端午节为每年农历五月初五，又称端阳节、午日节、五月节等。过端午节，是中国人二千多年来的传统习惯，女儿回娘家，挂钟馗像，迎鬼船，躲午，帖午叶符，悬挂菖蒲、艾草，游百病，佩香囊，备牲醴，赛龙舟，比武，击球，荡秋千，给小孩涂雄黄，饮用雄黄酒、菖蒲酒，吃粽子、五毒饼、咸蛋和时令鲜果等。旧时在端午节还有以雄黄涂抹小儿额头的习俗，即用雄黄酒在小儿额头画"王"字，一借雄黄以驱毒，二借猛虎（"王"似虎的额纹，又虎为兽中之王，因以代虎）以镇邪。一般女婿还得以鱼肉鹅送岳父母，用重篮盛之，少者四色，多者八色、十二色，称"端午担""节料"。近年来未婚女婿，端午送节料的甚多，但食品的花色已发生较大改变。

中元节：农历七月十五为中元节，民间也称"鬼节"。各地祭祖，做七月半斋饭，或放"焰口"为野鬼安魂。俗传阴司自七月初一放"饿鬼"，民间集资请和尚或道士诵经念咒，并沿街设祭，有竹篮盛碗肉鱼酒及馒头、南瓜、豆腐、毛豆等十二碗，祀无主鬼魂，称"下檐斋饭"。祭时路边焚冥锭、纸衣、车柜、纸马。祭毕，祭品送乞丐食之。并演"目连戏"敬神。乡土谚语云："七月老三掇银子。"近年民间每户从七月初一到七月十五之间都在家祭祖，俗称"做七月半斋饭"。

中秋节：中秋节为农历八月十五，宁波为农历八月十六。旧时各家都祭祖，吃月饼，并以月饼互赠，晚上以香烛果品供月，对月饮酒。八月十五、十六是月亮在一年之中离地球最近的时候，晚上月亮最亮、最圆，亲人们一起吃月饼、赏月，也寓有团团圆圆之意。

重阳节：农历九月初九为重阳节，人们就把重阳节登高的风俗看作免灾避祸的活动。另外，在人们的传统观念中，双九还是生命长久、健康长寿的意思，所以后来重阳节被立为老人节。现在的重阳节更是年轻人尊老敬老的节日。

冬至节：冬至，是我国农历中一个非常重要的节气，也是一个传统节日，时间在每年的阳历 12 月 22 日或者 23 日。冬至是北半球全年中白天最短、黑夜最长的一天，过了冬至，白天就会一天天变长。古人对冬至的说法是：阴极之至，阳气始生，日南至，日短之至，日影长之至，故曰"冬至"。冬至过后，各地气候都进入最寒冷的阶段，也就是人们常说的"起九"。民间有"冬至大如年""冷在三九，热在三伏"的说法。在冬至日人们常吃糯米粉搓成的圆子，俗称"冬至汤果"，加些番薯叫"番薯汤果"，取"翻身"之意。

祭灶：腊月二十三日或二十四日又称小年。祭灶与过年有着密切的关系。因为，在一周后的大年三十晚上，灶王爷便带着一家人应该得到的吉凶祸福，与其他诸神一同来到人间。灶王爷被认为是为天上诸神引路的。其他诸神在过完年后再度升天，只有灶王爷会长久地留在人家的厨房内。迎接诸神的仪式称为接神，对灶王爷来说叫作接灶。祭灶时将灶台收拾得干干净净，在灶台上粘一张灶神像，像两旁一般写上"上天奏好事，下界保平安"的楹联，供上糖糕点之类的祭灶果。这一习俗沿袭至今。祭灶后的祭灶果，一般都分给小孩食用。有"吃过祭灶果，来年乖乖过"的说法。

除夕：除夕是我国传统节日中最重大的节日。指农历一年最后一天的晚上，即春节前一天晚，因常在夏历腊月三十或二十九，故又称该日为年三十。一年的最后一天叫"岁除"，那天晚上叫"除夕"。除夕这天的晚饭为"年夜饭"，人们往往通宵不眠，叫守岁。吃年夜饭，是春节家家户户最热闹愉快的时候。大年夜，丰盛的年菜摆满一桌，阖家团聚，围坐桌旁，共吃团圆饭，心头的充实感真是难以言喻。人们既享受满桌的佳肴盛馔，也享受那份快乐的气氛。这天，即使不会喝酒的，也多少喝一点。一年一度的团年饭充分表现出中华民族家庭成员的互敬互爱，这种互敬互爱使一家人之间的关系更为紧密。家人的团聚往往令一家之主在精神上得到安慰与满足，老人家看着儿孙满堂，一家大小共叙天伦，过去对子女的关怀与抚养付出的心血总算没有白费，这是何等的幸福。而年轻一辈也正可以借此机会向父母的养育之恩表达感激之情。

压岁钱是由长辈发给晚辈的，有压岁钱的家里是吃完年夜饭后，人人坐在压岁钱桌旁不许走，等大家都吃完了，由长辈发给晚辈，并勉励儿孙在新的一年里学习长进，好好做人。有的人家是父母在夜晚待子女睡熟后，放在他们的枕头下，更多的人家是小孩子们齐集正厅，高呼"爷爷奶奶、爸爸妈妈新年快乐"，列队跪拜，而后伸手要红包。甚而追讨到爷爷奶奶的卧房，一齐跑到床沿，大嚷特嚷："压岁钱，压岁钱！"老人家还嫌不够热闹，故作小气，由讨价还价到围攻摸索，最后把老祖宗的红包找出来，大家抢掠一空，才呼啸而散。老人家逢此情景却乐不可支，认为这是新年事事顺利的好兆头。过年给压岁钱，体现出长辈对晚辈的关爱，和晚辈对长辈的尊敬，是一项整合家庭伦理关系的民俗活动。80年代后，各家年夜饭后到房前屋后放焰火、鞭炮、爆竹，此起彼伏，久久不绝。近20年来，许多农户围着电视观看中央电视台的"春节联欢晚会"节目，快到零点时，又放焰火、鞭炮、爆竹，很是热闹。

三、低俗习尚

陆凤定说："老底子还要赌，以前风俗很坏的。"不少人因为赌博，输得比较惨。也有人强调，人一生之中也是要跌倒，才会获取经验。当时的赌博工具，主要是牌九、挖花、麻将。

牌九（天九）：用木、骨或象牙制成。牌九是由骰子演变而来的，但牌九的构成远较骰子复杂，例如两个"六点"拼成"天牌"，两个"幺点"拼成"地牌"，一个"六点"和一个"五点"拼成"虎头"。因而牌九的玩法也比骰子更为多变和有趣。在明清时期盛行的"推牌九""打天九"都是较吸引人的游戏。32只（也有用20只）骨牌，3—4颗骰子，1个骰盅。牌九的基本玩法就是以骨牌点数大小分胜负。骨牌牌九又分大牌九与小牌九，大牌九是每人4张牌，分为大小两组，分别与庄家对牌，全胜全败为胜负；小牌九是每人两张牌，胜负立现，由于玩法干脆利落，小牌九流行较广。

挖花：起源于唐代，首先在皇宫兴起，是宫廷贵族们发明的一种益智游戏。挖花由牌九演化而来，是一种非常挑战智力的游戏，奇趣无穷。民国时期，宁波各地曾流行过一种叫"挖花"的博戏，和现在盛行的麻将一样，由 4 个人参加。所不同的是搓麻将只搓不唱不念，而挖花却要结合唱。游戏分为天、地、银、长 4 家，每人 20 张牌，通过吃牌、杠牌等方式，使手中的牌按照相关规定的牌型条件和牌。玩牌过程中要按"挖花调"高声吟唱，出牌者以打出的牌为题材，即兴随编随唱，唱词琅琅上口，词句押韵，大多以历史题材、现实故事和民间风流韵事为主要内容。历史题材多取自《三国演义》《水浒传》《红楼梦》和经典戏曲等。其中风流韵事方面的唱词，有时显得粗俗，但也不乏真挚动人的。有文化水平的人编唱的词句都是书面语言，词句通顺，或巧用成语、俚语，或嵌用典故，或比喻生动有趣；文化水平偏低或是文盲的玩家，则编唱粗俗简单的顺口溜，或借用别人编撰的现成唱词。到 20 世纪 50 年代，挖花词调在宁波基本上销声匿迹了。[①]

四、慈善助人

江六人的慈善活动，在培罗成公司中体现得最为明显。

培罗成公司注重慈善活动。初在江六村。1992 年，捐资 10 万，修江六祠堂。修成法路，出资 22 万。修建河岸，出资 20 万。有时还出资几万，用于做戏等娱乐活动。多年累计出资十多万元，用于村妇女劳保。

企业转制后，培罗成公司的慈善活动逐步转向整个社会：

1998 年，向湖北省抗洪救灾捐赠 166.6 万元。

1998 年，捐资 50 万元在贵州晴隆县捐资修建培罗成希望小学。

2002 年，向宋庆龄基金会捐资 100 万元用于儿童文教事业。

2004 年，总裁陆信国入选福布斯慈善家排行榜。

2004 年，向冯骥才民间文化基金会捐资 100 万元。

2006 年，培罗成集团再次联合赵文瑄向宋庆龄基金会捐款 100 万元。

---

① 张心智：《"挖花"唱词》，《宁波晚报》2011 年 1 月 9 日。

2007 年，在江西彭泽县建鄞青希望小学，支持边远山区的教育事业。

2009 年，向宁波市鄞州区慈善总会捐款 1000 万用于教育事业。

2014 年，向光彩事业捐赠 200 万；为五水共治捐赠 200 万。

2015 年，获第四届宁波慈善奖最具爱心捐赠奖。

陆信国一直认为，赚钱不是终极目标，人需要快乐，而陆信国的快乐在于，奋斗的时候享受过程，事业发展后又不忘回报社会。在他眼里，行善积德是人的快乐之源。多年来，陆信国一直支持当地经济的发展，他数次为村里捐款，用以修缮公路和改善村民生活环境等公益事业。作为宁波市青联的委员之一，他在力所能及的范围内鼎力支持团市委和青联的工作。当宁波团市委发起"大学生助学计划"的时候，他慷慨解囊为助学基金出资 50 万元。而他个人每年都拿出一定资金帮助贫困大学生求学。至今，在他帮助下走进大学课堂的贫困学生几乎可以坐满一个教室。陆信国非常关心自己资助的学生，即使业务再忙，只要有资助学生前来寻访或者求职、求助，他都会放下手头的事情，帮助、解决学生们的实际困难。在他的扶持下，现如今，不少青年创业者的企业已经走上了快速发展的道路。当初一大学生创办的医药公司去年的销售额已达 7000 万元，成立时只有百余家客户的会计师事务所目前的服务对象已发展到一万多家。

在获悉著名文学家冯骥才先生在为民间文化的抢救挖掘奋力奔波时，陆信国一次性捐资 150 万元发起成立冯骥才民间文化基金会；捐资 50 万元在贵州晴隆县兴建"培罗成希望小学"。2009 年培罗成集团成立 25 周年时，更是捐款 1000 万元支持本地教育事业。在陆信国看来，慈善，不应该只停留在捐款上，而应该是一种像"造血"一样的更具可持续性的援助方式，正所谓"授人以鱼不如授人以渔"。一次，他去甘肃参加一个慈善活动，从兰州出发，驾车行驶 3 天来到当地一个贫困县，而看到的一幕让他震惊了：当地一所泥土砌成的小破房里，黑压压地坐着 170 多个小学生，而整个学校，只有 3 个上了年纪的老师，这些老师大多也只有小学文化水平。一个想法在他内心萌生：学校的硬件要跟上，但软件尤为重要，那些贫困地区的学生迟早会毕业离开，但是那些老师们还要继续他们的教育事业，老师的教学水平直接决定着下一代学生的学习质量。

早在 2002 年，得知宋庆龄基金会要组织"西部园丁培训计划"，陆信国慷慨解囊，这一年的 10 月 20 日，他在北京人民大会堂代表培罗成集团公司向宋庆龄基金会捐赠 150 万元人民币，得到了社会的广泛赞誉和业内人士的尊重。到目前，他向宋庆龄基金会捐赠的金额已达到数百万元。2011 年 9 月 22 日，怀着对社会的回报之心，培罗成集团在北京人民大会堂向中国宋庆龄基金会捐赠200万元人民币，全部用来支持宋庆龄基金会开展"培罗成少数民族教师培训项目"。近几年，培罗成集团已捐助宋庆龄基金会分别在内蒙古、广西、新疆、云南等地举办多期培训班，对1000余名少数民族教师进行了有针对性的培训。

2008年向鄞县慈善总会捐赠10万元，2009年向鄞县慈善总会捐赠1000万、向中国光华科技基金会捐赠210余万元（衣物），2010年向中国光华科技基金会捐赠45万余元（衣物）、向清华大学捐款200万元、向低碳排污工程捐款50万元。

多年来，陆信国累计捐款近2000万元，支持公益事业，先后被授予"宁波市大学生助学计划杰出贡献奖""浙江省第二届希望工程贡献奖""第八届浙江省十大杰出青年"等称号，陆信国也进入世人关注的福布斯视野，跻身2003年和2004年度福布斯中国慈善家排行榜前50名行列。

五、观念信仰

江六村里局很早以前就建有海月堂，后又建有草庵、金崇庙，这些都是因信奉佛教而形成的。现在草庵已改造成村出租的厂房，海月堂现搬迁到鄞县大道旁边。20世纪50年代时，曾有4个尼姑还俗，到劳保厂劳动。2009年，金崇庙已原址重建，经常有信奉佛教者前去烧香、拜佛。

金崇庙

金崇庙大门

金崇庙祭祀鲍盖。鲍盖是鄞东颇受尊重的一位神。鲍盖（267—316），东汉时鄞县人。永兴三年（307），任鄞县县吏，居高钱青山村（今鄞州东钱湖梅湖村）。鲍盖为官清正，两袖清风，除暴安良，保障安宁，深受老百姓爱戴。建兴四年（316），鄞东一带闹灾荒，百姓流离失所，食树皮度日。正当危难之时，适逢鲍盖押粮船队在海上遇到风浪，驶至鹿江（今高钱）暂避，见途中饿殍遍野，群众跪地求救。鲍盖见此情景，悲痛万分，泪水纵横，毅然将所押运粮赈济灾民。因难以向官府交差，他投江自尽。卒后百姓将其从鹿江捞起，葬于高钱旁的王鹿山（今石山弄麂山）。百姓为感其恩德，表彰英灵，在鄞东、鄞西一带纷纷设立庙宇祭祀，并在其故居青山建立"青山庙"。^① 南朝梁大通间（527—529），封永泰侯。唐圣历二年（699），县令柳惠古迁祠于县城，建明州鲍君永泰王庙。宋代崇宁二年（1103），因尚书丰稷奏称犯哲宗皇帝陵名，改称灵应庙，俗称大庙（今宁波市镇明路仓桥头）。政和八年（1118），封为惠济王。宣和三年（1121），封为威烈王。宣和六年（1124），封为忠嘉王。建炎四年（1130），封为广灵王。嘉定四年（1211），封及鲍盖的父母及夫人。端平三年（1236）后，又封为神圣王。元至正二十年（1360），改封为忠嘉神圣

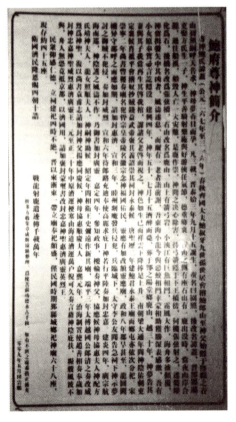

金崇庙鲍盖

① 邵启龙：《西晋浙东鄞县县吏——鲍盖》，汲纫轩的博客 2008 年 11 月 1 日。

惠济广灵英烈王。^① 据民国《鄞县通志》记载，整个鄞县城乡有鲍盖庙达 68 座，约占全县庙宇的五分之一。其中尤以鹿山鲍盖墓周边的东钱湖、邱隘、东吴及宁波城厢等列庙祠数十座，左右前后绵亘百余里。自唐宋迄今，俎豆几历千载不衰，春秋祈祭，声名盛于浙东。^② 由此可知，这是浙东沿海鄞县地区最有影响的海神庙。

---

　　① 史锡祺:《恭述境主鲍王行略》，见《鄞东史氏宗谱》卷首。又单行抄本，称为《天王庙记金崇庙境主鲍王行略》，收藏于宁波市图书馆。

　　② 鲍贤昌、鲍雄:《鲍盖与宁波灵应庙》，《鲍氏文苑》第 12 期。

第六章　江六专题村民史 ①

江六村档案中，保留了详细的村民历史资料，这是最有价值的村民历史档

---

① 这一章的篇幅相当大，而且多是表格。许多村民不理解，为什么要用这么多表格。你看邻村编纂的村史，如《黎明村史》《胜利村史》，就没有这么多的表格。只要一个人口统计数字即可，不必那么详细列出具体的迁出人名与时间。有的村民直接提出，外迁的人与我们村不搭界了，还要写他干吗？这代表了部分村民的想法，是村民中真实存在的想法，所以有必要做一个解释。这一章的主题是反映普通村民的历史，人人入史，每个村民的名字进入村史，这是新的村民史的核心宗旨所在。但是，普通村民的数量太大，我们又无法一一详写，那怎么办？我们的想法是，得有详有略，用专题视野来观察。略者，就是村民卒年表、生年表、婚嫁表、迁移表。虽然简略，但至少保留着村民的基本要素，有真实的人名与生卒年，准确的婚嫁时间与对象、准确的迁移时间与迁移地点。有了具体的人名与时间，那才是微观历史。详者，就是专题村民史。这就是本章"专题村民史"的由来。仅列举人口统计数字，那是传统村志的做法，其历史记录的意义是远远不足的。道理很简单，概括性的数字过于抽象，只有宏观历史意义，对领导了解整体人口变迁面貌有利，但对了解微观个体村民历史的意义不大。将不同村民的生卒年编在一个表格里，这是一种公共化的行为。通过这种表格，就可使私人化的人物成为公共村民史的一部分。这些普通村民的生卒年，有时连他们的子孙后代都弄不清楚，更别提外人了。他们根本记不住自己祖先的生卒年，他们至多记住其祖先活了多少岁。这样的表达方式，只有私人的生存时间累计意义，而没有进入世界共同的历史纪元长河之中。有必要用表格形式涉及外迁的村民吗？村民之所以会有这样的排外想法，这与 20 世纪 50 年代以来中国户籍管理制度有关。新中国实行的是单一在籍居住管理原则，这弱化了传统的宗族户籍管理。强化地缘管理，弱化血缘管理，那是新中国现代国家建设的结果。这样的结果，迁出本地的人，就成为外地人；迁出中国的人，就成为华侨。这些村民出身江六村，但后来迁移到外地生活与工作了，不再属村委管辖，也不直接与村人共同生活与工作，于是他们成了"外地人"。那些人也会说，籍贯某地。这样的"外地人"观念，从村委管理来说可以接受，部分村民因居住管理习惯而有这样的观念也是可以理解的，但从现代村民史编纂来说，却是不能接受的。何以如此？道理很简单，能迁移出去的村民，往往是村民中比较优秀的那部分，是村民中的精英，是村历史中值得大费笔墨书写的人员。更何况，他们本人是迁出了，但其直接的、间接的亲属还在村中。这些外迁的村民，会通过现代交通通讯手段，与家乡亲人间还保留着间接的联系，他们仍然在一起，只是空间范围扩大了，不再局限于一个小村落的实际居住。有时，这些外迁村民特别是第一代外迁者的家乡观念相当强烈，时刻关心着家乡的变化、家乡的人与事，这是生活在村中的人无法理解或体验的。20 世纪 50—80 年代那种凝固的生产队集体生活，90 年代以后逐步崩溃了。当 21 世纪旧村改造后，新村色彩更浓了，人们的生活与工作地会更散了，空间会更扩大，这是一种历史趋势。村民应有这样一种更为广阔的村民活动空间视野，才能更好地理解本章的含义。这样的大空间视野，也是中国历史学界的一贯做法。

案。有了各类详细的表格，就可知道各个时期每个普通村民的变化状况。这是微观历史，是具体而真实的历史。新村民史编纂中的村民，是籍贯意义上的村民，而不完全是户籍意义上的村民，所以它涉及的村民范围会比实际在册村民范围大。

第一节　人口家庭

一、总人口分析

总人数、总户数：1962年到2013年，江六村在籍人口总数和家庭户数均呈上升趋势。总人口数量从1962年的880人，增加到2013年的1249人，净增369人，增加了41.93%。其中男性由421人增加到582人，净增161人，增加了38.24%。女性由459人增加到667人，净增208人，增加了45.30%，可见女性增幅大于男性。总户数由1962年的223户上升到2013年的492户，增加269户，增加了120.23%，远远高于人口总数增加幅度，由此可见每户家庭成员明显减少。1962年平均每户人数3.95人，2013年平均每户人数2.54人，减少了1.41人，减少了35.7%。

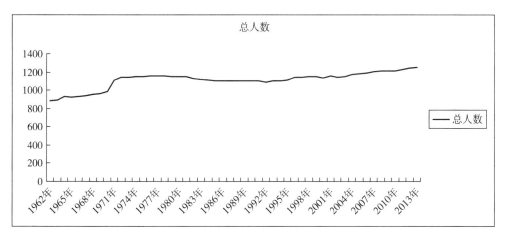

1962—2013年村人口总数变化图表

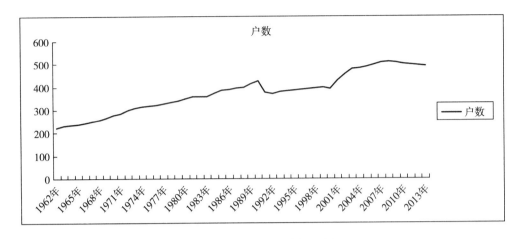

1962—2013 年村户数变化图表

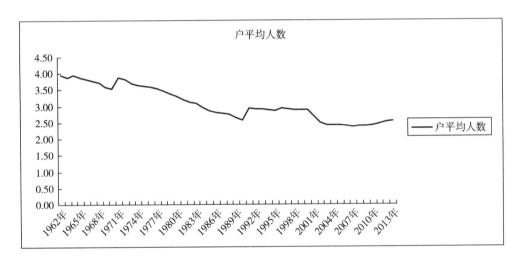

1962—2013 年村户平均人数变化图表

静态现状（至 2014 年 11 月 20 日）

姓氏结构：江六村现有总人口 1263 人，户数 482 户，均为汉族，无少数民族。陆姓占绝对多数，其他还有张、陈、徐、梁、沙、李、毕、盛、钱、戴、王、黄、邵、项、朱、夏、郑、许、金、包、章、周、袁、虞、董、史、赵、胡、马等，共有 99 姓（含婚迁女），其中复姓三个，姓氏分别为诸葛、上官、司徒。陆姓人氏 584 人，占 46.24%；户主为陆姓的有 291 户，占 60.37%。张姓、陈姓在籍总人数分别为 54 人和 52 人，户数分别为 22 户和 13 户，人数占 4.28% 和 4.12%，户数占 4.56% 和 2.70%。其他各姓氏共 573 人，156 户，人数占 45.37%，户数占 32.37%。

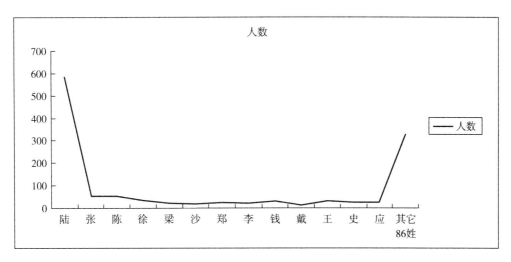

2014 年 11 月 20 日村姓氏人数图表

性别比例：全村男性 582 人，占 46.08%。女性 681 名，占 53.92%。

年龄结构：100 周岁以下，90 周岁以上 5 人，其中男性 3 人，女性 2 人。90 周岁以下，80 周岁以上 33 人，其中男性 9 人，女性 24 人。80 周岁以下 70 周岁以上 73 人，男性 34 人，女性 39 人。70 周岁以下，60 周岁以上 210 人，其中男性 97 人，女性 113 人。60 周岁以下，50 周岁以上 217 人，其中男性 90 人，女性 127 人。50 周岁以下，40 周岁以上 213 人，其中男性 111 人，女性 102 人。40 周岁以下，30 周岁以上 135 人，其中男性 56 人，女性 79 人。30 周岁以下，20 周岁以上 166 人，其中男性 74 人，女性 92 人。20 周岁以下，10 周岁以上 110 人，其中男性 56 人，女性 54 人。10 岁以下 101 人，其中男性 52 人，女性 49 人。

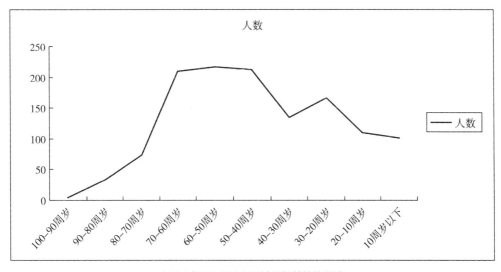

2014 年 11 月 20 日村民年龄结构图表

二、户主年龄分布

表一　江六村户主年龄表（截至 2015 年）

序　号	户主姓名	出生年月	序　号	户主姓名	出生年月
1	徐道增	1920 年 1 月	24	林定娥	1933 年 4 月
2	陆仁年	1920 年 9 月	25	陆秀花	1933 年 8 月
3	应凤琴	1923 年 3 月	26	柴瑞娣	1933 年 9 月
4	郑秀花	1923 年 11 月	27	陆阿月	1933 年 12 月
5	陈阿香	1926 年 4 月	28	俞友根	1934 年 3 月
6	陆宝全	1926 年 5 月	29	陆敏根	1934 年 4 月
7	姚阿毛	1926 年 7 月	30	李美丽	1934 年 9 月
8	张赛月	1927 年 2 月	31	戴杏菊	1935 年 1 月
9	俞桂香	1927 年 9 月	32	陆启鸿	1935 年 2 月
10	柴杏莉	1927 年 11 月	33	陆黑炭	1935 年 5 月
11	方梅香	1927 年 11 月	34	陆秀娣	1935 年 5 月
12	陆益鹤	1928 年 1 月	35	陆阿珠	1935 年 6 月
13	张和义	1928 年 3 月	36	乐菊英	1935 年 7 月
14	应阿娥	1928 年 5 月	37	史小娥	1935 年 8 月
15	薛菊香	1928 年 1 月	38	毛如青	1935 年 12 月
16	林爱云	1929 年 1 月	39	张英娣	1936 年 1 月
17	孙阿康	1929 年 6 月	40	陆利康	1936 年 1 月
18	应菊青	1930 年 1 月	41	陆阿三	1936 年 1 月
19	陆亨成	1930 年 7 月	42	陆金康	1936 年 2 月
20	张信娣	1931 年 1 月	43	陆龙全	1936 年 3 月
21	蒋美玲	1931 年 1 月	44	陆夏英	1936 年 7 月
22	盛信根	1932 年 7 月	45	王银凤	1936 年 12 月
23	张光跃	1932 年 12 月	46	陆安祥	1936 年 12 月

序 号	户主姓名	出生年月	序 号	户主姓名	出生年月
47	樊月英	1937 年 1 月	74	梁泰安	1943 年 7 月
48	章登娣	1937 年 2 月	75	陆惠明	1943 年 9 月
49	陆宏德	1937 年 4 月	76	陆柏华	1943 年 9 月
50	徐后德	1937 年 5 月	77	陆如元	1943 年 1 月
51	应阿英	1937 年 7 月	78	陆善法	1943 年 11 月
52	陆昌善	1937 年 9 月	79	陆炳浩	1943 年 12 月
53	孙彩英	1937 年 1 月	80	黄慈菊	1944 年 3 月
54	陆启道	1937 年 12 月	81	陆惠珍	1944 年 4 月
55	虞承礽	1937 年 12 月	82	史利英	1944 年 5 月
56	陆徐来	1938 年 1 月	83	缪美菊	1944 年 9 月
57	陆国才	1938 年 3 月	84	陆忠法	1944 年 1 月
58	树阿菊	1939 年 2 月	85	包祖升	1944 年 1 月
59	李淑英	1939 年 3 月	86	徐昌福	1944 年 11 月
60	陆开如	1939 年 5 月	87	陆惠元	1944 年 11 月
61	殷菊英	1940 年 4 月	88	项国荣	1945 年 2 月
62	陆见立	1940 年 4 月	89	陆月章	1945 年 5 月
63	姜赛花	1941 年 1 月	90	陆惠中	1945 年 5 月
64	陆亨珠	1941 年 2 月	91	黄夏翠	1945 年 7 月
65	陆惠宾	1941 年 3 月	92	金甫英	1945 年 9 月
66	陆开元	1941 年 9 月	93	陆美梅	1945 年 11 月
67	陆伟良	1941 年 1 月	94	陆左尧	1945 年 11 月
68	方杏翠	1941 年 12 月	95	陆玉意	1945 年 11 月
69	陆定康	1942 年 1 月	96	陆明和	1945 年 12 月
70	陆凤定	1942 年 6 月	97	陆国荣	1946 年 1 月
71	陆锡云	1942 年 1 月	98	梁翠娣	1946 年 5 月
72	陆光良	1942 年 1 月	99	刘永祥	1946 年 8 月
73	陆 义	1943 年 2 月	100	缪玉儿	1946 年 8 月

序 号	户主姓名	出生年月	序 号	户主姓名	出生年月
101	陆海章	1946 年 8 月	128	陆如法	1948 年 9 月
102	陆惠良	1946 年 9 月	129	陈朝良	1948 年 9 月
103	乐国明	1946 年 9 月	130	王爱凤	1948 年 11 月
104	陆海仁	1946 年 9 月	131	陆国和	1948 年 11 月
105	陆惠达	1946 年 1 月	132	陆忠年	1948 年 11 月
106	陆祖宏	1946 年 1 月	133	陆瑞元	1948 年 12 月
107	缪明菊	1946 年 1 月	134	陆明祥	1948 年 12 月
108	梁阿六	1946 年 1 月	135	忻亚翠	1949 年 1 月
109	陆启祥	1946 年 12 月	136	项国伟	1949 年 1 月
110	陆全德	1947 年 1 月	137	陆志成	1949 年 1 月
111	陆祥福	1947 年 3 月	138	王素琴	1949 年 2 月
112	陆月娣	1947 年 3 月	139	张如根	1949 年 5 月
113	吴根花	1947 年 3 月	140	陆金尧	1949 年 7 月
114	金 彩	1947 年 8 月	141	陆生康	1949 年 7 月
115	陆善祥	1947 年 8 月	142	章永兴	1949 年 7 月
116	钱信国	1947 年 11 月	143	陆贤丰	1949 年 8 月
117	陆贤和	1948 年 1 月	144	忻杏英	1949 年 8 月
118	陆国成	1948 年 2 月	145	陆珠翠	1949 年 8 月
119	陆善年	1948 年 3 月	146	邵德成	1949 年 9 月
120	施利娥	1948 年 3 月	147	陆宏珠	1949 年 1 月
121	陈惠龙	1948 年 3 月	148	陆的考	1949 年 11 月
122	沙裕康	1948 年 4 月	149	梁太山	1949 年 11 月
123	水德美	1948 年 5 月	150	陆炳宏	1949 年 12 月
124	忻尚君	1948 年 7 月	151	陆宏年	1950 年 2 月
125	许杏云	1948 年 8 月	152	陆宏元	1950 年 3 月
126	史桂利	1948 年 8 月	153	戴国民	1950 年 4 月
127	毕美华	1948 年 8 月	154	陆国方大	1950 年 4 月

序　号	户主姓名	出生年月	序　号	户主姓名	出生年月
155	王瑞英	1950 年 1 月	182	张善良	1952 年 7 月
156	陆宝华	1950 年 11 月	183	陆海良	1952 年 7 月
157	张信亮	1950 年 12 月	184	陆国康	1952 年 8 月
158	周洪太	1950 年 12 月	185	陆昌龙	1952 年 9 月
159	马信龙	1951 年 1 月	186	陆元龙	1952 年 9 月
160	陆良年	1951 年 4 月	187	陆永福	1952 年 9 月
161	陆明良	1951 年 5 月	188	陆松年	1952 年 1 月
162	陆仁和	1951 年 5 月	189	毕国方	1952 年 1 月
163	李燕琴	1951 年 6 月	190	李良美	1952 年 11 月
164	励英美	1951 年 6 月	191	钱信福	1952 年 12 月
165	陆开祥	1951 年 8 月	192	盛仁康	1952 年 12 月
166	陆亚琴	1951 年 8 月	193	陆甫宝	1952 年 12 月
167	沙土金	1951 年 8 月	194	张美娣	1953 年 1 月
168	郑惠国	1951 年 1 月	195	陆惠康	1953 年 2 月
169	陆惠国	1951 年 1 月	196	陆才方	1953 年 5 月
170	陆素莉	1951 年 1 月	197	夏小狗	1953 年 7 月
171	陆锡芳	1951 年 12 月	198	施惠君	1953 年 8 月
172	陆生宝	1952 年 1 月	199	陆海彪	1953 年 1 月
173	陆明华	1952 年 1 月	200	陆国良	1953 年 11 月
174	陆方年	1952 年 1 月	201	陆太龙	1953 年 11 月
175	张丽华	1952 年 2 月	202	陆菊利	1953 年 12 月
176	陆根棠	1952 年 2 月	203	陆全利	1953 年 12 月
177	陆序孝	1952 年 2 月	204	陆利丰	1953 年 12 月
178	陆国裕	1952 年 3 月	205	陆吉良	1953 年 12 月
179	陆玉琴	1952 年 5 月	206	黄惠良	1954 年 1 月
180	陆惠定	1952 年 6 月	207	陆培元	1954 年 2 月
181	杨英娣	1952 年 6 月	208	朱金天	1954 年 3 月

序　号	户主姓名	出生年月	序　号	户主姓名	出生年月
209	陆永年	1954 年 3 月	236	陆贤焦	1956 年 8 月
210	陆志明	1954 年 3 月	237	夏二毛	1956 年 8 月
211	陆惠兴	1954 年 4 月	238	陆惠敏	1956 年 12 月
212	陆国平	1954 年 4 月	239	陆甫康	1956 年 12 月
213	陆惠斌	1954 年 5 月	240	陆福康	1956 年 12 月
214	张信娣	1954 年 5 月	241	陆开棠	1956 年 12 月
215	郑永庆	1954 年 6 月	242	张文君	1957 年 1 月
216	张　芹	1954 年 1 月	243	陆明芳	1957 年 1 月
217	陆国忠	1954 年 1 月	244	陈美花	1957 年 1 月
218	许杏花	1954 年 11 月	245	郑小芳	1957 年 5 月
219	陆根良	1954 年 11 月	246	陆松和	1957 年 5 月
220	陆启华	1955 年 1 月	247	陆飞宏	1957 年 7 月
221	陆亚玉	1955 年 4 月	248	陆全良	1957 年 8 月
222	陆忠方	1955 年 4 月	249	陆惠太	1957 年 9 月
223	陆甫华	1955 年 7 月	250	陆瑞宝	1957 年 1 月
224	陆明国	1955 年 7 月	251	徐年菊	1957 年 1 月
225	陆昌年	1955 年 7 月	252	梁友兴	1957 年 11 月
226	陈国龙	1955 年 8 月	253	陆祖康	1958 年 1 月
227	陆凤翠	1955 年 9 月	254	郑龙飞	1958 年 1 月
228	陆永全	1955 年 9 月	255	陆小平	1958 年 1 月
229	陆凤莉	1955 年 12 月	256	陆永华	1958 年 3 月
230	戴再良	1956 年 3 月	257	王乐君	1958 年 5 月
231	张忠良	1956 年 3 月	258	陆福良	1958 年 6 月
232	林月花	1956 年 5 月	259	陆智良	1958 年 6 月
233	章宏权	1956 年 5 月	260	陆忠良	1958 年 7 月
234	陆信方	1956 年 6 月	261	陆岳年	1958 年 8 月
235	陆惠明	1956 年 8 月	262	陆明方	1958 年 8 月

序 号	户主姓名	出生年月	序 号	户主姓名	出生年月
263	沙土国	1958 年 9 月	290	陆金彪	1962 年 9 月
264	钱贤庆	1958 年 1 月	291	陆明福	1962 年 9 月
265	许惠萍	1959 年 1 月	292	陆明富	1962 年 1 月
266	陆贤宏	1959 年 1 月	293	陆建成	1962 年 11 月
267	陈爱国	1959 年 2 月	294	陆良才	1962 年 11 月
268	陆跃考	1959 年 2 月	295	陆启丰	1962 年 11 月
269	陆瑞金	1959 年 3 月	296	陆忠康	1962 年 12 月
270	陆金良	1959 年 5 月	297	陆健年	1962 年 12 月
271	夏三毛	1959 年 5 月	298	徐海龙	1962 年 12 月
272	陆小明	1959 年 6 月	299	李善生	1963 年 1 月
273	陆如中	1959 年 7 月	300	张水龙	1963 年 2 月
274	陆国良	1959 年 8 月	301	陆龙标	1963 年 4 月
275	陆德良	1959 年 8 月	302	李玉英	1963 年 4 月
276	张金良	1959 年 11 月	303	陆国华	1963 年 5 月
277	陆茹君	1960 年 2 月	304	陆小和	1963 年 5 月
278	张佩忠	1960 年 4 月	305	陆如洪	1963 年 6 月
279	蔡国君	1960 年 6 月	306	陆国华（3队）	1963 年 8 月
280	黄金良	1961 年 1 月	307	戴再芳	1963 年 11 月
281	陆才康	1961 年 7 月	308	陆信宝	1964 年 1 月
282	陆昌杨	1961 年 7 月	309	张义龙	1964 年 1 月
283	陆惠福	1961 年 8 月	310	郑惠高	1964 年 2 月
284	项国坤	1961 年 11 月	311	陆兆年	1964 年 2 月
285	陆祖光	1962 年 4 月	312	陆惠贤	1964 年 3 月
286	陆贤小	1962 年 6 月	313	徐海虹	1964 年 5 月
287	陆惠业	1962 年 6 月	314	陆贤宏	1964 年 5 月
288	盛如康	1962 年 6 月	315	陆金福	1964 年 6 月
289	史荷花	1962 年 7 月	316	陆国华（5队）	1964 年 7 月

序 号	户主姓名	出生年月	序 号	户主姓名	出生年月
317	钱信华	1964 年 7 月	344	虞 放	1966 年 3 月
318	陆仁才	1964 年 1 月	345	陆国方	1966 年 4 月
319	陆惠岳	1964 年 12 月	346	梁忠法	1966 年 8 月
320	陆云成	1965 年 1 月	347	徐亚芬	1966 年 9 月
321	陆明福（5 队）	1965 年 2 月	348	陆亚楼	1966 年 1 月
322	沙惠国	1965 年 2 月	349	陆祖年	1966 年 11 月
323	徐吴荣	1965 年 3 月	350	陆爱君	1966 年 11 月
324	陆惠祥	1965 年 3 月	351	陆宏斌	1966 年 11 月
325	陆亚南	1965 年 4 月	352	陆金军	1966 年 12 月
326	陆国海	1965 年 4 月	353	曹飞红	1966 年 12 月
327	盛智龙	1965 年 4 月	354	陆宏良	1966 年 12 月
328	陆国良（1 队）	1965 年 5 月	355	史国英	1967 年 3 月
329	郑荣子	1965 年 6 月	356	陆金康（3 队）	1967 年 5 月
330	陆惠尔	1965 年 6 月	357	陆 萍	1967 年 7 月
331	陆朝良	1965 年 9 月	358	戴亚明	1967 年 8 月
332	梁连甫	1965 年 1 月	359	陆国宝	1967 年 8 月
333	陆立泉	1965 年 1 月	360	蔡国祥	1967 年 1 月
334	丁鸿英	1965 年 12 月	361	陆忠明	1967 年 1 月
335	陆根才	1966 年 1 月	362	应文雅	1967 年 1 月
336	陆文光	1966 年 1 月	363	陆剑峰	1967 年 11 月
337	陆慈伟	1966 年 2 月	364	陈翠金	1967 年 11 月
338	陆太浩	1966 年 2 月	365	张陆位	1967 年 12 月
339	毕惠芳	1966 年 2 月	366	陆 明	1967 年 12 月
340	陆仲如	1966 年 3 月	367	陆立新	1968 年 1 月
341	王秀华	1966 年 3 月	368	陆志康	1968 年 2 月
342	陆国民	1966 年 3 月	369	陆金康（1 队）	1968 年 3 月
343	陆金芳	1966 年 3 月	370	陆明法	1968 年 3 月

序 号	户主姓名	出生年月	序 号	户主姓名	出生年月
371	李善法	1968 年 5 月	398	陆如标	1969 年 1 月
372	陆贤忠	1968 年 6 月	399	陆银芳	1969 年 1 月
373	陆昌祥	1968 年 6 月	400	陆永贤	1969 年 1 月
374	陆燕意	1968 年 6 月	401	陆明校	1969 年 11 月
375	陆小君	1968 年 9 月	402	陆 健	1969 年 11 月
376	陈荣耀	1968 年 9 月	403	周智育	1969 年 12 月
377	陆小东	1968 年 1 月	404	忻亚静	1970 年 1 月
378	沙宏年	1968 年 1 月	405	陆贤宏	1970 年 2 月
379	陆海山	1968 年 1 月	406	陆 军	1970 年 2 月
380	沙贤龙	1968 年 11 月	407	陆立国	1970 年 3 月
381	陆贤良	1968 年 11 月	408	陆国太	1970 年 3 月
382	徐思红	1968 年 11 月	409	陈建设	1970 年 6 月
383	陆继芳	1968 年 12 月	410	陆海云	1970 年 8 月
384	陆宏国	1968 年 12 月	411	陆建达	1970 年 9 月
385	陆国康（7 队）	1969 年 1 月	412	陆海铁	1970 年 1 月
386	徐铭芳	1969 年 1 月	413	陆萍平	1970 年 1 月
387	陆年达	1969 年 3 月	414	乐远忠	1970 年 11 月
388	包云仙	1969 年 3 月	415	陆幼东	1970 年 11 月
389	张宏伟	1969 年 4 月	416	陈英方	1970 年 11 月
390	董际伟	1969 年 4 月	417	陆尊芳	1970 年 12 月
391	陆太涌	1969 年 4 月	418	邵国富	1971 年 1 月
392	赵士国	1969 年 7 月	419	王金莲	1971 年 2 月
393	陆忠富	1969 年 7 月	420	陆国宏	1971 年 2 月
394	陆红益	1969 年 7 月	421	陆建平	1971 年 2 月
395	陆美君	1969 年 9 月	422	陆宏胜	1971 年 3 月
396	陆启君	1969 年 9 月	423	陆青华	1971 年 8 月
397	陆吉宏	1969 年 9 月	424	徐赛萍	1971 年 9 月

序 号	户主姓名	出生年月	序 号	户主姓名	出生年月
425	薛 琴	1971 年 9 月	452	陆君方	1975 年 1 月
426	陆贤方	1971 年 1 月	453	梁广水	1975 年 5 月
427	陆淑红	1971 年 11 月	454	张秋平	1975 年 8 月
428	陆雪芳	1971 年 12 月	455	陆松鹤	1976 年 2 月
429	陆正大	1971 年 12 月	456	陆济方	1976 年 2 月
430	陆君侠	1971 年 12 月	457	陆伟海	1976 年 2 月
431	徐铭伟	1972 年 1 月	458	陆建良	1976 年 8 月
432	陆福华	1972 年 1 月	459	陆泳吉	1976 年 1 月
433	陆英海	1972 年 1 月	460	陆华君	1976 年 11 月
434	施世静	1972 年 1 月	461	张广赟	1976 年 12 月
435	陆彩成	1972 年 5 月	462	陆良宏	1977 年 1 月
436	陆军宝	1972 年 7 月	463	陆军海	1977 年 1 月
437	金烈保	1972 年 8 月	464	陆成龙	1977 年 2 月
438	陈友方	1972 年 9 月	465	沙峰达	1977 年 3 月
439	陆彩君	1972 年 1 月	466	陆琴波	1977 年 12 月
440	陆海明	1972 年 1 月	467	陈建芳	1977 年 12 月
441	陆吉良	1972 年 1 月	468	陆小良	1978 年 3 月
442	陆建艇	1972 年 11 月	469	陆海波	1978 年 5 月
443	陆立伟	1972 年 12 月	470	周爱英	1978 年 11 月
444	陆建宏	1973 年 1 月	471	沙素方	1978 年 11 月
445	陆正伟	1973 年 1 月	472	陆海红	1978 年 11 月
446	陆亚美	1973 年 1 月	473	陆 波	1979 年 1 月
447	陆海光	1973 年 7 月	474	陆晓高	1979 年 1 月
448	陆高跃	1974 年 1 月	475	陆高峰	1979 年 2 月
449	沙贤宏	1974 年 4 月	476	卢军华	1979 年 4 月
450	陆良华	1974 年 8 月	477	赵士军	1979 年 6 月
451	钱 棣	1974 年 9 月	478	戴 硕	1979 年 8 月

序　号	户主姓名	出生年月	序　号	户主姓名	出生年月
479	陆高宏	1979 年 1 月	492	陆可宁	1982 年 1 月
480	周　波	1979 年 1 月	493	陈　妍	1982 年 6 月
481	陆嘉慧	1979 年 11 月	494	陆鲁波	1982 年 8 月
482	陆　斌	1979 年 11 月	495	陆建云	1982 年 1 月
483	邹良明	1979 年 12 月	496	夏如波	1982 年 1 月
484	陆贤益	1980 年 1 月	497	陆丰华	1982 年 11 月
485	陆亚方	1980 年 3 月	498	陆建卫	1983 年 3 月
486	钱逢春	1980 年 4 月	499	郑　磊	1983 年 8 月
487	梁广健	1980 年 5 月	500	陆　峰	1983 年 11 月
488	陆剑波	1980 年 12 月	501	钱樟军	1984 年 11 月
489	包永贵	1981 年 7 月	502	梅基隆	1985 年 11 月
490	陆元甲	1981 年 1 月	503	张亚蓉	1985 年 12 月
491	陆彦坤	1982 年 1 月	504	胡伟康	1991 年 3 月

旧时，宗族的传统习俗，男人是家庭的支柱，占据支配地位。男人以种田、垦荒、种植各种农作物或外出学徒、打工等供养父母、妻儿。妇女则处从属地位，一般都在家煮饭烧菜、缝补洗刷、养儿育女。子女习惯都从父姓。家庭如有三兄四弟的，在未婚之前都随父母同居一处。儿子结婚后开始从家庭中分离出去，自立门户，建立新家庭，兄弟分居异灶。分家时一般都请亲属中的长辈来作公证。有的家庭年老无子，由兄弟之子过继给伯父或叔父作继子，继子有财产继承权。无子女的夫妇可以领养孩子，叫"螟蛉子"。螟蛉子成家后，必须赡养父母直至寿终，才有财产的继承权。没有儿子，只有一个女儿可以择婿入赘，俗称"上门女婿"，以照顾年老体弱的岳父母，使老人家生活起居有所依靠。

由于历史原因，在"不孝有三，无后为大"的封建礼教影响下，男尊女卑，重男轻女的思想非常严重。家中有三男四女，父母家产只归儿子继承，女儿不得享受。如果有父母特别疼爱的女儿出嫁，可送一些财产作女钱陪奁。赡养父母则是儿子的义务，出嫁的女儿不负赡养父母的义务，故有谚语"嫁出的女儿，泼出去的水"。这个习俗一直沿袭至 20 世纪 70 年代，并至今对年老长辈仍有深远的影响。

80 年代以后，随着改革开放的深入开展，村民的思想观念已发生了根本的变化。儿子成家以后，一般都自动从父母家中分离出去，儿子赡养父母的职责依然存在。出嫁的女儿每逢过年过节，就送礼、送物、送钱给父母，有的也主动承担父母的部分赡养费用。由于国家实行计划生育，独生子女现已一批批成家。所以现在许多家庭都将女婿当作儿子，媳妇当作女儿，家庭和睦相处，共同尽心尽力培养下一代。

高寿老人。徐道增（1920—），目前是村中最长寿的老人，已经 98 岁了。徐道增原为黄岩人，16 岁开始做泥水匠。1956 年到江六村，一生从事泥水匠工作，一直做到 82 岁才停止。村里的泥水活，多由他来做。现在过着十分幸福的生活，多次说享了共产党的福。

陆仁年（1920—2016，谱名世慈，字顺年），也是一位享年 88 岁长寿老人。

徐道增

陆仁年

第二节　村民变迁

从历史角度来说，村民的人口结构变化主要表现为生、卒与嫁、娶两大方面的四个点。村民史，是过世的与活着的村民共同的历史，也是嫁出去与娶进来村民的共同历史。

一、过世的村民

死亡：1964 年到 2013 年江六村共死亡 383 人，2010 年死亡人数最多，共 15 人，2004 年死亡人数最少，共 2 人。1964 年死亡率最高，为 1.3%，2004 年死亡率最低，为 0.17%。1987 年到 2013 年江六村死亡者平均寿命为 70.59 岁。

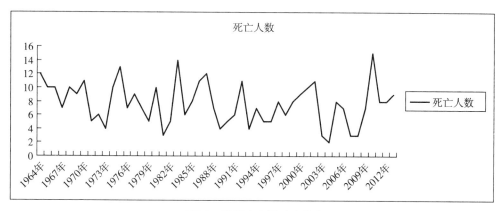

1964—2012 年村死亡人数表

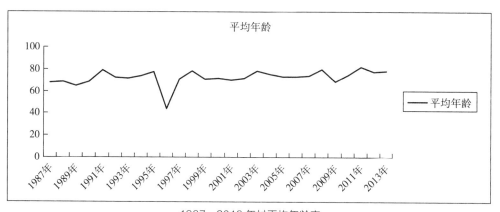

1987—2013 年村平均年龄表

表二　过世村民表（截至 2015 年 4 月）

姓　名	性别	出生年月	死亡年月	姓　名	性别	出生年月	死亡年月
张美云	女	1898 年 12 月	1964 年 1 月	陈云梅	女	1890 年 9 月	1964 年 11 月
梁友良	男	1963 年 12 月	1964 年 1 月	林玲娣	女	1915 年 11 月	1964 年 11 月
沈美玉	女	1914 年 2 月	1964 年 2 月	陆阿大	男	1964 年	1964 年
唐静妙	女	1931 年 12 月	1964 年 4 月	陆阿小	男	1964 年	1964 年

姓　名	性别	出生年月	死亡年月	姓　名	性别	出生年月	死亡年月
陆云明	男	1962 年 5 月	1964 年	方岳香	女	1897 年 3 月	1968 年 1 月
王阿云	女	1884 年 10 月	1964 年	史姣娣	女	1892 年 5 月	1968 年 5 月
陈昌荣			1964 年	项国方	男	1953 年 5 月	1968 年 5 月
陆玉英	女	1964 年 12 月	1965 年 1 月	陆茂兴	男	1910 年 8 月	1968 年 11 月
陆菊定	女	1927 年 9 月	1965 年 2 月	沙明洪	男		1968 年
陆美玉	女	1965 年 3 月	1965 年 3 月	陆中云	男	1898 年 10 月	1968 年
孙银娣	女	1960 年 1 月	1965 年 5 月	柴姣林	女		1969 年 1 月
陆国高	男	1964 年 8 月	1965 年 6 月	陆抱来	男	1902 年 11 月	1969 年 2 月
陆阿棠	男	1906 年 10 月	1965 年 7 月	马祥云	男	1888 年 9 月	1969 年 3 月
陆阿小	女	1965 年 7 月	1965 年 7 月	陈桂兰	女		1969 年 5 月
陆爱娟	女	1965 年 5 月	1965 年 10 月	陆安方	女		1969 年 7 月
陆永龙	男	1925 年 8 月	1965 年 12 月	徐慎兴	男	1896 年 5 月	1969 年
唐阿翠	女	1888 年 8 月	1966 年 1 月	夏德甫	男		1969 年
史翠玉	女	1883 年 9 月	1966 年 3 月	陆昌深	男	1922 年 11 月	1970 年 1 月
应真香	女	1906 年 9 月	1966 年 5 月	叶云香	女	1895 年 11 月	1970 年 2 月
陆凤亚	女	1963 年 4 月	1966 年 7 月	何阿月	女	1917 年 4 月	1970 年 2 月
陆定心	女	1884 年 2 月	1966 年 8 月	陆昌琴	男	1910 年 5 月	1970 年 3 月
孙信娣	女		1966 年 9 月	陆岳成	男	1966 年 11 月	1970 年 5 月
陆顺庆	男	1910 年 1 月	1966 年 9 月	陆泰方	男	1926 年 1 月	1970 年 5 月
陆根德	男	1906 年 2 月	1966 年 12 月	施姗利	女	1913 年 3 月	1970 年 8 月
傅月意	女	1885 年 6 月	1966 年	蔡阿五	男	1900 年 11 月	1970 年 9 月
陆见心	男	1902 年 12 月	1967 年 7 月	张阿土	男	1933 年 6 月	1970 年 9 月
姚翠凤	女		1967 年 9 月	王夏英	女	1902 年 6 月	1970 年 10 月
应佛光	女	1885 年 5 月	1967 年 10 月	陆贤德	男	1905 年 3 月	1970 年 10 月
陆乐久	男	1889 年 5 月	1967 年	陆克勤	男	1901 年 11 月	1971 年 5 月
陆阿华	男	1892 年 5 月	1968 年 1 月	姚杏姐	女	1910 年 9 月	1971 年 7 月
陆茹宝	男	1961 年 4 月	1968 年 1 月	孙翠玲	女	1887 年 10 月	1971 年 7 月

姓　名	性别	出生年月	死亡年月	姓　名	性别	出生年月	死亡年月
陆宏飞	女	1971 年 9 月	1971 年 10 月	陆乐根	男	1889 年 5 月	1975 年 10 月
陆荣庆	男	1892 年 3 月	1971 年 10 月	郁小贤	女	1906 年 1 月	1975 年 10 月
陈惠玉	女	1972 年 1 月	1972 年 1 月	陆见光	男	1922 年 4 月	1975 年 11 月
张阿青	女	1899 年 8 月	1972 年 3 月	陆信法	男	1897 年 10 月	1975 年 11 月
陆焕章	男	1905 年 3 月	1972 年 7 月	陆宝夫	男	1929 年 9 月	1975 年 11 月
董翠英	女	1893 年 11 月	1972 年 11 月	陆云桂	男	1902 年 9 月	1975 年 12 月
曹金香	女	1895 年 2 月	1972 年 12 月	梁阿二	男	1902 年 3 月	1975 年 12 月
张惠琴	女	1928 年 2 月	1973 年 3 月	李善姣	男	1899 年 9 月	1976 年 1 月
陆云甫	男	1890 年 9 月	1973 年 8 月	金顺翠	女	1894 年 1 月	1976 年 2 月
陈翠凤	女	1893 年 8 月	1973 年 9 月	梁开仁	男	1892 年 8 月	1976 年 3 月
沙永来	男	1909 年 6 月	1973 年 12 月	陆久裕	男	1895 年 1 月	1976 年 6 月
袁月香	女	1889 年 9 月	1974 年 1 月	张娥青	女	1893 年 8 月	1976 年 8 月
陆全龙	男	1922 年 7 月	1974 年 1 月	陆民生	男	1913 年 4 月	1976 年 10 月
陆阿启	男	1898 年 10 月	1974 年 1 月	郑世方	男	1924 年 2 月	1977 年 1 月
陆锦庆	男	1900 年 10 月	1974 年 4 月	陆建康	男	1953 年 6 月	1977 年 1 月
陆昌宝	男	1916 年 10 月	1974 年 6 月	陆永良	男	1943 年 7 月	1977 年 1 月
李忠达	男	1914 年 8 月	1974 年 10 月	马爱菊	女	1907 年 9 月	1977 年 2 月
杜阿月	女	1896 年 3 月	1974 年 11 月	陆拆来	女	1915 年 1 月	1977 年 3 月
史姣娣	女	1897 年 3 月	1974 年 12 月	陆善定	男	1900 年 2 月	1977 年 3 月
柴夏香	女	1899 年 4 月	1974 年 12 月	张阿香	女	1900 年 9 月	1977 年 4 月
陆阿光	男		1974 年 12 月	潘安生	女	1892 年 4 月	1977 年 7 月
陆亚君	女		1975 年 2 月	应玉英	女		1977 年 7 月
朱信花	女	1922 年 1 月	1975 年 2 月	郑秀凤	女	1911 年 7 月	1977 年 10 月
刘兰英	女	1916 年 10 月	1975 年 2 月	陆仁德	男	1913 年 4 月	1978 年 5 月
陈来甫	男		1975 年 3 月	李千浩	男	1903 年 8 月	1978 年 6 月
陆祖良	男	1948 年 10 月	1975 年 3 月	胡姣娣	女	1904 年 7 月	1978 年 7 月
葛阿大	女	1893 年 5 月	1975 年 4 月	项国辉	男	1953 年 12 月	1978 年 7 月

江六村史

姓　名	性别	出生年月	死亡年月	姓　名	性别	出生年月	死亡年月
袁丽珍	女		1978 年 10 月	史秀英	女	1903 年 10 月	1983 年 4 月
陆德康	男	1932 年 1 月	1978 年 12 月	俞玲香	女		1983 年 5 月
史云香	女	1903 年 5 月	1979 年 1 月	陆江生	男	1915 年 8 月	1983 年 6 月
陆信姐	女	1894 年 5 月	1979 年 2 月	孙秀英	女	1917 年 1 月	1983 年 6 月
张雨水	男	1898 年 4 月	1979 年 2 月	郑阿凤	男	1926 年 7 月	1983 年 7 月
史定心	女	1898 年 9 月	1979 年 2 月	李香凤	女	1909 年 5 月	1983 年 7 月
任三妹	女	1896 年 8 月	1979 年 8 月	陆甫根	男	1949 年 6 月	1983 年 8 月
李姣英	女	1915 年 5 月	1979 年 9 月	陆瑞夫	男	1919 年 1 月	1983 年 8 月
梁阿增	男	1914 年 9 月	1979 年 12 月	蔡桂香	女	1899 年 9 月	1983 年 11 月
张爱玉	女	1887 年 9 月	1980 年 2 月	朱凤仙	女	1926 年 8 月	1983 年 11 月
钱小定	男	1914 年 4 月	1980 年 2 月	陆成根	男	1911 年 8 月	1983 年 12 月
陆享和	男	1918 年 11 月	1980 年 3 月	施春姐	女	1964 年 10 月	1984 年 5 月
梁小珠	女	1951 年 1 月	1980 年 4 月	王阿云	女	1901 年 1 月	1984 年 7 月
蒋仁姐	女	1895 年 3 月	1980 年 4 月	陆德兴	男	1919 年 8 月	1984 年 8 月
陆云青	男	1906 年 7 月	1980 年 7 月	蒋杏娥	女	1931 年 1 月	1984 年 10 月
陆阿裕	女	1889 年 9 月	1980 年 10 月	史信高	男	1905 年 11 月	1984 年 11 月
钱梅香	女	1907 年 11 月	1980 年 12 月	朱姣娥	女	1904 年 11 月	1984 年 11 月
陆同法	男	1918 年 7 月	1980 年 12 月	陆阿全	男	1902 年 12 月	1984 年 12 月
陈根翠	女	1930 年 9 月	1981 年 2 月	柴翠娥	女	1906 年 10 月	1985 年 1 月
张益民	男		1981 年 7 月	项志祥	男	1924 年 3 月	1985 年 1 月
项红儿	男		1981 年 7 月	黄海康	男	1911 年 9 月	1985 年 1 月
施金梅	女		1981 年 12 月	朱翠香	女	1913 年 3 月	1985 年 3 月
应梅青	女	1907 年 11 月	1982 年 7 月	陆丽娜	女		1985 年 3 月
陆秀珍	女	1960 年 2 月	1982 年 9 月	李翠仙	女	1969 年 11 月	1985 年 4 月
史金香	女		1982 年 12 月	张月娥	女	1909 年 12 月	1985 年 5 月
叶岳香	女	1897 年 10 月	1983 年 2 月	姜玉娣	女		1985 年 7 月
蒋金娥	女	1929 年 1 月	1983 年 3 月	钱阿香	女	1901 年 7 月	1986 年 1 月

姓　名	性别	出生年月	死亡年月	姓　名	性别	出生年月	死亡年月
史翠香	女	1901 年 9 月	1986 年 2 月	陆贵来	男	1922 年 10 月	1988 年 6 月
陆德裕	男	1927 年 10 月	1986 年 2 月	陆小毛	女	1911 年 6 月	1988 年 10 月
陆善昌	男	1902 年 3 月	1986 年 3 月	陆金庭	男	1920 年 3 月	1989 年 4 月
盛根全	男	1928 年 2 月	1986 年 6 月	李荷玉	男	1931 年 3 月	1989 年 7 月
张彩英	女	1917 年 2 月	1986 年 10 月	戴阿仁	男	1920 年 8 月	1989 年 9 月
穆瑞玲	女	1908 年 5 月	1986 年 10 月	葛根花	女	1925 年 4 月	1989 年 10 月
沙阿毛	女	1931 年 1 月	1986 年 10 月	应菊娣	女	1925 年 4 月	1990 年 2 月
史金香	女		1986 年 11 月	史小梅	女	1902 年 8 月	1990 年 2 月
陆阿林	女		1986 年 11 月	陆庆仁	男	1909 年 8 月	1990 年 3 月
陆金才	男	1925 年 12 月	1986 年 11 月	陆秀良	女	1950 年 4 月	1990 年 4 月
应冬兰	女	1899 年 9 月	1987 年 1 月	陆光耀	男	1922 年 7 月	1990 年 11 月
葛阿秀	女	1921 年 1 月	1987 年 2 月	陆仁全	男	1924 年 9 月	1991 年 2 月
陆宝才	男	1921 年 1 月	1987 年 2 月	朱德意	男	1923 年 3 月	1991 年 5 月
李阿宝	男	1932 年 4 月	1987 年 3 月	仇杏娣	女	1905 年 3 月	1991 年 5 月
陆云根	男	1911 年 10 月	1987 年 4 月	徐香凤	女	1905 年 11 月	1991 年 8 月
施岳定	女	1900 年 4 月	1987 年 6 月	陆信龙	男	1913 年 1 月	1991 年 10 月
王荷莉	女	1909 年 9 月	1987 年 6 月	史阿爱	女	1901 年 12 月	1991 年 10 月
沙安康	男	1939 年 12 月	1987 年 8 月	潘阿翠	女	1913 年 11 月	1992 年 1 月
陆云法	男	1925 年 1 月	1987 年 9 月	刘仁青	男	1920 年 7 月	1992 年 1 月
马文奎	男	1912 年 1 月	1987 年 10 月	陆启明	男	1942 年 9 月	1992 年 2 月
陈善土	男	1923 年 1 月	1987 年 10 月	袁伏意	女	1915 年 10 月	1992 年 2 月
陆安康	男	1928 年 6 月	1987 年 12 月	应英娣	女	1937 年 11 月	1992 年 3 月
史阿姣	女	1907 年 9 月	1988 年 4 月	林瑞仙	女	1910 年 9 月	1992 年 4 月
应阿秀	女	1926 年 6 月	1988 年 5 月	陆亨全	男	1909 年 3 月	1992 年 5 月
陆启后	男	1925 年 8 月	1988 年 5 月	陆德甫	男	1935 年 5 月	1992 年 7 月
陆德祥	男	1931 年 10 月	1988 年 5 月	傅杏花	女	1904 年 2 月	1992 年 8 月
朱开梅	女	1909 年 8 月	1988 年 5 月	应意心	女	1914 年 5 月	1992 年 9 月

姓　名	性别	出生年月	死亡年月	姓　名	性别	出生年月	死亡年月
张小香	女	1914 年 2 月	1992 年 12 月	陆全和	男	1945 年 1 月	1997 年 10 月
张信根	男	1939 年 12 月	1993 年 1 月	陈明章	男	1920 年 1 月	1997 年 10 月
陆昌明	男	1922 年 11 月	1993 年 9 月	张祖安	男	1935 年 1 月	1997 年 12 月
张德华	男	1910 年 3 月	1993 年 11 月	朱彩凤	女	1916 年 11 月	1998 年 2 月
戴妙法	男	1914 年 8 月	1993 年 12 月	张阿菊	女	1922 年 7 月	1998 年 2 月
陈翠娟	女	1913 年 4 月	1994 年 1 月	陆明德	男	1920 年 10 月	1998 年 4 月
陆善德	男	1912 年 10 月	1994 年 2 月	陆瑞龙	男	1910 年 7 月	1998 年 6 月
陆永川	男	1916 年 9 月	1994 年 3 月	陆明杨	男	1920 年 11 月	1998 年 7 月
俞阿凤	女	1920 年 10 月	1994 年 4 月	陆云章	男	1937 年 2 月	1998 年 8 月
柴阿青	女	1904 年 9 月	1994 年 9 月	陆和香	女	1925 年 5 月	1999 年 1 月
徐秀丽	女	1929 年 12 月	1994 年 10 月	史翠香	女	1920 年 1 月	1999 年 2 月
陈利国	男	1956 年 3 月	1994 年 11 月	陆万和	男	1954 年 1 月	1999 年 2 月
陆志全	男	1922 年 1 月	1995 年 5 月	陆志法	男	1930 年 5 月	1999 年 4 月
胡阿花	女	1910 年 9 月	1995 年 5 月	夏小梅	男	1932 年 1 月	1999 年 8 月
张品根	男	1925 年 5 月	1995 年 10 月	王月英	女	1924 年 11 月	1999 年 10 月
应小花	女	1911 年 10 月	1995 年 12 月	陆阿二	男	1920 年 1 月	1999 年 11 月
王阿瑞	女	1910 年 10 月	1995 年 12 月	陆小毛	男	1927 年 7 月	1999 年 12 月
陆泰鑫	男	1995 年 2 月	1996 年 2 月	沙林高	男	1924 年 2 月	2000 年 1 月
王秀青	女	1904 年 11 月	1996 年 6 月	陆世谋	男	1925 年 11 月	2000 年 3 月
李毛毛	男	1905 年 6 月	1996 年 6 月	应秀青	女	1927 年 6 月	2000 年 8 月
洪美英	女	1929 年 8 月	1996 年 10 月	钟凤翠	女	1921 年 6 月	2000 年 9 月
夏阿四	男	1918 年 7 月	1996 年 12 月	陈国兆	男	1954 年 2 月	2000 年 10 月
毕永土	男	1931 年 10 月	1997 年 1 月	陆世章	男	1929 年 1 月	2000 年 10 月
应秋菊	男	1936 年 9 月	1997 年 2 月	王根娣	女	1924 年 6 月	2000 年 12 月
张福美	男	1922 年 9 月	1997 年 2 月	周惠中	女	1925 年 10 月	2000 年 12 月
胡阿秀	女	1910 年 10 月	1997 年 3 月	陆明全	男	1920 年 12 月	2000 年 12 月
陆定甫	男	1915 年 2 月	1997 年 10 月	许乐斌	男	1948 年 9 月	2001 年 1 月

姓　名	性别	出生年月	死亡年月	姓　名	性别	出生年月	死亡年月
陆民立	男	1912 年 3 月	2001 年 1 月	陆小龙	男	1930 年 2 月	2005 年 7 月
陆宏祥	男	1947 年 3 月	2001 年 1 月	陆惠康	男	1951 年 1 月	2005 年 8 月
陆阿方	男	1925 年 1 月	2001 年 3 月	陆嘉龙	男	1936 年 11 月	2005 年 10 月
应家宜	女		2001 年 6 月	陆昌定	男	1930 年 2 月	2005 年 10 月
陈中义	男	1929 年 11 月	2001 年 7 月	梁小夫	男	1927 年 1 月	2005 年 11 月
陆忠年	男	1928 年 6 月	2001 年 10 月	应信娣	女	1922 年 12 月	2005 年 12 月
陆国祥	男	1953 年 11 月	2001 年 10 月	陆五全	男	1932 年 5 月	2006 年 1 月
陆德根	男	1920 年 10 月	2001 年 10 月	陆惠菊	女	1948 年 7 月	2006 年 2 月
梁小云	男	1919 年 8 月	2001 年 10 月	徐杏月	女	1917 年 2 月	2006 年 4 月
陆阿水	男	1931 年 4 月	2002 年 1 月	张明康	男	1932 年 12 月	2006 年 5 月
陆银才	男	1915 年 9 月	2002 年 1 月	陆阿毛	男	1932 年 9 月	2006 年 6 月
徐阿三	女	1916 年 7 月	2002 年 1 月	史瑞娣	女	1922 年 4 月	2006 年 9 月
施翠娥	女	1922 年 8 月	2002 年 1 月	马传标	男	1951 年 12 月	2006 年 10 月
陈德成	女	1925 年 11 月	2002 年 4 月	许姣娣	女	1930 年 10 月	2007 年 3 月
陆吉昌	男	1943 年 12 月	2002 年 4 月	应瑞娣	女	1921 年 11 月	2007 年 6 月
沈小花	女	1915 年 8 月	2002 年 6 月	陈永龙	男	1950 年 1 月	2007 年 10 月
沙秀英	女	1909 年 2 月	2002 年 7 月	陆申章	男	1922 年 10 月	2008 年 1 月
傅杏云	女	1914 年 10 月	2002 年 8 月	陆信良	男	1932 年 2 月	2008 年 4 月
陆祥松	男	1940 年 9 月	2002 年 10 月	霍信娣	女	1932 年 12 月	2008 年 7 月
陆　霆	男		2002 年 10 月	应明娥	女	1948 年 12 月	2009 年 1 月
陆妙根	男	1929 年 11 月	2003 年 10 月	徐明菊	女	1927 年 12 月	2009 年 1 月
陆振祥	男	1922 年 7 月	2003 年 11 月	张国君	男	1962 年 9 月	2009 年 3 月
戴柏青	男	1925 年 4 月	2003 年 12 月	许金香	女	1924 年 10 月	2009 年 3 月
陆友全	男	1941 年 4 月	2004 年 2 月	陆小棠	男	1948 年 10 月	2009 年 3 月
陆双全	男	1916 年 9 月	2004 年 8 月	蔡玲玉	女	1924 年 9 月	2009 年 6 月
陆阿三	男	1928 年 5 月	2005 年 1 月	陆佩菊	女	1946 年 8 月	2009 年 8 月
邱常娥	女		2005 年 3 月	沙生康	男	1942 年 9 月	2010 年 1 月

江六村史

姓　名	性别	出生年月	死亡年月	姓　名	性别	出生年月	死亡年月
史阿香	女	1924 年 10 月	2010 年 1 月	应菊香	女	1925 年 8 月	2012 年 3 月
蔡玲娣	女	1926 年 2 月	2010 年 2 月	陆桂菊	女	1942 年 9 月	2012 年 6 月
陆阿鹏	男	1926 年 9 月	2010 年 3 月	陆云良	男	1950 年 7 月	2012 年 11 月
毕可宁	男	1991 年 8 月	2010 年 5 月	戴善英	女	1927 年 4 月	2012 年 12 月
陆昌珍	男	1928 年 9 月	2010 年 5 月	张　玲	男	1964 年 3 月	2013 年 1 月
陆敏娣	女	1941 年 8 月	2010 年 6 月	应福娣	女	1938 年 5 月	2013 年 2 月
戚秀珍	女	1925 年 6 月	2010 年 6 月	徐翊祥	男	1935 年 6 月	2013 年 3 月
陆小毛	男	1921 年 10 月	2010 年 8 月	杨惠国	男	1942 年 4 月	2013 年 4 月
周春姣	女	1929 年 9 月	2010 年 8 月	陆忠华	男	1927 年 3 月	2013 年 5 月
包祖宽	男		2010 年 8 月	陈秀月	女	1920 年 4 月	2013 年 6 月
徐月娣	女	1952 年 8 月	2010 年 11 月	陆陶然	男	1921 年 7 月	2013 年 7 月
杨彩萍	女	1964 年 11 月	2010 年 11 月	梁仙友	男	1933 年 3 月	2013 年 8 月
史文利	女	1924 年 11 月	2010 年 12 月	林惠定	女	1935 年 8 月	2013 年 11 月
史玲娣	女	1924 年 11 月	2010 年 12 月	陆伟丰	男	1937 年 3 月	2014 年 2 月
蔡亚琴	女	1975 年 9 月	2010 年 12 月	董耀明	男	1934 年 5 月	2014 年 2 月
陆甫龙	男	1926 年 7 月	2010 年 12 月	王福美	女	1924 年 8 月	2014 年 3 月
陆秀月	女	1923 年 12 月	2011 年 1 月	陆文胜	男	1967 年 1 月	2014 年 4 月
陆敏发	男	1926 年 6 月	2011 年 1 月	赵仁燕	男	1943 年 10 月	2014 年 5 月
陆惠棠	男	1937 年 1 月	2011 年 5 月	陆云福	男	1925 年 2 月	2014 年 10 月
陆嘉庆	男	1925 年 3 月	2011 年 7 月	陆高成	男	1951 年 11 月	2014 年 10 月
尚仙花	女	1943 年 5 月	2011 年 10 月	张福菊	女	1928 年 10 月	2014 年 11 月
陆永庆	男	1922 年 1 月	2011 年 12 月	沈筱娥	女	1942 年 1 月	2014 年 11 月
梁志明	男	1927 年 9 月	2011 年 12 月	林定凤	女	1927 年 4 月	2014 年 11 月
戴再兴	男	1944 年 9 月	2012 年 1 月	史爱玉	女	1925 年 8 月	2014 年 12 月
陆昌华	男	1932 年 4 月	2012 年 1 月	陈福美	男	1924 年 10 月	2015 年 2 月
黄妙法	男	1932 年 2 月	2012 年 1 月	应凤琴	女	1923 年 3 月	2015 年 4 月
应翠月	女	1929 年 12 月	2012 年 2 月	夏毛毛	男	1964 年 4 月	

姓　名	性别	出生年月	死亡年月
陆惠方	男	1966 年 7 月	
钟秀青	女	1927 年 6 月	

姓　名	性别	出生年月	死亡年月
陆启龙	男	1964 年 1 月	
陆启瑞	男	1900 年 10 月	

二、新生的村民

新生儿：1981 年到 2013 年，江六村共新出生婴儿 403 名，其中男婴 206 名，女婴 197 名，男女婴儿分别占新生儿的 51.12% 和 48.88%。男婴出生比例超过女婴出生比例 2.24 个百分点。新生儿年出生率最高为 1987 年的 2.419%。2009 年出生率为 0.182% 最低。1981 年到 2013 年，新生儿年平均出生率为 1.15%。总体呈下降趋势，但近几年出生率有所上升。

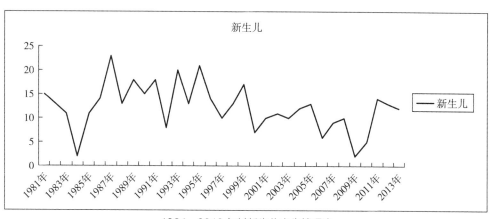

1981—2013 年村新生儿出生情况表

表三　江六村村民出生表

姓　名	性别	出生年月	户　主
梁友谅	男	1963 年 1 月	梁阿增
陆阿大	男	1964 年 1 月	陆云章
陆阿小	男	1964 年 1 月	陆云章
徐香云	女	1964 年 1 月	徐道增
陆幼敏	女	1964 年 1 月	陆四银
陆信宝	男	1964 年 1 月	陆善法

姓　名	性别	出生年月	户　主
陆岳年	男	1964 年 2 月	陆安康
陆亚珠	女	1964 年 2 月	陆德康
虞　园	女	1964 年 2 月	虞承礽
钱信华	男	1964 年 3 月	钱小宝
张　玲	男	1964 年 3 月	张和义
郑惠高	男	1964 年 3 月	郑阿凤

姓　名	性别	出生年月	户　主
陆国华	男	1964 年 4 月	陆明杨
陆惠贤	男	1964 年 4 月	陆宝才
夏毛毛	男	1964 年 4 月	夏阿四
项国翠	女	1964 年 4 月	项志祥
陆琴康	男	1964 年 5 月	陆阿三
陆亚珍	女	1964 年 5 月	陆甫龙
陆贤宏	男	1964 年 6 月	陆阿鹏
徐海宏	男	1964 年 6 月	徐后德
陆金福	男	1964 年 6 月	陆昌定
戴亚娣	女	1964 年 7 月	戴柏青
张乐君	男	1964 年 7 月	张祖安
陆彩霞	女	1964 年 7 月	陆启明
陆国富	男	1964 年 8 月	陆友全
陆良才	男	1964 年 8 月	陆德甫
陆金英	女	1964 年 9 月	陆妙根
陆惠方	男	1964 年 10 月	陆光良
黄惠英	女	1964 年 10 月	黄妙法
陆玉英	女	1964 年 12 月	陆孝龙
陆惠岳	男	1964 年 12 月	陆全龙
张亚君	女	1964 年	张明康
盛月英	女	1964 年	盛根全
陆永年	男	1965 年 1 月	陆国云
沙珠凤	女	1965 年 1 月	沙生康
陆建民	男	1965 年 1 月	陆阿三
陆凤亚	女	1965 年 1 月	陆利康
陆云成	男	1965 年 1 月	陆龙全
陆明盛	男	1965 年 1 月	陆道然

姓　名	性别	出生年月	户　主
张义龙	男	1965 年 1 月	张阿土
陆苏琴	女	1965 年 1 月	陆柏华
陈海龙	男	1965 年 2 月	陈明章
沙惠国	男	1965 年 2 月	沙林高
陆玲珠	女	1965 年 2 月	陆敏根
陆美玉	女	1965 年 3 月	陆德信
陈步玲	女	1965 年 3 月	陈福美
徐吴荣	男	1965 年 3 月	徐阿祥
陆莉萍	女	1965 年 3 月	陆祥能
陆惠祥	男	1965 年 3 月	陆永庆
陆海良	男	1965 年 3 月	陆仁全
陆亚男	男	1965 年 4 月	陆启鸿
陆国海	男	1965 年 4 月	陆嘉龙
盛志龙	男	1965 年 4 月	盛根全
陆亚裕	女	1965 年 5 月	陆启道
陆爱娟	女	1965 年 5 月	陆云法
陆国良	男	1965 年 5 月	陆亨成
陆菊花	女	1965 年 6 月	陆金康
陆明福	男	1965 年 6 月	陆仁年
郑荣子	男	1965 年 6 月	郑世芳
张锦宏	男	1965 年 6 月	张信根
陆惠尔	男	1965 年 6 月	陆祥松
陆茹妹	女	1965 年 7 月	陆伟棠
陆阿大	女	1965 年 7 月	陆开如
陆阿小	女	1965 年 7 月	陆开如
俞雪芬	女	1965 年 7 月	俞友根
陆朝良	男	1965 年 9 月	陆昌善

姓 名	性别	出生年月	户 主	姓 名	性别	出生年月	户 主
陆立泉	男	1965 年 10 月	陆云章	梁夏德	男	1966 年 6 月	梁志明
徐美芬	女	1965 年 10 月	徐昌福	蔡国英	女	1966 年 6 月	陆佩琴
陆德云	男	1965 年 11 月	陆志法	董际鸿	男	1966 年 6 月	董耀明
陆某康	男	1965 年 11 月	陆信良	陆美君	女	1966 年 7 月	陆伟丰
陆佩君	女	1965 年 11 月	陆惠民	陆燕珍	女	1966 年 7 月	陆宏德
陆亚菊	女	1965 年 11 月	陆黑炭	陆惠方	男	1966 年 7 月	陆忠祥
陆小毛	女	1965 年 11 月	陆德祥	梁忠法	男	1966 年 8 月	梁小夫
陆秀姝	女	1965 年 11 月	陆甫根	陆美英	女	1966 年 8 月	陆善法
陆文光	男	1966 年 1 月	陆惠良	陆亚园	女	1966 年 8 月	陆阿尧
李菊英	女	1966 年 1 月	李荷玉	陆琴梅	女	1966 年 9 月	陆阿三
戴夏意	女	1966 年 2 月	戴再兴	陆 勉	女	1966 年 9 月	陆忠华
陆慈娟	女	1966 年 2 月	陆启明	陆亚楼	男	1966 年 10 月	陆启鸿
陆亚君	女	1966 年 2 月	陆开元	陈后龙	男	1966 年 10 月	陈明章
陆太浩	男	1966 年 2 月	陆忠法	张红飞	女	1966 年 10 月	张信根
陆朝良	男	1966 年 2 月	陆甫龙	陆信国	男	1966 年 11 月	陆友全
毕惠芳	男	1966 年 2 月	毕永土	陆根财	男	1966 年 11 月	陆德甫
徐 萍	女	1966 年 3 月	徐后德	陆祖年	男	1966 年 11 月	陆惠元
陆如平	女	1966 年 3 月	陆五全	陆荣成	男	1966 年 11 月	陆龙全
陆金珠	女	1966 年 3 月	陆徐来	沙珠红	女	1966 年 11 月	沙安康
陆金方	男	1966 年 3 月	陆国才	俞志慧	男	1966 年 11 月	俞友根
陆仲如	男	1966 年 3 月	陆永良	陆爱君	女	1966 年 11 月	陆云法
陆国民	男	1966 年 3 月	陆德康	陆宏斌	男	1966 年 11 月	陆英岳
虞 方	男	1966 年 3 月	虞承祃	陆利义	男	1966 年 11 月	陆国云
陆国方	男	1966 年 4 月	陆小龙	夏 琴	女	1966 年 12 月	夏阿四
徐香凤	女	1966 年 4 月	徐道增	陆文胜	男	1967 年 1 月	陆吉昌
凌亚芬	女	1966 年 6 月	陆玉意	陆素娥	女	1967 年 2 月	陆柏华
张明娣	女	1966 年 6 月	张光耀	陆红霞	女	1967 年 3 月	陆光良

续表

姓　名	性别	出生年月	户　主
陆惠娣	女	1967 年 3 月	陆开如
陆元方	男	1967 年 4 月	陆云福
陆小珠	女	1967 年 4 月	陆敏根
陆金康	男	1967 年 5 月	陆昌定
沙明洪	男	1967 年 6 月	沙生康
徐荣萍	女	1967 年 6 月	徐阿祥
陆仙儿	女	1967 年 7 月	陆建立
马春芳	男	1967 年 7 月	马信华
陆菊琴	女	1967 年 7 月	陆金康
陆燕君	女	1967 年 7 月	陆月章
陆飞芬	女	1967 年 8 月	陆享成
陆佩红	女	1967 年 8 月	陆嘉庆
戴亚明	女	1967 年 8 月	戴柏青
陆国宝	男	1967 年 8 月	陆甫根
陆惠娥	女	1967 年 10 月	陆祥松
徐美娣	女	1967 年 10 月	徐昌福
陆忠明	男	1967 年 10 月	陆左尧
蔡国祥	男	1967 年 10 月	蔡岳青
陆美君	女	1967 年 11 月	陆伟忠
陆剑峰	男	1967 年 11 月	陆利康
梁喜红	女	1967 年 11 月	梁太安
戴红君	男	1967 年 11 月	戴再兴
陆　明	男	1967 年 12 月	陆锡云
陆佩娣	女	1967 年 12 月	陆惠民
陆亚芬	女	1968 年 1 月	陆黑炭
陆明方	男	1968 年 1 月	陆阿尧
陆雪芳	女	1968 年 1 月	陆忠法

姓　名	性别	出生年月	户　主
陆立新	男	1968 年 1 月	陆云章
盛珠富	男	1968 年 2 月	盛信根
陆志康	男	1968 年 2 月	陆信良
陆金华	男	1968 年 3 月	陆小毛
陆金康	男	1968 年 3 月	陆妙根
陆明法	男	1968 年 3 月	陆仁年
陆阿五	女	1968 年 3 月	陆德祥
陆芬芳	女	1968 年 4 月	陆启鸿
李善法	男	1968 年 5 月	李荷玉
陆贤忠	男	1968 年 6 月	陆惠斌
陆昌祥	男	1968 年 6 月	陆徐来
陆三忠	男	1968 年 6 月	陆享珠
陆燕君	女	1968 年 6 月	陆宏德
陆金妹	女	1968 年 9 月	陆国财
马益芳	女	1968 年 9 月	马信华
陆兰芬	女	1968 年 9 月	陆如元
陆小君	女	1968 年 9 月	陆惠良
陈荣耀	男	1968 年 9 月	陈福美
俞雪珍	女	1968 年 9 月	俞友根
陆　燕	女	1968 年 10 月	陆翠花
陆小东	男	1968 年 10 月	陆吉昌
陆如美	女	1968 年 10 月	陆永良
沙宏年	男	1968 年 10 月	沙安康
陆海山	男	1968 年 10 月	陆建立
陆文军	男	1968 年 10 月	陆济棠
沙贤龙	男	1968 年 11 月	沙生康
陆贤良	男	1968 年 11 月	陆昌善

姓 名	性别	出生年月	户 主	姓 名	性别	出生年月	户 主
刘铁梅	女	1968 年 11 月	刘永祥	陆亚君	女	1969 年 10 月	陆惠忠
徐思虹	男	1968 年 11 月	徐后德	陆小玉	女	1969 年 10 月	陆敏根
陆继芳	男	1968 年 12 月	陆 义	陆宏良	男	1969 年 11 月	陆方成
陆亚芬	女	1968 年 12 月	陆德康	陆文胜	男	1969 年 11 月	陆祥福
陆宏国	男	1968 年 12 月	陆友全	陆金凤	女	1969 年 11 月	陆宏祥
陆国康	男	1969 年 1 月	陆开元	陆明校	男	1969 年 11 月	陆阿尧
张明娣	女	1969 年 1 月	张光耀	陆佩芬	女	1969 年 11 月	陆阿三
徐阿三	男	1969 年 1 月	徐昌福	陆 健	男	1969 年 11 月	陆忠华
陆惠珍	女	1969 年 2 月	陆开如	陆如标	男	1969 年 12 月	陆惠明
张佩君	女	1969 年 2 月	张祖安	陆永贤	男	1969 年 12 月	陆太明
陆祖方	男	1969 年 3 月	陆惠元	梁彩丽	女	1970 年 1 月	梁太安
陆玉英	女	1969 年 3 月	陆小龙	陆海芬	女	1970 年 1 月	陆如元
陆朝霞	女	1969 年 3 月	陆光良	沙珠凤	女	1970 年 1 月	沙安康
张金惠	男	1969 年 4 月	张信根	陆贤宏	男	1970 年 2 月	陆惠宾
董际伟	男	1969 年 4 月	董耀明	陆 军	男	1970 年 2 月	陆柏华
陆泰涌	男	1969 年 4 月	陆忠法	陆立国	男	1970 年 3 月	陆善年
徐利萍	女	1969 年 4 月	徐阿祥	陆国泰	男	1970 年 3 月	陆金康
陆安成	女	1969 年 6 月	陆云法	盛爱琴	女	1970 年 4 月	盛信根
陆忠富	男	1969 年 7 月	陆左尧	陈建设	男	1970 年 6 月	陈惠龙
陆红益	女	1969 年 7 月	陆亨成	陆慈君	女	1970 年 6 月	陆启明
陆贤萍	女	1969 年 7 月	陆惠芬	曹国君	女	1970 年 7 月	陆赛珍
陆红花	女	1969 年 8 月	陆国云	陆海云	男	1970 年 8 月	陆炳浩
陆美君	女	1969 年 9 月	陆善法	陆宏保	男	1970 年 9 月	陆德祥
陆启君	男	1969 年 9 月	陆月章	陆建达	男	1970 年 9 月	陆宏德
陆吉宏	男	1969 年 9 月	陆阿毛	刘奇红	女	1970 年 9 月	刘永祥
陆 萍	女	1969 年 9 月	陆锡云	陆海铁	男	1970 年 10 月	陆见立
陆银芳	男	1969 年 10 月	陆善祥	陆萍平	女	1970 年 10 月	陆如法

姓　名	性别	出生年月	户　主	姓　名	性别	出生年月	户　主
陆茹娣	女	1970 年 10 月	陆永良	陆正大	男	1971 年 12 月	陆如元
陆　萍	女	1970 年 10 月	陆翠花	陆君侠	男	1971 年 12 月	陆全和
陆建良	男	1970 年 11 月	陆宏年	沙珠玲	女	1971 年 12 月	沙安康
陆幼东	男	1970 年 11 月	陆吉昌	徐铭芳	男	1972 年 1 月	徐昌福
陈英方	男	1970 年 11 月	陈朝良	陈惠玉	女	1972 年 1 月	陈德方
乐尤忠	男	1970 年 11 月	乐国民	陆福华	男	1972 年 1 月	陆定康
陆亚娥	女	1970 年 12 月	陆信良	陆爱方	女	1972 年 1 月	陆善祥
陆尊芳	男	1970 年 12 月	陆　义	陆军大	男	1972 年 1 月	陆生康
陆永妹	女	1970 年 12 月	陆惠良	陆建荣	男	1972 年 1 月	陆贤丰
邵国富	男	1971 年 1 月	邵德成	陆永成	男	1972 年 1 月	陆明和
陆佩英	女	1971 年 2 月	陆祖宏	钱文雅	女	1972 年 2 月	钱信国
陆国宏	男	1971 年 2 月	陆德康	陆雪萍	女	1972 年 3 月	陆惠达
陆建平	男	1971 年 2 月	陆宝华	曹国方	男	1972 年 3 月	陆赛珍
陆宏胜	男	1971 年 3 月	陆英岳	徐正方	女	1972 年 4 月	徐安昌
陆永远	男	1971 年 3 月	陆国和	陆晓萍	女	1972 年 4 月	陆锡云
梁英利	女	1971 年 4 月	梁阿六	陆唯君	女	1972 年 5 月	陆惠中
陆惠莉	女	1971 年 5 月	陆开如	陆彩成	男	1972 年 5 月	陆金尧
何智微	女	1971 年 6 月	陆金花	陆雅微	女	1972 年 6 月	陆甫康
陆雪君	女	1971 年 7 月	陆启祥	陆立丰	男	1972 年 7 月	陆善年
陆青华	男	1971 年 8 月	陆小棠	陆军宝	男	1972 年 7 月	陆善法
徐赛萍	女	1971 年 9 月	徐阿祥	梁立静	女	1972 年 8 月	梁太安
陆宏霞	女	1971 年 9 月	陆方成	虞　奋	女	1972 年 8 月	虞承礽
陆宏飞	女	1971 年 9 月	陆阿毛	乐远方	女	1972 年 8 月	乐国民
陆贤方	男	1971 年 10 月	陆惠斌	缪红儿	女	1972 年 8 月	沙生康
项红飞	女	1971 年 11 月	项国荣	陈建芬	女	1972 年 9 月	陈惠龙
陆雪芳	女	1971 年 12 月	陆忠法	陈友方	男	1972 年 9 月	陈朝良
陆小君	女	1971 年 12 月	陆月章	陆永娣	女	1972 年 9 月	陆惠良

姓 名	性别	出生年月	户 主	姓 名	性别	出生年月	户 主
陆赛芳	女	1972 年 10 月	陆惠良	陈 鸿	男	1974 年 3 月	陈德方
陆彩君	女	1972 年 10 月	陆云良	沙贤宏	男	1974 年 4 月	沙安康
陆海明	男	1972 年 10 月	陆炳浩	陆荷萍	女	1974 年 8 月	陆惠达
陆吉良	男	1972 年 10 月	陆阿毛	陆良华	男	1974 年 8 月	陆定康
陆德忠	男	1972 年 10 月	陆祖宏	钱文波	男	1974 年 9 月	钱信国
张惠珠	女	1972 年 10 月	张德恩	陆玲妹	女	1974 年 10 月	陆国方
陆建挺	男	1972 年 11 月	陆宏年	梁贤余	男	1974 年 10 月	梁阿六
陆立伟	男	1972 年 12 月	陆海章	陆君方	男	1975 年 1 月	陆全和
陆形英	女	1972 年 12 月	陆如法	陆君美	女	1975 年 1 月	陆生康
陆智菊	女	1972 年 12 月	陆海仁	王晓春	女	1975 年 1 月	陆惠菊
陆立伟	男	1972 年 12 月	陆海章	梁广水	男	1975 年 5 月	梁阿明
陆建宏	男	1973 年 1 月	陆志成	徐 方	女	1975 年 7 月	徐安昌
陆咏珍	女	1973 年 1 月	陆国和	项红儿	男	1975 年 8 月	项国荣
邱幸珩	女	1973 年 1 月	陆秀良	陆君英	女	1975 年 10 月	陆云良
陆正伟	男	1973 年 1 月	陆瑞元	马英君	女	1975 年 12 月	马信龙
陆亚妹	女	1973 年 1 月	陆国成	沙素文	女	1975 年 12 月	沙土珍
梁利娟	女	1973 年 1 月	梁阿六	陆庆荣	男	1976 年 1 月	陆小棠
陆如英	女	1973 年 2 月	陆永良	陆松鹤	男	1976 年 1 月	陆高成
何海峰	男	1973 年 3 月	陆金花	陆济方	男	1976 年 2 月	陆惠康
邵国芬	女	1973 年 5 月	邵德成	陆惠海	男	1976 年 2 月	陆贤丰
陆海光	男	1973 年 7 月	陆甫康	陆静君	女	1976 年 5 月	陆国方
陆树新	男	1973 年 7 月	陆祥福	陆智波	男	1976 年 7 月	陆海仁
陆雪莉	女	1973 年 12 月	陆启祥	陆建华	男	1976 年 8 月	陆志成
陆高跃	男	1974 年 1 月	陆明祥	沈小孩	男	1976 年 9 月	忻明翠
陆文玲	女	1974 年 1 月	陆济棠	陆涌吉	男	1976 年 10 月	陆元龙
陆小平	女	1974 年 1 月	陆宝华	郑春燕	女	1976 年 11 月	郑惠国
许朝霞	男	1974 年 2 月	许乐斌	陆华君	女	1976 年 11 月	陆永福

姓　名	性别	出生年月	户　主	姓　名	性别	出生年月	户　主
盛赛君	女	1976 年 12 月	盛仁康	沙素方	男	1978 年 11 月	沙土金
陆亚英	女	1976 年 12 月	陆序孝	陆海红	男	1978 年 11 月	陆明良
陆雪萍	女	1976 年 12 月	陆炳宏	陆晓高	男	1979 年 1 月	陆明祥
张广赟	男	1976 年 12 月	张如根	许海燕	女	1979 年 1 月	许乐斌
陆军龙	男	1977 年 1 月	陆生宝	陆蓓蕾	女	1979 年 2 月	陆惠国
陆良宏	男	1977 年 1 月	陆国成	陆高峰	男	1979 年 2 月	陆惠定
陆成龙	男	1977 年 2 月	陆金尧	陆亚明	女	1979 年 3 月	陆根棠
沙峰达	男	1977 年 3 月	沙裕康	陆益民	男	1979 年 9 月	张信良
戴　妍	女	1977 年 4 月	戴国民	周　波	男	1979 年 10 月	周洪太
邱幸璜	女	1977 年 8 月	陆秀良	陆珠萍	女	1979 年 10 月	陆才方
陆姬慧	女	1977 年 10 月	陆忠年	陆高宏	男	1979 年 11 月	陆明良
陆永波	男	1977 年 11 月	陆仁和	陆嘉慧	女	1979 年 11 月	陆国康
陆成波	女	1977 年 12 月	陆宏元	陆　斌	男	1979 年 11 月	陆国良
张治基	男	1977 年 12 月	张善良	马福君	女	1980 年 1 月	马信龙
陈建方	男	1977 年 12 月	陈永龙	陆贤益	男	1980 年 1 月	陆志明
陆　峰	男	1978 年 1 月	陆锡芳	陆静妹	女	1980 年 2 月	陆国方
陆贤忠	男	1978 年 1 月	陆太龙	陆亚芳	女	1980 年 3 月	陆惠康
陆　波	女	1978 年 1 月	陆海良	陆益丰	男	1980 年 3 月	陆昌龙
陆亚君	女	1978 年 2 月	陆开祥	钱逢春	女	1980 年 4 月	钱信福
陆小良	男	1978 年 3 月	陆方年	梁广建	男	1980 年 5 月	梁太三
陆华海	男	1978 年 3 月	陆银龙	陆唯波	女	1980 年 9 月	陆松年
陆泰康	男	1978 年 3 月	陆明华	陆剑荣	女	1980 年 11 月	陆良年
陆海波	男	1978 年 5 月	陆甫宝	陆晓峰	男	1980 年 11 月	陆永年
毕凤燕	女	1978 年 6 月	毕国方	陆剑波	男	1980 年 12 月	陆惠炳
陆皓菲	女	1978 年 10 月	陆惠康	夏如锋	男	1981 年 1 月	夏小狗
陈小娘	女	1978 年 11 月	陈德方	陆海波	男	1981 年 1 月	陆利丰
应　群	女	1978 年 11 月	陆福珍	蔡　达	男	1981 年 2 月	蔡国成

姓　名	性别	出生年月	户　主	姓　名	性别	出生年月	户　主
陆静尔	女	1981年4月	陆的考	陆菲婕	女	1983年6月	陆启华
陆咪咪	女	1981年5月	陆海彪	郑磊	男	1983年8月	郑永庆
汪海燕	女	1981年5月	陆亚玉	郑亚珠	女	1983年9月	郑龙飞
陆红波	男	1981年6月	陆根良	陆华方	男	1983年10月	陆永全
戴硕	男	1981年8月	戴国民	陆锋	男	1983年11月	陆太和
陆姣娜	女	1981年8月	陆惠兴	陆益凤	女	1983年11月	陆惠明
陆元甲	男	1981年10月	陆国祥	陆跃芬	女	1983年11月	陆飞宏
陆佩云	女	1981年12月	陆甫华	陆太海	男	1984年2月	陆启明
陆小英	女	1981年12月	陆昌年	朱静静	男	1984年5月	张佩忠
张启逸	男	1981年12月	张琪	陆丽雅	女	1985年2月	陆小平
朱锋	男	1982年1月	朱锦天	陆苗	男	1985年2月	陆祖康
陆可宁	男	1982年1月	陆明方	陆坚韧	男	1985年8月	陆跃康
陆彦坤	男	1982年1月	陆吉良	陆磊	男	1985年8月	陆忠良
应浩	男	1982年3月	陆珠宝	陆燕	女	1985年8月	李玉英
陈研	女	1982年6月	陈国龙	梁瑛	女	1985年11月	梁友信
陆鲁波	男	1982年8月	陆国忠	王斌	男	1985年11月	王乐君
陈燕雁	女	1982年9月	陈利国	陆剑波	男	1985年11月	陆贤宏
陆燕飞	女	1982年10月	陆贤焦	刘凯凯	男	1985年11月	刘亚娣
夏如波	男	1982年10月	夏二毛	张亚蓉	女	1985年12月	张金良
陆郑峰	男	1982年10月	陆志明	陆贤达	男	1985年12月	陆福良
陆建云	男	1982年10月	陆培元	陆燕波	女	1986年2月	陆利丰
陆盈波	女	1982年10月	陆贤和	陆小君	女	1986年2月	陆开棠
张军辉	男	1982年10月	陆惠敏	陆一平	男	1986年2月	陆瑞宝
陆丰华	男	1982年11月	陆信方	陆晴萍	女	1986年3月	陆惠太
陆晴雪	女	1983年1月	陆岳年	戴灵龙	男	1986年6月	戴再良
陆亚萍	女	1983年1月	陆明国	沙婷婷	女	1986年6月	沙土国
陆建卫	男	1983年3月	陆福康	陆奕	男	1986年9月	陆德良

姓 名	性别	出生年月	户 主	姓 名	性别	出生年月	户 主
陆琪东	男	1986 年 9 月	陆永华	陆晶晶	女	1987 年 12 月	陆海彪
陆琳莉	女	1986 年 10 月	陆金良	陆建华	男	1987 年 12 月	陆贤小
陆海君	女	1986 年 10 月	陆明方	陆成宾	男	1987 年 12 月	陆宏元
陆凯达	男	1986 年 10 月	陆惠福	陆成萌	男	1987 年 12 月	陆宏元
张燕辉	女	1986 年 10 月	张文君	陆益飞	女	1988 年 2 月	陆昌杨
丁 狄	女	1986 年 10 月	陈爱菊	陆秀丰	女	1988 年 2 月	陆全礼
陆剑斌	男	1986 年 11 月	陆良年	陈金壬	男	1988 年 3 月	陈爱国
陆浩达	男	1986 年 12 月	陆惠康	陆科琪	男	1988 年 3 月	陆明福
陆乾伟	男	1986 年 12 月	陆开祥	郑露艳	女	1988 年 5 月	郑惠国
陆小波	女	1987 年 1 月	陆海良	张媛萍	女	1988 年 5 月	陆幼明
陆佳寅	女	1987 年 1 月	陆炳宏	蔡静静	女	1988 年 8 月	陆志法
陆彩萍	女	1987 年 1 月	陆才方	陆红芸	女	1988 年 9 月	陆甫华
盛赛燕	女	1987 年 3 月	盛仁康	陆慈耀	男	1988 年 10 月	陆如宏
陆静娜	女	1987 年 3 月	陆忠方	陆宏斌	男	1988 年 10 月	陆明富
王 盛	女	1987 年 3 月	盛信根	陆珊珊	女	1988 年 10 月	陆健年
陆维杰	男	1987 年 4 月	陆国康	陆 露	女	1988 年 11 月	陆贤宏
陆唯吉	女	1987 年 4 月	陆惠兴	陆琪峰	男	1988 年 11 月	陆良才
陆华凤	女	1987 年 6 月	陆永福	陆明秋	男	1988 年 11 月	陆启丰
钱静春	女	1987 年 7 月	钱信福	陆亚女	女	1989 年 2 月	陆明国
王益天	女	1987 年 7 月	陆赛珠	陈 萍	女	1989 年 3 月	陈国龙
陆露明	男	1987 年 8 月	陆根棠	陈 武	男	1989 年 3 月	陈国龙
陆继忠	男	1987 年 9 月	陆祖光	毕亚波	女	1989 年 4 月	毕国方
张珍珍	女	1987 年 10 月	张义龙	项腾飞	男	1989 年 4 月	项国坤
陆雅炜	女	1987 年 10 月	陆忠康	张小辉	男	1989 年 4 月	张国君
赖顺喆	男	1987 年 10 月	陆龙全	陆盛磊	男	1989 年 6 月	陆兆年
徐 静	女	1987 年 11 月	徐海龙	陆浩磊	男	1989 年 7 月	陆惠祥
陆慧娜	女	1987 年 12 月	陆金彪	陈燕芸	女	1989 年 7 月	陈利国

姓　名	性别	出生年月	户　主	姓　名	性别	出生年月	户　主
陆文成	女	1989 年 8 月	沙亚红	陆静娜	女	1991 年 2 月	陆才康
陆芳芳	女	1989 年 9 月	陆惠康	陆静静	女	1991 年 2 月	陆国良
戴姣婵	女	1989 年 9 月	刘永祥	陆龄芬	女	1991 年 2 月	陆飞宏
陆英明	男	1989 年 10 月	陆贤焦	陆晶晶	女	1991 年 4 月	陆永年
陆吉锋	男	1989 年 10 月	陆国海	沙叶婷	女	1991 年 7 月	沙惠国
陈浙	男	1989 年 10 月	陈利云	张幼俏	女	1991 年 7 月	张玲
李珂娜	女	1989 年 11 月	李善生	陆燕云	女	1991 年 8 月	陆信宝
陆鹏程	男	1989 年 12 月	陆亚男	毕可宁	男	1991 年 8 月	毕惠芳
盛静飞	女	1989 年 12 月	盛如康	董颖蕾	女	1991 年 8 月	虞承祎
钱瑜	女	1989 年 12 月	钱信华	孙仕梁	男	1991 年 9 月	梁丽波
陆莉吉	女	1989 年 12 月	陆金福	陆旺辉	男	1991 年 9 月	陆太浩
陆味雪	女	1990 年 1 月	陆岳年	陆超超	男	1991 年 10 月	陆惠尔
应凤	女	1990 年 2 月	陆雪君	陆天乾	男	1991 年 10 月	陆国良
李成	男	1990 年 3 月	陆亚君	陆胡旷	女	1991 年 11 月	陆惠贤
陆徐波	男	1990 年 4 月	陆仁才	徐承凯	男	1991 年 11 月	徐海虹
陆佳儿	男	1990 年 4 月	陆亚仙	俞泽华	男	1991 年 11 月	俞维东
陆永杰	男	1990 年 5 月	陆小和	陆楠	女	1991 年 12 月	陆立泉
陆未兵	男	1990 年 5 月	陆国华	陆康鑫	男	1992 年 2 月	陆慈伟
陆启赟	男	1990 年 5 月	陈朝良	陆晓翔	男	1992 年 2 月	陆根才
盛娜	女	1990 年 6 月	盛智龙	陆立伟	男	1992 年 3 月	陆小平
徐骏	男	1990 年 6 月	徐吴荣	黄华峰	男	1992 年 7 月	黄金良
陆忠杰	男	1990 年 9 月	陆祖年	陆鹏腾	男	1992 年 7 月	陆亚楼
陆慧娜	女	1990 年 10 月	陆国华	夏欣	男	1992 年 8 月	盛信根
陆群英	女	1990 年 10 月	陆瑞金	梁栋景	男	1992 年 10 月	梁友信
陆厅	男	1990 年 10 月	陆建成	陆静娜	女	1992 年 11 月	陆宏斌
郑磊	男	1990 年 10 月	郑惠高	史陆伟	男	1992 年 12 月	陆佩娣
郑志浩	男	1991 年 1 月	郑龙飞	陆培娜	女	1993 年 2 月	陆国民

姓　名	性别	出生年月	户　主	姓　名	性别	出生年月	户　主
虞家豪	男	1993 年 3 月	虞　放	陆佳伟	男	1994 年 12 月	陆永贤
陆佳艳	女	1993 年 5 月	陆明福	史觅霜	女	1995 年 1 月	陆萍平
林梓妍	女	1993 年 5 月	陈荣耀	陆元园	女	1995 年 2 月	陆银芳
陆夏燕	女	1993 年 7 月	陆文胜	陆泰鑫	男	1995 年 2 月	陆继芳
梁倩倩	女	1993 年 8 月	梁忠法	陆维宁	女	1995 年 2 月	陆国康
陆佳甜	女	1993 年 8 月	陆文光	陆益文	女	1995 年 2 月	陆昌杨
陆佳瑶	女	1993 年 9 月	陆国宝	陆梁辉	男	1995 年 3 月	陆太涌
陆　佳	女	1993 年 9 月	陆海山	张　森	男	1995 年 4 月	张锦宏
张燕娜	女	1993 年 9 月	陆亨成	陆陈林	男	1995 年 5 月	陆茹君
陆芝薇	女	1993 年 10 月	陆剑峰	乐琪斌	男	1995 年 6 月	乐远忠
陆军波	男	1993 年 10 月	陆志康	陆颖颖	女	1995 年 6 月	陆启君
陆明锋	男	1993 年 10 月	陆昌洋	陆　涛	男	1995 年 6 月	陆贤忠
沙敏尔	女	1993 年 11 月	沙宏年	陆启斌	男	1995 年 7 月	陆贤良
陆齐伟	男	1993 年 11 月	陆忠明	陆旺旺	女	1995 年 7 月	陆海铁
马　骥	男	1993 年 11 月	陆杏利	陆豪锋	男	1995 年 8 月	陆　明
李沛彦	男	1993 年 12 月	陆善法	陆豪杰	男	1995 年 8 月	陆　明
娄锦潮	女	1994 年 1 月	徐　萍	董丽霞	女	1995 年 9 月	董际伟
陆君浩	男	1994 年 2 月	陆智良	夏树英	女	1995 年 9 月	夏三毛
陆泽伟	男	1994 年 2 月	陆金彪	沙清雯	女	1995 年 10 月	沙贤龙
张维奇	女	1994 年 2 月	张忠良	陆安宁	男	1995 年 11 月	陆吉宏
蔡建峰	男	1994 年 5 月	蔡国祥	陆彤艳	女	1995 年 11 月	陆忠富
徐佳静	女	1994 年 6 月	徐铭芳	陆晨杰	男	1995 年 11 月	陆年达
沙俊俊	男	1994 年 8 月	沙土国	陆宇宸	男	1995 年 12 月	陆宏良
陆叶枭	男	1994 年 9 月	陆金军	陆浩南	男	1996 年 1 月	陆如标
张才超	男	1994 年 10 月	张义龙	徐承豪	男	1996 年 1 月	徐思宏
陆亚娜	女	1994 年 10 月	陆明法	周丹妮	女	1996 年 2 月	陆惠良
陆嘉慧	女	1994 年 11 月	陆金康	陆　勤	男	1996 年 2 月	陆福华

姓　名	性别	出生年月	户　主	姓　名	性别	出生年月	户　主
陆柯冶	女	1996 年 3 月	陆云成	陆竹原	女	1998 年 7 月	陆小东
陈贤聪	女	1996 年 4 月	陈建设	陆静静	女	1998 年 7 月	陆宏胜
陈诗雨	女	1996 年 6 月	陈英方	陈　练	女	1998 年 7 月	陆亚妹
陆宁宁	女	1996 年 7 月	陆立新	梁　云	男	1998 年 10 月	梁连甫
郑尧宇	男	1996 年 7 月	郑荣子	任昊南	男	1998 年 10 月	虞　奋
陆家浩	男	1996 年 10 月	陆建平	邵应磊	男	1999 年 1 月	邵德成
施巧静	女	1996 年 11 月	陆爱方	钱　凤	女	1999 年 1 月	陆亨成
施江敏	女	1996 年 12 月	陆形英	钱　燕	女	1999 年 1 月	陆亨成
赵世杰	男	1997 年 1 月	赵士国	陆学仕	男	1999 年 2 月	陆继芳
徐丹盛	女	1997 年 1 月	徐铭伟	陆远航	男	1999 年 3 月	陆建达
陆佳磊	男	1997 年 2 月	陆仲如	陆洁宁	女	1999 年 6 月	陆英海
张思涛	男	1997 年 4 月	张陆位	应书豪	男	1999 年 6 月	陆佩君
朱尔玺	女	1997 年 4 月	徐阿祥	陆嘉煊	女	1999 年 7 月	陆青华
陆玲意	女	1997 年 7 月	陆金康	陆静超	女	1999 年 7 月	陆金大
陆超磊	男	1997 年 7 月	陆彩君	陆微娜	女	1999 年 8 月	陆金伟
陆夏宁	女	1997 年 8 月	陆幼东	陆江伟	男	1999 年 9 月	陆忠康
李　源	男	1997 年 9 月	陆燕意	陆丽玲	女	1999 年 11 月	陆惠岳
张　坤	男	1997 年 10 月	张宏伟	陆　晟	男	1999 年 11 月	陆立国
陆建旺	男	1997 年 11 月	陆立伟	沙佳慧	女	2000 年 1 月	沙贤宏
陆邵钱	男	1997 年 11 月	陆全良	陆哈倩	女	2000 年 1 月	陆彩成
陆静艳	女	1998 年 2 月	陆国方	陆梦婷	女	2000 年 9 月	陆海光
陆　顺	女	1998 年 2 月	陆金芳	盛陆鹏	男	2000 年 9 月	陆善法
柴依琳	女	1998 年 2 月	陆如英	陈可雨	女	2000 年 10 月	陈英芳
陆王珂	女	1998 年 4 月	陆尊芳	金梦洁	女	2000 年 11 月	金烈保
陆浩杰	男	1998 年 5 月	陆君侠	钱　燕	女	2000 年 11 月	钱　棣
陆丹妮	女	1998 年 5 月	陆明校	陆欣彦	女	2000 年 11 月	陆建宏
陈科威	男	1998 年 5 月	陆爱君	吴嘉辉	男	2000 年 11 月	陆国方

姓 名	性别	出生年月	户 主	姓 名	性别	出生年月	户 主
姚 翔	男	2000 年 12 月	陆亚芬	陈浩泽	男	2004 年 5 月	陈永龙
陆栋杰	男	2001 年 4 月	陆伟海	马俊杰	男	2004 年 5 月	马传标
陆琛蔚	男	2001 年 4 月	陆海明	陆 超	男	2004 年 5 月	陆立新
陆雨薇	女	2001 年 4 月	陆高跃	罗 援	男	2004 年 6 月	陆忠义
陆家辉	男	2001 年 7 月	陆建艇	张晨琦	女	2004 年 7 月	张广赟
王轶丹	女	2001 年 9 月	陆海仁	陆佳瑜	女	2004 年 7 月	陆晓高
陆 溢	男	2001 年 10 月	陆贤方	陆超杰	男	2004 年 8 月	陆 峰
陆何杰	男	2002 年 1 月	陆建芳	邹 丹	女	2004 年 9 月	邹良明
陆宇杰	男	2002 年 3 月	陆吉良	陆卓瑶	女	2004 年 9 月	陆国良
梁逸舟	男	2002 年 5 月	梁广水	陆卓翔	男	2004 年 11 月	陆宏国
陆家楠	男	2002 年 9 月	陆桂菊	陆 美	女	2005 年 1 月	陆元甲
陆 霆	男	2002 年 10 月	陆良华	陆可盈	女	2005 年 1 月	陆彦坤
陆攀宇	男	2002 年 10 月	陆军宝	赵佳敏	女	2005 年 2 月	赵仁燕
黄绿丰	男	2002 年 12 月	陆海良	陆家豪	男	2005 年 3 月	陆成龙
张海超	男	2002 年 12 月	张水龙	陆逸鑫	男	2005 年 3 月	陆良宏
陆诗雨	女	2002 年 12 月	陆松鹤	沙哲葳	女	2005 年 7 月	沙素芳
陆柯余	女	2003 年 1 月	陆云成	陆科羽	男	2005 年 8 月	陆青华
陆天一	男	2003 年 3 月	陆国柱	陆宇喆	男	2005 年 8 月	陆贤忠
陆垚炜	男	2003 年 3 月	陆金康	陆宸辉	男	2005 年 9 月	陆贤益
陆苗伟	男	2003 年 4 月	陆军海	陆晨瑶	女	2005 年 9 月	陆海红
陆江伟	男	2003 年 6 月	陆君方	周 杰	男	2005 年 10 月	周 波
洪 燕	女	2003 年 8 月	陆惠达	陆一峰	男	2005 年 10 月	陆金康
陆 雁	女	2003 年 8 月	陆金康	陆琪苓	男	2005 年 11 月	陆明良
陆明星	男	2003 年 10 月	陆海铁	卢 颖	女	2005 年 12 月	卢军华
陆颖燕	男	2003 年 12 月	陆国太	陆欣阳	男	2006 年 2 月	陆志成
谢陆坤	男	2004 年 2 月	陆国康	陆邦杰	男	2006 年 3 月	陆良华
陆凯康	男	2004 年 4 月	陆高峰	陆诗怡	女	2006 年 6 月	陆可宁

姓　名	性别	出生年月	户　主	姓　名	性别	出生年月	户　主
陆宇阳	男	2006 年 8 月	陆高跃	陆彦源	男	2011 年 1 月	陆松和
夏艺	女	2006 年 11 月	夏三毛	张珅	女	2011 年 3 月	梁友信
陆志远	男	2006 年 12 月	陆丰华	陆成杰	男	2011 年 4 月	张美娣
徐乐晨	女	2006 年 12 月	陆良年	徐梓恒	男	2011 年 4 月	林月花
黄嘉浩	男	2007 年 1 月	陆贤焦	周梓涵	女	2011 年 4 月	吴晶晶
黄嘉诺	男	2007 年 1 月	陆贤焦	蔡天乐	男	2011 年 5 月	张文君
章嘉诚	男	2007 年 2 月	章维宏	陆桢	男	2011 年 8 月	陆剑波
陆静美	女	2007 年 3 月	陆宏胜	方泽源	男	2011 年 9 月	陆小平
陆可婷	女	2007 年 3 月	陆建云	陆语涵	女	2011 年 9 月	陆启明
陈子墨	男	2007 年 7 月	郑龙飞	朱家弘	男	2011 年 10 月	陆开棠
朱欣怡	女	2007 年 10 月	朱峰	陆科渝	男	2011 年 11 月	陆开祥
陆诗怡	女	2007 年 11 月	陆福华	李旭斌	男	2011 年 11 月	陆海良
陆宇轩	男	2008 年 1 月	陆鲁波	丁嘉瑜	女	2011 年 12 月	陈国龙
陆迎奥	男	2008 年 2 月	陆建卫	钱梦霞	女	2011 年 12 月	陆海彪
陆鑫	男	2008 年 3 月	缪明菊	陆梓霖	男	2011 年 12 月	陆永华
梁家豪	男	2008 年 3 月	梁广建	陆舒涵	女	2012 年 1 月	陆德良
梁家雯	女	2008 年 3 月	梁广建	陆卓越	女	2012 年 2 月	陆斌
周彦彬	女	2008 年 4 月	周智育	王璐昕	男	2012 年 2 月	陆松年
金宇翔	男	2008 年 4 月	陆亚方	梅丹蕊	女	2012 年 3 月	陆金良
戴舒玮	男	2008 年 7 月	戴硕	陈肖娜	女	2012 年 4 月	陈美花
钱心雨	女	2008 年 8 月	钱樟军	蔡思慕	女	2012 年 5 月	陆贤宏
章祎柔	女	2009 年 7 月	章宏权	陆星宇	男	2012 年 7 月	陆贤宏
陆可欣	女	2009 年 12 月	陆永年	陆新翔	男	2012 年 8 月	陆惠福
郑渊泽	男	2010 年 5 月	郑磊	陆诗龙	男	2012 年 9 月	陆可宁
陆峥楠	男	2010 年 7 月	陆永全	陆梦瑶	女	2012 年 10 月	陆忠良
陆俊皓	男	2010 年 7 月	陆昌龙	陈景轩	男	2012 年 10 月	陆昌杨
陆可欣	女	2010 年 9 月	陆彦坤	钱佳燕	女	2012 年 11 月	钱樟东

续表

姓　名	性别	出生年月	户　主
陆佳萍	女	2012 年 12 月	陆晓高
陆璐涵	女	2012 年 12 月	陆明方
陆国辰	男	2013 年 1 月	陆惠康
陆可研	女	2013 年 2 月	陆建云
顾乾煜	男	2013 年 2 月	李玉英
陆欣玥	女	2013 年 3 月	陆建宏
陈奕帆	男	2013 年 3 月	陈爱国
王皓昀	男	2013 年 3 月	陆启华
陆　辰	女	2013 年 5 月	陆君方
陆心悦	女	2013 年 6 月	陆明福
诸葛宁馨	女	2013 年 7 月	陆金福
陈　橙	女	2013 年 8 月	陆才方
赵梓欣	女	2013 年 9 月	赵士军
陆思辰	女	2013 年 11 月	陆贤焦
倪浩睿	男	2014 年 2 月	陆永福
钱姿颖	女	2014 年 4 月	钱　棣
陆可雅	女	2014 年 4 月	陆　军

姓　名	性别	出生年月	户　主
陆可逸	女	2014 年 4 月	陆　军
陈诗琦	女	2014 年 5 月	陆忠方
上官昕冉	女	2014 年 6 月	陆惠太
陆炯睿	男	2014 年 8 月	陆如洪
陆宁轩	男	2014 年 8 月	陆金福
徐欣瑜	女	2014 年 10 月	徐海龙
陆俊妍	女	2014 年 10 月	陆益丰
陆　梓	男	2014 年 11 月	陆惠祥
黄以诺	女	2014 年 11 月	沙土国
徐宇辰	男	2014 年 11 月	陆全良
金成骏	男	2014 年 11 月	陆炳宏
凌辰轩	男	2014 年 12 月	毕国方
陆知周	男	2015 年 1 月	陆永年
沙辰瑶	女	2015 年 2 月	沙峰达
陈艺暄	男	2015 年 2 月	陆才康
王奕帆	女	2015 年 3 月	张金良

三、迁入村民

表四　江六村村民迁入表

迁入日期	姓　名	性别	原地址	户　主	备注
1964 年 3 月	陆根德	男	上海		退休
1964 年 3 月	吴根花	女	集士港繁荣	徐阿祥	婚迁
1964 年 3 月	李菊英	女	下应团桥	陆开如	婚迁
1964 年 4 月	缪明菊	女	钟公庙永胜	陆国云	婚迁

迁入日期	姓　名	性别	原地址	户　主	备注
1964 年 4 月	缪玉儿	女	钟公庙永胜	沙安康	婚迁
1964 年 4 月	罗意香	女	潘火旭升	陆国才	婚迁
1964 年 4 月	忻荷菊	女	莫枝大公	陆宏德	婚迁
1964 年 5 月	黄慈菊	女	横溪周夹吞	张信根	婚迁
1964 年 5 月	王英娣	女	云龙枫林	陆启鸿	婚迁
1964 年 6 月	樊月英	女	甘肃	郑世方	婚迁
1964 年 10 月	陆江生	男	安徽		劳改
1964 年 12 月	陆宝富	女	江苏		劳改
1965 年 3 月	水德美	女	下应湾底		婚迁
1965 年 3 月	朱瑞花	女	下应团桥	陆惠民	婚迁
1965 年 5 月	陆彩英	女	慈溪胜北		婚迁
1965 年 12 月	李阿宝	男			劳改
1965 年 12 月	忻爱芳	女	莫枝大公		知青
1965 年 12 月	忻和娣	女	莫枝大公		知青
1965 年 12 月	忻杏英	女	莫枝大公		知青
1965 年 12 月	忻明翠	女	莫枝大公		知青
1965 年 12 月	忻云英	女	莫枝大公		知青
1965 年 12 月	裘三妹	女	莫枝大公		知青
1965 年 12 月	忻亚翠	女	莫枝大公		知青
1965 年 12 月	忻仁菊	女	莫枝大公		知青
1965 年 12 月	陈翠娣	女	莫枝大公		知青
1966 年 3 月	王爱凤	女	宁波华严街		婚迁
1966 年 4 月	应翠菊	女	下应团桥	陆六年	婚迁
1966 年 4 月	施夏兰	女	下应黎明	陆惠元	婚迁
1966 年 7 月	陆阿毛	男	乔水农场		劳改
1966 年 9 月	杨惠国	男	青海		劳改
1966 年 12 月	应秋月	女			

迁入日期	姓　名	性别	原地址	户　主	备注
1967 年 1 月	陆宝富	男	上海		
1967 年 3 月	忻佩君	女	莫枝大公	梁太安	婚迁
1967 年 3 月	邱常娥	女	咸祥咸二	蔡岳青	婚迁
1967 年 4 月	俞阿翠	女	莫枝大公	陆见立	婚迁
1967 年 5 月	包玲菊	女	江东和丰	陆惠炳	婚迁
1967 年 5 月	蔡秀定	女	潘火杨家漕	陆如元	婚迁
1967 年 6 月	严美娥	女	下应团桥	陆锡云	婚迁
1968 年 11 月	陆志花	女			返乡
1969 年 2 月	陆雅文	女	上海		知青
1969 年 2 月	陆和祥	男	上海		知青
1969 年 2 月	陆文娟	女	上海		知青
1969 年 2 月	陆连平	男	上海		知青
1969 年 2 月	陆慧燕	女	上海		知青
1969 年 3 月	陆惠良	男			复员
1969 年 3 月	许杏云	女	下应湾底	陆阿毛	婚迁
1969 年 3 月	陆翠娣	女	上海		知青
1969 年 3 月	朱如意	女	潘火土桥	陆祖宏	婚迁
1969 年 4 月	谢爱菊	女	下应河西	陈惠龙	婚迁
1969 年 4 月	史菊香	女	下应黎明	陆太明	婚迁
1969 年 5 月	陆祖煌	男	上海		知青
1969 年 5 月	梁华富	男	黄岩	梁仙友	婚迁
1969 年 10 月	陆孟安	女	宁波		知青
1969 年 10 月	陆仲安	男	宁波		知青
1969 年 10 月	应启迩	男	宁波		知青
1969 年 12 月	邵春家	女	高桥		回原籍
1969 年 12 月	陆克勤	男	宁波		回原籍
1970 年 1 月	乐国明	男			复员

迁入日期	姓　名	性别	原地址	户　主	备注
1970 年 2 月	张丽华	女	林家	陆宏年	婚迁
1970 年 3 月	陆根顺	男	上海		复员
1970 年 3 月	顾惠琴	女	顾家	陆惠良	婚迁
1970 年 3 月	林凤仙	女	林家	陆宝华	婚迁
1970 年 3 月	施金梅	女	樟村		婚迁
1970 年 4 月	钱梅钦	女	嵊县	邵德成	婚迁
1970 年 4 月	毕菊玲	女	潘火土桥	陈朝良	婚迁
1970 年 4 月	谢惠菊	女	韩岭横街	梁阿六	婚迁
1970 年 4 月	郑玲菊	女	莫枝郑家	陆定康	婚迁
1970 年 6 月	施艳芳	女	韩岭	刘永祥	婚迁
1970 年 8 月	陆慧菊	女	上海		婚迁
1970 年 9 月	陆济棠	男	太原		退职
1970 年 10 月	王彩凤	女	山东		退职
1971 年 2 月	张　明	男			复员
1971 年 2 月	施金娣	女	下应黎明	陆金尧	婚迁
1971 年 2 月	陆生康	男			复员
1971 年 2 月	应月娥	女	河东	陆开祥	婚迁
1971 年 3 月	陆甫康	男			复员
1971 年 3 月	杨英娣	女			复员
1971 年 3 月	徐安昌	男			复员
1971 年 4 月	毕美华	女	潘火土桥	陆全和	婚迁
1971 年 4 月	应亚芬	女	下应河西	陆海仁	婚迁
1971 年 4 月	张仁月	女	潘火妙胜	钱信国	婚迁
1971 年 5 月	应夏瓣	女	河东	陆惠达	婚迁
1971 年 5 月	陈来富	男	上海		退休
1971 年 11 月	陈伟娣	女	奉化		投亲
1972 年 3 月	王根娣	女	东升	陆甫康	婚迁

迁入日期	姓 名	性别	原地址	户 主	备注
1972 年 3 月	李燕琴	女	里段	陆云良	婚迁
1972 年 4 月	姜仁英	女	潘火童王	陆银龙	婚迁
1972 年 5 月	史惠娣	女	下应黎明	陆明祥	婚迁
1972 年 5 月	任翠英	女	宁波洪塘		婚迁
1972 年 5 月	王雅飞	女	宁波	陆瑞元	婚迁
1972 年 10 月	沈海妹	女	横溪幸福	徐安昌	婚迁
1972 年 10 月	高菊飞	女	岱山		婚迁
1973 年 1 月	陆和康	男			复员
1973 年 2 月	陈艳方	女		陆启鸿	领女
1973 年 10 月	周秀娣	女	邱隘	杨惠国	婚迁
1974 年 3 月	陆佩珍	女	天津		插队
1974 年 5 月	史明珠	女	史家码	梁阿明	婚迁
1974 年 10 月	项国辉	男	莫枝		婚迁
1974 年 11 月	史定梅	女	史家码	项国荣	婚迁
1975 年 3 月	郑惠国	男			复员
1975 年 3 月	项国伟	男			复员
1975 年 3 月	励英美	女	莫枝五四	陆惠康	婚迁
1975 年 3 月	徐月娣	女	东升	沙土金	婚迁
1975 年 3 月	陈阿珠	女	云龙前陈	马信龙	婚迁
1975 年 4 月	王瑞英	女	潘火土桥		婚迁
1975 年 4 月	陆雪红	女			婚迁
1975 年 4 月	陆明杰	男			知青
1975 年 10 月	许仁花	女	钟公庙	陆忠年	婚迁
1975 年 12 月	应华萍	女			知青
1975 年 12 月	应美珍	女			知青
1976 年 2 月	施惠君	女	下应黎明	陆元龙	婚迁
1976 年 3 月	陆惠国	男			复员

迁入日期	姓 名	性别	原地址	户 主	备注
1976 年 3 月	陆启培	男			复员
1976 年 3 月	叶冬娥	女	莫枝湖塘下	陆生康	婚迁
1976 年 3 月	钱德菊	女	潘火童家	陆昌龙	婚迁
1976 年 3 月	倪国忠	男	莫枝		知青
1976 年 3 月	余春菊	女	莫枝		知青
1976 年 3 月	戴惠珍	女	莫枝		知青
1976 年 4 月	黄水花	女	嵊县	陆仁和	婚迁
1976 年 4 月	应宝梅	女	下应河东	陆永福	婚迁
1976 年 4 月	徐羲伟	男	邱隘张家引		教师
1976 年 5 月	张佩琴	女	桃江	郑惠国	婚迁
1976 年 5 月	应瑞珠	女	胜利	陆炳宏	婚迁
1976 年 5 月	黄菊方	女	钟家庙年丰	沙裕康	婚迁
1976 年 9 月	史金香	女	上海		退休
1976 年 12 月	林亚辉	女	莫枝		知青
1976 年 12 月	楼明娟	女	河西		知青
1977 年 1 月	王素琴	女	河东		回家
1977 年 1 月	应华英	女	胜利	张善良	婚迁
1977 年 2 月	张吉祥	男	东下		迁居
1977 年 3 月	周惠飞	女	潘火	陆宏元	婚迁
1977 年 3 月	钱小菊	女	潘火齐心		婚迁
1977 年 3 月	史慧菊	女	史家码	陆明华	婚迁
1977 年 4 月	黄亚珍	女	东升	陆甫宝	婚迁
1977 年 4 月	应月娥	女	河西	陆开祥	婚迁
1977 年 4 月	张翠娥	女	史家码	陆方年	婚迁
1977 年 5 月	许杏花	女	湾底	陈永龙	婚迁
1977 年 6 月	项银花	女	莫枝	陆海章	婚迁
1977 年 7 月	袁丽珍	女			回乡

迁入日期	姓　名	性别	原地址	户　主	备注
1978 年 2 月	施根飞	女	黎明	陆惠国	婚迁
1978 年 3 月	俞玲香	女	上海		回乡
1978 年 3 月	陈忠娥	女	邱隘	周宏太	婚迁
1978 年 3 月	钱锡君	女	潘火	陆惠定	婚迁
1978 年 4 月	史英娥	女	黎明	陆海良	婚迁
1978 年 4 月	史秀伟	女	莫枝		知青
1978 年 4 月	忻佩珠	女	莫枝		知青
1978 年 4 月	薛秀兰	女	河西	陆松年	婚迁
1978 年 4 月	包惠娥	女	六寸	陆明良	婚迁
1978 年 4 月	诸玲娣	女	塘溪	张信良	婚迁
1978 年 4 月	陆信方	男			复员
1978 年 5 月	应佩婷	女	河东	陆耀年	婚迁
1978 年 5 月	陆国忠	男			复员
1978 年 6 月	陆金军	男	宁波		领养
1978 年 12 月	陆金庭	男	上海		退休
1979 年 2 月	陆序信	男			复员
1979 年 3 月	王英娣	女	史家码	陆才方	婚迁
1979 年 3 月	柴新彩	女	柴家	陆国康	婚迁
1979 年 3 月	王香娥	女	钟公庙	陆吉良	婚迁
1979 年 3 月	蔡君利	女	潘火	陆国良	婚迁
1979 年 4 月	钱德月	女	潘火童家	陆明良	婚迁
1979 年 5 月	张桂芬	女	湾底	陆永年	婚迁
1979 年 6 月	张仁菊	女	潘火妙胜	钱信福	婚迁
1979 年 10 月	陆明全	男			退休
1979 年 10 月	陆小毛	男			退休
1979 年 12 月	姜月娣	女	梅墟	陆瑞金	婚迁
1980 年 1 月	夏二毛	男			复员

迁入日期	姓 名	性别	原地址	户 主	备注
1980 年 1 月	陆惠民	男			复员
1980 年 1 月	徐福云	女	河东	陆和康	婚迁
1980 年 1 月	陆国骁	男	河东	陆和康	婚迁
1980 年 3 月	励国娣	女	莫枝五四	陆良年	婚迁
1980 年 3 月	林文兰	女	下应林家	夏小狗	婚迁
1980 年 3 月	张美娣	女	云龙狄江	陆利丰	婚迁
1980 年 4 月	芦金花	女	东升	陆惠炳	婚迁
1980 年 5 月	陈惠芬	女	云龙前后陈		婚迁
1980 年 5 月	陆银娥	女			退休
1980 年 8 月	陆玉琴	女			离婚
1980 年 10 月	陆金才	男			退休
1980 年 12 月	陆安康	男			劳改回村
1980 年 12 月	史阿娥	女			退休
1980 年 12 月	林国辉	男			复员
1981 年 1 月	陈小方	男			复员
1981 年 1 月	陆道然	男			退休
1981 年 1 月	徐宜菊	女	邱隘	陆国祥	婚迁
1981 年 2 月	杨顺花	女	黎明	陆明芳	婚迁
1981 年 3 月	吴美芳	女	湾底	陆培元	婚迁
1981 年 4 月	李慧芬	女	福明	陈国龙	婚迁
1981 年 5 月	许惠萍	女	湾底	朱锦天	婚迁
1981 年 5 月	施亚琴	女	黎明	陆忠良	婚迁
1981 年 10 月	倪国忠	男			复员
1981 年 11 月	陆方成	男			并户
1981 年 11 月	梁志明	男			退休
1981 年 11 月	陆嘉庆	男			退休
1981 年 12 月	陆永华	男			复员

迁入日期	姓　名	性别	原地址	户　主	备注
1982 年 2 月	郑亚芳	女	樟村陈家	陆志明	婚迁
1982 年 2 月	江金香	女	横溪周夹岙	陆贤焦	婚迁
1982 年 3 月	林月花	女	下应林家	陈利国	婚迁
1982 年 3 月	吴美丽	女	湾底	陆永全	婚迁
1982 年 5 月	朱菊芬	女	姜村	张文君	婚迁
1982 年 5 月	许培玉	女	湾底	陆明国	婚迁
1982 年 6 月	陈小存	女	团桥	陆福康	婚迁
1982 年 6 月	朱素成	女	袁家	陆信芳	婚迁
1982 年 10 月	许亚芬	女	湾底	陈永庆	婚迁
1982 年 12 月	陆菊利	女	顾家		离婚
1983 年 2 月	杨惠国	男			劳改回村
1983 年 3 月	毕美琴	女	潘火土桥	陆惠明	婚迁
1983 年 3 月	史佩丽	女	黎明	陆飞宏	婚迁
1983 年 8 月	陆敏发	男			退休
1983 年 12 月	陆金良	男			复员
1983 年 12 月	陆阿林	女	黎明	陆宝才	挂靠女婿
1984 年 3 月	李银飞	女	外段	陆小平	婚迁
1984 年 6 月	陆祥能	男			退休
1984 年 8 月	许乐斌	男			师范毕业
1985 年 1 月	陆民立	男			退休
1985 年 3 月	俞维东	男			婚迁
1985 年 3 月	黄翠娥	女	横溪周夹岙		婚迁
1985 年 3 月	朱瑞娣	女	袁家		婚迁
1985 年 3 月	林兆建	女	林家	戴再良	婚迁
1985 年 5 月	林凤菊	女	林家	陆开棠	婚迁
1985 年 6 月	陆序孝	男			婚迁
1985 年 6 月	钱惠英	女	东升	王乐君	婚迁

迁入日期	姓 名	性别	原地址	户 主	备注
1985 年 7 月	江亚君	女	黎明	陆跃康	婚迁
1985 年 10 月	朱秀珍	女	顾家		婚迁
1986 年 1 月	王爱琴	女	里段		婚迁
1986 年 1 月	周素珍	女	袁家	陆金良	婚迁
1986 年 1 月	李芳英	女	林家	陆福良	婚迁
1986 年 3 月	李玉琴	女	顾家		婚迁
1986 年 3 月	王芬国	女	潘火齐心		婚迁
1986 年 3 月	朱春兰	女	袁家	陆永华	婚迁
1986 年 4 月	史济妍	女	史家码	张赛龙	婚迁
1986 年 6 月	陈桂芳	女	天台	沙土国	婚迁
1986 年 7 月	王金娣	女	土桥	陆明芳	婚迁
1986 年 8 月	陆惠菊	女			离婚
1987 年 1 月	王秀娥	女	奉化	陆智良	婚迁
1987 年 1 月	王秀娥	女	奉化半山	陆智良	婚迁
1987 年 2 月	章和平	女	胜利	陆明福	婚迁
1987 年 2 月	李翠金	女	团桥	徐海龙	婚迁
1987 年 2 月	顾雪芬	女	胜利	陈爱国	婚迁
1987 年 3 月	张佩仙	女	湾底	陆昌成	婚迁
1987 年 3 月	应菊芬	女	河西	陆贤小	婚迁
1987 年 3 月	杨巧儿	女	云龙前后陈	陆忠康	婚迁
1987 年 5 月	李云英	女	里段	陆金彪	婚迁
1987 年 6 月	史荷花	女	黎明	张义龙	婚迁
1988 年 3 月	郑亚珍	女	下应河西	陆如宏	婚迁
1988 年 3 月	汪雪琴	女	下应呇里王	陆良才	婚迁
1988 年 3 月	孙金玲	女	临海	陆明甫	婚迁
1988 年 3 月	李玉英	女	天台	陆万和	婚迁
1988 年 3 月	王美玲	女	莫枝光辉	陆启丰	婚迁

迁入日期	姓　名	性别	原地址	户　主	备注
1988 年 4 月	闻美英	女	高钱	陆祖康	婚迁
1988 年 6 月	张美娣	女	上海	陆利丰	婚迁
1988 年 9 月	尚仙英	女	黄岩	陆昌洋	婚迁
1988 年 12 月	柴佩芬	女	下应柴家	陆惠祥	婚迁
1988 年 12 月	陈菊林	女	东吴平窑	陆瑞金	婚迁
1989 年 1 月	应佩琴	女	河东	陆兆年	婚迁
1989 年 3 月	施惠娣	女	胜利	陆亚男	婚迁
1989 年 3 月	柴银萍	女	下应柴家	钱信华	婚迁
1989 年 3 月	林绿珍	女	史家码	陆小和	婚迁
1989 年 3 月	徐亚芬	女	云龙前徐	张国君	婚迁
1989 年 3 月	应莲萍	女	下应河东	项国坤	婚迁
1989 年 4 月	姚爱琴	女	云龙前徐	陆惠康	婚迁
1989 年 5 月	邬兆芬	女	云龙王夹岙	陆国华	婚迁
1989 年 6 月	张丽明	女	陈波渡桃江	李善生	婚迁
1990 年 2 月	谢忠芬	女	宁海水车	陆国良	婚迁
1990 年 2 月	王李英	女	云龙王夹岙	陆国华	婚迁
1990 年 2 月	童兴英	女	莫枝沙家垫	陆信宝	婚迁
1990 年 3 月	毕翠娥	女	潘火土桥	陆才康	婚迁
1990 年 3 月	钱美芸	女	姜村	陆祖年	婚迁
1990 年 3 月	李惜贞	女	外段	陆建成	婚迁
1990 年 3 月	陆亚楼	男			复员
1990 年 3 月	陆金华	男			复员
1990 年 3 月	沙贤龙	男			复员
1990 年 3 月	陈荣耀	男			复员
1990 年 3 月	戴亚剑	女	柴家	徐吴荣	婚迁
1990 年 4 月	章和娣	女	胜利	陆金福	婚迁
1990 年 9 月	盛玉英	女	史家码		离婚

迁入日期	姓　名	性别	原地址	户　主	备注
1990 年 9 月	潘安定	女	潘火童家	陆明福	婚迁
1990 年 12 月	曹飞红	女	胜利	盛珠龙	婚迁
1991 年 2 月	唐琴群	女	云龙石桥	陆文光	婚迁
1991 年 3 月	顾小英	女	顾家	陆立泉	婚迁
1991 年 3 月	王世君	女	顾家	陆太浩	婚迁
1991 年 3 月	应彩云	女	河东	陆宏良	婚迁
1991 年 3 月	王凤珠	女	云龙前徐	陆惠尔	婚迁
1991 年 3 月	陈惠君	女	云龙前后陈	陆国良	婚迁
1991 年 3 月	胡乏水	女	云龙前东埭	陆惠贤	婚迁
1991 年 3 月	康亚仙	女	史家码	陆慈伟	婚迁
1991 年 6 月	陈燕琴	女	庄桥	徐海虹	婚迁
1991 年 7 月	郑荣子	男			解教
1991 年 9 月	史明君	女	黎明	梁忠发	婚迁
1991 年 9 月	胡美玲	女	临海	陆信国	婚迁
1991 年 10 月	丁鸿英	女	潘火土桥	毕惠芳	婚迁
1991 年 12 月	应文雅	女	团桥	张玲	婚迁
1992 年 7 月	施百花	女	嵊县	陆国民	婚迁
1992 年 8 月	俞小敏	女	史家码	俞维东	婚迁
1992 年 10 月	陶丽庆	女	潘火妙胜	沙宏年	婚迁
1992 年 11 月	柴红蕾	女	柴家	陆剑峰	婚迁
1992 年 12 月	应美芬	女	胜利	李善法	婚迁
1992 年 12 月	陈桂萍	女	姜村	陆昌祥	婚迁
1993 年 2 月	史伟珍	女	史家码	陆宏斌	婚迁
1993 年 2 月	陈　萍	女	湾底	虞放	婚迁
1993 年 3 月	钱春飞	女	嵊县	黄金良	婚迁
1993 年 3 月	陈翠金	女	姜山树桥头	陆文胜	婚迁
1993 年 3 月	顾月琴	女	顾家	陆志康	婚迁

迁入日期	姓 名	性别	原地址	户 主	备注
1993 年 8 月	张亚莲	女	占歧	陆惠斌	婚迁
1993 年 9 月	施佩芬	女	湾底	徐铭芳	婚迁
1993 年 9 月	孙玉兰	女	临海	陆忠明	婚迁
1993 年 10 月	邵国富	男			复员
1993 年 11 月	张云霞	女	潘火	陆金军	婚迁
1993 年 11 月	朱蓓君	女	袁家	陆国康	婚迁
1993 年 12 月	姜亚萍	女	潘火葛家	陆金康	婚迁
1993 年 12 月	林翠珍	女	林家	陈荣耀	婚迁
1993 年 12 月	忻亚静	女	莫枝利明	陆国宝	婚迁
1993 年 12 月	应 璐	女	河西	沙徐龙	婚迁
1993 年 12 月	应赛珍	女	河东	张锦宏	婚迁
1993 年 12 月	徐雪雅	女	东吴北村	陆海山	婚迁
1994 年 1 月	陆宏胜	男			复员
1994 年 1 月	陈萍	女	团桥	董际伟	婚迁
1994 年 1 月	李战佩	女	外段	陆启君	婚迁
1994 年 1 月		女	黎明	陆根才	婚迁
1994 年 3 月	钱红英	女	姜村	陆银芳	婚迁
1994 年 4 月	忻亚芬	女	林家	蔡国祥	婚迁
1994 年 4 月	包云仙	女	临海	陆明法	婚迁
1994 年 5 月	朱巧燕	女	咸祥咸六	陆惠炳	随母
1994 年 6 月	张红霞	女	云龙狄江	陆永贤	婚迁
1994 年 6 月	汤吉威	女	天台	陆仲如	婚迁
1994 年 9 月	史亚娣	女	黎明	陈英方	婚迁
1994 年 10 月	史颖敏	女	史家码	徐思忠	婚迁
1994 年 10 月	薛 琴	女	湾底	陆年达	婚迁
1994 年 10 月	叶月英	女	姜村	陆贤良	婚迁
1994 年 12 月	陆建达	男			复员

迁入日期	姓　名	性别	原地址	户　主	备注
1995 年 4 月	陆海明	男			复员
1995 年 5 月	陈乖娥	女	横溪梅丰	陆国华	婚迁
1995 年 8 月	张亚萍	女	钟公庙桃江	乐运忠	婚迁
1995 年 9 月	陆信国	男			回国
1995 年 10 月	金烈保	男	临海		
1995 年 11 月	钱亚琴	女	横溪梅胜	陆明	婚迁
1995 年 12 月	顾利峰	女	姜村	陆立新	婚迁
1996 年 1 月	陈秀菊	女	湖北利川	陆茹君	婚迁
1996 年 2 月	包祖升	男	临海		
1996 年 2 月	赵仁燕	男	临海		
1996 年 2 月	章宏权	男	临海		
1996 年 2 月	钱贤庆	男	嵊县		
1996 年 2 月	马传标	男	临海		
1996 年 2 月	邵岳琴	女	云龙前徐	陆全良	婚迁
1996 年 3 月	陆启道	男			退休
1996 年 4 月	屈彩仙	女	临海	郑荣子	婚迁
1996 年 4 月	包祖宽	男	临海		
1996 年 4 月	章永兴	男	临海		
1996 年 4 月	戴冬起	女	天台	陆如标	婚迁
1996 年 5 月	施增飞	女	塘溪	徐铭伟	婚迁
1996 年 6 月	陈小君	女	钟公庙干墩	陆云成	婚迁
1996 年 6 月	杨惠芬	女	三门	赵士国	婚迁
1996 年 7 月	陈红玉	女	柴家	陆幼东	婚迁
1996 年 7 月	王爱凤	女	河西	陆尊方	婚迁
1996 年 12 月	陆明全	男			退休
1996 年 12 月	胡针晶	女		陆友全	
1996 年 12 月	胡伟康	男		陆友全	

迁入日期	姓 名	性别	原地址	户 主	备注
1996 年 12 月	徐信飞	女	云龙前徐	陈建设	婚迁
1997 年 1 月	陆高跃	男			复员
1997 年 2 月	吴燕	女	东升	陆立伟	婚迁
1997 年 3 月	袁佩菊	女	黎明	张宏伟	婚迁
1997 年 3 月	吴金花	女	柴家	陆君侠	婚迁
1997 年 3 月	胡阿秀	女	东吴勤勇	沙生康	投亲
1997 年 4 月	沙幼娥	女	塘溪	陆建平	婚迁
1997 年 4 月	杨美丽	女	临海	陆国方	婚迁
1997 年 4 月	邵小琴	女	仙居	陆金康	婚迁
1997 年 4 月	施世静	女	黎明	陆庆华	婚迁
1997 年 8 月	吴桂芳	女	台州大田	陆军	婚迁
1997 年 9 月	刘从玲	女	湖北大悟	陆国才	婚迁
1997 年 12 月	林志春	女	林家	陆洪胜	婚迁
1998 年 1 月	蔡文波	女	姜山朱碶	陆建艇	婚迁
1998 年 2 月	方燕红	女	钟公庙高塘桥	陆明校	婚迁
1998 年 4 月	蔡爱娟	女	潘火桥	张忠良	婚迁
1998 年 5 月	盛智龙	男			劳教
1998 年 6 月	杨彩萍	女	临海白水洋	陆全礼	婚迁
1998 年 7 月	张红飞	女	钟公庙桃江	陆友方	婚迁
1998 年 7 月	马剑英	女	莫枝湖塘下	陆海铁	婚迁
1998 年 7 月	张陆位	男	奉化江口	陆雪萍	婚迁
1998 年 7 月	应苏红	女	姜山横山	邵国富	婚迁
1998 年 8 月	鲍文萍	女	里段	陆正大	婚迁
1998 年 11 月	李 红	女	云龙狄江	陆英海	婚迁
1998 年 12 月	陆济方	男			复员
1998 年 12 月	俞承春	女		陆建达	婚迁
1999 年 5 月	陈雪君	女	云龙前后陈	陆正伟	婚迁

迁入日期	姓　名	性别	原地址	户　主	备注
1999 年 5 月	郑玲香	女	山西五台山	沙贤宏	婚迁
1999 年 6 月	杨碧仙	女	山门横渡	陆惠木	婚迁
1999 年 6 月	史芬芬	女	史家码	陆成龙	婚迁
1999 年 6 月	胡余籍	男	临海	陆友全	
1999 年 7 月	陆元甲	男			退学
1999 年 10 月	陆成龙	男			复员
1999 年 11 月	李　红	女	江苏射阳	陆海光	婚迁
1999 年 11 月	王金连	女	安徽长丰	陆吉良	婚迁
1999 年 11 月	陆小平	男			回迁
1999 年 11 月	李银飞	女			回迁
1999 年 11 月	陆丽雅	女			回迁
1999 年 11 月	陆励立	男			回迁
1999 年 12 月	宣亚红	女	姜村	金力保	婚迁
1999 年 12 月	陆　峰	男			复员
2000 年 1 月	虞居飞	女	古林前虞	陆立国	婚迁
2000 年 1 月	沙素方	男			复员
2000 年 1 月	陆松鹤	男			回迁
2000 年 7 月	陈静霞	女	姜山东光	陆建良	婚迁
2000 年 8 月	潘海英	女	三门	陆高跃	婚迁
2000 年 9 月	袁连弟	女	贵州镇远	夏三毛	婚迁
2000 年 11 月	董亚珠	女	湾底	陆伟海	婚迁
2000 年 12 月	赵士军	男			复员
2001 年 1 月	陆晋棉	女	北仑	陆德云	投靠
2001 年 1 月	向方庆	女	湖南淑浦	陆贤宏	婚迁
2001 年 2 月	施雪君	女	殷家坑	陆亚男	婚迁
2001 年 2 月	徐美娟	女	镇海河头	郑惠高	婚迁
2001 年 2 月	李良美	女	江西井岗山	黄惠良	婚迁

迁入日期	姓　名	性别	原地址	户　主	备注
2001 年 2 月	黄龙海	男		黄惠良	婚迁
2001 年 3 月	蔡亚琴	女	潘火桥	钱梁	婚迁
2001 年 4 月	殷雅娟	女	殷家坑	陆海明	婚迁
2001 年 4 月	应璐玉	女	奉化	陆贤中	婚迁
2001 年 6 月	何碧芬	女	莫枝	陆济方	婚迁
2001 年 7 月	陆华君	男		陆永福	毕业
2001 年 8 月	邢幼玲	女	嵊县	陆吉宏	婚迁
2001 年 8 月	曹盛波	女	曹隘	梁广水	婚迁
2001 年 8 月	水剑艳	女	云龙后陈	陆宏年	婚迁
2001 年 9 月	陆剑波	男			复员
2001 年 9 月	林惠君	女	云龙前徐	陆良华	婚迁
2001 年 10 月	王金花	女	安徽长丰	陆君方	婚迁
2001 年 10 月	周爱英	女	江西玉山	陆军宝	婚迁
2001 年 10 月	王秀华	女	大碶	陆信良	婚迁
2001 年 10 月	杨秀清	女	高桥	陆龙彪	婚迁
2001 年 12 月	陆贤益	男			复员
2001 年 12 月	马晓龙	男			复员
2001 年 12 月	孙超琼	女	四川通江	陆见立	婚迁
2001 年 12 月	徐菊香	女	莫枝	陆健年	婚迁
2001 年 12 月	陆珊珊	女		陆健年	婚迁
2001 年 12 月	沙犟珠	女	湾底	张水龙	婚迁
2001 年 12 月	陈凤美	女	云龙前徐	陈建方	婚迁
2002 年 1 月	叶洪英	女	青田双洋	梁华富	婚迁
2002 年 2 月	张秋平	女	钟公庙桃江	陆国柱	婚迁
2002 年 7 月	李　锋	女	外段	陆军海	婚迁
2003 年 6 月	顾剑芬	女	顾家	陆国太	婚迁
2003 年 8 月	金珠玲	女	临海河头	陆高峰	婚迁

迁入日期	姓　名	性别	原地址	户　主	备注
2003 年 8 月	罗建平	男	江西乐安	陆忠年	入赘
2003 年 9 月	徐春花	女	邱隘张家引	陆峰	婚迁
2003 年 10 月	姚秀华	女	德青	陆斌	婚迁
2003 年 10 月	黄燕飞	女	莫枝	陆成龙	婚迁
2003 年 10 月	卢军华	男	湖北应城市	陆明国	入赘
2003 年 11 月	张爱芬	女	云龙狄江	陆晓高	婚迁
2003 年 11 月	朱　峰	男			复员
2003 年 12 月	陆　欣	女	梅墟福利院	陆军	婚迁
2003 年 12 月	张秋霞	女	云龙	梁建广	婚迁
2003 年 12 月	余　宇	女	贵州黔西县	陆元甲	婚迁
2004 年 2 月	陆建良	男			中专毕业
2004 年 2 月	施　琴	女	黎明	陆彦坤	婚迁
2004 年 2 月	史国英	女	东吴东村	张金良	婚迁
2004 年 3 月	顾静飞	女	姜村	陆良宏	婚迁
2004 年 3 月	徐雪莲	女	姜山山西	陆贤忠	婚迁
2004 年 3 月	邹良明	男	瞻岐岐阳	钱信福	入赘
2004 年 4 月	陆　贤	女	云龙前徐	沙苏方	婚迁
2004 年 4 月	邵　凤	女	童王	陆祁锋	婚迁
2004 年 7 月	张彩霞	女	湖南桃源	马传标	婚迁
2004 年 7 月	戴再芳	男	五乡	许金香	投靠
2004 年 9 月	包银珠	女		包祖宽	中专毕业
2004 年 9 月	蒋维娜	女	奉化莼湖	陆鲁波	婚迁
2004 年 10 月	张　艳	女	河南沁阳	陆利年	婚迁
2004 年 10 月	郑幸凤	女	蔡家漕	张广赟	婚迁
2004 年 11 月	杨小英	女	嵊县	陆福华	婚迁
2004 年 12 月	李坚波	女	梅墟	陆宏国	投靠
2004 年 12 月	陆卓琼	女	梅墟	陆宏国	投靠

迁入日期	姓　名	性别	原地址	户　主	备注
2004 年 12 月	陆晴雪	女		陆岳年	大专毕业
2005 年 2 月	殷建英	女	邱隘后殷	陆高宏	婚迁
2005 年 3 月	王海萍	女	临海洋镇	章永兴	婚迁
2005 年 3 月	楼红英	女	嵊县	陆可宁	婚迁
2005 年 6 月	应露霞	女	莫枝	陆海红	婚迁
2005 年 7 月	陆华芳	男		陆永全	大专毕业
2005 年 8 月	郑海红	女	临海	陆小良	婚迁
2005 年 12 月	郑　磊	男			复员
2005 年 12 月	陆建伟	男			复员
2006 年 5 月	王宗兰	女	陕西西乡县	绿丰华	婚迁
2006 年 5 月	王卓丹	女	奉化松岙	陆建云	婚迁
2006 年 6 月	陆晓峰	男	宁波	陆永年	回迁
2006 年 6 月	舒海啦	女	象山	陆惠斌	婚迁
2006 年 7 月	陆跃芬	女		陆飞宏	大学毕业
2006 年 7 月	陆海波	男		陆利丰	大学毕业
2006 年 8 月	赵美静	女	山东菏泽	陆海波	婚迁
2006 年 9 月	陆丽娜	女			大学毕业
2007 年 3 月	杨思思	女	石碶栎社	郑磊	婚迁
2007 年 9 月	沈燕芬	女	钟公庙桃江	陆建卫	婚迁
2007 年 10 月	周智育	男	天台赤城	王瑞英	入赘
2007 年 11 月	钱笑笑	女	临海大田	夏如波	婚迁
2007 年 11 月	蔡国君	男			劳改回村
2007 年 11 月	王柯研	男	钟公庙	陆松年	入赘
2007 年 12 月	史　群	女	邱隘	陆如中	投靠
2007 年 12 月	陆　寅	男	邱隘	陆如中	投靠
2008 年 1 月	王　萍	女	临海	钱樟军	婚迁
2008 年 7 月	陆静尔	女		陆的考	研究生毕业

迁入日期	姓　名	性别	原地址	户　主	备注
2008 年 11 月	俞碧云	女	横溪	陆夏方	婚迁
2009 年 1 月	王玲玲	女	宁波海曙	戴硕	婚迁
2009 年 3 月	毕　咏	女	莫枝方水	陆青华	婚迁
2009 年 5 月	徐瑞兰	女	象山	陆年达	婚迁
2009 年 6 月	周　芬	女	宁波江北	陆晓峰	婚迁
2009 年 7 月	阮　琦	女	河西	沙峰达	婚迁
2009 年 7 月	沙晨凯	男		沙峰达	投靠
2009 年 8 月	陆婧怡	女		陆龙彪	收养
2009 年 11 月	陆菲婕	女		陆启华	研究生毕业
2010 年 1 月	陈晓琴	女	临海海昌	陆太海	婚迁
2010 年 4 月	励思媛	女	童王	陆华君	投靠
2010 年 7 月	蔡　斌	男	潘火桥	张文君	入赘
2010 年 7 月	阮　瑾	女	殷家坑	陆健	婚迁
2010 年 7 月	陆雯娴	女	殷家坑	陆健	婚迁
2010 年 8 月	司徒伟珍	女	奉化江口	陆贤小	婚迁
2010 年 8 月	徐水华	男	江山市	林月花	入赘
2010 年 10 月	陈　萍	女	邱隘沈家漕	虞放	婚迁
2010 年 10 月	虞家浩	男	邱隘沈家漕	虞放	投靠
2010 年 10 月	章瑞珍	女	奉化莼湖	陆梓霖	婚迁
2010 年 10 月	葛春燕	女	石碶	陆泳吉	婚迁
2010 年 10 月	周佳婕	女	石碶	陆泳吉	投靠
2010 年 12 月	郑晓琴	女	三门珠岙	章宏权	婚迁
2010 年 12 月	应秋波	女	河西	陆科渝	婚迁
2011 年 2 月	梅基隆	男	广东汕头	陆金良	入赘
2011 年 4 月	郑益妃	女	横街云洲	陆吉宏	婚迁
2011 年 5 月	翁金达	男	横街云洲	盛仁康	入赘
2011 年 7 月	王春燕	女	咸祥王家	陆益峰	婚迁

迁入日期	姓　名	性别	原地址	户　主	备注
2011 年 7 月	楼　静	女	富阳石市镇	陆皓达	婚迁
2011 年 8 月	上官晓光	男	丽水缙云	陆惠太	入赘
2011 年 10 月	洪波萍	女	江东四眼碶	陆松鹤	婚迁
2012 年 1 月	钱波娜	女	塘溪乐山	陆星宇	婚迁
2012 年 2 月	王丹丹	女	奉化江口	陆磊	婚迁
2012 年 3 月	沈素丹	女	章水李家坑	钱棣	婚迁
2012 年 7 月	陆珊珊	女		徐菊香	大学毕业
2012 年 8 月	徐　静	女	姜山山西	陆益鸣	婚迁
2012 年 12 月	陆忠杰	男			复员
2012 年 12 月	胡贝贝	女	姜山狮山	陆明福	婚迁
2012 年 12 月	诸葛灏	男	龙游	陆金福	
2013 年 1 月	张　敏	女	洞桥	陆贤达	婚迁
2013 年 8 月	肖玲玲	女	横溪	陆浩磊	婚迁
2013 年 8 月	陆金辉	男		陆小良	收养
2013 年 10 月	杨聪聪	女	天台	陆继忠	婚迁
2013 年 10 月	倪剑云	男	高桥	陆永福	
2013 年 12 月	胡伟康	男			复员
2014 年 3 月	陈巧巧	女	象山墙头	陆徐波	婚迁
2014 年 4 月	叶国琼	女	庆元松源	陆宏斌	婚迁
2014 年 5 月	陈潇潇	女	安徽芜湖	项腾飞	婚迁
2014 年 6 月	崔超玲	女	章水崔岙	陆祺辉	婚迁
2014 年 6 月	曹玉飞	女	姜山沈风水	赵士军	婚迁
2014 年 9 月	徐甬波	男	瞻岐岐阳	盛智龙	入赘
2014 年 10 月	郑柳芳	女	姜山毛洋	陆其伟	婚迁
2015 年 1 月	范雅林	女	天台雷峰	陈武	婚迁

　　上表为 1964 至 2015 年的综合性迁入表，其中最值得留意的是婚迁部分。婚迁是最常规的迁移活动，所以户口登记表中都直接省略迁移原因。迁移户口

年份，可表示他们结婚的年份。至于具体的结婚日子，较难统计，所以不再追查了。结婚不完全是习俗，而是实际生活的一部分。因为结婚原因，这些人成为新的江六人。这些人的加入，给江六村带来了活力，繁育了新一代的子孙，也为江六子孙建立了新的亲戚关系。

四、迁出村民

表五　江六村村民迁出表

迁出日期	姓　名	性别	迁入地址	备注
1964 年 3 月	陆如林	女	柴家	婚迁
1964 年 4 月	陆志花	女	上海	婚迁
1964 年 4 月	葛杏月	女	金峨上任	婚迁
1964 年 4 月	李海通	男	黄岩	回原籍
1964 年 4 月	陆利云	女	莫枝	婚迁
1964 年 5 月	钱美玉	女	潘火曹隘	婚迁
1964 年 5 月	陆翠英	女	慈溪胜北	婚迁
1965 年 4 月	陆菊花	女	云龙前陈	婚迁
1965 年 4 月	陆珠利	女	柴家	婚迁
1966 年 4 月	陆楼凤	女	云龙	婚迁
1966 年 4 月	梁仁岳	男	黄岩	回原籍
1966 年 9 月	陆忠友	男	常州	
1966 年 12 月	陆佩琴	女	宁波漕边巷	婚迁
1967 年 1 月	陆云娣	女	上海	投靠子女
1967 年 4 月	陈翠娣	女	莫枝光辉	婚迁
1967 年 4 月	陆月香	女	团桥	婚迁
1967 年 5 月	陆杏娥	女	六寸	婚迁
1967 年 5 月	陆伊琴	女	姜村	婚迁
1968 年 2 月	陆翠凤	女	上海	投靠子女
1968 年 3 月	陆小玉	女	邱隘高塘	婚迁

迁出日期	姓　名	性别	迁入地址	备注
1968 年 5 月	梁珠翠	女	云龙前陈	婚迁
1968 年 5 月	陆菊花	女	潘火土星	婚迁
1968 年 5 月	陆阿娥	女	袁家	婚迁
1968 年 5 月	陆翠香	女	袁家	婚迁
1969 年 3 月	陆爱利	女	莫枝郑家	婚迁
1969 年 3 月	陆如英	女	团桥	婚迁
1969 年 4 月	陆翠英	女	金娥上任	婚迁
1969 年 4 月	陆亚飞	女	袁家	婚迁
1969 年 5 月	忻云英	女	潘火火星	婚迁
1970 年 1 月	忻爱芳	女	莫枝	婚迁
1970 年 2 月	忻仁菊	女	邱隘田郑	婚迁
1970 年 3 月	忻伟菊	女	潘火土桥	婚迁
1970 年 3 月	陆庆菊	女	潘火土桥	婚迁
1971 年 3 月	陆吉利	女	莫枝红舒	婚迁
1971 年 3 月	忻和娣	女	大河沿	婚迁
1971 年 5 月	张　明	男		参军
1971 年 7 月	陆亚琴	女	东升	婚迁
1972 年 1 月	陆素利	女	袁家	婚迁
1972 年 2 月	陆云花	女	河西	婚迁
1972 年 3 月	陆小娘	女	莫枝黄隘	婚迁
1972 年 4 月	陆月花	女	胜利	婚迁
1972 年 4 月	邵春家	女	高桥	移居
1972 年 5 月	陆惠芬	女	内蒙古包头市	移居
1973 年 3 月	陆佩芬	女	姜村	婚迁
1973 年 4 月	陆金菊	女	河东	婚迁
1973 年 9 月	应秋月	女	宁波	挂靠
1974 年 1 月	陆岳娣	女	团桥	婚迁

迁出日期	姓　名	性别	迁入地址	备注
1974 年 1 月	陆仁娣	女	东升	婚迁
1974 年 2 月	陆仁娣	女	史家码	婚迁
1974 年 3 月	陆小娥	女	云龙	婚迁
1974 年 9 月	陆阿利	女	镇海	婚迁
1974 年 11 月	陆仁利	女	宁波甬江	婚迁
1975 年 2 月	陆仁花	女	宁波厂塘街	婚迁
1975 年 3 月	陆春华	女	吞里王	婚迁
1975 年 3 月	刘银娣	女	莫枝五四	婚迁
1976 年 2 月	陆明飞	女	河西	婚迁
1976 年 4 月	陆玉琴	女	韩岭	婚迁
1976 年 5 月	陆亚琴	女	河东	婚迁
1976 年 6 月	杨惠国	男		判刑
1976 年 9 月	陆志花	女	邱隘盛垫	婚迁
1976 年 11 月	任翠英	女	奉化	婚迁
1976 年 12 月	张裕军	男	华北古油	
1977 年 2 月	戴亚琴	女	姜山	婚迁
1977 年 2 月	应宝利	女	潘火	婚迁
1977 年 2 月	陆福菊	女	湾底	婚迁
1977 年 3 月	陆亚飞	女	潘火土桥	婚迁
1977 年 3 月	陆安康	男		判刑
1977 年 3 月	陆雅菊	女	袁家	婚迁
1977 年 4 月	陆珠飞	女	柴家	婚迁
1977 年 4 月	陆孟安	女	宁波	病退
1977 年 4 月	沙秀珍	女	管江	婚迁
1977 年 11 月	陆仁娣	女	宁波	随夫
1978 年 1 月	陆惠利	女	镇海	婚迁
1978 年 2 月	陆海花	女	潘火葛家	婚迁

迁出日期	姓名	性别	迁入地址	备注
1978 年 2 月	李菊芳	女	河东	婚迁
1978 年 3 月	陆菊利	女	顾家	婚迁
1978 年 4 月	陆翠凤	女	云龙	婚迁
1978 年 11 月	周秀娣	女	镇海	婚迁
1979 年 2 月	陆秀英	女	莫枝青山	婚迁
1979 年 2 月	陆宏利	女	潘火小花园	婚迁
1979 年 2 月	毕彩英	女	史家码	婚迁
1979 年 3 月	陆味毛	女	湾底	婚迁
1979 年 3 月	陆根顺	男	上海	
1979 年 4 月	陆翠宝	女	云龙前后陈	婚迁
1979 年 4 月	陆锡芬	女	呑里王	婚迁
1979 年 4 月	戴亚琴	女	姜山	婚迁
1979 年 4 月	陆香娣	女	钟公庙	婚迁
1979 年 4 月	陆惠君	女	林家	婚迁
1979 年 4 月	陆玉花	女	陈婆渡	婚迁
1979 年 10 月	陆锡琴	女		顶替
1979 年 12 月	陆启生	男		顶替
1979 年 12 月	何智微	女		下应百什
1979 年 12 月	陆惠玉	女	邱隘田郑	婚迁
1980 年 1 月	梁翠莲	女	云龙前后陈	婚迁
1980 年 2 月	梁国英	女	外段	婚迁
1980 年 3 月	陆亚利	女	顾家	婚迁
1980 年 3 月	陆飞珍	女	云龙前徐	婚迁
1980 年 3 月	陆亚珍	女	林家	婚迁
1980 年 3 月	陆赛利	女	袁家	婚迁
1980 年 4 月	徐香桂	女	云龙狄江	婚迁
1980 年 4 月	陆雅珠	女	陈婆渡	婚迁

迁出日期	姓　名	性别	迁入地址	备注
1980 年 4 月	应宝英	女	史家码	婚迁
1980 年 4 月	李金莲	女	云龙前后陈	婚迁
1980 年 5 月	陆福娣	女	莫枝郑家	婚迁
1980 年 6 月	史美丽	女	林家	婚迁
1980 年 12 月	陆世昌	男		投靠
1981 年 2 月	陆赛宏	女	顾家	婚迁
1981 年 3 月	陆秀娥	女	东升	婚迁
1981 年 3 月	马信玉	女	顾家	婚迁
1981 年 4 月	毕国英	女	黎明	婚迁
1981 年 4 月	陆秀英	女	云龙金星	婚迁
1981 年 5 月	陆雪利	女	潘火齐心	婚迁
1981 年 5 月	陆美娟	女	韩岭	婚迁
1981 年 6 月	陆爱珍	女	红林	婚迁
1981 年 6 月	朱　波			随母
1981 年 8 月	陆翠花	女	安徽	随夫
1981 年 9 月	陆杏宝	女	殷家坑	婚迁
1981 年 10 月	李美英	女	咸祥咸三	婚迁
1981 年 11 月	陆仁仙	女	宁波	回迁
1981 年 11 月	陆序孝	男	红星厂	婚迁
1981 年 11 月	张吉祥	男	红星厂	婚迁
1982 年 1 月	陆文军	男	宁波	随父
1982 年 2 月	陆方成	男	邱隘	
1982 年 2 月	陆亚年	女	莫枝五四	婚迁
1982 年 2 月	徐亚利	女	邱隘盛垫	婚迁
1982 年 2 月	盛秀英	女	史家码	婚迁
1982 年 2 月	徐香菊	女	柴家	婚迁
1982 年 2 月	张金娣	女	黎明	婚迁

迁出日期	姓 名	性别	迁入地址	备注
1982 年 3 月	陆明菊	女	袁家	婚迁
1982 年 3 月	毕国芬	女	姜山秦叶	婚迁
1982 年 4 月	陆英娣	女	胜利	婚迁
1982 年 5 月	陆月莉	女	袁家	婚迁
1982 年 6 月	徐仁德	男		生死不明
1982 年 7 月	徐雅方	女	宁波	随父母
1982 年 7 月	陆亚娣	女	宁波	随夫
1982 年 10 月	诸玲娣	女	梅墟方桥	婚迁
1982 年 12 月	陆宏良	男	邱隘	随父母
1983 年 1 月	陆银娥	女	宁波	随夫
1983 年 1 月	陆亚芬	女	宁波东郊	婚迁
1983 年 1 月	史阿二	女	常州	靠子
1983 年 2 月	陈步云	女	莫枝郑家	婚迁
1983 年 3 月	陆岳翠	女	团桥	婚迁
1983 年 3 月	陆国娣	女	六寸	婚迁
1983 年 3 月	梁友娣	女	林家	婚迁
1983 年 3 月	陆信娥	女	河西	婚迁
1983 年 3 月	应宝翠	女	湾底	婚迁
1983 年 3 月	陆永利	女	柴家	婚迁
1983 年 5 月	陆翠英	女	潘火童家	婚迁
1984 年 2 月	陆素红	女	林家	婚迁
1984 年 5 月	夏信根	男	上海	回迁
1985 年 1 月	郑惠珍	女	云龙冠英	婚迁
1985 年 2 月	忻梅青	女	福利院	婚迁
1985 年 3 月	朱锦菊	女	东升	婚迁
1985 年 4 月	沙秀玉	女	袁家	婚迁
1985 年 5 月	邱秀娟	女	邱隘	迁居

迁出日期	姓　名	性别	迁入地址	备注
1985 年 5 月	应　浩	男	下应	
1985 年 5 月	张军辉	男	下应	
1985 年 5 月	朱静静	男	下应	
1985 年 6 月	陆络信	男	陈婆渡	
1985 年 6 月	王根娣	女	东升	婚迁
1985 年 6 月	陆金莉	女	河东	婚迁
1985 年 12 月	陆友芬	女	河西	婚迁
1985 年 12 月	陆珍英	女	河东	婚迁
1986 年 3 月	陆凤雅	女	湾底	婚迁
1986 年 3 月	陆雪萍	女	岙里王	婚迁
1986 年 3 月	梁华利	女	袁家	婚迁
1986 年 4 月	陆赛琴	女	邱隘	婚迁
1986 年 5 月	高菊菲	女	岱山	回原籍
1986 年 5 月	张佩娣	女	团桥	婚迁
1986 年 6 月	陈秀娣	女	陈婆渡	婚迁
1986 年 6 月	陆亚萍	女	柴家	婚迁
1986 年 6 月	张军辉	男	邱隘	
1986 年 6 月	陆路新	男	陈婆渡	送人
1986 年 8 月	陆亚红	女	潘火土桥	婚迁
1986 年 10 月	毛如青	女	上海	回迁
1986 年 10 月	陆仁娣	女	潘火	婚迁
1986 年 10 月	陆启禄	男	上海	回迁
1987 年 1 月	陆银龙	男	邱隘	
1987 年 1 月	张仁英	女	邱隘	婚迁
1987 年 1 月	陆华海	男	邱隘	
1987 年 2 月	项国芬	女	云龙前陈	婚迁
1987 年 2 月	陆月娥	女	莫枝	婚迁

迁出日期	姓 名	性别	迁入地址	备注
1987 年 2 月	陆亚珠	女	史家码	婚迁
1987 年 2 月	陆飞君	女	河西	婚迁
1987 年 2 月	盛月英	女	史家码	婚迁
1987 年 2 月	张亚君	女	团桥	婚迁
1987 年 2 月	徐香云	女	团桥	婚迁
1987 年 3 月	毕亚芬	女	袁家	婚迁
1987 年 3 月	陆玉琴	女	陈婆渡桃江	婚迁
1987 年 4 月	刘艳芳	女	下应居民会	婚迁
1987 年 5 月	陆燕芳	女	福泉山	婚迁
1987 年 6 月	戴红君	男	潘火殷家坑	迁居
1987 年 6 月	陆洪宝	男	潘火殷家坑	迁居
1987 年 9 月	施惠君	女	上海	婚迁
1987 年 9 月	郑阿利	女	上海	婚迁
1987 年 10 月	张秀兰	女	宁波	投靠
1988 年 1 月	黄惠珍	女	邱隘下万令	婚迁
1988 年 1 月	黄惠英	女	潘火葛家	婚迁
1988 年 3 月	陆杏娣	女	潘火红星	婚迁
1988 年 3 月	陆佩芸	女	云龙狄江	婚迁
1988 年 3 月	陆菊花	女	黎明	婚迁
1988 年 3 月	俞雪芬	女	顾家	婚迁
1988 年 5 月	张美娣	女	上海	婚迁
1988 年 5 月	陆赛珍	女	潘火曹隘	随夫
1988 年 7 月	陆锦绣	女	松江	随夫
1988 年 8 月	陆素琴	女	姜村	婚迁
1988 年 10 月	陆路跃	女	梅墟	婚迁
1988 年 12 月	陆惠花	女	外段	婚迁
1989 年 1 月	陆亚菊	女	柴家	婚迁

迁出日期	姓　名	性别	迁入地址	备注
1989 年 1 月	夏　琴	女	大河沿	婚迁
1989 年 2 月	陆亚珠	女	史家码	婚迁
1989 年 3 月	陆金英	女	云龙前后陈	婚迁
1989 年 3 月	陆慈娟	女	黎明	婚迁
1989 年 3 月	陆秀妹	女	袁家	婚迁
1989 年 3 月	王如青	女	袁家	随女
1989 年 3 月	陆亚芬	女	袁家	婚迁
1989 年 3 月	陆飞英	女	顾家	婚迁
1989 年 4 月	陆德忠	男	潘火王家弄	
1989 年 4 月	徐福芸	女	潘火王家弄	婚迁
1989 年 5 月	陆松鹤	男	潘火王家弄	
1989 年 7 月	陈惠芬	女	童王	婚迁
1989 年 7 月	陆惠红	女	北仑下邵	婚迁
1989 年 8 月	陆友娣	女	宁波	随夫
1989 年 10 月	张佩莉	女	柴家	婚迁
1989 年 10 月	陆阿毛	男	上海	随妻
1989 年 11 月	蔡国君	男		拘留
1989 年 12 月	张明娣	女	袁家	婚迁
1989 年 12 月	陆明园	女	团桥	婚迁
1990 年 1 月	陆亚玉	女	云龙前后陈	婚迁
1990 年 1 月	李菊英	女	莫枝红林	婚迁
1990 年 1 月	陆惠珠	女	团桥	婚迁
1990 年 2 月	陆素娥	女	潘火殷家坑	婚迁
1990 年 2 月	黄夏梅	女	云龙前后陈	随女
1990 年 2 月	陆亚园	女	河西	婚迁
1990 年 2 月	陆　勉	女	袁家	婚迁
1990 年 2 月	陆小珠	女	史家码	婚迁

迁出日期	姓　名	性别	迁入地址	备注
1990 年 2 月	沙珠红	女	黎明	婚迁
1990 年 2 月	陆幼明	女	湾底	婚迁
1990 年 3 月	张亚君	女	莫枝建设	婚迁
1990 年 8 月	陆惠君	女	河东	婚迁
1990 年 9 月	陆月萍	女	邱隘邱二	婚迁
1990 年 9 月	陆亚君	女	姜村	婚迁
1990 年 10 月	沙亚红	女	河东	婚迁
1990 年 10 月	陈步玲	女	袁家	婚迁
1990 年 10 月	朱　静	男	下应居民会	
1990 年 11 月	陆明全	男	邱隘	投靠
1990 年 12 月	王益天	女	邱隘	随父
1990 年 12 月	戴锡君	女	团桥	婚迁
1990 年 12 月	陆信国	男	日本	
1991 年 1 月	陆英年	女	外段	婚迁
1991 年 3 月	徐英娣	女	河西	婚迁
1991 年 3 月	陆佩琴	女	黎明	婚迁
1991 年 3 月	陆菊琴	女	胜利	婚迁
1991 年 3 月	陆亚君	女	六寸	婚迁
1991 年 3 月	盛月英	女	袁家	婚迁
1991 年 3 月	邱幸璜	女	邱隘	投靠
1991 年 3 月	徐吴萍	女	金峨芦花桥	婚迁
1991 年 4 月	陆惠娥	女	宁波湾头	婚迁
1991 年 6 月	陆杏英	女	团桥	婚迁
1991 年 9 月	张友娣	女	湾底	婚迁
1991 年 12 月	虞　园	女	呑里王	婚迁
1991 年 12 月	刘亚娣	女	潘火王家弄	婚迁
1992 年 3 月	陆美君	女	胜利	婚迁

迁出日期	姓　名	性别	迁入地址	备注
1992 年 3 月	陆志明	男	潘火童王	
1992 年 4 月	张红飞	女	邱隘盛垫	婚迁
1992 年 4 月	周素珍	女	袁家	婚迁
1992 年 4 月	陆亚芬	女	潘火土桥	婚迁
1992 年 5 月	张　琪	男	邱隘	
1992 年 5 月	陆雪琴	女	邱隘	婚迁
1992 年 5 月	张启逸	男	邱隘	
1992 年 5 月	应海溢	男	河东	随母
1992 年 6 月	徐秀凤	女	钟公庙	婚迁
1992 年 7 月	盛志龙	女		判刑
1992 年 7 月	陆小平	男	潘火殷家坑	
1992 年 7 月	李银飞	女	潘火殷家坑	婚迁
1992 年 7 月	陆丽雅	女	潘火殷家坑	婚迁
1992 年 7 月	陆励立	男	潘火殷家坑	
1992 年 8 月	俞维东	男	潘火殷家坑	
1992 年 8 月	俞小敏	女	潘火殷家坑	婚迁
1992 年 8 月	俞泽华	男	潘火殷家坑	
1992 年 8 月	陆金华	男	潘火殷家坑	
1992 年 12 月	俞雪琴	女	呑里王	婚迁
1993 年 1 月	陆茹妹	女	舟山普陀	婚迁
1993 年 1 月	陆亚珠	女	云龙前后陈	婚迁
1993 年 1 月	陆雪梅	女	林家	婚迁
1993 年 1 月	陆红花	女	钟公庙	婚迁
1993 年 3 月	陆美英	女	云龙狄江	婚迁
1993 年 3 月	陆朝霞	女	莫枝方水	婚迁
1993 年 4 月	陆雪君	女	莫枝湖塘	婚迁
1993 年 7 月	陆佩红	女	梅墟	婚迁

迁出日期	姓　名	性别	迁入地址	备注
1993 年 8 月	陆如娣	女	胜利	婚迁
1993 年 9 月	陆佩君	女	莫枝光辉	婚迁
1993 年 9 月	陆惠娣	女	团桥	婚迁
1993 年 9 月	盛安珠	女	莫枝红林	婚迁
1993 年 9 月	徐莉萍	女	胜利	婚迁
1993 年 9 月	朱巧科	男	咸祥	随父
1993 年 11 月	胡美玲	女	潘火王家弄	婚迁
1994 年 1 月	陆小莉	女	胜利	婚迁
1994 年 1 月	陆咏梅	女	柴家	婚迁
1994 年 1 月	陆玉美	女	外段	婚迁
1994 年 2 月	茅　伟	男	宁波	投靠
1994 年 4 月	陆忠明	男	邱隘	入赘
1994 年 6 月	陆雪芳	女	潘火童王	婚迁
1994 年 6 月	陆亚君	女	邱隘	随夫
1994 年 6 月	陆茹芸	女	大河沿	婚迁
1994 年 8 月	陆亚娥	女	东升	婚迁
1994 年 9 月	顾月琴	女	顾家	婚迁
1994 年 9 月	张凤仙	女	下应居民会	婚迁
1994 年 12 月	陆佩英	女	潘火曹隘	婚迁
1995 年 1 月	陆贤珍	女	姜村	婚迁
1995 年 1 月	陆惠琴	女	樟水	婚迁
1995 年 1 月	陆金妹	女	东升	婚迁
1995 年 1 月	沙珠凤	女	姜村	婚迁
1995 年 3 月	陆玉萍	女	黎明	婚迁
1995 年 7 月	陈利云	女	河东	婚迁
1995 年 7 月	陈　浙	男	河东	
1995 年 8 月	陆杏玉	女	福明	婚迁

迁出日期	姓　名	性别	迁入地址	备注
1995 年 8 月	陆茹妹	女	邱隘	婚迁
1995 年 8 月	芦金花	女	宁波	投靠子
1995 年 10 月	陆惠莉	女	东升	婚迁
1995 年 11 月	沙珠玲	女	云龙前后陈	婚迁
1995 年 12 月	陈　萍	女	邱隘	迁居
1995 年 12 月	虞家浩	男	邱隘	迁居
1996 年 1 月	陆亚仙	女	古碶	婚迁
1996 年 1 月	陆佳儿	男	古碶	
1996 年 2 月	陆明光	男	宁波	
1996 年 3 月	陆昌成	男	邱隘	
1996 年 3 月	陆超男	女	邱隘	婚迁
1996 年 4 月	陆唯君	女	柴家	婚迁
1996 年 6 月	刘铁梅	女	邱隘	婚迁
1996 年 6 月	戴姣婵	女	邱隘	随夫
1996 年 7 月	陆芬楼	女	里段	婚迁
1996 年 10 月	蔡静静	女	宁波	婚迁
1996 年 11 月	陆　萍	女	外段	婚迁
1996 年 12 月	项红娣	女	邱隘	婚迁
1996 年 12 月	陆惠琴	女	宁波	随夫
1997 年 1 月	钱文雅	女	外段	婚迁
1997 年 2 月	胡阿秀	女	东吴勤勇	婚迁
1997 年 3 月	陆如萍	女	姜村	婚迁
1997 年 3 月	陆雪君	女	邱隘	婚迁
1997 年 4 月	陆智菊	女	潘火童王	婚迁
1997 年 7 月	陆永元	男	北仑	
1997 年 8 月	陈建芬	女	胜利	婚迁
1997 年 9 月	陆惠君	女	钟公庙	婚迁

迁出日期	姓　名	性别	迁入地址	备注
1997 年 9 月	张惠珠	女	江东福明	婚迁
1997 年 9 月	邵国芬	女	团桥	婚迁
1997 年 11 月	梁利娟	女	胜利	婚迁
1998 年 1 月	蔡国成	男	宁波	
1998 年 1 月	陆立丰	女	里段	婚迁
1998 年 2 月	陆永琴	女	黎明	婚迁
1998 年 2 月	陆咏妹	女	云龙顿岙	婚迁
1998 年 4 月	梁立静	女	黎明	婚迁
1998 年 7 月	陆小芳	女	袁家	婚迁
1998 年 9 月	史阿娥	女	宁波	投靠
1999 年 1 月	陆赛娥	女	江东	随夫
1999 年 1 月	张佩玉	女	宁波	投靠
1999 年 1 月	陈后龙	女	镇海骆驼	婚迁
1999 年 1 月	陈海龙	女	镇海骆驼	婚迁
1999 年 2 月	马志骥	女	宁波东柳	婚迁
1999 年 4 月	应　凤	女	下应居民会	随父
1999 年 4 月	楼锦朝	女	下应居民会	随父
1999 年 4 月	张莲娜	女	东升	婚迁
1999 年 6 月	孙仕梁	男	下应居民会	随父
1999 年 6 月	陈静静	女	宁波	随父
1999 年 6 月	陆海波	男		农转非
1999 年 6 月	陆燕波	女		农转非
1999 年 6 月	胡余籍	男	潘火	
1999 年 7 月	陆珠宝	女	五乡居委会	随夫
1999 年 8 月	汪海燕	女	下应居民会	婚迁
1999 年 8 月	盛智富	男	莫枝居委会	
1999 年 8 月	盛爱琴	女	莫枝居委会	婚迁

迁出日期	姓 名	性别	迁入地址	备注
1999 年 8 月	盛爱玉	女	莫枝居委会	婚迁
1999 年 8 月	夏 欣	男	莫枝居委会	
1999 年 8 月	王 盛	女	莫枝居委会	婚迁
1999 年 8 月	陆云芸	女	宁波	随夫
1999 年 8 月	陈科威	男	宁波	随父
1999 年 9 月	周丹妮	女	宁波江东	随父
1999 年 11 月	丁 狄	女	下应居民会	婚迁
1999 年 11 月	沙红云	女	里段	婚迁
1999 年 11 月	陆雪莉	女	高桥	婚迁
1999 年 11 月	陈爱菊	女	下应居民会	随夫
2000 年 2 月	陆凤宝	女	宁波	随夫
2000 年 2 月	徐 萍	女	下应居民会	投靠
2000 年 2 月	柴依琳	女	下应居民会	投靠
2000 年 2 月	陆福珍	女	下应居民会	投靠
2000 年 2 月	陆雪君	女	下应居民会	投靠
2000 年 6 月	朱巧燕	女	宁海	随夫
2000 年 6 月	张锦宏	男	宁波	
2000 年 6 月	应赛珍	女	宁波	婚迁
2000 年 6 月	张 森	男	宁波	
2000 年 7 月	陆永良	男	邱隘居民会	
2000 年 8 月	陆赛珠	女	邱隘方庄	婚迁
2000 年 8 月	陆水蓉	女	孙马	婚迁
2000 年 11 月	陆皓菲	女	钟公庙	婚迁
2001 年 2 月	沙素文	女	潘火村	婚迁
2001 年 7 月	包丽君	女	云龙前后陈	婚迁
2002 年 1 月	陆佩君	女	胜利	随夫
2002 年 1 月	应书豪	男	胜利	随父

迁出日期	姓　名	性别	迁入地址	备注
2002 年 1 月	蔡文波	女	钟公庙	婚迁
2002 年 3 月	陆珠萍	女	潘火童家	婚迁
2002 年 6 月	陆　萍	女	云龙双桥	婚迁
2002 年 6 月	陆亚芬	女	云龙姚家浦	随夫
2002 年 6 月	姚　翔	男	云龙姚家浦	随父
2002 年 7 月	虞　奋	女	宁波	婚迁
2002 年 7 月	任昊南	男	宁波	
2002 年 8 月	陆启英	女	东吴河头	婚迁
2002 年 12 月	陆静君	女	姜山上游	婚迁
2002 年 12 月	吴嘉辉	男	姜山上游	
2003 年 1 月	陆佩云	女	洞桥	婚迁
2003 年 1 月	盛赛君	女	云龙园块	婚迁
2003 年 2 月	陆蓓雷	女	河西	婚迁
2003 年 2 月	陆味味	女	林家	婚迁
2003 年 3 月	陆晓萍	女	东吴	婚迁
2004 年 1 月	马剑英	女	慈溪观海	婚迁
2004 年 1 月	陆明明	女	慈溪观海	婚迁
2004 年 2 月	陆佩娣	女	莫枝	随夫
2004 年 2 月	史陆伟	男	莫枝	随父
2004 年 6 月	王轶丹	女	宁波	投靠
2004 年 6 月	陆智波	女	宁波	投靠
2004 年 7 月	袁连弟	女	瞻岐	婚迁
2008 年 9 月	吴耀乾	男	下应居民会	
2008 年 9 月	陆燕琴	女	下应居民会	婚迁
2012 年 9 月	王卓丹	女	奉化松岙	回原籍

第三节 村民升学

教育改变命运。教育不上去，命运就无法改变。有了教育这个根基，我们再去熟悉世界，才能开发自己。从 20 世纪 60 年代开始，江六村培养出了 163 位本科、大专或中专人员。在 2000 年前，对一个农家来说，出一个中专生，就是一件了不起的事了，因为以前中专就安排工作。

一、读书升学

表六　升学户口迁出时间表（不完全统计）

	姓名	性别	入学	录取学校	专业	毕业	学位	现工作单位
1	陆永良	男	1952	武汉大学		1956	教授	原武汉大学组织部部长
2	陆煦泰	男	1955	宁波工业经济学校	会计	1958	大专	退休
3	陆昌高	男	1960	北京铁道学院	铁道设计	1964	学士	退休
4	陆序多	男	1969	南京国际关系学院	俄语	1972	助理研究员	市工贸办退休
5	陆和康	男	1973	杭州船舶工业学校	航海	1976	大专	退休
6	陆翠娣	女	1973	宁波师范				
7	应启迹	男	1974	宁波卫校				
8	陆汝宁	男	1977	浙江丝绸工学院	纺织	1981	学士	镇海棉纺织厂
9	陆惠炳	男	1979					
10	马春芳	男	1980	嘉兴卫校	药剂学	1985	学士	宁波市第六医院
11	陆涛	男	1981	宁波二轻技术学校	刀口模具设计	1985	中专	南天五金贸易公司

	姓名	性别	入学	录取学校	专业	毕业	学位	现工作单位
12	陆 波	男	1981	宁波二轻技术学校	塑模设计	1986	中专	鄞电公司
13	凌亚飞	女	1981	浙江农业大学				
14	俞志明	男	1982	西安				
15	马春方	男	1982	嘉兴				
16	许乐斌	男	1982	奉化				
17	陆利中	男	1982	鄞县技工学校				
18	陆勤康	男	1982	浙江中医学院	中医针灸	1987	硕士	鄞州人民医院
19	陆伟方	男	1982	浙江中医学院	中医外科	1986	学士	杭州市第二医院
20	张建设	男	1983	浙江银行学校				
21	陆 琪	男	1983	上海医科大学	医疗系	1989	硕士	华东医院副主任医师
22	陆国骁	男	1984	重庆大学	经济与工商管理	1986		宁波韵升集团
23	陆红霞	女	1984	宁波财政学校	财经	1986	中专	
24	陆国良	男	1984	浙江广播电视大学	鄞州党校	1987	大专	鄞州区飞达缝纫机零件有限公司
25	陆伟君	男	1984	浙江电大	无线电	1989		
26	陆三忠	男	1985	浙江粮食学校	贮检	1987	大专	鄞州区粮食收贮总公司
27	陆 晔	男	1985	上海电力学院	电力控制	1987		福建龙岩水泵厂
28	马益芳	女	1986	浙江工业大学	技术经济	1988	中专	协和银行

	姓名	性别	入学	录取学校	专业	毕业	学位	现工作单位
29	陆海芬	女	1987	南京林业大学	森保	1991	学士	江西九江学院
30	陆佩芬	女	1987	北京广播电视学院	微波系	1991	学士	鄞州广播电视台
31	陆文胜	男	1987	湖南工学院				
32	陆海芬	女	1987	南京				
33	陆继东	男	1987	宁波教育学院	文秘	1991	大专	北仑海仁物业公司
34	陆慈君	女	1988	北京外国语学院	西班牙语	1992	学士	外交部
35	应 群	女	1988	下应				
36	张佩君	女	1989	浙商校				
37	陆军大	男	1990	宁波大学	土木建筑	1994	学士	
38	陆树新	男	1991	浙江大学				
39	马英君	女	1991	宁波卫校				
40	许朝阳	男	1991	华东理工大学	精细化工、国际商务	1995	学士	远大物产集团有限公司
41	陈 鸿	女	1991	宁波师范				
42	邱幸珩	女	1990	浙财政学院				
43	陆小平	女	1994	宁波高等专科学院	计算机	1996	大专	宁波华纳圣龙集团
44	陆曙泰	男	1994	浙商校				
45	陆青荣	男	1994	宁波大学		1998	学士	宁波高新区交巡警大队
46	陆君美	女	1994	宁波师院	化学	1998	学士	鄞州正始中学
47	陆 勤	男	1994	复旦大学	新闻	2000	硕士	中国（上海）自贸区外高桥集团公司

	姓名	性别	入学	录取学校	专业	毕业	学位	现工作单位
48	许朝娜	女	1995	宁波师范				
49	陆亚明	女	1995	宁波				
50	陆建良	男	1995	宁波				
51	戴 研	女	1996	宁波师范				
52	陆元甲	男	1997	宁波公路运输技工学校	钣金	2000	中专	
53	陆永波	男	1997	浙江商业学校	市场营销	1999	中专	宁波江东威特房地产营销咨询有限公司
54	陆华君	女	1997	宁波工程学院	计算机	2004	本科	
55	陆英姿	女	1997	宁波				
56	许朝娜	女	1998	宁波大学	汉语言文学教育	2002	学士	宁波甬江职业高级中学
57	陆海波	男	1999	天津理工大学	信息网络	2004	学士	宁波金品电子有限公司
58	马福君	女	1999	浙江工业大学				
59	陆晓峰	男	1999	宁波大学	电子信息科技与技术	2003	硕士	宁波市计量测试研究院
60	夏如锋	男	1999	浙江工业大学	化学工程与工艺	2003	学士	宁波伊士特数码纺织品
61	陆亚明	女	1999	浙江工程学院	广告设计	2002	学士	
62	张治其	男	1999	湖北咸宁				

	姓名	性别	入学	录取学校	专业	毕业	学位	现工作单位
63	陆红波	男	2000	宁波大学	机械自动化	2004	学士	宁波港镇海港埠分公司
64	陆小英	女	2000	宁波大学	体育教育	2004	学士	鄞州正始中学
65	陆静尔	女	2000	宁波大学				
66	包银萍	女	2001	鄞州中专				
67	陆晴雪	女	2001	嘉兴				
68	陆英姿	女	2001	浙江广播电视大学	财会	2004		广发银行宁波分行
69	陆郑峰	男	2001	西安理工大学	材料物理	2005	学士	宁波安可新光源照明有限公司
70	陆华芳	男	2002	宁波高专				
71	陆 盛	女	2002	上海立信会计学院	会计	2005		绍兴袍江工业区投资有限公司
72	陆海波	男	2002	天津理工大学				
73	陆静雪	女	2002	嘉兴学院	土木工程	2004	大专	浙江联达工程管理有限公司
74	张启逸	男	2002	浙江大学	临床医学	2009	硕士	浙江大学第一医院
75	陆跃芬	女	2002	宁波大学	会计学	2006	学士	中国银行
76	陆丹尔	女	2002	温州医科大学	临床医学	2007	学士	鄞州二院
77	陆菲婕	女	2002	浙江大学	临床医学	2009	硕士	鄞州第二医院
78	陆华芳	男	2002	宁波工程学院	机械	2005	大专	

	姓名	性别	入学	录取学校	专业	毕业	学位	现工作单位
79	陆超男	女	2003	浙江医药高等专科学校	药剂	2008	大专	钟公庙中心卫生院
80	陆海斌	男	2003	宁波大红鹰职业技术学院	电子商务	2006	大专	宁波三邦日用品有限公司
81	陆峰	男	2003	宁波大学科技学院	计算机	2007	学士	宁波立芯射频股份有限公司
82	陆剑波	男	2004	嘉兴学院	化学工程与工艺	2008	学士	宁波寿台安全技术有限公司
83	陆佳颖	女	2004	江西景德镇陶瓷学院	雕塑	2008	学士	
84	陆丽亚	女	2004	浙江万里学院	英语	2008	学士	宁波博威合金材料股份有限公司
85	陆燕	女	2004	宁波职业技术学校	计算机应用技术	2007	大专	宁波东港紧固件有限公司
86	陆浩达	男	2005	浙江工商大学	土地源管理	2009	学士	宁波天一测绘设计研究有限公司
87	陆晴萍	女	2005	宁波工程学院	物流管理	2008	大专	宁波东港紧固件制造有限公司
88	陆华凤	女	2006	宁波大学科技学院	生物工程	2010	学士	
89	陆剑斌	男	2006	浙江工业职业技术学院	数字控制	2009	大专	宁波朝平现代家具有限公司
90	陆永华	男	2006	浙大远程教育学院	农村财会	2009	大专	江六村

	姓名	性别	入学	录取学校	专业	毕业	学位	现工作单位
91	陆琪东	男	2006	浙大远程教育学院	农村财会	2009	大专	
92	陆益敏	女	2006	宁波大学	国际贸易	2010	学士	宁波联合集团
93	陆海君	女	2006	绍兴文理学院	护理	2010	学士	宁波第六医院
94	陆唯吉	女	2006	浙江理工大学	轻化工程	2009	学士	
95	陆嘉男	男	2006	浙江财政学院	财会	2010	学士	宁波市公安局
96	陆成宾	男	2007	江南专修学院	机械模具	2010	大专	下应盛欣辅料
97	陆晶晶	女	2007	浙江经济职业技术学院	外贸	2010	大专	
98	陆 璐	女	2007	宁波城市职业技术学院	艺术设计	2010	大专	宁波绿城物业服务集团有限公司
99	陆明秋	男	2007	绍兴文理学院	药学	2011	学士	宁波李惠利医院
100	陆浩霖	男	2007	深圳职业技术学院	园林设计	2012	学士	
101	陆雅炜	女	2007	杭州电子科技大学	英语	2011	学士	宁波银行
102	陆珊珊	女	2007	浙江大学				
103	陆 恺	男	2008	中国科技大学	地球物理	2012	学士	
104	陆红芸	女	2008	嘉兴职业技术学院	外贸	2011	大专	鄞州明高塑料制品厂
105	陆慈耀	男	2008	浙江高等职业技术学校	计算机	2011	大专	宁波博洋集团

	姓名	性别	入学	录取学校	专业	毕业	学位	现工作单位
106	陆芳芳	女	2008	浙江越秀外国语学院	物流管理	2010	中专	宁波农科院
107	马春芳	男	2008	北大医学院	应用药学	2011	硕士	宁波第六医院
108	陆佳颖	女	2008	江西景德镇陶瓷学院	美术学	2001	硕士	
109	徐静	女	2008	宁波教育学院	学前教育	2011	大专	东钱湖中心幼儿园东湖分园
110	梁瑛	女	2009	宁波工程学院	英语	2011	学士	宁波博威麦特莱科技有限公司
111	陆咪雪	女	2009	浙江越秀外国语学院	旅游管理	2011	大专	洛克莫威服装有限公司
112	陆林琳	女	2009	浙江工业大学成人教育学院	会计	2012	大专	
113	陆唯吉	女				2010	硕士	宁波诺丁汉大学
114	陆静娜	女	2009	浙江				
115	徐承凯	男	2010	浙江机电职业技术学院	机械制造自动化	2013	大专	宁波中哲慕尚电子商务有限公司
116	陈莹	女	2010	鄞州电大	幼师	2013	大专	
117	陆然浩	男	2010	西安电子科技大学香港大学	无线电	在读	学士硕士	
118	陆超杰	男	2010	宁波工程学院	油气储运	2014	学士	宁波丽景环保有限公司

	姓名	性别	入学	录取学校	专业	毕业	学位	现工作单位
119	陆龄芬	女	2010	浙大宁波理工学院	英语	2014	学士	外贸公司
120	陆燕云	女	2010	浙江工商职业技术学院	财会	2014	大专	
121	陆燕云	女	2010	浙江工商职业技术学院	财会	2013	大专	
122	陆永杰	男	2010	浙江广厦建设职业技术学院	计算机应用	2013	大专	宁波港务局梅山码头
123	陆天乾	男	2010	金华教育学院	物理教育	2013	大专	鄞州勇耀缝制设备有限公司
124	梁冬景	男	2011	浙江广厦建设职业技术学院	模具设计与制造	2014	大专	宁波盈创商业管理有限公司
125	陆立伟	男	2011	绍兴文理学院	医学药检	2015	学士	宁波美康生物
126	陆康鑫	男	2011	宁波大学科技学院	工业设计	2015	学士	
127	陆觊达	男	2011	宁达进修学校	市场营销	2014	大专	宁波东港紧固件有限公司
128	陆佳甜	女	2011	澳洲阳光海岸大学	国际金融	在读		
129	陆静婕	女	2011	上海政法学院	英语	2015	学士	上海百利集团
130	盛静飞	女	2011	宁波大学	财会	2014	学士	宁波浩瀚国际货运代理有限公司
131	陆夏燕	女	2011	宁波大学城市学院				

续表

	姓名	性别	入学	录取学校	专业	毕业	学位	现工作单位
132	陆楠	女	2011	浙江经济职业技术学院	房地产	2013	大专	宁波万汇集团
133	陆鹏腾	男	2011	宁波大学	企业管理	2015	学士	宁波华侨豪生大酒店
134	陆佳玮	女	2011	浙江金华艺术设计学院	艺术、园艺设计	2015	大专	
135	陆王辉	男	2011	浙工大之江学院	城市规划与设计	2014	学士	
136	陆静娜	女	2011	浙江育英职业技术学院	外贸	2014	大专	
137	陆佳艳	女	2011	福建闽南理工学院	财务管理	2015	学士	鄞州银行
138	陆恺	男	2012	阿卜杜拉国王科技大学	石油勘探	硕博连读	在读	
139	陆旦旦	女	2012	浙江商业职业技术学院		2015		
140	陆星辰	女	2012	宁波广播电视大学	财会	2015	大专	泰山财产保险股份有限公司
141	陆愉	女	2012	浙江农林大学	园林设计	在读		
142	陆怡	女	2012	浙江大学城市学院	汉语言文秘	在读		
143	陆军波	男	2012	杭州交通职业技术学校	汽车	2015	大专	
144	陆嘉琪	男	2013	南京大学	生物科学	在读		

	姓名	性别	入学	录取学校	专业	毕业	学位	现工作单位
145	陆嘉慧	女	2013	浙江金融职业学院	商务英语	在读		
146	陆芝薇	女	2013	浙大城市学院	法律	在读		
147	陆颖颖	女	2013	浙江科技学院	英语	在读		
148	陆叶孝	男	2013	上海财经大学浙江学院	金融	在读		
149	史觅霜	女	2013	温州医科大学	护理学	在读		
150	陆陈林	男	2013	温州医科大学	临床医学	在读		
151	陆元园	女	2013	浙江医药高等专科学校	化学制药技术	在读		
152	施巧静	女	2014	中南大学	土木工程	在读		
153	陆启斌	男	2014	浙江交通职业技术学院	机电一体化	在读		
154	马倩宇	女	2014	同济大学	建筑学	在读		
155	陆夏宁	女	2014	浙大宁波软件学院	财会	在读		
156	徐承豪	男	2014	宁波科技学院	法学	在读		
157	陆柯冶	女	2014	浙江衢州学院	信息	在读		
158	陆瑜琪	女	2014	温州大学	心理学	在读		
159	陆佳磊	男	2015	浙江工商职业技术学院				

	姓名	性别	入学	录取学校	专业	毕业	学位	现工作单位
160	施江敏	女	2015	吉林医科大学	临床医学	在读		
161	陆慈伟	男		浙江万里学院	工商管理	2015	业余	
162	陆　涛	男		温州科技职业技术学院	金融	在读		

二、部分升学人员

陆启丰（1939— ），字鹏年，外交官。陆序多说："他当过外交官，原来在杭州读书，因为国家需要被提拔上去的。他和我有亲戚关系，有来往的。后来他退休以后，曾来过江六老家，并用摄像机摄下自己家里房子。他生了一个儿子一个女儿。他年龄比我大 10 岁，很早就出去了。这个人解放后属于国家培养，到北京外语学院读了法语，在外交部工作，然后就在外面大使馆工作，从三秘一直当到大使。他当过哥斯达黎加、坦桑尼亚、喀麦隆大使，也去过很多非洲国家。陆启丰是村里考出去的，那一年国家突然在学校里招生，再培养再去考的，读书应该也是在宁波读的，随后去杭州，被上级召见。后来他母亲也跟着他一起去了，现在在北京，住在北京朝阳区使馆里的。她母亲后来回来过江六一趟。从村史角度而言，他应该也是比较出众的、独特的一个人。出去以后一直在外面工作，在外交战线上工作时间很长，我每次去北京也碰不到，只有他家属在，碰到他的机会很少很少。'文化大革命'时，他回国碰到一次，后来就没碰到过。他回江六那次，我也不在，那应该是 2000 年左右，我还在工作岗位上。他对自己老家很有感情，来过就把家里情况，把自己住的环境，用影像资料存起来。"

陆昌语（1934— ），1950 年初中毕业，1953 年效实中学毕业。原上海第二医科大学（现交通大学医学院）附属第九人民医院主任医师、教授，硕士生导师。1960 年毕业于上海第二医学院，1965 年成为张锡泽教授的第一位研究生。曾赴日本大阪齿科大学学习和进修。1976—1996 年任学院讲师、副教授、教授。

1988 年任口腔临床免疫学教研室主任，是国内将口腔临床医学与免疫学结合的奠基人之一。负责编写院内教材《口腔临床免疫学》，在专业杂志发表论文 40 余篇。1990 年学院成立国内最早的口腔药理教研组，任教研组主任。长期从事口腔颌面外科的教学、研究和临床医疗工作，擅长口腔癌肿的免疫诊断与治疗，在口腔颌面外科门诊手术方面有独特造诣。

陆昌语

陆永良（1936—2015），书名启栋，1956 年毕业于武汉大学，教授，就职于武汉大学，曾任该校党委组织部部长、校务委员。

陆勤康，1964 年 6 月生，主任医师，教授，浙江大学医学硕士，温州医科大学硕士生导师，宁波大学医学院硕士点带头人、硕士生导师。浙江省浙东眼科专病中心、宁波市重点学科——眼科学学科带头人。2015 年，任宁波市鄞州人民医院（宁波大学医学院附属鄞州医院）院长。兼任浙江省中西医结合学会眼科分会、宁波市中西医结合学会眼科分会常务委员、主任委员，宁波市医学会眼科分会副主任委员，浙江省医药卫生科技评审验收专家（眼科学）。宁波市眼科医疗事故鉴定专家组成员。中国民主建国会会员，宁波市第十三届、第十四届人大代表。2009 年"宁波市

陆勤康

鄞州区杰出科技人才"；2013 年"宁波市有突出贡献专家"。学科专业：眼科。研究方向：白内障、角膜病、玻璃体视网膜疾病、青光眼、眼眶肿瘤等疾病的诊断与治疗（手术）及其他眼科疑难杂症的诊治。医疗及科研成果：在各类白内障超声乳化手术、各种角膜病及移植术、玻璃体视网膜等疾病的诊治手术方面有较深造诣。先后开展深板层全厚板层角膜移植术并实现省级课题立项、开角型青光眼非穿透性小梁切除联合 SK 胶植入术、全厚板层角膜移植术后白内障扭动超声乳化人工晶体植入术、飞秒激光屈光白内障手术等四类手术，2015 年国内率先运用 Alcon Veron 白内障手术自动影像导航系统行多焦、散光人工晶体植入术等。在国内外眼科学专业刊物上发表学术论文 30 余篇。先后主

持国家科技部，省自然科学基金，市厅、区科技局科研立项课题项目 10 余项，其中 3 项课题分获省、市科技进步二、三等奖。带领的眼科团队，在 2010 年宁波市卫生局、科技局组织的宁波市重点学科评审中，荣获"宁波市眼科学重点学科"称号；获 2015 年浙江省卫计委"浙江省区域专病中心建设项目（眼科）"称号。

陆亨康（1941—），江六村第一个保送大学生，就读于浙江师范大学，毕业后在北仑大碶中学任教。

陆慈君（1970—），女，1988 年考入北京外国语学院西班牙语专业，1992 年毕业，分配到外交部工作。2005 年左右，任外交部国外工作局副处长。2008 年，担任中国驻西班牙大使馆领事部副主任，2010 年 5 月离任。在任两年来，认真贯彻侨务政策，热心周到地为广大侨胞服务，充分展现了新中国女领事官员的风采。现回外交部工作。

前排右二为陆慈君

第四节　在外工作

在外工作，指迁移户籍到外面工作者。在 50—80 年代，离开农门都是好，能到国营或集体企业上班，是一件光荣的事。他们虽然户口迁出了江六村，但仍然以各种不同的方式，与江六村保持着联系。

一、外迁人员

表七 外出当工人或组织调动表

年 份	姓 名	性 别	调 往	原 因
1971 年 1 月	邵阿富	男	宁波	工作
1971 年 1 月	陆明全	男	宁波	工作
1971 年 8 月	陆祥能	男	汉口	工作
1971 年 8 月	徐安昌	男	宁波	工作
1971 年 8 月	陆宝根	男	安徽	工作
1971 年 12 月	陆阿尧	男	宁波	工作
1972 年 4 月	史阿娥	女	县森工站	工作
1973 年 5 月	陆济棠	男	太原	工作
1976 年 5 月	陆雅文	女	信用社	工作
1976 年 7 月	陆方成	男		转干
1978 年 5 月	袁赛瑛	女		招工
1978 年 12 月	徐义伟	男	柴家	工作调动
1978 年 12 月	陆仲安	男		招工
1978 年 12 月	刘永康	男		招工
1978 年 12 月	史亚芬	女		招工
1979 年 2 月	陆忠伟	男	上海	顶职
1979 年 3 月	陈惠娣	女	宁波	招工
1979 年 7 月	陆启培	男		招工
1979 年 7 月	陆金花	女		招工
1979 年 7 月	孙金华	男		提干
1979 年 10 月	陆锡琴	女		顶替

年　份	姓　名	性　别	调　往	原　因
1979 年 12 月	陆亚娣	女		招工
1979 年 12 月	陆启生	男		顶替
1979 年 12 月	楼敏娟	女		招工
1979 年 12 月	裘素娣	女		招工
1980 年 9 月	史秀慧	女		招工
1980 年 9 月	忻佩珠	女		招工
1980 年 9 月	忻明翠	女		招工
1980 年 10 月	陆仙琴	女		招工
1980 年 11 月	俞春菊	女		招工
1980 年 12 月	郑荣平	男	甘肃	招工
1980 年 12 月	陆仁飞	女		招工
1980 年 12 月	应美珍	女		招工
1981 年 1 月	应华萍	女		招工
1981 年 1 月	陆明盛	男		招工
1981 年 1 月	戴惠珍	女		招工
1981 年 3 月	林亚辉	男		招工
1981 年 6 月	陆明杰	男		招工
1981 年 6 月	陆建明	男		招工
1981 年 8 月	陈小方	男		招工
1981 年 10 月	王彩虹	女		招工
1981 年 11 月	梁夏德	男	山东	顶替
1982 年 3 月	陈德方	男		招工
1982 年 3 月	陈德福	男		招工
1982 年 3 月	倪国忠	男		招工

年　份	姓　名	性　别	调　往	原　因
1982 年 4 月	马信华	男		组织调动
1982 年 8 月	蔡岳青	男		迁单位
1982 年 8 月	蔡国君	男		迁单位
1982 年 8 月	蔡国成	男		迁单位
1982 年 11 月	戴再方	男		招工
1983 年 2 月	宋　波	男	宁波	招工
1983 年 6 月	凌亚芬	女	砖瓦厂	招工
1983 年 8 月	陆启林	男	上海	顶替
1984 年 3 月	陆祥明	男	练油厂	招工
1984 年 5 月	夏信根	男	上海	回迁
1984 年 5 月	陆亚妹	女	下应信用社	招工
1984 年 8 月	陆海良	男	常州	招工
1985 年 5 月	沈海妹	女	宁波	招工
1989 年 1 月	陆月娥	女		招工
1995 年 10 月	陆序信	男	莫枝	招工

二、在外从事行政工作人员

马信华

马信华，1940 年生于绍兴，1945 年迁居江六。

1960 年，鄞县中学高中毕业。毕业后，到位于邱隘的宁波自控开关厂工作三年，曾为车工、车间主任、生活副厂长、生产副厂长。1963 年 1 月，经济压缩，最后一批下放。陆明杨厂长要他去草包厂做，于是进厂工作，成为主要师傅。接着，陆启鸿当厂长，陆启鸿走后，由马信华当厂长。一年以后，又下地干活。他家是戡社户，是精简下放户，上面主张划到村里，但村里不喜欢，村民们认为是吃他们的。当时村里的主流思想是有本事就下地干农活。最后，他不做厂长，下地干活了。农活三百六十行，样样他都做过。后做村俱乐部主任，点汽油灯之类，做好服务工作。当时是唱越剧、唱走书，村人十分喜欢。1966年结婚。1968年，当"革委会"副主任，负责副业生产，主要是办厂。1975年，为村书记。1981年，为下应工办主任。1984年8月，到县里乡镇企业局工作。先当人秘科科长，内应外联，组织参与农业展览等活动。后任县地方建筑材料管理办公室主任、县地方建筑材料行业协会秘书长。2001年退休。

陆方成（1946—1997），谱名昌杰，字芳琴。孙金华说："我与大舅子方成同一生产队，1973年在横溪水库当民工，1974年底中青年干部进领导班子，到下应公社任党委副书记。1976年任党委书记。三四年以后，任邱隘副区长。1983年左右任区长，再任区委书记。1994年任慈溪市副书记，1996年调到江北区任副区长，次年得了抑郁症自杀。他工作有魄力，有能力，人比较严肃。"陆国康说："陆方成1974年横溪修水库，党委书记派下面人去开会。当时几个老资格不肯去，想让几个造反派去。陆方成被推荐上台发言。他的发言相当成功，受到了上级领导的重视，一些老县长看他蛮有水平，结果就让他入党了。他一入党，就逐步进入领导岗位，担任半脱产副书记。1975年刚好有个'批林批孔'，公社里没人搞，把他叫回来了，没批几个月取消掉了。1976年12月，全公社开党员大会，区委书记任命他为下应公社党委书记。"陆金良说："陆方成这人是比较聪明，做事很狠。口才相当好，上台发言都不用底稿。"

中间者为陆方成

孙金华，副县长。自言："我1956年出生，读书在江六小学，小学毕业'文化大革命'开始。原读中学，后来家境差，没读初中，13

岁去田里放牛。放牛一年，原学校班主任又来找我父亲，动员我去读中学，家里斗争激烈，最终还是去下应中学读书，'文革'后恢复初中升高中，去下应中学读书。我这个人在读书时候还是比较拔尖，进去初一一班，还是我当班长。那时初中两年制，初二（1971年）我在下应中学第一个入团，为我以后工作奠定基

孙金华

础。两年毕业以后，或务农或继续读书，下应老师推荐我去鄞县技工学校，出来可以去乡镇企业工作，还有补贴，结果名额被别人占去了。老师推荐我去读高中，家里矛盾激烈，最后还是去读书，鄞县工农技术学校，一部分做工，一部分读高中，1972年秋季入校，1974年1月毕业。学习成绩好，在那里当学校团支部书记，两个班级一个团支部。评三好学生没门，学校环境风气好，高中平稳读过。生活艰苦，5分钱公共汽车都舍不得乘坐，从下应走路到邱隘，我母亲给我一礼拜生活费，最多5毛，平时家里咸菜、霉豆腐、咸干、虾米什么都一起带去的，礼拜六走回来还要打草绳，割猪草，加工草制品，连夜加工。我父母我姐姐付出很多。毕业后第二天就参加生产劳动。大人十级，我两级半。大概做了半年时间，农村里具有高中文化的人相对较少，我做植保员，检查农产品生长种植情况。又过了半年，11月左右，大队里让我去下应公社培训，准备铺盖去了，在那里碰到公社副书记，他爱人是我小学班主任，让我去他办公室，公社里缺个代课教师，想让我干。这样开始干老师了，没多少时间，去下应公社中学做代课教师，语文、农业，我都教过。代了半年，全国开始兴建五七中学，江六小学变成五七中学，公社负责人和大队说了，让我去五七中学。当时五七中学两个班，附近几个村学生都来读书，担任班主任老师，教语文、英语、体育，大概教了半年。1975年12月，省委工作组来敲我家门，家里吓死了。去了公社里，有领导告诉我，想请我去下应公社担任团委书记。我愿意，当时叫半脱产队伍，当年12月批准，1976年元旦到任。当时20岁，在整个宁波地区，我属最年轻的公社团委书记。既不是

党员，也不是复员军人，实在是没人才选了我。当时初出茅庐，一点都不知道。工作 6 年，1978 年入党，担任县团委副书记。1979 年，担任下应公社机关党支部书记。1980 年，到鄞县县委办公室当秘书。当了半年，省委党校省委办公厅开展秘书训练班，各市、县、区都去了一个，一共 78 个。1982 年，去省里读书，学了古文、写作等。1982 年 2 月份放暑假回来，县委组织部把我叫去，想让我到鄞县团县委工作。1984 年，宁波造北仑铁路，经过下应那一段，就是我们做的。当时做了整整 90 天，吃住都在工地上。造完后 5、6 月份，县委想让我当团县委书记，当时 27 岁，我是整个宁波地区最年轻的团县委书记，做得比较出色，造铁路，组织整顿培训等。1986 年，组织上让我读大学，党政管理培训班，在省委党校，读了大专，读了 3 年。1988 年 7 月毕业，读完回来，任横溪区委副书记、区长，做了 1 年 4 个月。1989 年，任县长办公室副主任，主管农村财政、公安这块。1992 年 2 月份，担任鄞县农业委员会主任。1995 年 5 月，任鄞县农业副县长。"

陆银龙（1952—），总经理。自言："1985 年 1 月，正式报到，担任邱隘区供销社系统经理。当时去那里当经理有两大任务：第一个，就是业务要上去；第二个是老房子要全部拆掉，造新的商场。我从报到那天起，到 1985 年的 11 月份，商场造好，大楼造好。当时县、区里面的供销社就说我这个年轻人很厉害，我一边造房子，一边把业务弄到各个村的供销社代理点，业绩最好，利润最高。房子也造得这么好，也没有麻烦他们，全部都是我弄好的。在 1986 年 5 月，我就被调到邱隘供销社去当副主任，就这样一直到 1989 年。到了区社副主任的话，已经算是领导层次了，相当于党委委员、副乡长级别。1987 年去临海那里的供销学校读了半年的书，1988 年又去了浙江省供销干校舟山分校读了一年书。因为是后备干部，文化不能太低，要我们中专毕业。因为书读下来了，那县里面的领导就觉得你这个人应该要调动岗位了，不能再当副主任了。1989 年 12 月担

陆银龙

任育王楼总经理，一直到 1998 年 7 月。我们当时有 60 亩土地，400 多个客房，可容纳 600 多个人同时就餐。规模还是挺大的，在鄞县里面，我们饭店规模算第三大。去饭店上班的几年，生意搞得很红火，做得很不错，比东港饭店还有甬港饭店的生意还要好。"

王彩凤，侨联主任。也叫王彩虹，山东人，陆济棠夫人。60 年代，陆济棠到北方工作，结识王彩凤结婚。1970 年，陆济棠退职回村，夫人也随丈夫回村定居。1973 年，到山西太原工作。王彩凤是江六村第一个女中共党员，做过江六小学代课老师，江六村支委、妇女主任。1981 年 10 月招工进宁波。后任宁波市侨联主席。

三、部分外出就业人员

陆明全（世元，1920—2000），原是上海工人，后来精简下放，下来之后就去做了电工。1971 年，宁波办起了氧气厂，进厂当了工人。最后从氧气厂退休。

陆启宏（1935—1997），新中国成立初期到上海，在机电局下属企业电动工具厂工作。后到松江，担任实验电炉厂厂长。1988 年左右退休。江六办厂时，曾提供电灌抽水泵配套的电动机与机器消防龙等。

陆克勤（1900—1971），陆孝多说："我父亲叫陆克勤，新中国成立前他刚开始在河南洛阳兵工厂做过学徒，学徒结束后就到上海，去棉纺厂工作，很多棉纺厂他都干过。我父亲新中国成立前原来是冷藏公司管动力系统的，也就是现在说的机械师，新中国成立前他去过上海，在那边工作了一段，回来就到宁波。当时冷藏公司老板是陆世昌，他知道父亲有才干，就把他招进去干活。他是党员，新中国成立后在宁波入的党。父亲评过宁波市劳动模范，后来也去过陶瓷厂，在段塘那边，当车间主任，双鹿电池厂是它的前身。我父亲 1900 年生，去世是 1971 年，享年 71 岁。那时候父亲去世了丧葬费还是问厂里拿的。"

陆永川（1916—1994），陆周袁（1894—1976）子。陆惠宾说："我父亲在江六村出生，

陆明全

15、16 岁去上海恒生油行干活。后来日本人打进来，又回江六来，做米油生意。没几年，被抓壮丁，参与军事训练，后来开始做教官，后回上海，参加和平反共救国军，当时隶属上海淞沪司令部，档案在上海杨浦检察院。1958 年被分配到上海电缆厂，1958 年肃反时回江六来。我的父亲新中国成立之前参加过和平反共救国军，'文化大革命'之后平反。"

陆永川

陆惠宾

陆惠宾自述："我 1962 年 4 月份从上海来江六，当时是跟随父亲来的，我父亲被定为反革命，他 1958 年来，我是 18 岁中专毕业，23 岁回来，一直待到现在。1958 年中专毕业，我可以去江西读大学，后来听大人话回来种田，书记把我安排在下应综合社，社办企业，村里面叫我去跑供销。这是当时江六村书记陆安康让我去的，他们知道我的两个叔叔和舅舅的情况。陆安康知道我的舅舅官当得很大，局长下面管理的公司很多，只要跟下面公司的书记打个电话，说他有个老乡，人家马上给安排业务。我第一次去就旗开得胜，所以我就不种田，一直跑了很多年供销。后来公社党委书记陈永海把我调到下应公社劳保车间，我去了以后企业起死回生。由于我把天津的业务接过来，共做了十多年。大概到了 42 岁，鄞州劳动局（原来叫鄞州内务区）有我的名字，他们从名单上看到我有专业技术特长，所以宁波市劳动局想来特招我，有一个项目别人不会做。由于特招的原因，我 1982 年到宁波工艺针布厂做机器调试，做了 20 年左右。当时就住在宁波市，单位有房子分配给我，那时候只有六级工。厂也因为我的到来而富裕起来，产品检验出来合格，厂也因此好起来了。1994 年左右，因为经营管理不善，企业逐渐走向下坡路。2002年，退休后回到江六村的祖传房子，后来因为拆迁，住在过渡房里面。"

陆亨珠（1942—），自述："1958年，到杭州半山钢铁厂，做行政工作。那时候正好大炼钢铁。我去的时候叫半山钢铁厂，后来改成浙江杭州钢铁厂。1962年，我就在厂里结婚了。不久，经济压缩，我们又回来了。回到江六村以后，没做过什么地里活，有时候田里弄弄，有时候就去草包厂弄弄。当时有种德国产的1605药瓶，供销社收来洗干净，我和陆世昌一起到温州拉丝厂，我和他共事两年。1972年，到公社化肥厂去了。我在厂里做供销方面

陆亨珠及其夫人沈筱娥（1942—2014）

的工作，一直到2000年退休。从1972年到2002年，做了30年，2000年转制转掉。"

在供销社工作的陆嘉庆与陆道然。

陆嘉庆（1925—2011）

陆道然（亨永，1921—2013）

第五节 村民参军

一、村民参军

新中国成立初期，国家实行志愿兵役制，后来改为义务兵役制。江六村过去几乎每年都有先进青年入伍服兵役。为使战士安心服役，村里一直十分重视拥军优属工作。50年代初期，群众尊称军人的父亲为"老爷"。村里经常组织团员、民兵为军属义务代耕、代种、代收。每逢春节来临，村委会就带领村干部、团员、民兵敲锣打鼓向军属拜年，并在正门贴上"光荣之家"的匾额，赠送慰问金、慰问品，同时组织人员帮助军属挑水、扫地、搞卫生。

1979年，我国对越南进行自卫反击作战，村里刚入伍的2位战士陈爱国和戴再明光荣参加了对越作战。戴再明同志光荣牺牲，成为村里第一位烈士，后来安葬在四明山烈士公墓。当村里获悉戴再明同志光荣牺牲时，全村干部、共产党员、团员、民兵以及广大群众，积极慰问、安慰家属。当时镇、各村以及镇办各企业都组织了慰问。后来县政府安排戴再明一名家属进县属企业工作。

实行义务兵役制后，村里对军属实行工分补贴，按照家庭经济状况，按生产队的工分值计算，一般按底分级别，由村里支付报酬。1984年实行"征优结合"，乡镇统筹制度。1986年建立"定兵、定优、定安置"全程优待办法。1994年起优先安排复退军人到社队办企业工作。对复退军人中的伤残人员，政府还另外发放抚恤补助和优待补助。

江六村历年应征参军人员名单：

1951年（抗美援朝），陆德裕　陆祥能　陆阿水　梁志明　陆志法　陆世谋

1955年，陆熙泰　陆阿三

1956年，陆启鸿　徐阿祥　陆德甫　陆德康

1958年　陆启道

1965年，陆惠良　乐国民　徐安昌

1968 年，陆生康　陆和康　陆序多　陆富康　张敏

1969 年，郑惠国

1970 年，项国伟

1971 年，陆惠国　陆启培

1973 年，陆培元　陆国忠

1975 年，陆信方　陆序信

1976 年，陆永华　陆惠明　夏二毛　陈小芳

1978 年，陆金良

1979 年，戴再明　陈爱国

1980 年，陆忠良

1984 年，陆亚楼

1986 年，沙贤龙　陆金华　陈荣耀

1989 年，邵国富

1990 年，陆宏胜　陆建达

1991 年，陆海明

1993 年，陆高跃

1994 年，陆济方

1995 年，陆成龙

1996 年，陆峰

1997 年，沙素方

1998 年，陆剑波　赵士军

1999 年，陆贤益　马晓龙

2000 年，朱峰

2003 年，郑磊　陆建卫

2011 年，陆忠杰

2012 年，胡惠康

2014 年，陆安宁

部分人员更详细的信息如下：

姓　名	参军年份	兵种	服役地点	部队番号	复（退）伍	现工作单位
陆启道	1958 年 1 月	陆军汽车兵			1962 年	
陆启明	1956 年 2 月	陆军工程兵	福建莆田	9059	1959 年 3 月	退休
陆熙泰	1956 年 12 月	海军	舟山定海		1962 年 12 月	2012 年 4 月 5 日病故
陆惠良	1965 年 3 月	陆军	舟山	6536	1969 年 3 月	退休
陆和康	1968 年 3 月	陆军	温州	6517	1973 年 1 月	退休
陆序多	1968 年 3 月	陆军	温州、南京、甘肃	84609、8451、115 部队等	1991 年 8 月	区工贸办退休
陆生康	1968 年 4 月	陆军	温州	6517	1970 年 3 月	
陆惠国	1970 年 12 月	陆军	安徽蚌埠		1976 年 3 月	
陆国忠	1973 年 1 月	陆军	吉林通化	81129	1978 年 5 月	退休
陆序信	1974 年 12 月	海军	浙江定海	37702	1979 年 2 月	退休
陆惠明	1976 年 2 月	陆军	上海	83304 部队 24 分队	1980 年 1 月	江六村
陈孝芳	1976 年 2 月	陆军	上海警备区	83305 部队 83 分队	1981 年	五乡工业园区
陆永华	1976 年 2 月	炮兵	上海吴淞	83326	1982 年 1 月	江六村
陆忠良	1982 年 11 月	陆军特种兵	浙江舟山	83361	1996 年 2 月	浙江恒力交通工程有限公司
陆亚楼	1984 年 10 月	海军	舟山	海军驱逐舰第六舰队	1990 年 3 月	宁波万香食品有限公司
陆成龙	1995 年 12 月	海军	广东东莞		1999 年 10 月	
陆　峰	1996 年 12 月	武警	江苏南通	南通边防检查站	1999 年 11 月	下应交警中队
陆宸辉	1999 年 12 月	武警	南京	江苏总队	2001 年 12 月	下应贤辰服装辅料厂
陆建卫	2003 年 12 月	武警	河北保定	8640	2005 年 12 月	下应交警中队
陆忠杰	2010 年 12 月	武警	四川达州	达州中队	2012 年 12 月	

姓　名	参军年份	兵种	服役地点	部队番号	复（退）伍	现工作单位
陆阿三	1956 年	海军	宁波石浦		1975 年	
陈荣耀	1987 年	陆军通讯兵	南京淳化	83402	1990 年 3 月	物流公司
陆济方	1994 年	陆军	南通	83055	1998 年	东钱湖公安分局
陆培元		陆军	吉林通化	81129		

二、部分参军人员

1951 年，党中央发出"抗美援朝，保家卫国"号召后，陆德裕、陆祥能、陆阿水、陆志法 4 人一批，梁志明、陆世谋通过另外路径参加中国人民志愿军。1951 年 3 月，陆德裕、陆祥能、陆阿水、陆志法 4 人从段塘学习后上火车。陆阿水在连部，没上前线，后当干部了。退伍后，进入段塘的宁波砖瓦厂，当指导员。一直在厂里工作，直到退休。陆德裕在战场上没有到山洞躲避，结果负小伤。

陆祥能

陆祥能（1931—），20 岁当兵，在龙江部队，上朝鲜，到达三八线。5 年，在后勤部当装运兵。1956 年 8 月，25 岁结婚。1957 年退伍回村，担任民兵队副队长。后进入砖瓦厂，一年后进入纺织机械厂。1958 年，大办钢铁，去支援杭州钢铁厂 3 年。夫人去杭州钟表厂工作。1962 年，夫人邱秀娟回乡工作，他也跟着回乡，回村当农民 10 年，负责畜牧工作。1971 年，招工到武汉自行车厂工作。1983 年，提早退休回宁波。1984 年，迁到邱隘。

陆世谋（1925—2000），1951 年参加抗美援朝，没有上前线。他的文化水

陆世谋及其夫人应菊青（1925—）

平较高，所以当了文职。后来迁到团队，因不想到东北，回到新昌部队。几年后退伍回家，补助 2.5 万。初在村里负责纸板箱厂，后到姜村草包厂、村里纸盒厂做会计。在邱隘工作，当财务监督。后当邱隘区工办主任。"文革"中辞职，与人合股开厂。"文革"后，获劳保退休。

陆 阿 三（1931—2010），1955 年到舟山海军当兵，后到上海，服役 20 年，以中尉转业到鄞县农资公司人事科，曾为农资公司书记，一直工作到退休。

陆阿三

陆启鸿说："1956 年下半年正式服役，我在部队里，头一年学汽车，当驾驶员，第二年分配到炮团拉炮。1958 年部队整编，原部队在岱山，后调到长涂，依旧拉炮，当时长涂有两班，我在一班。我调到长涂后，做了班长。第三年曾想复员，领导和我谈话，要我留下来，我刚开始觉得三年当完差不多，后来打算留一年，领导让我当副班长，部队夜里点名宣布命令。后部队有文工团慰问，我们去码头接，快到码头前，我和新驾驶员说码头小，我先去看看能不能掉头，结果我下去后他没注意，车子依旧在开，我下来被绊倒，汽车轮子擦过我屁股，骨盆骨折。到 113 医院住院，后转到南京中医院，住院住了很长时间，1 年 1 个月。出院回来，部队里从岱山汽车连派了排长来长涂。后来（1963 年）我复员回来了。回来就在生产队，已经入党。刚开始当兵就想入党，后来受伤，1961 年才通过。"

陆启鸿

柴杏莉说："我两个儿子陆惠良、陆惠国兄弟分别于 1965 年、1969 年参军。大儿子参军时我婆婆还在，奶奶很舍不得，一直哭，像是当兵去不太好的样子。我跟婆婆说：我们靠什么，我们靠共产党、毛主席，是吧。大墙门谁给我们管呢？我儿子管大墙门去。我婆婆被我讲得不响了。我们以前饭有的没有，真的是喝点米汤也喝不饱，以前多少苦啦。后来我怎么办呢？我大儿子参军在平海白求，还算近的。后来我婆婆很难过很难过，我想这也不对，年纪大的人要生病的。我陪她去部队看过，安心了。大的参军还没回来，小的又去验了，验进了，身体都蛮好。后来村里书记说：你一个还没来，一个别去了，家里负担挺重的。那也好，再推。验是验进了，但是没有去。结果我大儿子复员来了，小儿子又走进去了。自己当领导，什么都要带头。"

陆序多自述："我小时候对江六村印象比较模糊。我是 1949 年出生，1957 年上小学，先在江六小学读了 4 年，然后再去下应再读二年。小学毕业就去邱隘读初中了。1963 年小学毕业去邱隘那边的鄞县一中，当时一中是初中加高中，校徽题词是郭沫若题的。我对江六村印象比较少，原因如下：1.自己呆的时间不长。2.家里是国家供应户，和当地政府和当地村民接触比较少，顶多和周围邻居比较熟一点。要说里局外局啥的我不知道，但我家还是住在江六，家里住十房。江六认识我的人不多。我高中没毕业，1968 年高二时就当兵了，因为当时到农村去，农村不要我，当工人去，工人又不招，于是父母就让我去当兵。当时身体不错，体检过了就去当兵了，家里老三要照顾家庭没去，老四体检合格后也去当兵了。我在温州当兵，当时那边武斗比较厉害，我在独立一师当兵。只当了一年，然后上头紧急招考，要招考一批人为国家安全部门服务，于是我考上了。当时一个师里去了 4 个人，我就是其中之一，当时我在师部。

就这样走上当兵这条路。要说我对村里的印象，我知道江六村还是挺大的，沿河而居，朝东都是农田，朝西都是房子，村民比较朴实，相比于附近村来说，村里发展情况也还是可以的。村里有草包厂，尽管很辛苦，条件

陆序多

也不好，灰尘很多，妇女为了几毛钱拼命去工作，附近人还很羡慕。江六和附近周围村相比规模大，经济状况也还可以。我小学在下应读，中学在邱隘，属于住宿形式的，一个星期回来一趟，有时候半个月一个月回来一趟，一直到我当兵去为止。温州当兵当了 1 年不到，1968 年 3 月—1969 年 7 月。在温州当兵的日子比较艰难，那时刚好'文革'，温州很乱，军用仓库都打开了，造反派和保守派之间的武装冲突很厉害，所以部队也要把当地情形控制住，为此还出面打了几次，那是真枪实弹干，讲实话心里也挺害怕的。那时候武斗很厉害，双方挖的战壕和部队里挖的是一样的，掩体很符合部队的用兵方式。大概打了两个多月，从温州市区打到福鼎周边，然后返回温州。那时候我在师直属连队，回来后考试，经过招考，结束后老师还要面试，面试结束了以后他们告诉我考试和面试都可以，但家庭历史背景还要审核过，要一段时间政审，才能正式录取。当时考试人很多，录取不多，本地还有一个同学复员后去了鄞州法院和鄞州烟草专卖局，我们一起当兵一起考试一起录用的，他后来留在学校当老师了，我就分配去了。当时国家需要我去，正式去了南京国际关系学院，属于军事院校，为国家核心机密单位，主要培养武官，培养对外情报人才。那里学生很多都是中央子弟，很多人从事谍报工作，我就是从事对苏联工作。我 1969 年进去，1972 年毕业，到东北，到西北，跟着部队走。1969 年和苏联发生冲突，学院紧急招一批人的目的就是了解苏联，学苏联历史和地理、政权结构构成、军事部署情况等，包括营房住多少人、船能运多少兵、坦克多少吨、火力配备多少，学这些常识，还有其他工作，像密码破译啥的。我是空手回来的，在东北待了一段时间马上去西北了，部队属于总参直接领导的。西北驻扎地在兰州兴隆山，那里曾是蒋介石行宫，还有八里河。那时候部队不止待在一个地方，像我在中苏边境上也走过，有时候能看到牧民啥的。我在西北那边待的时间比较长。1990 年，才转业回来。我 80 年代在兰州，一直在部队里，在部队里当中校。1990 年回来，直接安排工作，安排去二轻局当局长，从 1990 年到 2005 年。二轻局是 2005 年合并的，当时整个企业转制，要把 73 家企业 14000 多工人安排好，把企业资产置换、评估、拍卖，安排职工签订合同关系等等，这段时间很辛苦，很累人。"

陆惠明说："劳动了两年，响应祖国号召，应征入伍，参加体检，当时我人也很矮。当初当兵不管文化，不像现在还要考虑文化水平。1976 年被武装部选中，应征入伍。1976 年 2 月 15 日，在上海当兵。新兵连训练，40 天，蛮艰苦的，当初国家也穷，没饭吃，新兵只能吃菜和萝卜干，年纪轻胃口好，都抢着吃的。当时是到上海浦东的海边去，我们宁波人还想不通，为何要去海边当兵，当时部队是毛泽东思想大学校，锻炼成长的好地方，经

陆惠明

过政治教育，思想跟上了。经过新兵训练被分配到特务连，挺好的，全称上海警备区守备 1 师特务连，番号是内部的，对外公开称上海警备区守备 1 师 83304 部队 24 分队。训练也艰苦，经常练拳击、格斗、刺杀。部队训练时间比较紧张，有作息时间安排，上课吃饭睡觉有规律。当兵去会知道，农村放牛娃出身的，读了两年书，字也不会写，自己也感到吃亏，什么都学不会学不懂。本地人当兵的战友老乡，一个县的，和我一个班，像亲兄弟一样的，讲要刻苦学习，干一番事业出来。当初字也不会写，信不会写，没有文化。后来慢慢生活就习惯了，开班会积极发言，部队里各项细小工作全面做起来了，工作做得可以，1977 年下半年加入共青团，成为团员。1977 年 5 月份，选择好的兵大概 10 几个去南京军区培训，挑选的是有上进心的士兵骨干，我是其中一个，去南京军区培训。大概培训了 6 个月，回到连队当骨干，要把学来的军事技术传给连队其他兵，分组带去训练，军事技术慢慢好起来了，文化素质也好起来了。当初学习很苦，和栎社村的老乡陈国品同班，其他都是山东、江苏人。当时 9 个人一个班，3 个班 1 个排，我们共有 5 个排，算加强连。当时是一线的，两个排，1 个排是警卫排，其中 1 个警卫班，警卫班辅助师长、副师长工作，因为文化高，长得帅，被上面选中，还有两个班辅助整个院子里警卫工作，我们 4 个排负责搞对外军事训练。我们文化低的只能去第一线进行军事训练。1979 年，加入中国共产党。1980 年 1 月 5 号回老家，休息 1 个月，去下应公社江六大队，进生产队，种田。我也是党员，要带头，配合生产队长干活，带动社员搞好农业生产。后来陆国康书记在 1980 年下半年叫我去担任民兵连长、治保主任。我和他一个生产队的，他让我具体负责征兵和民兵训

练。最烦的还是治保主任，我以前年纪轻，实际工作经验少，那时候才 25 岁，以前村里人经常吵架打架，有的事情我都处理不了。治保主任当了两年，不想搞了，和书记提出了，退去了。民兵连长当了 5、6 年，因为书记来回换，我也想退了不想干。1982 年下半年分田到户，分到土地，当时想不通，不想干。后来自己搞承包田，6 亩。后来通过原书记陆忠法，让我去村办企业翻砂厂，配合厂长工作，但厂里太累太苦，干了两年就辞职了。因为我是外行，厂里技术也不懂，管不了他们很多的。辞了之后，去外面工作，上宁波踏三轮车做生意，踏"黄鱼车"，这大概是 1988 年左右的事。以前牌照不好领，做了 1 年多，后来运气不好，人被汽车撞伤了，渐渐就不做这生意了。后来我又给陆忠法书记说了，进下应镇政法办联防队，当联防队员。我 1990 年进去的，后来我担任队长，带了一帮人抓赌抓小偷，当时年纪轻，才 30 来岁，工作干得可以。干了 3 年，到 1993 年，联防队当时也混乱，自己想得罪人太多，要打人家、抓人家什么的不好，和老战友说辞职了。正好这时下应镇每个大企业配了政法办招聘的保安，我就去了。1993 年下半年，去现在的圣龙集团当保安，做了 1 年半，做得特别好，老板选择我做圣龙集团保卫科科长。1999 年 8 月份辞职，干了 6 年。1999 年下半年去向阳集团做保安，做了 5 年。后来又到村里护村队工作，2010 年被推选为下应街道政治协管员，编制是下应镇的，工资待遇问下应街道拿，人在村里工作，主要负责政治一块，到现在也第 6 年了。我工作到时退休就好了，明年 8 月退休。"

陆信方说："1974 年 12 月去部队当海军，地方在福建宁德，当了三年半的军人，我的兵种是通信兵，1978 年回来以后就种田。通信兵主要任务是管理电话线。出操的时间夏季早上 5 点，冬季早上 6 点，跑步每天 1 小时。站岗一星期一次，每次 1 个小时左右，轮到我的时候就要去。每天晚上 9 点钟就要睡觉了，晚饭吃完之后都是自由活动时间。我们整个福建省都要走，给全省的电话线挂线，一个班大概有 8 到 9 个人一起出去，有时候是一个排，出去的时候住在当地的部队招待所。出去一次大概有两三个月才回来一次，如果事情多了的话还不一定，一般情况下一年出去两到三个月，其他时间在部队里学习和出操训练等。"

陆金良说："1959 年 5 月生于下应公社江六生产大队农民家庭，系陆氏第七十八代子孙。初中文化，1976 年务农于第二生产小队，放牛两年。1978 年3 月应征入伍，服役于海军东海舰队淞沪水井区勤务船中队 699 舰，历经士兵、上士枪帆副班长。1983年10月进入党员预备期，同年10月退伍回乡，回村后任村治保主任，1984年10月转正为中共正式党员。1985年4月到下应综合厂工作，任供销兼厂治保干部。1986年8月到下应乡治保会工作，任联防队长。1988年10月为合同制招聘民警，属鄞县公安局邱隘区

陆金良

派出所下应民警执勤室，撤区并乡后仍留职于下应镇政府办公室。1996年10月任下应镇殡葬改革办公室主任、政法办副主任。1998年10月干部分流，由镇委指派到下应渔业经济合作社工作，任书记、社长，法人代表，2015年11月退任。2005年1月兼任下应街道居委会书记、主任至今。2005年7月兼任姜村书记、社主任，法人代表，为期16个月。回顾自身经历，感触良多，几次机遇都因世事无常而错失。少年时代虽朦胧天真，但追求梦想；到了青年时期投身军旅，服义务兵役6年，获3次嘉奖；退伍回乡服从组织安排，任劳任怨、默默耕耘，就职于各基层平凡岗位，多次被评先进工作者、优秀党员，工作至今勤于职守，始终如一。"

陆永华说："我18岁（1976年）参军，部队在上海警备区吴淞独立营。1976年入团，1977年加入中国共产党，待了整整6年。1978年在部队里当文书兼军机员。1982年1月复员，1982年10月回村工作。"

1978年11月村里青年戴再明、陈爱国应征入伍。戴再明1960年出生，1978年11月入伍，1979年2月17日参加对越自卫反击战，当日被炮弹弹片击中，壮烈牺牲，年仅19岁。

陈爱国（左一）与战友合影

下应公社书记陆方成（左五）、村书记马信华（左二）
慰问戴再明父母戴阿仁夫妇

第六节　下放知青

一、下放知青

1965 年 12 月，党中央发出"知识青年到农村去，按受贫下中农再教育"
的号召后，江六村先后接受安置了 10 批共 31 名知识青年。

下乡年份	姓　名	性别	师傅姓名	回迁年份
1965 年 12 月	忻爱方	女	陆世章	
1965 年 12 月	忻和娣	女	陆五全	
1965 年 12 月	忻杏英	女	戴阿仁	
1965 年 12 月	忻明翠	女	陆龙全	1980 年水泥厂招工

下乡年份	姓　名	性别	师傅姓名	回迁年份
1965 年 12 月	忻云英	女	陆宝全	
1965 年 12 月	裘素娣	女	梁小夫	1979 年 12 月邱隘招工
1965 年 12 月	忻尚君	女	陆安康	
1965 年 12 月	忻亚翠	女	陆利康	
1965 年 12 月	忻仁菊	女	陆明杨	
1965 年 12 月	陈翠娣	女	东善土	
1969 年 2 月	陆雅文	女		
1969 年 2 月	陆和祥	男		1979 年 1 月回上海
1969 年 2 月	陆文娟	女		
1969 年 2 月	陆连平	男		1979 年 2 月回上海
1969 年 2 月	陆慧莹	女		
1969 年 5 月	陆祖煌	男		1979 年 2 月回上海
1969 年 10 月	陆孟安	男		
1969 年 10 月	陆仲安	男	陈福美	
1969 年 10 月	应启迩	男	陆小毛	1974 年 10 月回城
1970 年 8 月	陆慧菊	女		
1974 年 10 月	项国辉	男		
1975 年 12 月	应华萍	女	陆瑞龙	
1975 年 12 月	应美珍	女		
1975 年 12 月	陆明杰	男	陆明杨	1981 年石碶招工
1976 年 3 月	倪国忠	男	陆云福	1978 年 3 月参军
1976 年 3 月	余春菊	女	陆忠法	1980 年 11 月鄞纺织厂招工
1976 年 3 月	戴惠珍	女	孙阿康	1981 年姜山招工
1976 年 12 月	林亚辉	男	陆英岳	1978 年 3 月参军，1981 年农行招工
1976 年 12 月	楼明娟	女	陆阿二	1979 年 12 月招工
1978 年 4 月	史秀慧	女	陆惠康	1980 年 9 月民生厂招工
1978 年 4 月	忻佩珠	女	夏阿四	1980 年 9 月鄞电厂招工

1965 年陶公山来的第一批知青
前排左起：忻爱芳、忻云英，后排左起：忻尚君、忻杏英、裘素娣

　　这些知识青年到村里后，能服从分配，积极参加农业劳动，虚心接受再教育，为村里的农业生产做出了一定的贡献。后来这些知识青年根据国家有关政策先后招工返城，有一部分女知青嫁给本村青年，在村里安家落户。

二、部分知青简介

陆祥福、忻尚君夫妇接受采访

陆祥福说："江六村第一批共 10 个，来自陶公山利明、红卫村，多数在草包厂工作，后来陆续有上海等地来的。村里建有 10 间平房，专门给知青住。在陆启后（1925—1988）家里住了 6 个，亥房住了 4 个。后来一个一个来，主要是江六有亲戚，否则要去黑龙江等偏远地方。后来可以上访，就走了。留下来的有 4 个知青。我老婆后来去下应印刷厂，做了 20 多年。"陆忠法说："我当队长时，曾经来过 3 个知青，耘田、施肥样样做，一个上海陆祖旺，一个是陆世昌儿子陆仲安，一个是余春菊。应启逑，工农兵大学生，后来回城读书去了。楼明娟，翻砂厂职工。"陆启华说："陆和祥办夜校，扫除农民文盲，我们一起做老师。村里组织开了 4 个班级，我在最低的扫盲班。陆和祥文化好点，负责高年级班扫盲。这是在 70 年代我读书前，大约 1972、1973 年左右。他们初中读完，文化水平比我高。史秀慧是食品厂保管员，当时我已经开始负责工业了。"

陆仲安说："上山下乡时间，支边支农，要我去黑龙江，我去不了东北，也去不了军垦农场，上头让我来江六。当时江六与宁波距离不远。我对家乡没有印象。1969 年 12 月份村里有人来接，才知道老头子（陆世昌）出生地在江六村，之前不晓得。知青房没造好，旧的楼屋住两个知青，靠族里人有空房子给我。现在才知道，当时我们在村里有洋房，后来都分给别人了。我出身不好，拜了个黄岩人为师，师傅忠厚，黄岩逃荒来的。当时知青下放都要拜有身份的人当师傅，尤其是那些队长。像我这样出身的，他们避之唯恐不及。我师傅他家屋虽小，但却有红木桌子，后来才知道那是从我家分来的。生产队没休息时间，经常家里都不能回。自 1969 年 11 月下放后，共 10 年都在务农，都不肯放弃工分，当时有很多机会，可参军、招工、读书上大学，都因为成分不好不能去，其他宁波知青都去了。我在农村也相当惨，受歧视，开贫下中农大会，中农、大佃农去田里做生活。总的来说，村里人对我父亲好，很少批斗他。他和村里人关系很好，在逆境中千方百计为村里办企业出谋划策，虽然没什么收入。当时生活处于逆境，我自己也有体会，没东西吃。后来造了知青房，17 平方，连灶连床，没厨房，我自己造了

陆仲安

厨房。地基刚打好，大概1978年，妇女主任柴杏莉来地头通知我可以回城了。当时我备受歧视，农村工分10级，知青最低6级，我只有2毛7分一天。后来做小队会计，有贫雇农猜想我会不会报复，来监视我。农村这10年最苦，早上务农，晚上把草包弄去海洋渔业公司，摇到孔浦，水小了还得跳下去推。把草包卸了货，空船再摇回来。两人才11元钱，每人5元5角。其他包括村里人选举，选举别人可以，我没有被推荐的资格。1978年，我招工去了。"

史月莉说："我对周边人也很好的，记得当时有个18岁知青忻云英，今年69了，她拜我老头做师傅，我如果有点心，会给她吃，她现在还很感激我，到春节也会回来看我们的。我对她好，她就来孝敬我。我待人很好的，我大女儿和她在地头一起做，我总会带点心给她们吃。那时知青要开货仓啥的，我叫她不要去开，饭也不要弄，在我家吃。今年她过年又来过一次，给我带了点富硒康和油来。说实话，这么多年坚持来看我，真不容易，我对她好，她肯定心里知道的，人待人无价之宝的。"

陆素莉说："忻尚君在村里做会计，人好。陆仲安，也是成分差，来江六没多少日子，回城去了，现在在雅戈尔动物园。知青来厂里做草包，刚开始他们半路出家，技术比较差，后来也慢慢熟悉了，能干了，和我们一样干活，能吃苦，出工啥的比较勤奋。后来像忻杏英这批人找对象落户了，找了我们江六人做丈夫。像裘三妹和我们同一生产队的，人很好，现在住宁波去了。总的来说，这些知青还是比较会做的，进厂就进厂，下田就下田，还拜了师傅。"

第七章 1949 年前移居村外的江六后裔

传统的村志，往往有人物栏目，相当于名人栏，这完全是组织本位下的内容。有了专题的村民史，可以不设名人栏目。在这种情况下，倒可以考虑设一个章节，介绍 1949 年以前在外地工作的村人后裔。村民史编纂中的江六村民，是籍贯意义上的村民，而不完全是户籍意义上的村民。这是一种大空间意义上的村民后裔。这些外迁的村民，会通过现代交通通信手段，与家乡亲人间保留着间接的联系，他们仍然在一起，只是空间范围扩大了，不再局限于一个小村落。这些第一代外迁村民及第二代后裔的家乡观念相当强烈，时刻关心着家乡的人与事的变化，这是生活在村中的人无法理解或体验的爱乡之情。由于多数人员已经放在第二章书写，故本章所选人数不多，只写前面没有详述的村外后裔中的著名人士。这些村外的著名人士，可能是现在村中年轻人不了解的。

第一节 1949 年前外迁村民

一、陆成法

陆成法（1918—1995），毕生从事服装事业，技艺出众，驰名中外。他有制作中外各式服装的本领，尤其擅长西服。改革开放以来，我国国际交往日益频繁，旅游业高速发展，海外侨胞骤然增加，慕名到培罗蒙西服公司制作服装的不同国籍、不同肤色、不同语言的中外友人纷至沓来。无论是来自东半球，还是西半球的顾客，似乎有一个共同的愿望：工艺要好，时间要快。由于来客身材、习俗、爱好、追求不一，带来了制装中的高难度和复杂性。普通的西服店，

陆成法

一定会挂上免战牌。然而，身居培罗蒙这家 80 年老店的陆成法，偏偏知难而上。他经常翻阅图书资料，认真研究欧美、东亚、非洲等地的不同穿着习惯及最新流行的西服款式。接待中，陆师傅首先仔细了解顾客的穿着爱好、内心要求，帮助挑选合适的衣料。然后细致地观察体型，丈量各个部位，算准用料，开清订单。陆师傅的手艺扬名世界，他裁制的西服，在欧美、日本的服装市场上被视为珍品。许多侨胞和外国朋友以穿上一套陆师傅裁制的西服为无上的自豪。一次，一位穿着入时的美籍华侨楼女士兴冲冲地来到培罗蒙，要求替她丈夫加工两套西服。陆师傅根据她的外表风度，推选介绍高档羊绒开司米。然后又按她的吩咐，设计了特种式样。隔了几天，当她取衣时，十分惊奇，连连称赞，马上又为自己做了四套西服，要求女式男做，保持工艺特色，尽快交货。在工厂协助下，陆师傅急人所急，想人所想，为她精心设计了白、红、蓝、藏青四种色泽的面料和平驳头、尖领、蟹钳领、隐袢、印袢、腰带等不同品种，使之鲜艳夺目、不同凡响。楼女士喜滋滋地接过衣服说："你店服装确实名闻遐迩，名不虚传。"

美国布郎舍教授应邀来上海市儿童医院讲学。这位教授衣长 2.6 尺，胸围 4.6 尺，裤腰 4 尺，横裆 0.7 尺，显然与众不同。要在一星期内做好这套衣服，任务实在繁重。陆师傅绞尽脑汁，设计剪裁，足足花了半天时间。隔天试样时，四处平服，端庄合身。教授和夫人喜出望外，情不自禁地用中国话说："极好，极好！中国推勒（裁缝）超过美国，我们很满意！"为此，他又要陆师傅替他再做一套司摩根晚礼服。

有位日本朋友的体型更是特殊：胸凹、背拱、肩横又向前冲。他请陆师傅定制一套西服。西服做好后，日本朋友看了十分满意，他高兴地说："我有生以来，第一次穿上外形如此美观，穿着如此适体的西服。"

中国一位著名的钢琴演奏家准备出国参加国际比赛。彩排时，他那灵巧的手指随着旋律的起伏，从右边的高音区跳到了左边的低音区。突然，他感到右手肘好像被什么东西牵住了，手指无法接触到最低音区的音键。乐曲中断了，影响了演出。事后他仔细琢磨，原来是不合适的演出服装在作祟。因为上衣的肩膀部位做得太窄、太紧，束缚了上臂。这位钢琴家十分焦急，跑了几家服装店都束手无策，最后找到了陆成法。陆师傅了解情况后，为他裁剪缝制了一套崭新的演出服。第二次彩排时，钢琴演奏家两臂伸展自如，肘腕轻松圆滑，演奏得心应手，彩排获得成功。当帷幕徐徐合拢时，他从心底里感激陆师傅。

陆成法巧夺天工的手艺，随机应变的设计，特殊体型的处理，形成了他的服装实践和理论特色。如顾客肩胛坍的，把横肩开得小一些；背部驼的，把座肩开得高一些，后身剪得长一些；前胸挺起的，则把前身放长，后身缩短。这种灵活运用的裁剪技巧，弥补和矫正了体型的缺陷。

已故京剧表演艺术家余振飞庆贺舞台生涯六十年，电影艺术家康泰拍摄《第二次握手》，表演艺术家孙道临赴法交流，还有刘靖基、苏步传、黄贻钧、李德伦等等闻名国内外的艺术家的服装上，都留下了陆成法的聪敏和智慧。他曾经到南京艺术院校上门服务后，隔天又赶到西安电影制片厂，为《血与火的洗礼》一剧，满腔热情地裁出了完全19世纪初期风格的服装。

陆师傅步入晚年后，患有心脏病和高血压症，儿女和好心人都劝他保重身体，但他却置之度外。20多年来，早出晚归是他的生活规律，埋头苦干、放弃节假日是他倔强的脾气，既当裁剪又当营业员是他工作的特色。每天早晨开门前裁剪服装，上班后营业，为顾客定制、试样、量体、算料，下午忙交货、改样、处理急件快衣。他把工作经验归纳为"三心"（量衣算料划样细心、听要求定式样耐心、听取各种意见虚心）、"四准"（尺寸要量准、体型要看准、裁剪要裁准、试样要补准）。他根据自己的丰富经验，编著了《裁剪》一书。他曾到电视台讲解服装裁剪诀窍，还悉心传授、培养后代。北京、西安、青海、济南、昆明、长沙、汉口、宁波、杭州等地专程来沪拜陆成法为师的学员，难以枚举。

1995年初，上海为他举办了"陆成法服装生涯六十年"庆贺会。会上，老一辈、新一代裁缝济济一堂，回顾了"裁缝状元"陆师傅一生卓越的贡献。同年4月，陆成法逝世。

20世纪80年代初期，宁波服装业逐渐兴起，退休在家的陆成法应邀到奉化的"罗蒙西服厂"、鄞县的"培罗成西服厂"，传授技术，推销产品，发挥余热，辛勤扶持长达10年之久。如今，罗蒙和培罗成已成为中国名牌并扩建为集团公司，老家也为纪念他修建了"成法路"。

二、其他村民

陆永良（1932—2015），大学教授。1956年毕业于武汉大学。陆惠宾说："我的大叔叔在武汉大学当教授，我也去过好几次，学校的位置就在珞珈山，即在武昌那一带。我第一次去武汉的时候，他在武汉大学任教，过了几年，他在武汉大学安家，他的夫人也在武汉大学任教，那个时候他已经不担任一线教师了，而是担任武汉大学组织部部长、武汉大学党委委员，职位很高。他的老婆现在还健在，两个孩子也在武汉大学。我的爷爷奶奶的坟墓要拆迁了，原来在东钱湖下水那边，由于坟墓要拆迁的原因，大叔叔叫我把坟墓位置定好，我把位置定在五乡，做了两个大坟墓，大叔叔来看了很满意。"

陆永刚（1935—1992），工程师。陆惠宾说："我的小叔叔武汉大学毕业，分配到山东东营胜利油田工作，担任工程师。后来调到宁波做电子工业，任职于宁波金龙饭店，饭店里面所有计算机都是他负责指导安装的，别人都叫他陆工。"

陆锋（1932—2017），市机关干部。陆锋自述：回顾自己80余年的人生历程，和中国大多数知识分子一样，走的是"否定之否定"的之字形道路。"1932年，我出生在鄞东的一个忠厚之家，从祖父一代开始即到上海等地打工谋生。我是三房合一子单丁独传，由于家道清贫，托祖宗之福，在本村虹麓小学毕业。13岁到宁波当学徒。白天做工，晚上到夜校补习文化，才有了相当于高中的学历。1949年，迎来了解放，开始走上积极上进之路。1949年8月，首次踏上革命道路，参加22军文工团培训班。当时父亲正失业在家，老两口赖我每月七斗米的工资维生，父母将我家的困境向部队领导反映，为避免产生不好的社会影响，领导劝我暂时回原单位工作。于是，又返回原工作单位宁波冷藏公司，同年12月加入新民主主义青年团，并被选为基层工会青工委员。1950年7月，由团组织保送参加浙江干校第四期土改培训班，从此正式走上共产党领导的革命道路。10月，被分配到中共宁波地委机关工作，一下子从社会底层进入高层领导机关，个人社会地位发生了显著变化，对党自然产生了很深的感情。我在1953年加入中国共产党，五六十年代在宁波地专机关党委、地委党史办公室工作，70年代在地区干校担任理论教育工作，整整8年时间攻读马列毛著作，实际上辛辛苦苦干了不少自误误人的傻事。70年代后期，转到财贸系统担任领导工作，直至 1992 年退休。退休至今的 20 余年间，可以说是我人生的黄金时期。凭着自己对社会、对体制的重新认识，独立思考、自主行事，做了一些对社会发展、对老年群体有利的事情。1995 年，发起组织宁波市第一个老年摄影团体市老年摄影小组，次年更名为市老干部摄影协会，我在其中先后服务了 7 年，自力更生，以影养影，建起了全市第一个大型摄影画廊——三江影廊。摄协会员至今已超过 200 人。2003 年，发起成立宁波市第一个老年网络文化平台——月湖老年网，历经十一度春秋，网友遍及国内外，实现了"清新、健康、多元、鲜活"的办网方针，使老人有了一个相互交流思想、分享文艺创作成果的网络平台。我从青年时代开始，即对摄影产生了浓厚的兴趣，历经半个多世纪而不衰。我搞摄影，侧重于纪实，以家乡为主要拍摄对象。60 余年来，积累了上万幅老照片，记录了宁波城市乡村的巨大变化。期间与影友一起举办过两次影展。目前正在酝酿出版"宁波史影"系列画册。以上文化艺术方面的业绩，犹如沧海一粟，不过为历史文化名城宁波增添了几片砖瓦而已。这辈子，之所以有以上微小成绩，得益于青年时期学习'老三篇'，树立了'工作第一、他人第一'的人生理念。近十年间，又得益于网络资讯，受到李锐、资中筠、何清涟等人的启蒙，接受了民主、自由、公平、正义的普世价值。还得益于童年时期父亲给予的'行得春风有夏雨'的教导。懂得不管干什么事、与什么人合作，都必须坚持'双赢互利'的原则。在政治思想上，积半个世纪的实践经验，认识到：人与人之际，只有坚持合作共存、和谐相处，才有利于社会发展、历史进步。夸大阶级的对立和斗争，只会导致历史的倒退！希望后来者汲取历史经验，树立正确的世界观和人生观，国家与民族才会有光辉灿烂的前景。对于故乡江六村，我没有什么突出的贡献，只是在得知周边村落开始整体动迁时，通过市政协副主席毛翼虎先生，向市主要领导递送了一个请求，希望将重修于清嘉庆年间的陆氏宗祠作为文保单位予以保护，获得了批准。这是作为陆氏后裔所应该尽的责任。" 2017 年 5 月病逝。

陆世章，字升昌，陆世昌弟弟。史德纯（外甥）说：

2015 年 5 月，陆锋（左）与史德纯（右）在颐乐园

陆世昌（右）、陆世章（左）及其母亲

"他在江六结婚，就是洋房里，结婚大概是抗战胜利之后，当时弄的很热闹。结婚后他在上海读大学，没毕业。先在上海参加工作，又去北京煤炭部当技术员，后煤炭部下放到贵阳。我当时在上海。小舅舅也在上海煤炭机关做过，结果被大字报批判过，称为漏网地主。我回来后，晓得他调到北京去了。贵阳天高皇帝远，后来也没有遇到过。小舅舅有三个儿子四个女儿。解放前，小舅舅去民光电影院工作过。"

陆昌淼（1930—? ），陆友谆之孙，环境专家，原国家环保局科技司司长。与人合著《污水综合排放标准详解》（中国标准出版社，1991 年）。

第二节　陆瑞康与陆世昌儿子

一、陆瑞康八子

陆友华（1922—2009），陆瑞康次子。

陆友全说："我的二哥（陆友华）后来去美国，学的全部都是新学。他先在宁波崇敬学堂读小学，后来进了效实中学。17 岁从效实高中毕业以后，考入上海交通大学。崇敬学堂在北站那个地方，后来被日本人炸掉了。1941 年宁波沦陷，上海成了孤岛，交大的一部分搬到内地，并到西南联大去了。所以父亲就叫他回来。第一因为时局动荡，第二自己身体也不好，第三就是叫他回

陆友华

来结婚。所以二哥在交大学了3年就回来了，回来以后就和那个英国领事先生的养女结婚。但是他不愿意。因为他学了西方理论以后，追求自由恋爱，自我实现。至于详细情况我也不清楚，这个婚礼是祖母与父亲一手操办的。因为那时候父亲身体已经不好，想把一些事情办妥，两家结婚让他各方面也有些依靠。结果却闹翻了，大家拼命给他做思想工作也不接受，没有办法，大概一个礼拜之后，这个女的逃回家里哭诉去了，两家的联姻关系就断了。那时候上海局势已经不对了，所以交大也不能回去了，就留在宁波华美医院工作，我舅公任莘耕在那儿当院长。他学过电气，对华美医院的电气设备和X光工作都可以胜任。1941年4月宁波沦陷，后来我父亲在1942年过世了。所以，祖母后来较长期改住乡下，母亲在宁波把这个家维持着。几个小的老五、老六也都到乡下去了，他们也是到虹麓小学上过两三年学。后来大哥友华也到虹麓小学去当过一年校长，大概是1943年左右。他当校长的时候没有什么大的事迹，但是带去了一些洋派新风，请了一些好的搞艺术、音乐的教师。他请的其中一个男教师，后来到民光电影院做宣传美工。陆友华的英语非常好，不论是文字还是口语方面。他的中文修养也很好。在那儿他待了1年，认为这不是他应当做的事情。1944年到宁波冷藏公司做了2年左右副经理。他认为这也不是他应该做的事情，一直想追求自我，所以后来跑到上海去了。正好是陆世昌到冷藏公司以后，他走了。在上海的时候，始终在外企做事。他在美国电影发行公司做过工作，那时发行好莱坞米高梅公司等七彩影片。他就把美国的好多新片《魂断蓝桥》《人猿泰山》这些彩色影片统统都引进到宁波，所以说宁波放映的影片都是全国第一流、第一轮的影片。另外，还去上海真如农场干过事，那也是外国人办的。那里从国外引进了很多新品种和新技术，所以说我们家也很早就吃西红柿（那时中国人不吃的，因为这是西方的东西）。友华后来又到过邓禄普轮胎公司、中美火油公司、英国蛋品制造公司等等外企工作。但是他在上海也始终没有找到自己的定位，一直是高级职员，工资也可以，上司也欣赏，就是唯独自己不安心。他在上海工作也不差，房子也买下了，但是自己认为没有做出什么满意的成绩来。他一直在追求自我实现，总是没找到自己的定位。他深受西方教育影响，向往西方。所以刚一解放，1950年，就随着外国人的公司到香港去了。去香港以后，他也是到处在各个公司工作。大概1955下半年到1956年，他带着一家人去美国了。去美国后依然在一些大公司工作。为避免海外关系对兄弟们的影响，他仅与母亲保持联系。1985年母亲过世后，与他们一家联系就不太多了。

陆友尧

惟 2007 年，他曾来函、来电，要我们为他寻寄家谱。2009 年我二哥在洛杉矶逝世。"

陆友尧（1925—2001），陆瑞康三子。

陆友全说："他也叫陆网慧，我三哥动手能力非常强，脑筋也非常好。他是从正始中学毕业的，毕业以后去了上海立信会计学校（高级学校，相当于大专）。毕业以后做会计工作，大概是抗战以后的 1946、1947 年。也搞过照相，他对这个很有兴趣。刚开始在宁波做会计，自己又想搞些成套公寓设计等其他东西。他也制造乐器，做出过第一支国产单簧管样品，给上海音乐学院试过音。样品虽然技术上过关，但制作成本太高，没有生产和经济价值，所以后来不弄了。他也弄过电影院，和几个朋友合起来，就在后来的人民电影院那个地方搞了一个电影院，开张以后，因对付不了地方娱乐圈的邪恶势力，赚不了钱，也狼狈收场了。他就是喜欢干这些技巧性事业。后来他也到上海去工作了好多年。我三嫂那一脉许多亲友都在上海，还有在海外的。他到上海后，在泰山水泥公司、合众化工原料公司等企业工作过，给人家当高级会计师。所有职业中做得最好的是国外进口汽车销售，解放前这算是大买卖。钱挣得蛮多的，房子也买进了。但是上海那时金融情况很混乱，一会儿赚钱了，一会儿又赔光了，这种买卖实在是不好做。上海解放之后他就带着妻儿回宁波来了，身上的钱也都赔光了。他们一家回到宁波以后，生活慢慢稳定下来，就在宁波的硫酸厂当了会计师，一直做到 1985 年退休为止。

陆友悌

由于他有复杂的海外关系，又在上海做过很多生意，又因为我们家里舅舅、舅公那边关系也比较复杂（在西班牙、美国、澳大利亚都有社会关系），所以上司一直不敢重用他。始终只是一个资深的高级会计师。退休后有许多会计师事务所、大公司争相聘他担任高级金融、财务、会计顾问。"

陆友悌（1928—1968），陆瑞康四子。

陆友全说："我四哥也叫陆幾，是从益三中学毕业的。这个学校是天主教办的（在三宝桥）。接着又到才学堂（在现今钱业会馆）去读过。高中毕业以后，当过钱庄练习生，又学了会计，最后到上海去了。在我父亲的朋友、程家三兄弟在上海开的永兴琴行（这个琴行是中国最老资格的钢琴制作、销售行。三兄弟在南京西路、四川北路、亚尔培路各开了一家门店），四川北路那一家当会计。当会计的时候又师从白俄音乐家学弹钢琴，所以他除了谙熟财会业务外，还弹得一手好钢琴。他在上海就是弹弹钢琴，做做会计。这个四哥是心地最好、最惠顾家人的哥哥。当初因为他是孪生双胞胎里的一个，所以比较体弱。但他和我们感情最好、最顾家。老二老三钱挣得不少，但是不太顾家，自己花得多。四哥每个月工资发下来之后都会寄过来不少，一点不含糊，而且工资也不错的。那时候我们好多人念书都是靠他，我对四哥感情特别深。他为人非常好，非常善良。我进交通大学读书的时候，生活费都是他给的。礼拜六礼拜天的时候，他还会叫我过去聚一下，共叙兄弟情谊。这个哥哥性格上面非常像母亲，孝悌、慈爱、顾家、信笃；对母亲，对兄弟、对其他人都很好；心地坦诚善良，时时处处为人考虑。可惜好人未必长寿，四哥去世的比较早。"

陆友仁（1931—），陆瑞康五子。

陆友全说："老五叫陆友仁，小名叫金如。他读高中以后改了名字，叫陆彦。当时省立宁波中学地下党的活动是非常活跃的。他深受革命思潮影响。待到刚一解放，1950年春刚刚从浙江省立宁波中学高中毕业，马上到上海参加革命，成了华东革命大学第一届的学生。后来分配到上海警备区，当过政委铁瑛（后来做过浙江省委书记）的文化教员。那时候铁瑛还是上海警备区的政委。老五当了一年多文化教员以后，铁瑛对他印象很好，把他保送到刚建立的哈尔滨军事工程学院，以培养自己的军事工程专家。他是哈军工第一届毕业生。毕业以后留校当教师，参与开创了航空飞行器火力控制专业。火控专业就是研究飞机飞行时，如何使火器（炮弹、炸弹、导弹）准确无误地击中目标。他是中国火控专业的开拓者之一。哈尔滨军事工程学院到'文化大革命'的时候被解体了，他脱离了空军编制，随着航空电子系划归西北工业大学。他是西工大航空电子系系主任、教授，一直做到退休。今年已有85岁了。他是中国第一代火控专家。火力控制也是现代军事科技中最重要、最尖端的科目之一。应当说是在学术层面比较有建

陆友仁

树。但是他受到海外关系影响很深，不然，可能还会受到更大重用。他经常要去南昌、成都、沈阳、西安等飞机厂，军用飞机必定是要配火控的。火力控制这个系统基本上都是他们设计的。现在他们的学生到部队里把这个火力控制系统弄成地面模拟操作设备，起了大作用，也有了经济效益和重大科技成果。"

陆友信（1933—），陆瑞康六子。

陆友信

陆友全说："他小学在虹麓小学读了3年，后转学到宁波学校。初中毕业，刚值解放，参加了二十二军，到三北、余姚这些地方去戍边治安去了。后来转业到水产公司，再转到水产局。人比较老实，办事专注、稳妥，平常话不太多，爱动笔写写小文章。脾气有点倔，生活自理能力略差。他离开部队比较早，1950年去的，1954年就退伍了。退伍之后到了水产局，搞过一些水产科研工作，如引进古巴牛蛙在宁波试养等。主要是干文秘工作。他在那里多少受到了一些影响，因为水产局和我们父亲早先事业靠得很近，依然有不少人知道我们的父亲，说我哥哥是解放前宁波水产业头头，资本家的儿子，所以在工作和职务安排中也多少有些瓜葛。开始他申请入党一直不能批准（我们家一共有两个党员，一个是五哥，另一个就是他）。一直到后来，对于过去出身淡漠了，我哥哥才被允许入党，所以他的职位也只提到处长为止，一直到退休他还是处长，本来有可能还会升级的。"

陆友全（1937—），陆瑞康七子。

自述："中小学都是从教会学校读出来的。就读的小学是崇德小学。崇德小学四年级就开始学英文，由美国校董亲自给我们教的。1948年小学毕业。我在虚岁6岁的时候上学，小学毕业时只有11足岁。毕业以后进浙东中学（后改名为宁波市第四中学），也是教会学校。1949年9月我读初二，开学没有多久，蒋介石的飞机就到宁波来轰炸。1949年9月13日他们开始对宁波进行首次轰炸，一直炸到 10 月、11 月，江厦街那边火烧了两天两夜，成了焦土、瓦砾场。就在这时，我们避难去乡下（虹麓）了。1949 年 9、10 月到第二年的 7、8 月在虹麓待了一年。我们家是从爷爷辈上来到宁波的，此后是城里、乡下都有家，但主要住在城里。1941 年宁波城里沦陷，我家去虹麓待过一段时期。1942 年底父亲病故以后，过了两三年，宁波光复，我家包括祖母就又都回住到宁波来了。1949 年到 1950 年乡下避难期间，我也同时休学了一年，所以我是 1955 年高中毕业进大学的。高中仍是浙东中学。我小学、中学学的都是英语，但是解放以后对英语不太重视了。初中时，我英语是很好的，英语背诵比赛还拿过第一名。到高中以后，人们认为这是帝国主义的语言，就不好好学，比我们低一届班级都改学俄语了。我的高考成绩很好，如愿考进第一志愿第一学校交通大学。到大学以后，先在上海读了一年，翌年（1956 年）交大搬迁，去了西安。在大学时，因为我文理方面都好，在交大系里学业成绩也算是数一数二的。另外参加各种社团活动比较多（交大文学社社员、交大校刊特约编辑、交大艺术团合唱团成员、交大铜管乐队小号手、交大摄影社创始人暨第一任社长），所以影响比较广。因参与反对交大迁校，并选为去北京参加国务院召开的交大迁校研讨会的学生代表，被打成右派。当时，校内凡是反对交大迁校的出头人物都成了右派。1975 年调回来以后，合我心意的工作不太好找，所以我就去了乡镇企业，反倒是得心应手。开始在西郊汽车钢圈厂做，我把工厂从半手工生产改造成全机械化，批量流水线生产。厂里的工艺流水线到专用机器设备都是自己设计制造出来的，产品跟汽车、工程车配套，全部都是我弄起来的。另外又开发了许多门类的新产品。上头看我很像样，我也很受欢迎。到 1979 年，交大给我寄来了"错划右派改正书"和共青团团徽（以作恢复团籍纪念）。起先因右派问题，交大没发给我毕业证书，这时也补发来了。1979 年，宁波市里为落实改正错划右派政策，把我调到国营企业工作。宁波评审第一批工程师的时候就有我，总共十多个人。错划右派改正后，国家按规定落实政策，把我调到国营企业宁波汽车运输公司去工作了。先后做过科研技术室副主任、汽车大修厂技术副厂长。1979 年到 1984 年春，有三个设计和科研项目还得过市科技奖。1984 年 4 月，中央决定宁波作为第一批 14 个沿海城市之一，对外开放。市府要成立开放办（宁波市对外开放领导小组办公室）。开放办首先就要招收、抽调一批懂技术、管理、经济、外语，知识面宽的人。我符合条件，所以就被瞅中，抽调去了。这时候海外关系变吃香了，可以派用场了，正好和先前的情况相反。1985 年 5 月，我被任命为宁波市开放办的副主任。我主要负责对外联络这一块。邀请和安排外企进行合资、合作谈判，审核项目的技术和经济可行性，一直到签意向书这一个流程，都是我负责的。1986 年开放办和外贸局合并，组成了宁波市外经贸委。此后我也开创了宁波市的外经工作，并管过外经（对外投资及国际经济技术合作）和外贸。1995 年以后让我享受正局级待遇，虽然待遇是正局级的，职位还是副主任，一直到退休。外经贸的那些创新工作不少都是我开创的，包括对外联络、外经、对台劳务合作、小额贸易、华东交易会、贸促会。工作期间还曾任中国国际经济技术合作学会常务理事、中国国际贸易学会理事、九三学社宁波市委副主委、宁波市科协常务理事、交通大学校友总会理事兼宁波分会会长等学术和社会职务，以及宁波市第八、九、十届人大代表。"

陆友政（1941— ），陆瑞康八子。

陆友政搞体育教育，在宁波少体校当教师，是国家体操二级教练，培养出的学生中有好几个得

陆友政

过全国冠、亚军。

二、陆世昌之子

陆昌然（1938— ），字及民，陆世昌长子。自述"后来父亲住江六，我住宁波了。当时我人也小，不怎么知道母亲和父亲之间的故事。我妈很老实，本分管家，可惜不懂文化，不识字。我 1956 年高中毕业，当时生肺病，没参加高考。之后在小学里代代课，做数学老师。当时因为父亲成分差，做有份，评先进不在内。当时有人讽刺地叫我陆书记、陆校长，实际上当时我没资格入党，没资格当书记。后来形势变化，我还是入党了。改革开放后，做过江北实验学校校长。后来从江北区教育培训中心主任退休。虽然之前很困难，工资也低，后来逐步好了。还做过两届市政协委员。我研究小学教育，写了义务教育教材，我职称副高，退休 10 多年了，共出了 100 多本书，在省中小学教育界里有影响。退休后在各学校当顾问，现在也不去想以前的事了，和父亲成就没法比。回过头

来看就是环境差，只有这条路，不好好工作不行，有些风吹草动很危险的，有什么运动来了都要当心。我性格上不喜欢讲话，也是因为环境影响。我性格像我母亲多一点。'文化大革命'时，不能保存照片，家里有西装领带都扔掉了。父亲有两个兄弟，现在还剩一个阿妹，阿弟也去世了。"

2015 年 5 月，陆昌然（右）与其弟在颐乐园

第八章 江六村文献征存

这一章重在文献资料的保存。举凡文件、乡约、传说、诗文，均存于此。

第一节 文件选编

一、江六村村规民约

（2015年4月10日经村民会议表决通过）

第一章 总 则

第一条 为全面深化基层民主法治建设，促进解决农村基层治理中的实际问题，促进家庭和睦、邻里和洽、家园和美，保障村民群众安居乐业，加强基层政权建设，根据有关法律、法规、政策，经全体村民讨论通过，制定本村规民约。

第二条 坚持党的领导，坚持法治、德治、自治相结合，培育和践行社会主义核心价值观和当代浙江人共同价值观，倡导爱国敬业、诚信友爱、崇德向善，自强不息的传统文化，树立村里和谐、村民和美的村风民风。

第三条 本村规民约全体村民应当自觉遵守。党员干部要带头守诺，心系群众，勤政为民。

第二章 婚姻家庭

第四条 男女平等家风好、夫妻恩爱幸福长。多一点关爱，家人更和气，多一些宽容，家庭更和睦，多一份责任，社会更和谐。

第五条　心在、爱在、牵挂在，幸福才会繁衍生息。夫妻和睦，敬老爱幼，传统美德不能丢，不慕虚荣，不讲排场，勤俭持家是正道。

第六条　遵守计划生育政策，提倡晚婚晚育、优生优育。

第七条　生我育我，父母恩深，寸草春晖，铭记于心。孝敬父母，可望儿女孝敬我，虐待父母，怎教儿女孝敬我。在外工作的子女要常回家看看。

第八条　父母是孩子的第一任老师，教子德为先，身教胜言传。良好的家庭环境是孩子茁壮成长的一半。望子成龙，切莫拔苗助长，志趣各异，还须因势利导。

第九条　倡导"先公后私，勤学实干，遵纪守法"的家风。倡导喜事新办，丧事简办。不盲目跟风攀比，不搞迷信活动，不搞宗派活动。

第三章　睦邻关系

第十条　远水难解近渴，远亲不如近邻。坚持与邻为德，与邻为善，与邻相助，与邻为乐；寻找老邻居，结识新邻居，感谢好邻居，共建和谐融合的邻里关系。

第十一条　你容我，我容你，天宽地阔；你敬我，我敬你，亦显德高。邻里之间要平等相待，团结友善，在生活和社会交往中要以诚相待，相互谦让，尊重他人隐私。

第十二条　帮人一把，情长一寸。提倡邻里守望，邻居外出应帮助照看，遇到异常情况及时联系相关人员。

第十三条　一排篱笆十根桩，一家有难邻里帮。主动关心和帮助空巢老人和残疾家庭，关爱弱势群体，积极参加小区的公益活动，奉献一份爱心。

第十四条　容人一回，德宽一尺。孩子之间发生冲突，家长首先教导自家孩子，避免在公共场合责罚孩子，损伤孩子自尊心。

第四章　美丽家园

第十五条　村庄多一份整洁，生活多一份美丽。积极配合参与"五水共治""三改一拆""清爽行动""四边三化"，共建美丽乡园，共创美好生活。

第十六条　家园不分你我他，人人都是主人家，共同遵守村庄整体规划，不乱搭乱建，不占用公共楼道，不损坏公共设施，爱护健身器材，爱护路灯、邮政信箱、宣传栏等公用设施。

第十七条 管住脏乱差，留下真善美。共同维护村庄整洁。严禁向河道、下水管道丢垃圾。不要打扰到邻居的正常生活。

第五章 平安建设

第十八条 平安建设系千家万户，人人参与保国泰民安。大力发扬主人翁精神，积极参与平安村创建活动。以"树正气，压邪气"创建文明社会的理念，共同维护村庄平安和谐。

第十九条 平安两字重千斤，社会稳定是民心。支持配合和积极参与"网格化管理，组团式服务"，发现社会治安问题，安全隐患、环境污染问题，及时同网格员联系。

第二十条 金贵银贵，平安最贵。对易肇事精神病人、刑释人员、社区服刑人员或误入邪教人员，要加强教育引导和帮扶，发现可疑人员、违法犯罪行为应及时向村报告。

第二十一条 鸡毛蒜皮不要争，退后一步天地宽。提倡用协商办法解决各种矛盾纠纷，管理好租住户，不能把房屋租赁给不明身份的人，发现民事纠纷应及时向村或街道调解委申请解决。

第六章 公共礼仪

第二十二条 微笑是我们的语言，文明是我们的信念。出入公共场所要注意自身素质修养，不大声喧哗，乘车购物照顾残弱老人，游客问路，热情应答。

第二十三条 行路慎为本，开车礼当先。车辆出门，包括电瓶车、自行车都要遵守交通法规，各行其道，文明行车，做到红灯停绿灯行，行人过街，要走专道，隔离设施，请勿跨越，要小心慢行。礼让行人，车辆停泊，应规范有序，应相互礼让，不能挡住消防通道，以防万一。

第七章 附 则

第二十四条 本村规民约由江六村党组织和村民委员会负责解释。
第二十五条 本村规民约自村民代表会议通过之日起施行。

二、江六村旧村改造新村建设实施细则

第一章　总　则

第一条　为保障下应街道江六村新村建设工作的顺利进行，保护拆迁当事人的合法权益，根据上级有关规定，结合江六村的实际，特制定本实施细则。

第二条　本细则适用范围为下应街道江六村行政区域内的所有地面建筑物、构筑物及其附属物。按要求拆除旧村，并按规定进行新村建设。下应街道办事处和鄞州区投资创业中心组织协调旧村改造、新村建设、新房安置工作。

第三条　下应街道新村建设办公室指导帮助本村开展旧村改造新村建设工作。本次旧村改造新村建设工作的拆迁人为下应街道江六村经济合作社，下设旧村改造新村建设办公室，落实人员，具体实施工作方案。

第四条　被拆迁人所有的建筑物、构筑物及其附属物和装修部分由拆迁单位委托具有房屋评估资格的评估机构按照有关规定和程序进行评估。

第五条　村经济合作社是旧村改造新村建设工作的主体。要实施细则，考虑建设安置方式为原拆原造以及新村建设的资金平衡因素，安置地块红线内、外协议签约率必须达到 100% 到 95% 以上，方可实施。

第二章　房屋分类与产权认定

第六条　被拆迁房屋分为住宅用房、非住宅用房及附属用房。

住宅用房是指依法取得的用于生活起居的房屋，包括卧室、客厅、阳台、厨房、卫生间、走道、楼梯等。

非住宅用房是指依法取得的用于住宅以外的经营性、生产性、公建性的用房，一般为工业厂房（车间）、商店、办公房、学校、医院等建筑物。

附属用房是指住宅用房附属的用于放置生产、生活工具和养殖家禽的简易用房。

第七条　符合下列条件之一的住宅用房和附属用房可确认其产权：

（一）1982 年 2 月 13 日国务院《村镇建房用地管理条例》实施前建造的以及祖传房屋，须由村民委员会出具证明，街道盖章认可；

（二）1982 年 2 月 13 日至 1998 年 12 月 31 日期间建造的具备建房申请条件，

所建房屋未超过农村村民住宅建房面积标准的;

（三）1999 年 1 月 1 日后经区（县）级土地、规划等行政部门批准建造的住宅用房。

第八条 产权不明的共有房屋产权归拆迁人所有，安置方式由拆迁人决定。

第三章 安置及货币补偿

第九条 拆除住宅用房的可实施调产安置或货币安置，被拆迁人有权选择具体安置方式。调产安置是指由拆迁人提供住宅用房作为产权调换用房，安置被拆迁人。货币安置是指由拆迁人提供相应的补偿资金，被拆迁人自行选购安置用房。

第十条 可安置面积认定规定:

被拆迁人每户被拆迁合法住房建筑面积在 250 平方米以内的，按原住宅面积调产安置;被拆迁人每户被拆迁合法住房建筑面积超过 250 平方米的，超过部分不予调产安置，予以经济补偿。

被拆迁人在拆迁范围以内有多处集体所有的土地住宅用房的应合并计算其住宅面积。被拆迁人在拆迁范围以外另有集体所有土地住宅用房的（包括原房在 1982 年 2 月 13 日国务院《村镇建房用地管理条例》施行后已出卖、赠予或析产的）;以宅基地审批形式取得国有土地住宅用房的;被拆迁人家庭具有常住户口且实际居住的人口在两人以上，而房屋产权属于其中一人或数人所有的，在适用低限安置标准时应当合并计算其住宅用房建筑面积。低限标准为每人 30 ㎡。不足部分按 2150 元 / ㎡购买。

第十一条 符合低限安置标准的被拆迁人应当向拆迁人领取并填写《低限标准安置申请表》。该申请表经村委会签署意见，并报相关部门审核后，予以 10 日公示。

第十二条 调产安置价格计算办法:

安置新房建筑面积与每户的可调产面积相等的部分，安置新房按基准价 630 元 / ㎡，旧房按重置价结合成新，结算差价;

安置新房建筑面积超过每户可调产面积的部分（接近上一档套型），5 ㎡以内（含 5 ㎡）的按优惠价 1000 元 / ㎡米结算;5 ㎡至 10 ㎡（含 10 ㎡）按优惠价 1500 元 / ㎡结算;10 ㎡至 20 ㎡（含 20 ㎡）按安置时政府指导价结算;20 ㎡以上按安置时上月所地地段同类房屋等级的商品住宅的平均价格计算;（户与

户划拨面积以 10 ㎡为单位）

可调产面积超过安置房建筑面积部分按货币安置条款执行。

第十三条 安置方式为原拆原造，安置新房为框架高层住宅。因高层公摊面积与多层公摊面积相差约为 10% 左右，因此每户可调产面积可上浮 10%（上浮部分计入调产面积，不计价格）。调产安置房屋套型认定：被拆迁人应根据确定的可安置面积选择与原住房相近的面积套型的安置房，在调产安置的范围内允许直系亲属自行组合套型，由抽签后确定位置、层次。抽签办法另行规定，具体套型面积按设计图纸确定。

第十四条 高层楼层差价原则上按照鄞政发〔2007〕54 号文件规定执行。

第十五条 拆迁住宅用房实行货币安置的，其货币安置金额的计算公式为：货币安置总额 =〔当年政府指导价格 − 基本造价（630 元 / ㎡）+ 旧房评估价格〕× 1.01× 合法建筑面积 + 六个月临时过渡费 + 相关奖励及其他费用。

第十六条 被拆迁人每户被拆迁合法住房建筑面积超过 250 ㎡部分实行经济补偿，旧房系钢混结构的再增加 250%，其他结构的再增加 300% 予以补偿。

第十七条 各类补贴：

搬家补贴费：每户补贴 700 元；

电话移机补偿费：参照当地邮电部门规定补贴 108 元一门；

空调移机安装补贴费，每台 200 元，太阳能热水器拆迁补偿费每台 250 元；

实行货币安置的户，有线电视移机补偿费，按每户 350 元给予补偿。

被拆迁人员利用合法住宅从事生产经营活动并持有工商执照的，按鄞政发〔2007〕54 号文件规定对停产、停业损失予以补偿。

第十八条 临时过渡补贴：

过渡对象为第一期红线内地面建筑物，同时本村旧村改造新村建设不再建造过渡房，由被拆迁人自行解决过渡房，拆迁人支付过渡补贴费，按可调产面积每月 8 元 / ㎡计费。每户不足 600 元的，按每户 600 元计发。不可调产建筑每月按 6 元 / ㎡计算。过渡期为 24 个月逾期未交付安置用房的，自逾期之日起按可调产面积双倍支付临时过渡费，不可调产部分过渡费仍按原标准发放。过渡费每季度发放一次。

自行过渡的有线电视每户补贴 50 元。

其他的补贴适用第十七条第（一）项、第（二）项、第（三）项的规定，按二次补偿计算。

第十九条 拆迁住宅用房，拆迁人对建筑物和装修部分评估规定给予补偿。拆迁房屋实行补偿安置后，被拆迁房屋及附属物归拆迁人所有。被拆迁人搬迁时，已经评估的项目应保持原状，不得擅自动拆，否则根据损坏程度按实扣除评估价格。对拆迁公告后新建、扩建、翻建的房屋和装修的项目不予补偿。

第二十条 被拆迁住房的安置人口按照拆迁人家庭具有常住户口且实际居住的人口确定。虽有常住户口，但系寄居、寄养、寄读的人员，不计入安置人口。在校大中专院校学生，部队服役的义务兵，劳改、劳教人员，按原户籍计入安置人口。本村未婚青年在首次抽签日前年满 18 周岁，在适用低限安置标准时可增加二个安置人口。

第二十一条 拆迁出租、出借的房屋，由房屋所有人自行处理好关系。

第二十二条 拆迁非住宅房的按相关政策执行。

第四章 拆迁奖励

第二十三条 被拆迁人按本规定按时签订拆迁协议并按要求搬迁完毕的，拆迁人给予以下奖励：

（一）被拆迁人在规定时间内签订协议的，按可调产面积奖励 30 元／㎡；

（二）被拆迁人在规定时间内搬迁完毕的，按可调产面积奖励 30 元／㎡。

第二十四条 被拆迁人实行货币安置的拆迁人在拆迁协议签订后 15 天内支付总补偿费的 50%，搬迁完毕并经验收合格后 15 内付清余额和奖励等经费。实行调产安置的，在新房抽签完毕后一并结算。

第五章 附 则

第二十五条 本细则未明确的部分根据上级有关规定和江六村新村建设补充政策出台后予以处理。

第二十六条 本细则须经村民（社员）代表大会通过，并报上级批准，由江六村旧村改造新村建设办公室负责解释。

第二十七条 本细则自公布之日起执行。

下应街道江六村村民委员会

下应街道江六村经济合作社

2009 年 10 月 21 日

三、下应街道江六村新村建筑奖励补充政策

为改善村民居住环境，顺利完成新村建设工作，根据关于《下应街道江六村旧村改造新村建设实施细则》，结合本村实际，经村"三会委"讨论决定，对村里新村建设的村民实施优惠补助，具体办法如下：

一、1999年1月1日至2001年6月30日期间内所建的房屋未经区（县）级土地规划部门批准的，不得调产，但具有村丈量登记在册面积的，经村委会确认后允许以优惠价2150元／㎡购买同等面积的新房。

二、村里未享受本政策第一条优惠补助的拆迁户中：社员每人允许以优惠价2150元／㎡购买10㎡；村民每人允许以优惠价2580元／㎡购买10㎡；户籍不在本村的但具有居住面积且常住的每户允许以优惠价3010元／㎡购买20㎡，非常住的购买10㎡。已享受本政策第一条优惠补助的拆迁户中：社员如享受面积不足人均10㎡，则以2150元／㎡补足10㎡；村民如享受面积不足人均10㎡，则以2580元／㎡补足10㎡；户籍不在本村但具有居住面积且常住的每户如享受面积不足20㎡，则以3010元／㎡补足户均20㎡，非常住的补足户均10㎡。户籍在本村但无居住面积的不享受该优惠补助。优惠补助面积不得货币安置。

三、1999年1月1日至2001年6月30日期间内所建的房屋未经区（县）级土地规划部门批准的，但具有村丈量登记在册面积的房屋，在优惠购买以内部分，按重置价结合成新后再上浮30%予以补偿，另外再补贴300元／㎡；以外部分按重置价结合成新后予以补偿。

四、1999年1月1日以后经街道规划部门同意建造且交过费的临时建筑不得调产，给予货币补偿。补偿标准：按重置价结合成新后再上浮30%予以补偿，另外再补充300元／㎡；1999年1月1日后经街道规划部门同意建造的违章建筑，不得调产，按重置价结合成新后予以补偿，另外再补贴100元／㎡，2008年7月1日公告张贴后，新建、扩建及装修的建筑物，不予补偿。

五、线内自行过渡拆迁户在签订协议生效后并搬迁完毕一次性奖励：按可调产面积奖励116元／㎡；不可调产面积奖励77元／㎡。

六、人口计算截止期为2008年7月1日到首次抽签日止。

七、上述享受对象应积极配合村经济合作社的工作，按时签订协议，并按

规定完成搬迁并及时交付钥匙，否则不予享受。

八、本办法解释权属江六村旧村改造新村建设办公室。

下应街道江六村村民委员会

下应街道江六村经济合作社

2009 年 10 月 21 日

四、虹麓欢歌

俞广德　小小毛词

【童谣开始】

宁波东乡风水好，谷龙盘在江六漕，

日日夜夜化谷忙，家家户户谷满仓；

守城士兵抢粮仓，误将谷龙尾巴伤，

血水染红大河江，千古龙脉呒处藏，

腾空蹿上半天高，依依勿舍离村庄……

【合声一】

悠悠村庄，依在美丽的东钱湖旁，

你把传奇，写在虹麓的史册上。

清代建筑，陆家祠堂；

灿烂的文化八百载日月沧桑。

娥罗井顶，轻轻诉说曾经的忧伤（甬剧独唱）；

铁柱戏台，声声吟唱人间芬芳（甬剧独唱）。

哦，金灿灿的小村庄，

德耀陆氏的"辅政堂"；

让炎黄血脉在我们身上，

源远流长代代流淌……

【合声二】

长长村庄，让爱注满你的心房，

你将目光，放在大江东流气魄上。

家园跨进，城市画廊，

文明的村落欢歌荡漾郁郁苍苍。

草庵旧址，再也不见当年的面貌（甬剧独唱）；

金崇庙地，虔虔祈祷美丽乡梦（甬剧独唱）。

哦，金灿灿的小村庄，

创业创新走在前方；

难忘唐宋李白陆游，

曾为陆氏谱诗作文章……

【童谣结尾】

九井十明堂，外局陆壹房；

隔壁廿贰房，中局伍壹房；

里局太茂开酒坊，升大米店顶兴旺；

友福公公造洋房，陆家进士出拾房；

板桥晃，人来往，马桥传说永勿忘；

二月初八菩萨到，黑脸菩萨第一早。

等到河道两岸树成行，谷龙再来阿拉江六漕……

虹麓欢歌

俞广德 小小毛 词
汪　　平 曲

江
六
村
史

1=C 2/4

自由地

(童声 快板) 宁 波 东 乡 风 水 好　　谷 龙 盘 在 江 六 漕　　日 日 夜 夜
守 城 士 兵 抢 粮 仓　　误 将 谷 龙 尾 巴 伤　　血 水 染 红

化 谷 忙　　家 家 户 户 谷 满 仓　　腾 空 蹿 上 半 天 高　　依 依 不 舍 离 村 庄
大 河 江　　千 古 龙 脉 呒 处 藏

(合唱) 悠 悠 村　　　　　庄　　　　依 在
(合唱) 长 长 村　　　　　庄　　　　让 爱

美 丽 的 东 钱 湖　　旁　　　　你 把 传　　奇　　写 在
注 满　你 的 心　　房　　　　你 将 目　　光　　放 在

虹 麓 的 史 册　　上　　　　清 代 建 筑 陆 家　　祠 堂
大 江 东 流 气 魄　　上　　　　家 园 跨 进 城 市　　画 廊

陆 家 祠　　堂　　　　灿 烂 的 文 化 八 百　　载　　日 月
城 市 画　　廊　　　　文 明 的 村 落 欢 歌 荡 漾　　郁 郁

(转调1=后5)

沧　　桑　　　　(甬剧 方言) 娥 罗　　井
苍　　苍　　　　(甬剧 方言) 草 庵　　旧

$\overset{\cdot}{3}$ $6\cdot(\overset{\cdot}{1}$ $|\overset{\cdot}{2}\cdot\overset{\cdot}{2}$ $3\;6)$ $|\overset{\cdot 5}{3}$ $\overset{\cdot}{5}$ $|0$ $\overset{\cdot}{5}\;\overset{\cdot}{2}$ $|\overset{\cdot}{1}\cdot\overset{\cdot}{2}$ $6\;\overset{\cdot}{1}$ $|3\;5)$ $|$

顶　　　　　　　　　　轻　轻　诉　　说

址　　　　　　　　　　再　也　勿　　见

$\overset{\cdot}{3}$ $\overset{\cdot}{5}\;3\;5$ $|\overset{\cdot}{5}\;3\;5$ $|\overset{\cdot}{1}\;\overset{\cdot}{3}\;\overset{\cdot}{2}$ $|\overset{\cdot}{2}\;\overset{\cdot}{1}\;6\;\overset{\cdot}{1}$ $|\overset{\cdot}{1}\;\overset{\cdot}{3}$ $(3\;6\;5\;2$ $|3\;5)$ $|$

轻　轻　诉　说　曾　经　格　忧　　伤

再　也　勿　见　当　年　格　面　　貌

$\overset{\cdot}{1}\;\overset{\cdot}{2}$ $|\overset{\cdot}{1}\;6\;\overset{\cdot}{1}$ $|(\overset{\cdot}{1}\cdot\overset{\cdot}{2}\;7\;6$ $|5\;6\;\overset{\cdot}{1})$ $|3\;5$ $|6\;\overset{\cdot}{1}$ $|0\;\overset{\cdot}{2}\;\overset{\cdot}{1}$ $|$

铁　柱　戏　台　　　　　声　声　吟　唱　人　间

金　崇　庙　地　　　　　虔　虔　祈　祷　美　丽

$\overset{5}{2}\;3$ $|5\;-$ $|\overset{\cdot}{5}\;3$ $|\overset{\cdot}{2}\;3\;5$ $|3\;5\;6$ $|\overset{\cdot}{1}\;-$ $|\overset{\cdot}{1}\;-$ $(1\;2\;3$ $|5\;3\;5\;6):$ $|$

1.

芬　芳　　人　间　芬　芳

乡　梦　　美　丽　乡　梦

2.

$\overset{\cdot}{1}\;-$ $|\overset{\cdot}{1}\;-$ $|\overset{\cdot}{1}\;-$ $|\overset{\cdot}{1}\;-$ $|$ $(5\;5\;5\;5$ $|5\;5\;5\;5$ $|$

梦

$\underline{5\;5\;5\;5}$ $|\underline{5\;5\;5\;5}$ $|$

$5\cdot\underline{6}\;5\;\overset{\cdot}{1}$ $|6\;5\;\underline{6\;5}\;6\;\overset{\cdot}{1}$ $|5\cdot\underline{6}\;5\;5$ $|3\;1\;2\;3$ $|5\cdot\underline{6}\;\overset{\cdot}{1}\;3$ $|$

（童声 快板）九　井　十　明　堂　　　外　局　陆　壹　房　　　隔　壁　廿　贰

$\overset{\cdot}{2}\;3\;7\;6$ $|5\;5\;5\;5$ $|5\;5\;5\;5$ $|5\cdot\underline{6}\;5\;\overset{\cdot}{1}$ $|6\;5\;\underline{6\;5}\;6\;\overset{\cdot}{1}$ $|5\cdot\underline{6}\;5\;5$ $|3\;1\;2\;3$ $|$

房　中　局　伍　壹　房　里　局　太　茂　开　酒　坊　升　大　米　店　顶　兴　旺　友　福　公　公　造　洋　房　陆　家　进　士　出　拾　房

$5\cdot\underline{6}\;\overset{\cdot}{1}\;3$ $|\overset{\cdot}{2}\;3\;7\;6$ $|5\;5\;5\;5$ $|5\;5\;5\;5$ $|6\;6\;6\;6$ $|6\;6\;6\;6$ $|5\;5\;5\;5$ $|$

板　桥　晃　人　来　往　马　桥　传　说　永　勿　忘　二　月　初　八　菩　萨　到　黑　脸　菩　萨

江六村史

5 5 5 5 | 6· 5 6 i | 5 6 5 | 3 - | 2 6 5 | 3 5 6̣ | 1 2 3 |
第一 早 等 到 河 道 两 岸 树 成 行 谷 龙 再 来 阿 拉 江 六 漕

5 3 5 6̣ | i 3 | 2· 3 i 6 | 5 - | 5 6 5 | 3 3 3 | 2 1 2 3 | 5 - | 5 0 5 |
金 灿 灿 的 小 村 庄 德 耀 陆 氏 的 "辅 政 堂" 让
金 灿 灿 的 小 村 庄 创 业 创 新 走 在 前 方

i 3 | 2· 3 1 | 6 - | 6 0 5 | 6 6 5 | 6 1 3 1 | 2 - | 2 - |
炎 黄 血 脉 在 我 们 身 上
难 忘 唐 宋 李 白 陆 游

i· 2 3 3 | 2 2 3 | 2 3 2 i | 2 2 3 | i 6 5 | 6 - | 6 - | 5· 6 |
源 远 流 长 代 代 流 淌 代 代 流 淌 源 远
曾 为 陆 氏 谱 诗 作 文 章 谱 诗 作 文 章 曾 为

i 6 | 2 3 i | 2 - | 3 2 3 | 2 5· 6 | 1. i - | i - ‖ 2. i - | i - |
流 长 代 代 流 淌 代 代 流 淌 章
陆 氏 谱 诗 作 文 章 谱 诗 作 文

3 2 3 | 2 i | 5 - | 5 - | 5 - | 5 - | 5· 6 5 i | 6 5 6 5 6 i |
谱 诗 作 文 章 (童声 快板)宁 波 东 乡 风 水 好

5· 6 5 5 | 3 1 2 3 | 5· 6 1 3 | 2 3 7 6 | 5· 5 5 5 | 5 5 5 5 | 6· 5 |
谷 龙 盘 在 江 六 漕 日 日 夜 夜 化 谷 忙 家 家 户 户 谷 满 仓 宁 波 东 乡

6 i | 5 6 5 | 3 - | 2 6 5 | 3 5 5 6 | i - | i - i - | i - | i 0 ‖
风 水 好 谷 龙 盘 在 江 六 漕 日 日 夜 夜 化 谷 忙 家 家 户 户 谷 满 仓 家 家 户 户 谷 满 仓

注：虹麓（读：jiang lu）童谣部分用宁波方言。

第二节　方言俚语

一、时节俚语

立春打雷半月雨。头八晴，好年成；二八晴，好种成；三八晴，好收成。

雷响惊蛰前，七七四十九日不见天。

正月十五勿见星，淅淅沥沥到清明。

清明无雨多黄梅。

雨打清明节，晴到夏至勿肯歇。

清明热得早，早稻一定好。

清明有雨早黄梅，清明无雨迟黄梅。

清明要晴，谷雨要淋。

早上芒种晚头梅。

小暑热勒透，大暑凉飕飕；小暑一声雷，倒转做重梅。

雨打立夏，呒水洗耙。

立秋雨淋淋，遍地是黄金。

处暑勿雾，晴到白露。

白露秋风凉，一夜冷一夜。

过了白露节，夜冷日里热。

霜降勿降，一百廿天阴雨罩。

白露白咪咪，秋分稻头齐。

霜降霜加雪，明年米勿缺。

寒露勿寒，霜降做梅。

立冬晴，一冬晴；立冬落，一冬落。

冬至晴，明年好年成。

冬至西北风，明春燥烘烘。

邋遢冬至干净年，干净冬至邋遢年。

清明断雪，谷雨断霜。

二、风情俚语

[乡情]

金窠银窠，不如自家草窠。

儿子要亲生，买田买东乡。

[乡俗]

三十勿可错，四十勿可做。

请吃酒，亚拜生。

冬至大如年。

烧香要烧三宝地，好事要做眼面前。

看戏呆子，做戏癫子，编写才子。

[衣饰]

佛要金装，人要衣装。

莫看廿岁姑娘装，要看八十婆婆丧。

好吃还是家常饭，好穿还是粗布衣。

千层衣，勿值一层破花线。

吃吃咸齑汤，搽搽珍珠霜。

[饮食]

女馋痨，做生姆；男馋痨，奔丈姆。

天上斑鸠，地下泥鳅。

三日不吃鲜，蛳螺带壳咽。

生鲜熟补咸经拖。

三日勿吃咸齑汤，脚骨有眼酸汪汪。

吃邋遢，做菩萨。

[居住]

住住朝南屋，吃吃陈年谷。

缸灶连眠床，对落是厨缸。

蛳螺壳里做道场。

[旅途]

出门看天色，进门看面色。

天晴带伞，肚饱带饭。

[保健]

吃饭防噎，走路防跌。

病从口入，祸从口出。

萝卜熟，医生哭 。

药补勿如食补。

六十勿留宿，七十勿留吃。

一勿赌力，二不赌食。

讲讲话话散散心，勿讲勿话生大病。

[人际]

人多好用力，人少好吃食。

三兄四弟杀只牛，勿如自家杀只狗。

人家事体头顶过，自家事体穿心过。

勿求地位，只求落位。

桥倒压不煞差鱼。

好汉不上两，上两要掰鳌。

上半夜忖忖自家，下半夜忖忖人家。

[婚恋]

会拣拣才郎，勿会拣拣田庄。

劈柴爿看丝流，抬老婆看阿舅。

千拣万拣，拣一呒底灯盏。

光棍做人活神仙，生起病来叫皇天。

晾杆挑水后头长，孤孀嫁人趁后生。

[亲邻]

小来外婆家，大来丈姆家，老来姊妹家。

娘舅大石头，讲话独句头。

亲眷是只桶，拷开好箍拢；朋友是只缸，拷开呒商量。

隔壁做官，大家喜欢；隔壁做贼，大家吓煞。

第三节　民间传说

关于白云祖师的传说

相传，村里陆氏第五世太公，名文相，从小和佛有缘，长大后出家为僧，法号白云，修道于海月堂，人称白云祖师。

一、种田

某年夏天的一个下午，白云祖师到天王庙访友，途经村里马桥头，看到本村农户正在种田，于是同农户打招呼。农户便问白云祖师，这样炎热天气，去哪里？建议大家一起到马桥头凉亭歇歇。白云祖师笑着说："不，你们种田这么忙，今天你们种完这块田也要很晚了。"几个农户听后不觉大笑道："白云祖师，不要开玩笑了，我们有五六个人，还未种完的田只有二三分，不出一袋烟工夫，就可以完工了。"白云祖师笑笑说："如果今天天暗之前，你们能种完这块田，我明天就请你们到我庵中吃斋。"农户们大笑，说："白云祖师你可不要反悔哦。"白云祖师答道："一言为定"。说罢脱下穿在脚上的一双蒲鞋，甩在田角，扬长而去。

说来也怪，自从白云祖师离开后，田里便出现了两条大鲤鱼。两条大鲤鱼一会儿向东游，一会儿向西游。农户见状大喜，一时无心种田，大家相互协作前来捕鱼。但奇怪的是无论大家用什么办法，都捕不到这两条鲤鱼。眼看快要被捉到了，一下又被其逃脱了，这样多次反复，始终未能捉到。眼看天渐渐地暗下来了，这时白云祖师才访友回来，又路过马桥头，看到农户还在捕捉那两条鲤鱼。于是哈哈大笑，对农户说："我说你们今天天暗之前种不完这块田，你们不信，怎么样呀！"边说边拎起田角边的一双蒲鞋，穿在脚上走了。这时天也暗了，田里的鲤鱼也不见了，农户看看今天田也没法种了，于是只得垂头丧气地回家了。

二、看戏

过去夏天天气炎热时，家里没有电扇，更没有空调设备，一般饭后都带上一把扇子，去桥边乘凉聊天。一天村水江桥头坐着很多乘凉人，大家边乘凉边聊些天南地北的趣事。快到深夜的时候，乘凉的人们陆陆续续回家休息去了，只剩两人还在乘凉，其中一位就是白云祖师。白云祖师对那村民说："现在只剩下我们两个了，没有什么可聊的了，还是一起去看戏吧。"那村民笑道："现在这么晚了，哪里还有戏可看。"白云祖师说："如果你想看，我就带你去。"那村民大喜，连声说好。于是白云祖师就让那村民坐在长板凳上，并吩咐他眯上双眼，未经他许可不许睁开眼睛。村民照依了。这时只听两旁呼呼风声，不一会儿，白云祖师叫他可以睁开眼睛了。当他睁开眼睛时，原来已经来到了一个大戏院中，并已经在做戏。当戏正做到高潮时，白云祖师对那村民说："该回去了。"那村民答道："那么好的戏怎么不看了？等看完戏再回去吧！"白云祖师说："你要看完戏才回去，那我也没办法，我要先回去了。不过我送你两个铜钱，急用时，一个一个地拿出来使用，如果不听我的话，苦头是你自己吃的，切记！切记！"说完就回来了。

过了一段时间，戏做完了，那村民也准备回家了。但当他走出戏院大门时大吃一惊，他从未看到过在晚上还有这么多人，并且街道一派繁华，灯火通明，车水马龙，人来人往，好是热闹。于是他向行人问路，问去江六村往哪个方向走，怎么走，但连问十几个人都说不知道。再问这里是什么地方，路人回答是杭州城。啊！那村民做梦都想不到，刚才还在江六村水江桥头聊天，怎么一下子会来到杭州城了呢？出来时又没带钱。没办法，只有慢慢寻路回家吧。这时那村民感觉肚子饿了，刚好旁边有卖葱油饼的，一个铜钱一个，记得白云祖师给了他两个铜钱，于是他就拿出一个铜钱，买了个吃起来。吃完一个觉得味道不错，想再买一个，一摸口袋，还是有两个铜钱，于是又拿出一个铜钱再买了一个。一路上他就靠这两个铜钱购物充饥。从杭州到宁波要过钱塘江，每人每次要两个铜线，那村民就一下子拿出两个铜钱给船老大渡江。船老大刚接过铜钱，不知何原因手一松，两个铜钱就掉进钱塘江了。过江后那村民边问路边往宁波方向徒步而行。走着走着不知不觉地感到肚子饥饿了，想买点点心，一摸口袋，大吃一惊，原来口袋中一个铜钱也没有了。这时他才想起白云祖师临别时吩咐他的话，两个铜钱要一个一个拿出来使用，如果一个一个拿出来使用，口袋中始终会有两个铜钱，据说是一对雌雄铜钱，不会用完的。但他在渡江时，一下子将两个铜钱拿出来了，所以钱就被拿完了。那村民非常懊悔，但也没办法，只能讨饭回家了。

那村民到家后马上到海月堂去找白云祖师，但没有找到。经打听，原来白云祖师已去东钱湖后庙湾的白云寺当住持了。据传当时只要是江六人，路过白云寺就可到寺里免费吃素斋。该白云寺就在现在的东钱湖水厂附近，60年代初破落失修的寺庙还在。

三、谷龙

相传在很久以前，村里有位叫九太公的先辈，与山西狄国府有亲戚关系，九太公的夫人，人称九太婆。有一次，九太婆去山西狄国府串亲，在府上看到了一件宝贝，她非常欢喜，于是就向亲戚要了回来。原来这件宝贝是一条谷龙，它能变大，也能变小。变大时能腾云驾雾，变小时就只有筷子那么大，最主要的还是它能化稻谷。于是九太婆就让它变小，将它藏在袖子内带回村，安放在祠堂内。

自从谷龙带到村里后，全村村民就不再受饥挨饿了，但人们并未因此而不参加农业生产，仍天天在农田中辛勤劳作。如遇收成不好、粮食不够的年份，就求助谷龙，让它化些稻谷。

有一次，闹灾荒，刚好九太公去宁波城区办事，看到宁波守城士兵因饥荒，个个饿得皮包骨头，有气无力。看到这一情况后，九太公感叹，心想，吃不饱饭的士兵哪有力气打仗，又哪能保我们一方平安呢？于是就找到带兵的长官说："那些瘦弱的士兵怎么能保卫我们的宁波城，我愿资助每位士兵一袋稻谷。"带兵的长官听后非常高兴，也非常感激九太公。

第二天，士兵们摇来好多船，一直从祠堂门口排到马桥头外。原来带兵的长官将九太公所说的"一袋谷"，错听成"一载（船）谷"。于是祠堂里外全都是兵丁，有扒谷的、有运谷的、有装谷的，害得谷龙化谷都来不及。忽然有一个士兵，一把下去稻扒谷，把谷龙尾巴给截断了，痛得谷龙嗷嗷大叫，一提气冲到祠堂河对面梧桐树上，号啕大叫不止，连叫三天。由于误将谷龙的尾巴截断，谷龙流血不止，并一直流到祠堂前的河流中，慢慢地河水变成了红色。所以上了年纪的人都知道，江六河水的颜色始终是呈红色的。

　　村民们发现谷龙受伤后，都去求九太婆，希望她能带谷龙去疗伤，但九太婆始终不肯去，还放言，如果谷龙想离开江六，就由它去吧。就这样，气得谷龙离开了江六村，回山西老家去了。谷龙回山西时，村民们跪求谷龙留下来，谷龙去意已决，但离开时开口对跪求的村民说：如要我再回来，只要村前河道两边种上树木，让河道两边树木相互对上成荫，到那时，我自会回来。

　　从那时起，村民们在村河道两岸种了好多树木，并精心培植，希望小树早日成荫，盼望着谷龙能早日再回来，能让村民过上好日子。但因种种原因，河道两岸的树木终未能相互对上成荫，最终谷龙也没再回到江六村。

　　在江六村未拆迁之前，我们还能依稀看到河旁那些斜向河而植的零星几棵大树。而在新河未开凿之前，河水长年呈红色。

附录　江六村其他姓氏家族人员

2016 年，新编《陆氏宗谱》成书，其他非陆姓村民无缘进入。特将其他姓氏的村民按家族谱系附录于此，以供人了解。

1.　竺信华　20 世纪 50 年代迁居外地

2.　忻江明　陶公山　　　　　　清朝光绪年间
　　陆定心　1884—1966.6.1　三师母
　　郑秀凤　1911—1977.10.3
　　忻梅青　1921.4.6　　　　住福利院
　　忻丁荣

3.　刘仁青　宁海 1920—1992　手工业木匠
　　儿　　刘永祥　　　　　　1946.8.11
　　儿　　刘永康　　　　　　1956.12.1

4.　黄国夫　黄岩 1937　　　　打工种田定居
　　子　　黄妙法　　　　　　1932—2012
　　孙　　黄惠良　　　　　　1954.1.29
　　孙　　黄金良　　　　　　1961.1.18
　　孙女　黄惠琴　　　　　　1962　　嫁下万岭
　　孙女　黄惠英　　　　　　1964　　嫁葛家漕
　　曾孙　黄燕峰
　　曾孙　黄华峰

5.　史信高　1905—1983　　　　史家码 1949　打工定居

　　　大女　史桂莉　　　　1948.8.18

　　　二女　史美莉　　　　1956.2.16

6.　沙永来　1909—1973　　　　塘溪沙家村　手工业竹匠

　　　妻　　胡阿秀　　　　1910—1997

　　　父　　沙后夫

　　　女　　沙阿毛　　　　1927—1983

　　　长子　沙孝康

　　　次子　沙安康　　　　1942—1987

　　　三子　沙生康　　　　1942—2010

　　　四子　沙裕康　　　　1948.4.1

　　　孙　　沙贤龙　　　　1968.4.7

　　　孙　　沙贤宏　　　　1974.4.27

7.　沙雨顺　1906—?　　　　　塘溪沙家村　1932　手工业泥工

　　　儿　　沙林高　　　　1924—2000

　　　女　　沙小娘　　　　嫁团桥

　　　孙　　沙土珍　　　　1951.8.23

　　　孙　　沙土国　　　　1958.9.14

　　　孙女　沙秀珍　　　　1954.12.2　　嫁东山

　　　孙女　沙秀玉　　　　1961.9.2　　嫁袁家

　　　孙　　沙惠国　　　　1965.2.8

　　　曾孙　沙素方　　　　1978.11.13

　　　曾孙　沙俊俊　　　　1994.8.7

8.　钱贤庆　1958.10.13　　　嵊县　1996.2.7　种田

9.　钱小定　1914—1980　　　高钱　1951　投靠岳母定居

　　　大儿　钱信国　　　　1947.11.15

　　　二儿　钱信福　　　　1952.12.5

	女儿	钱福英	1958.3.16
三儿	钱信华	1964.7.25
孙	钱棣	1974.9.9

10. 毕永土　1931—1997　　　泮火土桥村　1954　照顾岳母定居

大儿	毕国方	1952.10.25
大女	毕彩英	1955.3.5
二女	毕国英	1957.5.23
三女	毕国芬	1960.12.18
四女	毕亚芬	1962.9.10
小儿	毕伟方	1966.2.22

11. 陈朝良　1948.9.25　　　姜山　1948　投靠外婆定居

大伯	陈来甫	？—1975.3.2　上海　随侄子住江六
大儿	陈英芳	1970.11.24
小儿	陈友芳	1972.9.8

12. 陈善土　1923—1987　　　慈溪　1937　打工

大女	陈利菊	1953.6.7
大儿	陈利国	1956—1994
二儿	陈安国	1959.2.16
二女	陈爱国	1962.10.1
孙	陈豪杰	1988.3.3

13. 陈明章　1920—1997　　　云龙对江岸村　1954　手工业理发定居

大女	陈秀菊	
大儿	陈惠龙	1848.3.31
二儿	陈永龙	1950—2007
三儿	陈国龙	1958.8.18
二女	陈秀娣	1962.4.27
四儿	陈海龙	1965.2.3

五儿　陈后龙

孙　　陈建设　　　　　　　　1970.6.4

孙　　陈建芳　　　　　　　　1977.12.15

14. 陈品棠　1918—1965　　　　冠英庄　1945　手工业竹匠

大儿　陈德芳　　　　　　　　1947.1.17

二儿　陈小芳　　　　　　　　1957.5.28

三儿　陈德福　　　　　　　　1960.6.13

15. 陈福美　1924—2015　　　　黄岩　1936　打工

大儿　陈国兆　　　　　　　　1954.2.13

二儿　陈国良　　　　　　　　1956.8.14

大女　陈步云　　　　　　　　1959.2.2　　　嫁黄隘

二女　陈利云　　　　　　　　1964 年

三女　陈步玲　　　　　　　　1965.2.5

三儿　陈荣耀　　　　　　　　1968.9.23

16. 乐国民　1946.9.27　　　　邵家弄　1952　投亲

儿　　乐远忠　　　　　　　　1970.11.5

女　　乐圆方　　　　　　　　1972.8.15

17. 戴阿仁　1920—1989　嵊县　1932　打工

兄弟　戴栢青　　　　　　　　1925—2003

大儿　戴再兴　　　　　　　　1944—2012

二儿　戴再良　　　　　　　　1956.11.7

三儿　戴再民　　　　　　　　1960—1979　自卫反击战

四儿　戴再方　　　　　　　　1964.11.11

大女　戴银凤　　　　　　　　1947.2.7

小女　戴亚琴　　　　　　　　1952.6.30

孙　　戴红君

孙女　戴锡君

18. 戴妙法　1914—1993　　　　嵊县　1939 年　泥工
　　　女　　戴翠花　　　　　　1946.10.8
　　　儿　　戴国民　　　　　　1950.4.1
　　　孙　　戴硕　　　　　　　1979.8.18

19. 张阿土　1933—1970　随父
　　　父　　　　　　　　　　　　　　　　　手工业染布
　　大儿　张水龙　　　　　　1963.3.24
　　小儿　张银龙　　　　　　1964.1.20

20. 张后生　上门女婿
　　大儿　张德华　　　　　　1910—1990
　　小儿　张和义　　　　　　1962.2.22
　　孙女　张佩玉　　　　　　1954.7.16
　　孙　　张敏　　　　　　　1949.8.11
　　孙女　张佩忠　　　　　　1960.2.18
　　孙　　张芹　　　　　　　1954.8.6
　　孙　　张琪　　　　　　　1956.12.4
　　孙　　张林　　　　　　　1964.3.2

21. 张夏水　1891—1960　史家码村田宝王　1920 年　火灾迁居江六
　　大儿　张品根　　　　　　1925—1955
　　小儿　张光耀　　　　　　1932.12.1
　　孙女　张信利　　　　　　1947.9.9
　　大孙　张信良　　　　　　1950.10.25
　　二孙　张善良　　　　　　1952.6.11
　　三孙　张忠良　　　　　　1956.2.8
　　四孙　张金良　　　　　　1959.10.21
　　小孙女　张佩利　　　　　1962.8.21
　　曾孙　张治基　　　　　　1977.12.9

22. 张雨水　1898—1979　史家码村田宝王　1920　火灾迁居江六

　　　大儿　张信根　　　　　　　　1939—1993

　　　小儿　张如根　　　　　　　　1949.5.9

　　　孙　　张金宏　　　　　　　　1965.5.7

　　　孙　　张金伟　　　　　　　　1969.4.3

　　　孙　　张广赟　　　　　　　　1976.12.27

23. 张明康　1932—2006　　　　湖塘下　随母定居江六村

　　　大儿　张文君　　　　　　　　1957.1.14

　　　二儿　张裕君　　　　　　　　1958.10.8

　　　三儿　张国君　　　　　　　　1962—2009

　　　女　　张亚君　　　　　　　　1964 年

24. 张祖安　1935—1997　　　　湾底　1952　随母定居

　　　大女　张赛君　　　　　　　　1962.10.10

　　　小女　张玲君　　　　　　　　1964.7.22

　　　儿　　张建设　　　　　　　　迁居外地

25. 盛芳云　1928—1941　　　　慈溪　1925　投亲

　　　大儿　盛根全　　　　　　　　1928—1986

　　　小儿　盛信根　　　　　　　　1932.7.23

　　　大女　盛凤仙　　　　　　　　1925 年　　　　嫁团桥

　　　大孙女盛爱玉　　　　　　　　1959.6.16

　　　孙　　盛仁康　　　　　　　　1952.12.19

　　　二孙女盛爱珠　　　　　　　　1962.5.29

　　　孙女　盛秀英　　　　　　　　1958.6.29　　　嫁史家码

　　　孙　　盛智龙　　　　　　　　1965.4.17

　　　孙　　盛如康　　　　　　　　1962.6.21

　　　孙　　盛智虎　　　　　　　　1968.2.10

　　　孙女　盛玉英　　　　　　　　1964.8.11　　　嫁朱家

　　　三孙女盛爱利

26. 郑世方　1924—1977　　　　江苏诚县　1962　投亲

　　大儿　郑永庆　　　　　　1954.6.25

　　二儿　郑荣平　　　　　　1980 年迁居外地

　　三儿　郑荣子　　　　　　1965.6.17

　　孙　　郑磊　　　　　　　1983.8.7

　　孙　　郑垚　　　　　　　1996.7.22

27. 郑阿凤　1926—?　　　　　象山　　　　务农

　　大儿　郑卫国　　　　　　1951.9.19

　　女　　郑惠玉　　　　　　1954.9.18

　　二儿　郑龙飞　　　　　　1957.11.26

　　女　　郑小娘　　　　　　1961.4.19

　　三儿　郑卫高　　　　　　1964.2.1

28. 梁阿增　1914—1979　　　黄岩　1930　上门女婿

　　父　　梁开仁　　　　　　1832—1976　靠子

　　大儿　梁泰安　　　　　　1943.7.26

　　二儿　梁泰仪　　　　　　1946.10.30

　　三儿　梁泰山　　　　　　1949.10.28

　　四儿　梁友信　　　　　　1957.11.9

　　女　　梁友娣　　　　　　1953.8.2

　　孙　　梁广水　　　　　　1957.5.11

　　孙　　梁广健　　　　　　1980.5.5

29. 梁小云　1919—2001　　　黄岩

　　梁国英　1956 年

30. 梁小夫　1927—2005　　　黄岩

　　子　　梁忠法　　　　　　1966.8.12

　　女　　梁翠利　　　　　　1956.7.28

31. 梁阿二　1902—1975　　　黄岩　解放前　长工
　　儿　　梁志明　　　　　？—2011
　　孙女　梁夏莉　　　　　1958.5.3
　　孙　　梁夏德　　　　　1966.6.29
　　曾孙　梁

32. 蔡岳青　1930.10.4　　　咸祥　1952年　投亲　泥工
　　大儿　蔡国成　　　　　1954.8.24
　　二儿　蔡国君　　　　　1960.5.10
　　三儿　蔡国祥　　　　　1967.10.20
　　孙　　蔡建峰　　　　　1994.5.24

33. 虞承衯　1937.12.18　　黄古林　1962年　教书
　　大女　虞园　　　　　　1964.2.28
　　儿　　虞方　　　　　　1966.3.26
　　小女　虞园方　　　　　1972.8.10

34. 项志祥　1924—1985　　殷家湾项家　投亲
　　大儿　项国云　　　　　1945.2.1
　　二儿　项国伟　　　　　1949.1.21
　　三儿　项国坤　　　　　1961.11.5
　　孙女　项红儿　　　　　1975.8.2
　　孙　　项宏海　　　　　1977.10
　　孙　　项腾飞　　　　　1989.4.28

35. 李荷玉　1931—1989　　黄岩
　　父　　李千浩　　　　　1903—1978　靠子
　　大女　李菊芬　　　　　1954.10.16
　　大儿　李善生　　　　　1963.1.20
　　二女　李菊利　　　　　1959.12.30
　　小儿　李善法　　　　　1968.5.29

三女	李菊英	1966.1.27	
孙女	李爱芬	1989.11.16	
孙	李沛彦	1993.12.29	

36. 李忠达　1914—1974　　　象山　　　　长工
　　女　　李金莲　　　　　1956.8.15

37. 夏阿四　1918—1996　　　黄岩　解放前　长工
　　父　　夏德甫　　　　　靠子
　　大儿　夏小狗　　　　　1953.7.3
　　二儿　夏二毛　　　　　1956.8.19
　　女　　夏琴
　　三儿　夏三毛　　　　　1959.5.14
　　孙　　夏如波　　　　　1982.10.20

38. 马文奎　1912—1987　　　绍兴
　　父　　马祥云　　　　　1888—1969
　　儿　　马信华　　　　　1941.11.2
　　儿　　马信龙　　　　　1951.1.22

39. 马传标　? —2006　　　临海　1966.2　承包土田

40. 徐后德　1937.5.26　　　下应低田下　1952.3　投亲（姐）
　　大儿　徐海龙　　　　　1962.12.16
　　二儿　徐海虹　　　　　1964.5.19
　　女　　徐萍　　　　　　1966.3.3
　　三儿　徐思红　　　　　1968.11.23
　　孙女　徐静　　　　　　1987.11.23
　　孙　　徐承凯　　　　　1991.11.23
　　孙　　徐承豪　　　　　1996.1.28

41. 徐阿祥　1935—2013　　　　　随父投亲
　　　父　　徐慎兴　　　　1896—1969　投亲
　　　儿　　徐吴荣　　　　1965.3.19
　　　大女　徐荣平　　　　1967.6.5
　　　二女　徐利平　　　　1969.4.20
　　　孙　　徐骏　　　　　1990.6.27

42. 徐道增　1925.1.25　　　　　黄岩金清　1956 年　手工业泥工
　　　儿　　徐昌福　　　　1944.11.20
　　　大女　徐香菊　　　　1950.1.21
　　　二女　徐香利　　　　1952.12.6
　　　三女　徐香桂　　　　1956.11.21
　　　四女　徐秀菊　　　　1959.6.23
　　　五女　徐香云　　　　1964.1.19
　　　六女　徐香凤　　　　1966.4.28
　　　孙　　徐铭芳　　　　1969.1.24
　　　孙　　徐铭伟　　　　1972.1.3
　　　曾孙女徐丹盛　　　　1997.1.1

43. 许乐斌　1948—2001　　　　　五一许家　　外婆抚养
　　　儿　　许朝阳　　　　1974.2.6　　户口迁移
　　　女　　许朝娜　　　　1979.1.23　户口迁移

44. 王乐君　1958.5.26　　　　　安徽　　　　随母定居
　　　父　　王和春　　　　　　　　　　　安徽
　　　儿　　王斌　　　　　1985.11.11

45. 章宏权　1956.5.25　　　　　临海　1996.2　承包土田
　　　女　　章苏理　　　　1983.11.5
　　　儿　　章日龙　　　　1985.7.6
　　　孙　　章祎柔　　　　2009.7.29

46. 章永兴　1949.7.23　　　　临海　1996.4　承包土田
　　　儿　　章维宏　　　　　1979.1.11
　　　孙　　章佳诚　　　　　2007.2.16

47. 朱金天　1954.3.6　　　　咸祥咸二　1967 年　随母亲定居
　　　儿　　朱峰　　　　　　1982.1.12
　　　女　　朱

48. 周洪泰　1950.12.7　　　　随母亲定居
　　　儿　　周波　　　　　　1979.10.20
　　　孙　　周杰　　　　　　2005.10.17

49. 劭德成　1949.9.23　　　　本村
　　　儿　　劭国富　　　　　1971.1.30
　　　女　　劭国芬　　　　　1973.5.15
　　　孙　　劭磊　　　　　　1999.1.28

50. 包祖兴　1944.11.20　　　临海　1996.2　承包土田

51. 包祖宽　? —2010　　　　临海　1996.4　承包土田
　　　女　　包云仙　　　　　1969.4.3
　　　儿　　包永贵　　　　　1981.7.26

52. 俞友根　1934.3.5　　　　本村
　　　儿　　俞志明　　　　　1963.8.4　　　户口外迁
　　　儿　　俞志慧　　　　　1966.11.20　　户口外迁
　　　女　　俞雪珍　　　　　1968.9.29　　　户口外迁

53. 孙阿康　1929.6.9　　　　下水　1941　打工
　　　女儿　孙金娣　　　　　1952.7.18
　　　儿　　孙金华　　　　　1956.8.3

54. 赵仁燕　1943—2014　　　　　临海　1996　承包土田
　　　儿　　赵士国　　　　　　　　1969.7.1
　　　儿　　赵士东　　　　　　　　1979.6.4
　　　孙　　赵　　　　　　　　　　1997.1.8

55. 董跃明　1934—2014　　　　　上海
　　　儿　　董际伟　　　　　　　　1969.4.14

56. 金烈保　1972.8.28　　　　　　临海　1995　承包土田
　　　女　　金梦洁　　　　　　　　2001.1.6

大事记

　　虹麓始祖陆嘉辰（1174—1245），字高中，南宋人。居陆家圈（今下应街道东升村）。以后，随着家属的发展，逐步形成村落。

　　元代，虹麓四世祖申三有五个儿子，分别名为文彬、文相、文礼、文森、文野，并按仁、义、礼、智、信分成五个房派。

　　明正德十二年（1512），陆廷辅造十二架堂前。

　　正德十四年（1514）十二月，陆廷辅诵《法华经》，居住分松、竹、梅三房。

　　清乾隆十一年（1746），海月堂"被奉火妖尼秽触先灵"，于是村人决意在"比屋之中"兴建新的宗祠。大约在宗祠建成以后，又建立了"穷族长、富干首"的宗族自治体制。

　　乾隆四十五年（1780）初，陆淮与陆墀动工修家谱，以陆大贞谱稿为基础，参考陆氏月湖支宗谱，进一步扩充编纂，至八月告成。

　　雍正六年（1728），朝廷改图甲制为乡庄制。虹麓作为陆姓群聚之庄，称"陆庄"，设庄长。

　　嘉庆十七年（1812），陆淮再次主持编纂宗谱。次年，宗谱修成。只有抄本一部，传播不广。

　　嘉庆二十一年（1816），祠堂厢房内立陆庆图会碑。

　　同治五年（1866），陆文江为宗长。

　　同治十二年（1873），陆世宰中举人。他是清代陆氏第一位举人。

　　光绪四年（1878），忻继善迁居虹麓。

　　光绪八年（1882），陆世宰创义塾，学校在十房。陆世宰亲自订立塾规，亲自教授。

　　光绪十五年（1899），陆洪杲在甬江之东新河头开设陆万源水产行，从事鱼鲜业。

光绪十八年（1892），聘师教授，称毓秀义塾。

光绪十九年（1893），重建敦复堂。

光绪二十四年（1898），重修家庙，陆世楣独任巨肩，无少难色，成为宗干。

光绪二十六年（1900），女祠告成。

光绪二十七年（1901），陆洪奎为宗长。由王怀忠主持编纂宗谱。

光绪二十八年（1902），陆洪杲到江北岸轮船码头，与友人合组慎和鱼行。宗祠重修。

光绪三十年（1904），忻江明中进士。此为村中第一个进士。

光绪三十二年（1906），忻江明为安徽省桐城县知县。

民国元年（1911），建祠堂戏台。

民国二年（1912），毓秀义塾扩建。

民国五年（1916），维修祠堂。

民国六年（1917），陆瑞康继承父业，经营慎和鱼行，并回乡任事。

民国十年（1921），忻庭镛获得盐运司经历衔。

民国十一年（1922），毓秀义塾改名成德小学。

民国十三年（1924），干首陆世安发起，修路两条。

民国十三年（1924），重修家谱。

民国十五年（1926），陆瑞康主持新建校舍，组织校董会，置校田产，并入成德小学，改为虹麓小学。

民国二十一年（1932），干首陆世安再次发起，修路两条。

民国二十一年（1932）1月28日，"一·二八"事变中，抗日英雄陆世才牺牲。

民国二十四年（1935），鄞县全面推行保甲制度。虹麓村是同保乡第10保，设保长1人。民国时期的保长有4人，即陆闰根、陆昌宝、陆亨膜、陆孝本。

民国二十六年（1937），陆瑞康兼任同保镇副镇长。

民国二十九年（1940），改中秋会为兴中祀。陆世昌任宁波电声无线电学科教务长。

民国三十年（1941）四月宁波沦陷，日本占领城区，虹麓成为半沦陷区。迁居沪甬创业的村民纷纷回村避难。

民国三十四年（1945），陆世章将草绳车（又名松江车）运到虹麓村，办起了草绳厂。这是虹麓村中最早办厂，可惜时间不长，11月失火关闭。

民国三十四年（1945），陆世昌先办了晋昌钱庄，并创办江东郯溪公司。

民国三十五年（1946），陆世昌为宁波冷藏公司经理。

民国三十六年（1947）八月，陆世昌等商量，购置新式消防器具，组织同安消防队。

民国三十七年（1948），重修家谱成。并举办盛大的谱成珍藏和进主礼仪。

民国时期虹麓村隶属同保乡（下应），1949 年解放后，下应同保镇成立，虹麓村归属下应同保镇。

1949 年 5 月 25 日，宁波解放。解放军进驻虹麓村，将原来草绳厂火烧场地进行了平整，作为解放军出操、培训用地，所以该块地被人叫做大操场。7 月，鄞县全面实行军管。同保镇改为下应乡，陆明德（1920—1998）为乡长。南下干部帮助虹麓筹建农会组织和民兵组织。首任农会主任史信高，民兵组长孙阿康。在两位南下干部帮助下，12 月虹麓村废除保甲制，时任保长向村农会移交保内有关资料，宣告民国时代行政村政权的结束。

1950 年 3 月，陆焕章的航船参与解放舟山部队活动。成立妇女联合会（建成村妇联），次年改成妇女代表会（建成妇代会）。陆明月为虹麓村第一任妇女主任。在上级领导下，村成立民兵队，首任民兵队长孙阿康。

1951 年，开始进行土地改革。

1952 年，村农会第一次调整，陆瑞龙任农会主任。

1952 年，虹麓村响应党中央号召"走互助合作化道路"，纷纷组织起换工组，成立了 18 个互助组，开展劳动力互助和农具调剂，解决了部分农户缺劳动力或缺农具等困难。

1952 年，公私合营，太茂酒坊停业。

1953 年，虹麓村由陆五全、陆名德、陆明杨率先成立最早的初级农村合作社，分别取名为麓胜社、麓益社、里中社，社长分别由陆五全、陆名德、陆明杨担任。

1953 年，虹麓村成立初级社，归属下应乡。

1953 年，由村民陆宝才发起，创办了草制品厂，厂址在虹麓草庵。

1953 年，由陆宝才发起，在大堂檐创办了绳索厂。

1954 年以后，虹麓村逐步改造水稻种植、耕作制度，改双季稻为双季连作稻。

1955 年，虹麓村安装了最早的三个有线广播，分别安装在外局、里局和中局。

1956 年 4 月，陆世昌被宽大处理。

1956 年，初级社合并升级为社会主义性质虹麓高级农业生产合作社，社主任陆明杨。由于连作稻推广速度过快，已超过劳动承受能力，同时又遇特大台风，早稻基本失收，晚稻又因插种失时，造成严重减产。生产合作社成立后，对没有子女、生活无依无靠又身有残疾的社员实行保吃、保住、保穿、保医和保葬的五保政策。成立青年突击队"水稻营"，半军事化管理，吃住一起，共同劳动，攻坚水稻种植。陆惠棠担任负责人。

1957 年，陆安康经史永康介绍成为虹麓村中共预备党员。

1958 年，虹麓村成立合作社，邱隘区成立东风人民公社，虹麓村隶属鄞县东风人民公社下应管理区第九大队。

全国实行公社化，政社合一，原乡镇随之消失。虹麓村属东风人民公社下应管理区虹麓生产队，陆安康任队长，实行半军事化编制。

经上级党组织批准成立党支部。史永康为支部书记。

村里安装了第一部也是唯一部手摇电话机。

虹麓村遵上级要求，大办食堂，陆敏根为食堂主任。

村建立大队牧畜场，地点在草庵，场长陆小毛。

1959 年，鄞县撤县并市，虹麓村属宁波市管理。

1960 年，由陆宝才发起，虹麓村自行投资成立虹麓草包厂，厂址选在村祠堂内。

1961 年，恢复鄞县建制，公社也以原地名命名，虹麓时称鄞县邱隘人民公社下应管理区虹麓生产大队。

1962 年，大公社解散，下应管理区取消，成立下应人民公社，江六村成立江六大队（从此，原"虹麓"改为"江六"，一直沿用至今），设大队管理委员会，由陆安康接任江六村党支部书记，陆阿二任大队长。

国家颁布有关政策，调整分配制度，实行多劳多得，不劳动者不得食的分配原则。并以每人 1 分地田标准分给农民作自留地，以补充农户粮食，并免除自留地农业税。鼓励农民在屋前屋后的杂边地种植农作物，推行谁种植谁管理谁收获，提倡家禽家畜养殖。

1963 年，一队亩产 901 斤粮食产量，队长沙林高获评县劳动模范。

1964 年，江六村建立中国共产主义青年团支部，陆惠棠任首任书记。

1965 年，开始开展学习农业八字宪法活动。

接受第一批知青。

1966 年，"文化大革命"开始。村里成立了"文革"领导小组。

1967 年，在村大会堂创建麻纺厂。

开展"农业学大寨"运动。

8 月 22 日下午开会，小学过道倒塌。

大队管理委员会停止行政领导工作，村里成立三结合领导小组，主持大队工作。

1968 年，江六大队革命委员会成立，陆安康任江六大队革命委员会主任，马信华、陆方成为副主任。

江六村响应国家号召，开展"农业学大寨"运动，积极推广三熟制种植模式。创办村医疗卫生室。

1969 年，引进了一套轧米设备。

购入第一台温州产 16 匹内燃机及水泵。

1971 年，实行农村合作医疗制度，村民全部参加。

1972 年，陆如法接替陆祥能负责大队畜牧工作。

又购入第二台由宁波动力机厂制造的 8 匹内燃机。

购入年糕加工设备。

1974 年，各生产小队建造百猪场。

1975 年，开展"批林批孔"运动。

陆安康被免除书记职务，马信华为新的书记。

江六村新办饴糖厂，同年在饴糖厂基础上创办虹麓糖果食品厂。

1976 年，开办化纤劳保服装厂，由陆敏根任厂长。

鄞县建造横溪水库，村里数十名社员参建。

7 月 26 日下午，搭乘送米拖拉机去裘村，中途翻车。

1977 年，创办木制品厂，由陆建立任厂长。

1978 年，家家安装了有线广播。

1979 年，马桥头新厂房建成。

创办日用工业制品厂，由陆启明任厂长。

村应征青年戴再明在自卫反击战中光荣牺牲，时年 19 岁。

1979 年，第一生产队创办队属麻厂，由陆亨成、陆炳豪负责经营管理。

1981 年，在村祠堂开办网袋编织厂，由徐后德负责经营管理。

1983 年，取消农村合作医疗制度，改为医务人员承包制度。

实行第一轮土地承包。

实行政社分设。

1984年，江六村在在里局店桥南30米往东大漕底开凿了一条新河。

1985年，江六村全面安装自来水。

成立培罗成西服厂。

1986年，江六村用村集体资金，对全村男60周岁、女50周岁以上的老年人发放生活补贴费。

1987年，成立村民委员会、经济合作社，进行换届选举，陆高成为第一届村长。

1991年，推行"独生子女养老保险金"。

改造村前大路，对河西边的河岸全部重新修砌，对河底进行了彻底清淤，并在新修砌的河岸上种植香樟树，命名为成法路。

修建功德亭。

成立老年协会，沙林高为会长。

1992年，乡镇撤、扩、并，下应、潘火两乡合并为下应镇，江六村为鄞县下应镇江六村。

重修祠堂。

成立了村图书室，向本村村民免费开放。

1994年，培罗成西服厂转制为民营企业，改名宁波培罗成西服公司。

挖掘92亩养殖塘，取名绿丰养殖场。

建造江明小学。

1996年，鄞县各村全面实行遗体火化。

1998年，江六村全面进行第二次自来水改造。

引进宁波市菜篮子工程，1989年1月1日起正式开始运作。

1999年，将村前大路改造成水泥路，从鄞县大道与史家码相接。

实行第二轮土地承包。

2000年，在人员相对集中的公共区域安装各类健身器材。

2001年，江六村大批土地被征用，原承包合同提前终止并重新签订。

对村区内的粪缸进行折价清除。修建8座公厕。新建垃圾箱20个。

全村宅基地丈量做证。

2002年，村经济合作社社员实行劳力货币安置。

2003 年，下应镇改称下应街道。

2003 年，为符合条件的村民办理农保。

2004 年，江六村组织对旧村改造、新村建设的意愿调查。

2006 年，对祠堂进行重新修缮。

2008 年，设立拆迁办公室。

拟定并通过《江六村旧村改造新村建设实施细则》《江六村旧村改造新村建设奖励补充政策》。

2009 年，对各户可调产面积、违章建筑面积等进行界定。

2010 年，村行政办公室迁入鄞县大道边的二层楼房。

2010 年，正式开始签订拆迁协议。

2011 年 7 月 10 日，村民开始逐步搬迁。

宁波市鄞州区文物管理委员会办公室在陆氏宗祠前竖立文物石牌。

2014 年，对新村建设地块进行勘察、钻探。

10 月 8 日，新村建设地块破土打桩。

2015 年，新编村史，续修陆氏宗谱。

2016 年，村史、宗谱定稿。

后　记

　　要编纂出一部新型的村史，对大家来说都是一种挑战，会遇到相当多的观念冲突问题，在此有必要就某些问题做进一步的说明，以让更多人理解，也可让其他村史编纂者有所参考。

一、为什么要修村史?

　　为什么要修村史，许多村民可能不太理解。直接的原因当然是熟悉的村落不存在了，过往的村民不存在了，多数村民的故事在消失之中，村民的生活方式与生产方式大不一样了。村是农耕时代留下来的最小基层组织，初是宗族式自然村，后成为更大的行政村。当代中国的村落面临千年之变，在现代化建设浪潮中，每天都有无数村落在消失，旧村被改造成为新村，成为新式的城市社区。2015 年的股份制改革，则使浙江村民成为新时代有股权的现代社员。对这些村来说，现存的老人可能是最后一代农民，打捞他们的历史记忆，成为一项十分急迫的任务。

　　传统的村落要消失，一代代的村民要走，这都是不可抗拒的自然现象。面对这样的无奈，作为高级动物的人类所能发挥的主观能动性，无非是将过往生活过程的大脑记忆转化成文本，使之永久保留而已。记录村落历史的载体，就是村史志。编纂村史，本质上是整理村落历史记忆，将过往村民的历史记忆串联起来，成为一个完整的村落历史记忆链条。为什么要将村民的历史记忆串联起来? 主要是为了克服个体生命周期的自然局限。人类个体的生存周期多不出百年，一个个体不可能长存于世。个体在地球上活动的全程记录，主要储存于大脑记忆之中。巨量的记忆信息储存于大脑之中，但无法直接拷贝出来，在电脑中自动播放。当一个人离开地球时，记忆也随之带走，前后代间的历史记忆就会断裂。反之，及时采访，将大脑记忆转化成为历史文本，历史记忆链条就会完整，也可永远在世间独立流传。村史志是历史文化资源，是无价之宝，可以代代相传。

生活在这样的伟大时代，人人都感受到了，需要人人来参与当代历史的记录。从这个角度来说，下应街道率先要求下属各村编纂村史，是非常值得肯定的事。中国的政府有号召力与公信力，有能力推动由上而下的农村文化工程建设活动。建设文化礼堂是硬件，编纂村史甚至村谱（如《史家码村谱》）、宗谱（如虹麓村的《陆氏宗谱》）则是软件，两者结合才能得到可持续发展，它们是相辅相成的。这种由上面倡导、由下面操办的乡村文化工程建设活动，鄞州区、宁波市、浙江省，甚至全国各地，均可推广。地方文化建设是好事，是正能量，所以值得大力推广，各级地方领导不必顾虑。

二、教授为什么要下乡修村史？

下应街道江六村，对我这个工作于宁波大学的教授来说，完全是一个陌生的地方，无亲无邻，不认识任何一个村领导或村民。而促成我下乡的一个直接原因是尝试新村史编纂。我近年来在建设中国公众史学，其中一个分支是公众社区史编纂。2008年以来，我一直在宁波大学推广公众历史书写，于公众个人史、公众家族史编纂有了较多的理论体悟，惟公众社区史（也称村民史）没有实践过。笔者一直想寻找一个村作为新村史实验平台，编纂一部超越现有大陆方志体或台湾地情体村史的新村史，提炼出自己满意的新村史编纂理论，修出一部有创意的村史之作，提供一个新的的操作模式，供各地村史编纂者参考。而要达到这样的目标，必须理论与实践同步进行。为了体验与感悟，村史研究专家必须亲自参与村民口述史调查研究。通过社区史实践，进一步验证与丰富原有的社区史理论，形成一个全新的可操作的社区史编纂模式。鄞州区委学校校长杜建国先生是我的知音，2015年4月在桃源书院相会，知道我有这个想法以后，提出可以在下应找到这样的实验平台。下应正面临着千年之变，由传统农村变成城市社区。为保存村落文化，正在号召各村编纂村史。他联系了下应街道，主管文化宣传的倪骋副主任乐意地接受了这样的建议，推荐了文化底蕴较足的史家码村作为实验平台。史家码村的史佩林书记、俞米加主任也乐意地接受了街道领导的建议。于是，我得以到来到下应街道，开始我的新村史实验之路。听说我在史家码村修村史，主持江六村工作的陆明福董事长反应相当快，也希望我这个教授来江六村帮助他们修村史。考虑到江六村就在史家码村隔边，且江六村也是一个有家谱有祠堂的古老村落，尽管工作量很大，任务很重，但我还是乐意接受了。因为我想尝试在同一种大框架下，结合不同村的情况，编纂出不同村民史写作的可能。

作为一个外来专家主持村史编纂，到底有何必要？很多人可能一时无法理解，不免心中疑议种种，个别人甚至会自大，藐视专家的存在。专家的作用主要体现在这些方面：一是整体视野。生活在村内的人，虽然熟悉村内情况，但普遍缺乏历史意识，缺乏比较意识，只有生活世界概念，没有文本世界意识，不知道哪些要写进去，哪些可以不必写进去。我作为外来的专家，具备了由外而内的整体观察视野。二是历史视野。普通人没有历史长河意识，只有死人与活人概念，死了就算了，活人不值得讲，他们不会将不同时期的村人放进村落的不同历史长河中加以精心的历史研究。在公众史学工作者眼中，所有的人都是历史人物，过世的与活着的村人均是村史关注的研究对象，村人的人生故事都是村史的基本素材。三是体例的创新。普通人不具备创新意识，不知如何搭建村史的框架，只有具备创新意识的学者有这个能力。专家的贡献是替村史搭起新的框架，别人可顺着这个新框架，增补相关材料。通过宗谱、档案的间接研究与口述采访的直接研究，就可以构建新的村民史。邻村的村志，详古略今、详远略近，内容十分空洞。譬如姓氏罗列百家姓，教育科举列举全国性科举制度，风俗列举全国类似的四时八节。这样的罗列就显得十分空洞无物，新村史坚持略古详今、略远详近原则，后来者居上，将超越其他邻村的村史。四是编纂的口述史路径。五是材料的考订。普通人缺乏村民生卒年意识，而本村史则多有人物生卒年标注。后人看到姓名后面的生卒年数字似乎很简单，实际上做起来却十分费劲，要做详细的考订与查阅。譬如曾在上海经商的陆亨仁生卒年，老的宗谱没有，新修宗谱初稿也没有。上次采访其儿子陆国荣先生时，也没有弄清楚。三稿出来时，我再次提出生卒年问题，让陆国荣先生回忆，仍一时说不上来，只知享年84岁。我们不断询问相关信息，先根据其母亲2015年过世，享年97岁，确定其母亲生卒年为1919—2015年；再根据其父亲大母亲8岁、属狗、享年84岁3条线索，推定为1910—2002年。这样，就解决了其父母的生卒年问题，从而可以写进村史，补进新修宗谱中。否则，将成为一个永远的遗憾。经过我的系统梳理，江六村七百多年历史上的主要名人、能人都写出来了。我主修的新村史，有村民的名字与故事。其他村志至多出现人名，不会有生卒年与故事。没有生卒年与故事，就不是历史人物，而只是一个符号而已，没有太大的历史价值。这些方面，不是普通人所能做到的。

村史编纂是一项设计师、建筑师、装修师三合一的活动，需要的是思想、眼力、精力、耐心。所以说，要编纂出一部作品，并不是那么容易的事。我们追求精品意识，做事不计成本。譬如祠堂中的两块碑文，一直未见著录。这次，将全文拍摄下来，然后一一输入电脑。个别不清楚的文字，又核对碑文，才完成任务。其中的《陆庄图会碑》，有"禁革庄长一应催粮、勾摄等务"一句。此中的"革"，初识为"草"，不解何意。2016 年 8 月下旬，我参加复旦大学主办的"明清以来江南经济与社会变迁"国际研讨会，幸中山大学吴滔教授眼尖，凭其多年的碑文识读经验，认为应是"革"，从而解决了碑文模糊所带来的识读问题，可谓一字之师。有了这次著录，后人就方便了。这就是我提倡的"麻烦一人，方便众人"的编纂精神。

三、为什么是村史而不是村志？

2014 年，下应街道不少旧村面临着拆迁、重建新村的现状。于是，街道领导要求所属 9 个村编纂村史。问题是，村史应如何编纂？其体裁怎样订？他们心中无数。于是乎，邻村横溪镇的《河头村志》，成为他们直接取法的样版。这样，就有了《黎明村史》。江六村据此有了《江六村史》初稿。我因为心中有更好的村史模式，所以看见这样的村史初稿，自然不会满意。原稿最大的问题是机械模仿《黎明村史》，缺乏研究对象意识。由于作者生活在村中，所以难以跳出来，将整个村、全体村民当作村史观察研究的对象。我主持江六村史编纂工作以后，根据自己的公众社区史理论，设计了江六村史的大纲。到了 2016 年 5 月，初稿出来以后，村史小组人员发现，与他们心目中的村史完全不同，部分同志一时难以接受，甚至提出要退回到原来的模式，这当然是不可能的。为什么？因为这涉及村志与村史的区别问题。当村民拿来《河头村志》时，他们忽视了一个基本的事实，这是村志而不是村史。街道要写的是村史，而不是村志。村志与村史有区别吗？当然有，可以说两者完全不同。村志是地方志系列的，是模仿县志、镇志而来的，其特点是条块分割，纵向记录，在性质上属组织本位。组织本位是一种政府管理下的整体视野，政府管理的特点是部门工作条块分割。村史是地方史系列的，其特点是纵向记录，按时间顺序分段写下来。在同一个时间大段中，会按政治、经济、文化几大块来写。这样的村史样版是有的，只是宁波附近没有而已。所以，用村志模式写村史，是不合街道领导要求的。即使如此，现有的村史写作仍有不足之处。在组织本位下，只有事的介绍，没有人的故事，至多一个姓名符号而已。从公众史学个人本位原则来看，村史编纂要体现全体村民的历史，村史是由无数个体村民历史组合而成的群体史，它是公众社区史，或者说村民史。我设计的新村史主要由古代时期村史、民国时期村史、20世纪50年代以来村史、职业、民生、村民、名人、文献八大章组成，每章下面可再分几部分来写作。这个模式设计有四大优势：一是纵横结合，突出历史的时间性；二是上层视野与下层视野结合；三是大人物与小人物历史结合；四是个人史与群体史结合。之所以如此，是由当下中国乡村管理模式的转型决定的。今日中国面临着由传统的村落向现代的社区转型问题。村落与社区不同，前者是一个行政空间概念，是由上而下组建起来的单位，体现的是"组织本位"原则；而后者是一个人群交往概念，体现的是"个人本位"原则。在人民公社时代，大队是生产、生活统一单位，工作于此生活于此，人被固定在土地之上，人的流动率较低。今日市场经济时代，人是自由之身，可以自由流动。如此，行政村成为出生之地、居住之地，而不完全是工作之地。街道社区是管人的群体体制，不再是传统的集体建构，维系其内在联系的是血缘、籍贯、户籍关系。在这种情况下，留住乡村记忆、留住乡愁，就成了新村史编纂的意义所在。所谓乡愁，是流动社会的产物，是那些离乡离土后村民对原来世代居住的生活村落中人、事、物的一种怀念情结。村民史编纂正可满足这种乡愁精神，这样的村民史更适应现代的动态社会。在传统的组织本位视野下，即使大人物也是组件，小人物则根本没有位置。在组织本位视野下，村志写人，只有数字、人名、表格、人物小传几种方式。个人本位视野，让小人物首次有了自己的历史位置。按传统的"组织本位"原则编纂村史，就会限制人的视野，难以写出丰富的内容。目前的村级管理越来越虚化，内涵越来越少，这是村史书写的难处所在。如以村民为主体，人不管流动得多远，仍在记录视野之中，村民走到哪就写到哪，这样的村史才是完整的。以个体及其家族为中心，可以观察村史面貌之大概。以村民为书写对象，村史编纂的内容就会丰富多彩。虽然部分村民拿到这部全新村史以后，可能会一时接受不了，但稍作思考，是会接受的。至于懂行的专家，当更会持肯定态度。因为，它提供了另一种可能，丰富了我们对村史的想像方式。我们这部村史体例，完全人为本位化了，超脱出了组织本位痕迹。以前的组织本位，完全按行政空间切割，村外的村人活动就不再记录了。其实，村是大行政空间下的小空间而已，村人的活动是在大空间下进行的，不会完全限制于行政村这个小空间中。如果一切以行政村小空间为主，则很多的村民事迹无法写了。读者可以注意到，这部村史是"我们的村史"。以前的村志，多写远的、别人的、政府的村史，与当代的普通村民无关。这部新村史，除了古代、近代，重点写当代人，让多数人在村史中有位置，有自己的图像，有自己的声音。原来，村史也是可以离我们当代普通村人如此之近的。

四、为什么要写某人说？为什么保留口语？

当村民看到初稿时，发现村史内容，多是某人说，有时感觉语句有点粗鄙难读，甚至偶有重复感觉。人们之所以难以接受这样的行文模式，大概有两个因素：其一是习惯了第三人称写作的历史，觉得那样显得客观，而不习惯于第一人称写作的历史，觉得那样有点主观。其二是怕承担社会责任。直接写上某人说，会涉及评头品足部分。在生活世界的小范围中，评头品足是某些强势刻薄之人的乐趣，而弱势的忠厚之人则觉得难以接受，不愿意自找麻烦。说得好还行，说得不当，会引起别人的不高兴，甚至对簿公堂。这显然是由不了解口述村史的基本特点而产生的误解。村史，本质上是当代史，多写百年当代村民历史。村民史编纂之所以要引入口述史，这有三方面的考虑：一则村级行政单位留下的文献资料太少。二则今日的村史不完全是精英参与的村史，而是人人参与、书写人人的村民史。三则当代村民历史信息大都存留在村民的大脑记忆中，必须从大脑记忆中加以不断的发掘。口述史的发明，可直接从人类大脑记忆中搜集历史信息，这解决了普通人档案太少、没有人事历史记录的缺陷。口述史的主体是个人史，有了个人史就可以建构群体史。有人主张不要写某人说，只要在后面笼统写上采访过哪些人即可。这样的观念也是不可接受的。口述史的基本特征有三：一是人人入史，二是人人参与，三是语言的口语化。之所以写上某人说，一则表示讲话有所本，二则体现人人入史、人人参与的特点。当那些曾经接受过采访的村民阅读村史时，会看到自己的位置，自己说的话。这些村民的后裔看到村史中有自己祖先在说话时，也会油然产生一种自豪感。至于语言的口语化，也是口述史的特点决定的，更是由村民的阅读水平决定的。村史的基本阅读对象是全体村民，村民文化层次普遍不高，语言过于书面化，不适合阅读与理解。反之，直接用上村民的日常生活语言，更便于阅读理解。正如一位读者在笔者博客留言上所写：写村史干嘛非得让不相干的内行把鲜活的史料给框死？村民满满的喜怒哀乐、恩怨情仇，让后来之读者如临其境、如闻其声，其传史价值要比形式至上的志书真切得多。村民书写自己的村史，要理直气壮！同时，也可保留活生生的当代民间生活语言，甚至是方言用词，这是未来方言研究的第一手资料。

五、村史为什么要收录个人照片？

21世纪号称"读图时代"，没有图片的图书，肯定是不太理想的，尤其是对新村史编纂来说。村史要发挥图片的功能，记录下村容村貌、村人村事、村产村物。因为村史的行政层级较低，阅读人群的文化层次普遍不高。他们不适合阅读文字作品，更喜欢看图像。更何况图像的信息量大，说得清楚，很多东西一看见图像就什么都明白了。图像是一种直观的符号，门槛最低，人人都看得懂。村史往往被村级官员视为代表官方的作品，所以收录事物图片与群体图片当不成问题。但要不要收录个人照片，意见就不统一了。很多人反对收录照片，所持理由主要是宗谱中只有少量图片，担心失衡引起的矛盾，有的人收录了，有的人没有收录，村民见了会有意见，弄出矛盾来，多一事不如少一事。这样的理由值得商榷。宗谱中不收照片，那是图像制作技术落后的农耕时代的产物与习惯做法。今日的照相技术与电脑排版技术，完全克服了排版制作中的难处。至于个人照片收录的失衡，虽然会存在这种可能，但我们可以明确声明，个人照片是否收录，除了他在村史中的位置，更重要的因素是村民是否提供了照片。如果他们提供了照片，我们有意不收录，那是我们的责任。反之，那是村民本身配合不足，不应怪村史编纂人员。从我的理念来说，我是坚持主张收录个人照片的。除了读图时代的要求，更是村民史创新的需要。以前常见的政府组织本位的村志村史，可以不收录个人照片，而新的村民史则必须收录个人照片。在公众史学理念下，村史是全体村民共同的历史载体，当然有必要收录个人图片。更何况，这种图片的历史价值将不可估量，我们要有50年以上的眼光来看待村史。对后人来说，那些已经离开地球的没有个人图片的村民，只是一种抽象姓名符号而已，长什么样，无法想像出来。人类历史就是人类在地球大空间活动的过程而已，人与不同空间的不同搭配形成不同的图像。没有前人的图像，后人就无法想像前人，无法理解前人的性格、思维、行为特点。简单地说，图像是后人研究前人历史的最直接、最重要的资料。我这样的想法，得到了陆友全、陆锋诸先生的支持。他们本人都是摄影爱好者，家中收藏了上万张照片。最终也得到村史编纂小组诸先生的支持。此后，我们有意识地到村民中搜集老照片，得到了部分村民的全力支持。他们冒着高温，将家人的照片送到村史办公室来。于是，诸位才看到了图文并茂的《江六村史》。在图片征集中，特别让我感动的是陆宝全一家的全力支持。那天下午去他家搜集其儿子、原村书记陆高成老照片，陆宝全夫人史月利翻了半天也没找到理想的图片，我不好意思多打扰，就说算了。她顺便问我要照片的用途，知道是用于村史以后，过了一会儿让老伴送来村史办公室。当我看到九十多岁高龄、走路摇摇晃晃的陆宝全先生送来照片时，真的非常感动。第二天，因史月利的电话，陆高成夫人又从市区来到村史办公室了解情况，知道我们正在搜集村人有关照片时，她说家中有不少老照片。于是，我随她来到市区家中，搜集到了不少老照片。他们家人的这种认真精神，真的让人感动。伶意婚妙摄影楼老板陆金康也提供了大量图片，他甚至根据相关素材，复原出了"里局太茂酒坊"照片！如果说有什么遗憾的话，就是理想中的替每位 60 岁以上村民配一张照片的想法没有实现。

六、为什么同意删除某些敏感的话题与语句？

初稿出来以后，涉及了"土改"与"文革"中某些敏感的话题，涉及了受访人对某些大队与生产队干部丑行的记录。一时让人紧张，最后商定，确立一条"和谐史学"原则，点到为止，不要写得过于明明白白，以免引起不必要的社会矛盾。也就是说，学术研究无禁区，公开出版宣传有底线。这实际上涉及了当代史敏感话题的处理态度与原则问题。当代史不是纯的历史时段，是会受政治利益控制的时段，会涉及大量活着的人与事，处理不好会产生矛盾，不利于团结。所以，主张"和谐史学"，主张淡化处理，不写某些敏感的话题，这是可以理解的。这样做不是曲笔，曲笔是歪写。这样的手法，更精确地说是缩小某些话题。放大某些话题与缩小某些话题，是历史书写中常见的技术处理手法。这么说来，当代史就不要写敏感话题了吗？也不是。我们也主张学术研究无禁区，要记录下那些敏感话题，可以作为档案封存处理，尽量将影响限制在小范围内。六十至一百年以后，再来公开谈这些话题，那会自然得多。也就是说，当代历史的传播有一个时空限制，某些敏感话题必须放在未来时空传播，不能直接在当下时空中传播。这样的处理，可以保证历史书写与历史传播的两不误，从而促进当代史的记录与传播。否则，两者不分，因敏感而禁止研究，会限制当代史书写的发展。

　　这次村史编纂，得到了江六村领导及村民的全力支持。村领导组织了一支专职的村史编纂小组，他们续修宗谱之余，全力配合村史的采访与校对工作。2015 年 5 月至 11 月，我带领宁波大学研究生团队，对江六村民进行了集中的口述史采访，前后采访了近百人。采访的过程，也是研究江六村落发展历史的过程。只有采访多了，研究透了，才可编纂出理想的新村史来。2016 年 1 月以后，整理各种资料，尝试着编纂成稿。至 5 月初，我完成初稿，送村史小组审阅。6 月初，完成二稿的编纂与审阅。7 月初，完成三稿的编纂与审阅。7 月底，完成四校。最后又在电脑大屏幕上，用集体阅读的方式，逐字逐句地校对了全稿。至 11 月初，最后定稿。前市政府外经贸委副主任陆友全、市党史研究室领导陆锋写了序言。在此，非常感谢！

　　《江六村史》，从南宋一直写到了 2015 年，这是江六村历史上第一部通史性的村史。这是我们团队首次尝试写作新型社区史，虽然尽了我们最大的努力，但受制于各种客观条件（主要是村民散居、采访受限、资料图片搜集不全），没有达到完全理想的状态，尚有提升的空间。如果有不妥之处，我们愿接受大家的批评指正，以求下次有机会做得更为理想与完满。

钱茂伟

2017 年 1 月于宁波大学

后记